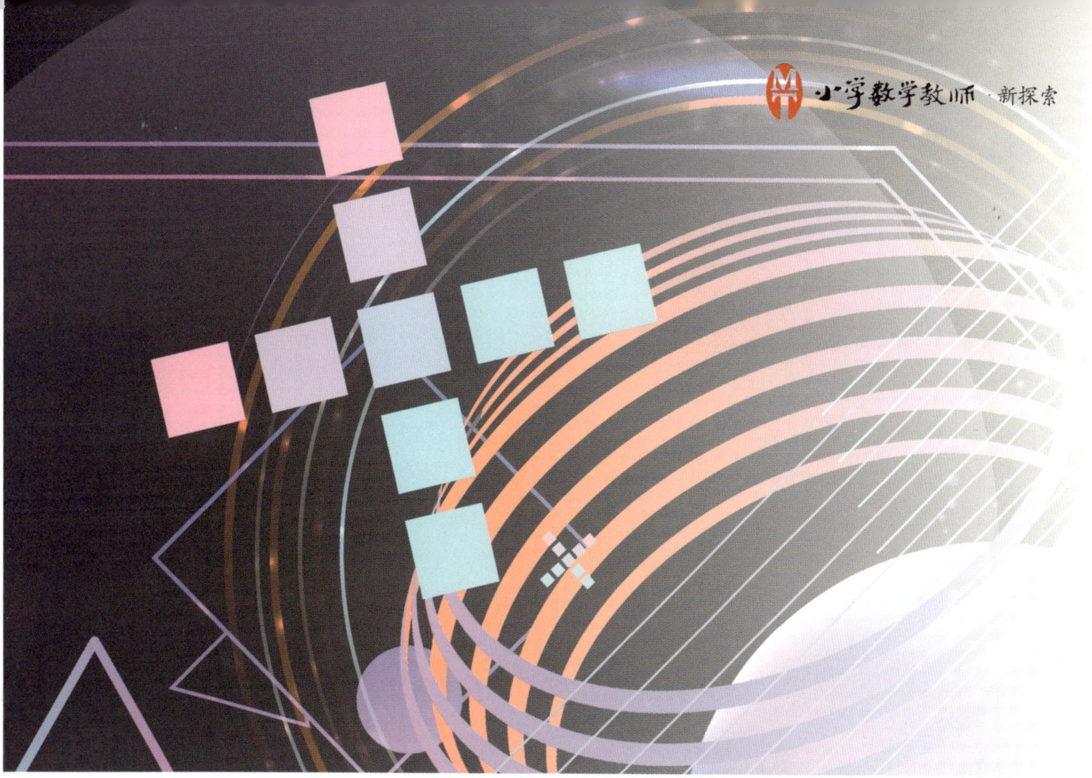

小学数学整体设计的思与行

——小学乘法教学

邵汉民 钱亚芳 陈芳 ◎ 编著

基于 **单元整体**
统整 **小学乘法**
呈现 **"一章一文""一课一文"**

图书在版编目（CIP）数据

小学数学整体设计的思与行：小学乘法教学 / 邵汉民，钱亚芳，陈芳编著. — 上海：上海教育出版社，2022.7
（2024.4重印）
ISBN 978-7-5720-1481-9

Ⅰ.①小… Ⅱ.①邵…②钱…③陈… Ⅲ.①小学数学课－教学研究 Ⅳ.①G623.502

中国版本图书馆CIP数据核字(2022)第121420号

责任编辑　蒋徐巍
美术编辑　王　捷

Xiaoxue Shuxue Zhengti Sheji de Si yu Xing——Xiaoxue Chengfa Jiaoxue
小学数学整体设计的思与行——小学乘法教学
邵汉民　钱亚芳　陈　芳　编著

出版发行	上海教育出版社有限公司
官　　网	www.seph.com.cn
地　　址	上海市闵行区号景路159弄C座
邮　　编	201101
印　　刷	上海昌鑫龙印务有限公司
开　　本	700×1000　1/16　印张 24.75　插页 2
字　　数	450 千字
版　　次	2022年7月第1版
印　　次	2024年4月第3次印刷
书　　号	ISBN 978-7-5720-1481-9/G·1182
定　　价	68.00 元

如发现质量问题，读者可向本社调换　电话：021-64373213

前 言

本书是以人教版小学数学教材中的乘法内容为对象开展的单元整体设计实践研究。为什么会想到这一个主题？得益于以下三个契机。

第一个契机：参加了一次"同课异构"的教研活动

2018年10月，我参加了区内一个为期两天的小学数学研讨活动，活动的内容是六位学员用同课异构的方式执教四年级"三位数乘两位数"例1。每天上午三位学员上课，下午由我对三节课进行点评。两天下来，六位学员及其团队采用了多种策略对"145×12"这一个"三位数乘两位数"笔算例题展开教学，有很多独到的思考。但是，为了"同课异构"，没有一位学员直接利用教材的编写思路。在本例题学习之前，学生已经学习了"两位数乘两位数"的笔算，并总结了计算法则，在计算"145×12"时，通过迁移计算法则，让学生自主计算。在活动过程中我有一个想法：一节课不论如何设计，它都不应该孤立地存在，应该是单元的一份子。由六位学员对一节课进行"同课异构"，不如把这个单元作为一个整体，对其中的每一节新授课进行研究。本次活动结束时，我提出了上述想法，并设想对本单元进行单元整体设计的实践研究。这一想法得到了老师们的积极响应。接下来的一个月里，我邀请六位老师一起开展研讨与教学实践，之后又经历两个多月的总结，形成了单元整体设计的第一个研究成果——"三位数乘两位数"的整体设计研究（详见本书第六章）。研究成果中的6篇文章发表于《教学月刊·小学版（数学）》2019年第3期，其中《单元整体设计，完善学习序列——以"三位数乘两位数"的单元整体设计与教学为例》全文转载于《小学数学教与学》2019年第6期。

通过一轮的实践，形成了研究样式。首先进行单元整体构思，由我负责对本单元做梳理分析，提炼本单元的研究特色，规划每一个课时的内容与学习目标；接着成立课堂教学实践组，听取我对本单元整体设计的阐述，实践成员提出建议；然后分工，每位老师承担一个课时的教学实践，按照总体设计要求分头独立备课；一周后，按照教学进度在两个班级进行教学实践，在第一个班级上第一轮试教课，经过修改后第二天在第二个班级上改进课。

第二个契机：承担了一次教师业务培训任务

2018年8月，杭州师范大学巩子坤教授给我微信留言，10月份要组织一次以"小学数学中的大道理——数学核心概念的教与学"为主题的小学数学教师业务培训，邀请我选一个内容做半天的讲座。我选择"乘法"这一核心概念，报了讲座课题《乘法意义的理解与教学》。之后的一段时间里，我开始梳理、分析与反思人教版教材中的"乘法"相关内容，并搜集相关的文献资料。在文献梳理中，关于乘法的两个定义引起了我的思考。

第一个是史宁中教授主编的《基本概念与运算法则——小学数学教学中的核心问题》一书中指出，"自然数集合上的乘法"定义（注：乘法是加数的简便运算）不能够包含"$0×a=0$（注：指0个a）"和"$1×a=a$（注：指1个a）"，所以还需要有两个乘法的基本性质分别来规定上面的两个乘法的表达。人教版教材对于这两个乘法的性质采取了回避的策略。

第二个是张奠宙教授等编著的《小学数学研究》中，关于乘法在"集合"语言下的定义——自然数a乘b得到乘积$a×b$，是指a所代表的集合A，与b所代表的集合B所形成的笛卡尔积$A×B$的基数。这个乘法定义让我们感受到，两个数相乘的积不仅具有数的含义，还具有空间的含义。如果对应于长方形的面积计算公式，出现了"长度 × 长度 = 面积"这样一种全新的乘法表达式。

依据上述文献中不同范畴下的乘法定义，我们发现"乘法"不仅仅是一个数学概念，还应该是一个有多种含义的数学模型。首先是"数数"模型，即它是经历"数数"得到"几个几"后建立的乘法定义；其次是"坐标"模型，指"集合"语言下的乘法定义。

基于对人教版教材乘法意义的再认识，我们认为，单元整体设计不仅仅关注某一个单元的整体设计，而是要把这一单元纳入某一核心概念体系之中，围绕核心概念对教材进行整体梳理，即哪些单元是围绕这一个核心概念进行设计的，分别处于怎样的地位。与"乘法"对应的单元有以下十个：二年级上册的"表内乘法（一）""表内乘法（二）"、三年级上册的"倍""多位数乘一位数"、三年级下册的"倍""两位数乘两位数"、四年级上册的"三位数乘两位数"、四年级下册的"四则运算"、五年级上册的"小数乘法"、六年级上册的"分数乘法"。可以把它们看成一个整体进行实践研究。本书的第二至十章就是具体的研究成果，每一章对应于一个单元（第二章有两个单元），其中每章的第一节是对单元的整体分析与设计，后面的每一节对应于一节课的实践总结。

第三个契机：认识到单元整体设计的研究价值

在确定对单元整体设计进行系统研究之后，查阅了近几年发表于各大教育期刊中关于单元整体设计的文章。从中发现,自2017年起,高中各学科的相关研究特别多,追究原因,与2017年高中新修订的各学科课程标准相继颁布息息相关,新课程标准的一大特色就是具体阐述了各学科的核心素养。为落实学科核心素养,基于学科的学习,不仅关注学科知识的学习,更重视思维的发展与能力的培养。而思维的发展与能力的培养不能够仅依靠一个课时完成,而是要在一个一个课时构成的单元学习中逐步提升。因此,不同的学科为落实学科核心素养,都不约而同地以"单元"作为实践研究对象,提出了"大概念""大任务"和"大项目"等研究视角,形成了具有各自学科特色的"单元整体设计"研究成果。

对于小学学科,在课堂教学研究中也逐步关注了单元整体设计的实践研究。例如,由浙江省小学数学教研员斯苗儿老师引领、以湖州市小学数学研究团队为代表的研究团队,进行了"单元整合与拓展"的课堂教学研究,成果丰硕,影响深远。

已有的实践研究成果为我们的"单元整体设计"实践研究提供了理论支撑与策略指导。同时,在学习与借鉴已有研究成果的基础上,努力形成既符合研究规律,又具有自己特色的研究策略。首先确定内容,研究内容可以是核心概念,也可以是教学课型,还可以是思想方法等;然后教材梳理,以人教版教材为蓝本,梳理出相关单元;接着横向沟通,从整体设计的视角进行教材分析,确定每一个单元的学习地位;再是纵向剖析,对单元进行再认识、再加工,提炼单元研究特色与实践思路;最后组织教学与总结反思,形成"一章一文"与"一课一文"的研究成果。

三个契机,助推了我们对小学数学单元整体设计的研究。当然,本书能够付梓,首先感谢单元整体设计实践研究团队的老师们,他们克服种种困难,全情投入课堂教学研究,使得每一个单元、每一节课都具有了自己的特色。其次要感谢《小学数学教师》《教学月刊·小学版(数学)》等杂志的认同、发表与推介,让我们感受到被认同的喜悦,获得继续研究的动力。最后要感谢对本课题研究提供过帮助与指导的领导、专家与教师。希望通过本书能与更多热爱小学数学教学的专家与老师们进行交流,并能够对我们的研究提出宝贵的意见与建议。

2022年3月

目 录

第一章 小学乘法的意义

第一节 乘法的基本意义 / 3

第二节 乘法基本意义的完善 / 9

第三节 乘法基本意义的延伸 / 16

第二章 表内乘法

第一节 "表内乘法"的整体设计 / 25

第二节 "乘法初步认识"教学实践 / 31

第三节 "5—1 的乘法口诀"教学实践 / 36

第四节 "6 的乘法口诀和解决问题"教学实践 / 42

第五节 "7 的乘法口诀与解决问题"教学实践 / 48

第六节 "8 的乘法口诀与解决问题"教学实践 / 53

第七节 "9 的乘法口诀与解决问题"教学实践 / 58

第八节 "表内乘法整理与复习"教学实践 / 63

第三章 倍的认识

第一节 "倍的认识"整体设计 / 71

第二节 "倍的认识"教学实践 / 78

第三节 "倍解决问题（1）"教学实践 / 83

第四节 "倍解决问题（2）"教学实践 / 87

第五节 "倍与差"教学实践 / 92

第四章　多位数乘一位数

第一节　"多位数乘一位数"整体设计 / 99

第二节　"多位数乘一位数的口算与估算"教学实践 / 110

第三节　"多位数乘一位数的笔算"教学实践 / 116

第四节　"多位数中有零的多位数乘一位数"教学实践 / 122

第五节　"归一与归总问题"教学实践 / 127

第六节　"多位数乘一位数"单元复习教学实践 / 132

第五章　两位数乘两位数

第一节　"两位数乘两位数"整体设计 / 141

第二节　"两位数乘两位数（1）"教学实践 / 151

第三节　"两位数乘两位数（2）"教学实践 / 156

第四节　"两位数乘两位数（3）"教学实践 / 160

第五节　"连除和连乘解决问题"教学实践 / 164

第六节　"两位数乘两位数"单元复习教学实践 / 170

第六章　三位数乘两位数

第一节　"三位数乘两位数"整体设计 / 177

第二节　"积的变化规律"教学实践 / 183

第三节　"常见的量（1）"教学实践 / 188

第四节　有关"速度"的数量关系教学实践 / 193

第五节　"三位数乘两位数"教学实践 / 198

第六节　"三位数乘两位数的最大值"教学实践 / 203

第七节　"三位数乘两位数"单元复习教学实践 / 207

第七章　面积

第一节　"面积"单元中融入"乘法"教学实践研究 / 217

第二节　"面积与面积单位"教学实践 / 226

第三节　"长方形和正方形面积计算"教学实践 / 231

第四节　"面积单位间的进率"教学实践 / 236

第五节　"铺地砖问题"教学实践 / 241

第六节 "面积"单元拓展课 / 247

第八章 四则运算

第一节 "四则运算"整体设计 / 255

第二节 "加法、减法的意义与关系"教学实践 / 262

第三节 "乘法、除法的意义与关系"教学实践 / 267

第四节 "括号"教学实践 / 273

第五节 "租船问题"教学实践 / 278

第六节 "四则运算"单元复习教学实践 / 283

第九章 小数乘法

第一节 "小数乘法"整体设计 / 291

第二节 "小数乘整数"教学实践 / 300

第三节 "小数乘小数"教学实践 / 306

第四节 "积的近似数"教学实践 / 311

第五节 "把乘法运算定律推广到小数乘法"教学实践 / 315

第六节 "小数乘法估算解决问题"教学实践 / 319

第七节 "分段计费问题"教学实践 / 324

第十章 分数乘法

第一节 "分数乘法"单元整体设计 / 331

第二节 "分数乘整数"教学实践 / 343

第三节 "整数乘分数"教学实践 / 348

第四节 "分数乘分数"教学实践 / 353

第五节 "小数乘分数"教学实践 / 358

第六节 "分数乘法中的简便运算"教学实践 / 362

第七节 "分数连乘解决问题"教学实践 / 367

第八节 "较复杂的分数乘法解决问题"教学实践 / 372

第九节 "分数乘法"单元复习教学实践 / 378

后记 / 383

第一章
小学乘法的意义

乘法作为四则运算中最基本的运算之一，既是对加法的优化，同时也体现了数学抽象的基本特征。一般地，我们会把乘法称为"求几个相同加数和的简便运算"，这种乘法概念在本章中我们称为乘法的基本意义。从乘法基本意义出发还可以延伸出新的乘法意义，在小学阶段主要有两类。第一类是在"倍的认识"时延伸出新的乘法意义："一个数的几倍是多少"和"一个数的几分之几是多少"，统称为"倍（率）的认识"背景下的乘法基本意义的延伸。第二类是由"长方形面积计算"延伸出的乘法意义，在长方形面积计算中出现的两个长度（长与宽）相乘得到的积表示的是面积，得到了一个新的计量单位，形成了乘法的几何意义。

因此，我们发现小学乘法意义并没有想象的那么单一，具有非常丰富的内涵。如果教师不能够搞清楚其内在联系与本质区别，在解决具体问题时，概括乘法意义下的各类数量关系就会有各种困惑或困难。

本章以人教版小学数学教材相关内容的梳理与分析为研究基础，首先对小学乘法基本意义进行梳理，指出需要完善之处，并形成改进后的乘法基本意义的教学思路。在此基础上，再对乘法的延伸意义进行梳理分析，以沟通与基本意义之间的关系，从而形成更加合理的学习路径。

第一节
乘法的基本意义

"表示几个相同加数和的简便运算叫做乘法",这是人教版小学数学教材四年级下册"四则运算"中对乘法的定义,在本章中我们称为乘法的基本意义,且在自然数的范畴下学习。从该定义中可以看出,乘法的基本意义与加法有直接联系,乘法的含义来源于加法,求乘法的积,特别是求表内乘法的积可以转化成加法后计算。那么,人教版教材是如何从加法学习出发编排乘法基本意义的学习呢? 通过教材分析梳理,可以分成前期渗透、乘法含义与乘法定义三个阶段。

一、渗透乘法的含义

按照人教版教材的学习序列,乘法的第一次学习内容编排在二年级上册,但乘法基本含义的渗透在之前的"10以内数的认识"中的分与合、加法计算与加法解决问题等学习中已悄然发生了。

(一)在数的分与合中渗透相同数

"10以内数的认识"中的分与合是加法与减法运算的基础。当数是偶数时,就会出现分成的两个数相同的情况。此时,教师可以结合图示,让学生观察后说一说某一种分法与其他的分法有怎样的差异。当学生找出分成的两个数相同的这一组时,进一步请学生用组合的方法反过说"2个几是几"。

图1-1是一年级上册第21页"分与合"的例题。把4朵向日葵放到2个筐里有几种情况,就是把4分成两个数的和有几种不同的情况。首先通过枚举可以发现有3种情况;接着请学生说一说中间的这种分法与另外两种分法比较有什么特点。学生说明分得一样多。然后教师反过来说明:4可以分成2和2,2和2组成4,也就是2个2是4。"2个2是4"这一种表达就渗透了乘法基本意义的表达形式。

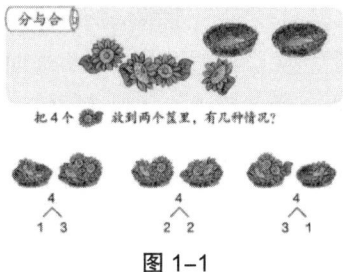

图1-1

（二）在加法计算中渗透几个几相加

两个或多个相同的数相加是加法计算中一种特殊的形式，对于此类计算，在审题或计算后的反思阶段，可以让学生说一说特征，并用"几个几"来表示出特征。

例如，一年级下册第七单元"找规律"练习二十第7题（图1-2），要求学生先找规律再计算。这里面有两个层次的规律，第一个层次是依据已知的四个算式进行观察，左边是3个相同的数连加，右边是连续减去3个相同的数；第二个层次是按照第一层次找到的规律填空后再计算。本题找规律的过程，可以看成用乘法含义表达规律的过程。

7. 找规律填数，再计算。

$4+4+4=$ $12-4-4-4=$
$5+5+5=$ $15-5-5-5=$
$□+□+□=$ $18-□-□-□=$

图1-2

（三）在加法解决问题中渗透乘法解决问题的数量关系

基于乘法基本意义的解决问题，就是已知每份数与份数，求总数。它的图示表征与文字表征有很大的区别。图示表征时，需要画出每份数与份数，两类数都要数出来，此时对应于加法算式更加直观；而如果用文字表征，每份数与份数要依据其中的关键词进行判断，此时对应于乘法算式反而简洁。

例如，一年级下册第77页例4（图1-3），从文字表征出发，这实际上就是一个用乘法来解决的问题，但是因为还没有学习过乘法，所以要求学生用连加或列表的方法解决问题（图1-4）。实际教学中，可以只出示例题中的文字内容，请学生读题审题，说一说已知什么信息，求什么，怎样求。引导学生分析，求一共折了多少个小星星，就是求"3个6是多少"。在此基础上让学生通过画一画、列一列等形式完成。

图1-3

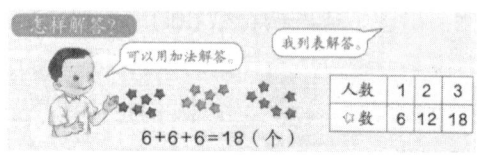

图1-4

总之，由于乘法的基本意义等同于"求相同加数和的简便运算"，因此在之前的相关学习过程中，要不失时机地进行"几个几的和"这一种表达形式的渗透，为真正学习乘法打下扎实的学习基础。

二、学习乘法的含义

"乘法的含义"在人教版教材中称为"乘法的初步认识"，安排在二年级上册。

通过创设连加解决问题的图示情境,从相同加数连加算式中概括出"几个几",再进一步用乘法表示"几个几",进而概括出乘法各部分的名称与含义。

(一)从连加算式中概括出"几个几"

仔细分析加法与乘法的关系,可以发现从"相同加数连加"并不能够直接得到"乘法算式",需要经历"几个几"这一种表达形式。因为在连加算式中,并没有直接得到相同加数的个数,需要通过数出相同加数的个数后,把连加算式概括成"几个几",才能得到乘法中的两个乘数。

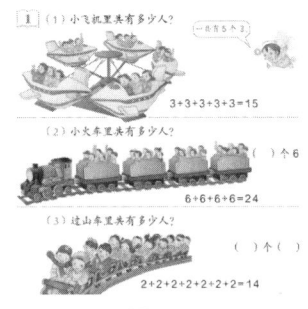

图 1-5

基于以上认识,二年级上册在学习"乘法的初步认识"时,首先安排了三个图示情境,依据问题列出连加算式,再概括出几个几(图1-5)。通过上述三个问题,让学生逐步感受到相同加数的连加具有同样的含义,即"几个几"。

(二)把"几个几"表示成乘法算式

结合图示用连加解决问题时,学生逐步感受到当加数个数越来越多时,连加的算式就会越来越长。能否既表示出"几个几"的含义,又比加法更加简洁呢?乘法就是在这样的背景下产生了。教材直接出示乘法算式,并指出其读法(图1-6)。这样的表达,学生看到一个加法算式用两个乘法算式表示,可能会误以为这个加法算式会有两个乘法含义。为此,在这两个乘法算式上面加上箭头,说明这两个乘法算式对应于本题只有一种含义,即"7个2"(图1-7)。

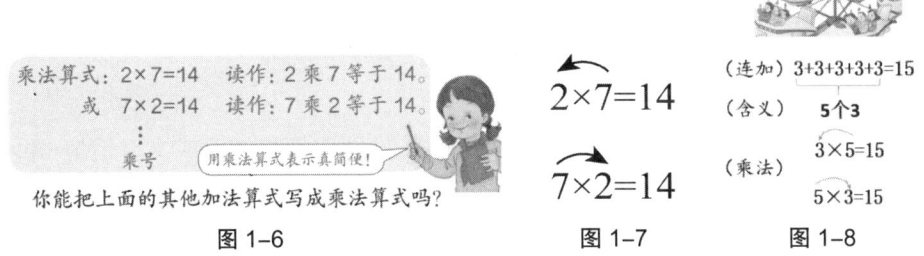

图 1-6   图 1-7   图 1-8

依据上面的经验,要求把"其他的两个加法算式也写成乘法算式"。值得注意的是,把上面加法算式写成乘法算式时,实际是依据概括的"几个几"写成乘法算式,即经历如图1-8所示的过程,其中"5个3"起着承上启下的作用。

(三)结合图示表征知道乘法的含义

这一个环节主要指例2(图1-9)的学习。教材编写时省略了数出一共有"几个几"这一步骤。实际教学时,可以依据图1-9的经验,数出"几个几"后再写乘法算式,并依据含义标注上箭头(图1-10)。

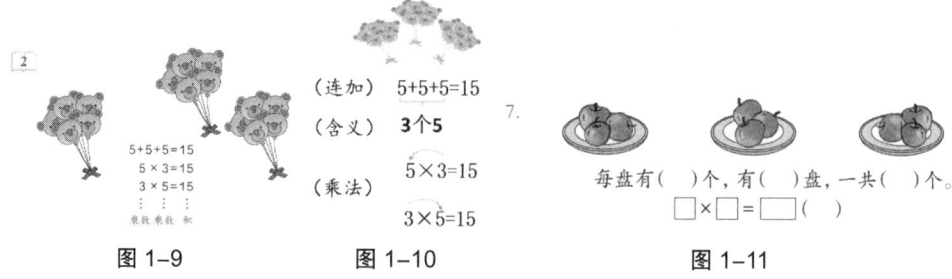

图1-9　　　　　图1-10　　　　　图1-11

可以发现,例1第1小题表示的图1-8与例2表示的图1-10的乘法算式相同,但是加法算式不同。也就是说,一个乘法算式可以对应于两个不同的加法算式,表示了两种含义。另外,当两个乘数相同时,对应的加法算式只有一个,这又是乘法算式中的特例。这种特例也可以结合具体例子让学生具体感知,如教材第50页练习九第7题(图1-11)就是这样的一个例子。对于本题还可以更加深入地进行分析,请学生先说一说这个算式的意思,学生回答是"3个3";再依据题意写出相应的加法算式;最后依据乘法算式想一想还可以写出其他的加法算式吗,为什么。通过讨论,发现这一乘法算式中的两个乘数相同,所以只能够写出一个加法算式。

三、概括乘法的定义

从二年级的乘法初步认识到四年级的乘法定义,间隔了两年的时间,在此期间,关于乘法学生又学习了"多位数乘一位数""两位数乘两位数"与"三位数乘两位数"。另外,在"倍"与"面积"这两个单元中也有关于乘法的内容。但是,关于乘法的定义,还是以二年级乘法初步认识作为学习基础。

(一)回顾加法与乘法的联系

图1-12是四年级下册"四则运算"例2,把图示情境转化成文字情境,再用加法与乘法分别解答。这样的过程,回顾了相同加数连加与乘法的关系,为概括乘法的定义做准备。

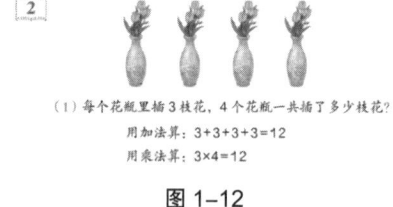

图1-12

同时,我们也要认识到,解决问题中的列式解答来源于数量关系,有具体的情境,而乘法的定义是从数的视角进行抽象。因此,通过审题得到解决问题的思路,不仅是数量关系,还应该是乘法的含义,即"求一共有多少朵花"就是"求3个4是多少",再依据含义用加法与乘法分别列式解答。

（二）尝试用加法定义乘法

紧接着，教材从加法计算的特征及其与乘法的关系，概括出乘法的定义，以及各部分的名称（图 1-13）。从一个例子概括出乘法的定义，显然不是形成概念的最好方式，应该再列举几个同样的问题，在寻找相同点的过程中概括出乘法的定义。并且，后续再举的例子不需要用解决问题的形式，可以直接是相同加数连加的计算题，让学生在计算的过程中自然地想到转化成乘法计算更加简便，从而概括出乘法的定义。例如，计算 5+5+5+5，4+4+4+4+4 等，学生依据经验，会把它们先转化成乘法后计算出结果。教师提问为什么这样想，依据学生的回答可以自然地概括出乘法的定义。

求几个相同加数的和的简便运算，叫做乘法。

图 1-13

（三）结合等式概括各部分关系

结合乘法各部分名称，得到乘法各部分之间的关系（图 1-14）。显然，依据乘法的定义只能够得到第一个关系式，第二个关系式需要与除法联系起来，是除法定义的等式模型。教材把乘法解决问题改写成两个除法解决问题，解决问题后再与乘法的定义进行比较，依据除法与乘法的关系概括出除法的定义（图 1-15），图 1-14 中的第二个关系式就在这样的过程中产生了。

乘法各部分间的关系：

积 = 因数 × 因数
因数 = 积 ÷ 另一个因数

图 1-14

（2）有12枝花，每3枝插一瓶，可以插几瓶？
12÷3=4

（3）有12枝花，平均插到4个花瓶里，每个花瓶插几枝？
12÷4=3

已知两个因数的积与其中一个因数，求另一个因数的运算，叫做除法。

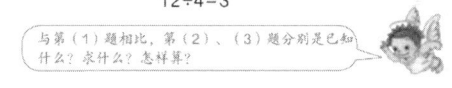

图 1-15

与定义乘法的思路相同，完成图 1-15 的解决问题后不直接概括除法的定义，而是让学生再由连加算式概括出的乘法计算题推导出相应的两个除法计算题，在此过程中先概括出关系式：积÷一个因数＝另一个因数；再依据关系式用文字表示出除法的含义，概括出除法与乘法的逆运算关系；最后依据两个除法算式推导出两个用"被除数""除数"和"商"表示的关系式（图1-16）。

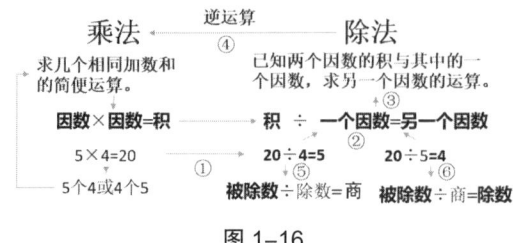

图1-16

总之，乘法作为四则运算中的核心概念之一，对于它的学习不是一蹴而就的，而是随着学生认知水平的提升与数学知识的积累有层次地推进。在此过程中，每一个阶段的学习都要顺应学生的认知水平，逐步抽象概括，经历感知、认识到理解这样一个过程。

第二节
乘法基本意义的完善

显然，乘法的基本意义与"相同加数连加"有着联系。但是，如果以此作为乘法的定义，会发现有一些乘法的含义不能够写成连加的形式。也就是说，要对乘法的基本意义重新思考与完善，以利于把乘法的所有例子都能够纳入其中（注：这里指的是整数乘法）。另外，在乘法的定义中，还有一个"集合"语言下的乘法定义，用这个定义可以更好地解释两个乘数不同的乘法算式为什么可以有两种不同的含义。这是对乘法基本意义的补充，也为后续学习长方形面积计算公式中的乘法含义作铺垫。

一、构建"数数"模型完善乘法基本意义

图1-17中的前两个图示，分别是人教版教材中学习加法与乘法的两个情境图，都代表着合并，但第二个图中的每份数相同，还可以直接用乘法表示。从第二个图出发，把图中的气球成束地减少，分别变成"1束"和"0束"。此时，依据图意，可以得到是"1个5相加"和"0个5相加"。依据题意，它们不可能列成加法算式，但是可以列成乘法算式，图1-17中的后两个图示就是其思考过程。通过上述例子，认识到对乘法的基本意义还需要重新思考与完善。

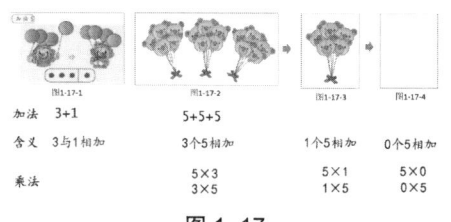

图 1-17

（一）通过补充乘法性质进行完善

我们把"1个5相加"与"0个5相加"的问题概括为"$1 \times a$"和"$0 \times a$"的问题。并且，第一节中讨论的范畴在自然数范围内，所以下面的讨论也是在这一范围内进行。

自然数集合上的乘法是加法的简单运算。比如，12=4×3 是由 12=4+4+4 产生的，是 3 个 4 相加的简便计算。一般地，对于 $a \in \mathbf{N}, b \in \mathbf{N}$，有

$$a \times b = c \longleftrightarrow \underbrace{a+a+\cdots+a}_{b \text{ 个}} = c。$$

其中，"连加"表示有 b 个 a 相加，因此左边的乘法是 b 个 a 相加的简便运算。

基于这样的运算，可以得到两个基本性质：对于任何 $a \in \mathbf{N}$，有

$$0 \times a = 0,\ 1 \times a = a。$$

这两个性质构成了乘法运算的基本特征，近代数学所定义的任何乘法（包括矩阵乘法）都保留了这两个性质。

以上是史宁中教授主编的《基本概念与运算法则——小学数学教学中的核心问题》一书中阐述"自然数集合上的乘法"的内容。从中可以看到，原来"$0 \times a = 0$"和"$1 \times a = a$"这两种乘法本身就不包括在乘法的基本意义之中，需要进行补充。

（二）剖析教材编写策略

就数学而言，补充两则乘法性质的方法，让自然数集合下的乘法变得完整。那么，在数学教学中可行吗？一起来看人教版教材中的处理方式。在"乘法初步认识"中没有出现以上两个乘法形式，也就是说采用了回避的策略。但是，"表内乘法"就没有办法回避"$1 \times a = a$"的乘法形式。例如，"5 的乘法口诀"（图 1-18）中，用 5 个一组的"福娃"抽象成点子图，以及 5 的累加示意图得到"$1 \times 5 = 5$"。如果与上一节课中乘法的含义相观照，"1 个 5 相加"是没有对应的加法算式的。因此，上一节中的乘法含义并没有包含这一个例子的含义。

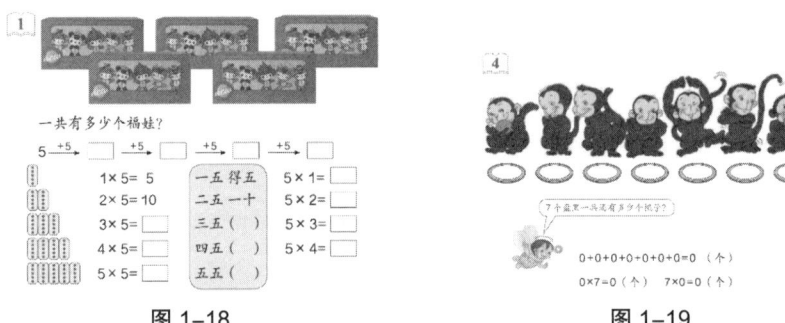

图 1-18　　　　　　　图 1-19

至于"$0 \times a = 0$"，人教版教材要到三年级"多位数乘一位数"时进行教学（图 1-19）。显然，这里的"0×7"是看成"7 个 0 相加"，但是没有解释"0 个 7"的含义。

综上所述，"$0 \times a = 0$"和"$1 \times a = a$"这两个乘法算式所表示"0 个 a"与"1 个

a"的含义在教材中并没有真正出现。那么,是否有策略可以把这两个含义也纳入到乘法的教学中,同时又不是作为补充呢?

(三)让乘法经历"数数"

反观图1-17的后两幅图示,是怎样得到"1个5"和"0个5"的呢?应该是结合图示进行"数数"得到的。诚然,"数数"产生了自然数——自然数是一个行为或一个过程反复出现的次数的标记。从这个定义可以体会到,这里的"数"是"一个一个地累加着数"得到的,而乘法中的"数数"则是"几个几个累加着数"形成的。

如图1-20,解答第一个问题"有几张桌子"时,就是一张一张地累加着数是3张,表示"3个1张",一般直接用"3张"表示。诚然,后面两个问题也可以依据图示"一个一个地累加着数",但如此就不可能出现加法与乘法运算了。因此,当"求有几条凳子"时,结合图示中的具体情境,也可以用"3"来表示,是"3个4",

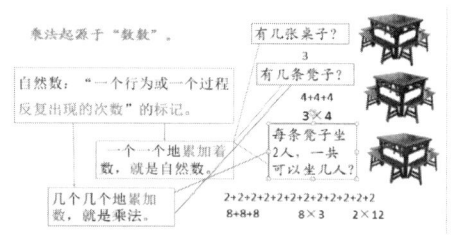

图1-20

按照"1个4,2个4,3个4"这样"数数"得到,而且这里4条4条地数,可以先写成连加"4+4+4"后数,也可以直接从图示中数。正因此,图1-17中的"1个5相加"与"0个5相加"就是通过从图示中"数数"得到的。

总之,把乘法与"数数"联系起来,就可以把两则乘法性质与乘法的基本定义构建为一个整体,让学生不仅感受到乘法算式是相同加数连加的简便写法,同时体验了数学模型思想的内在魅力。我们也可以把乘法基本意义称为"数数"模型。

二、用"坐标"模型丰富乘法基本意义

在乘法基本意义的梳理中我们发现,两个乘数不同的乘法算式可以表示两种不同的含义。在"数数"模型下,需要用两个图示表示,如前文中"3×5"表示的两个含义"5个3""3个5"有不同的图示。是否有一种图示可以综合这两种含义呢?"坐标"模型就是这样的图示。

(一)"集合"语言下的乘法定义

这里称的"坐标"模型来源于"集合"语言下的乘法定义:自然数a乘自然数b得到乘积$a×b$,就是a所代表的集合A与b所代表的集合B所形成的笛卡尔积的基数。

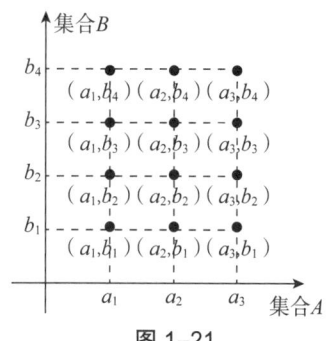

图1-21

怎样理解上述乘法定义的含义呢？让我们举一个例子。图 1-21 就是"笛卡尔积"的一个例子。集合 A 有 3 个元素，分别是 a_1、a_2 和 a_3，集合 B 有 4 个元素，分别是 b_1、b_2、b_3 和 b_4，它们分别标注于"笛卡尔坐标（即直角坐标）"的横轴与纵轴，"笛卡尔积"元素就是横轴与纵轴交织形成的 12 组数对：(a_1, b_1)；(a_1, b_2)；(a_1, b_3)；(a_1, b_4)；(a_2, b_1)；(a_2, b_2)；(a_2, b_3)；(a_2, b_4)；(a_3, b_1)；(a_3, b_2)；(a_3, b_3) 和 (a_3, b_4)。"笛卡尔积的基数"就是数对的组数 12，具体可以用图 1-22 表示。

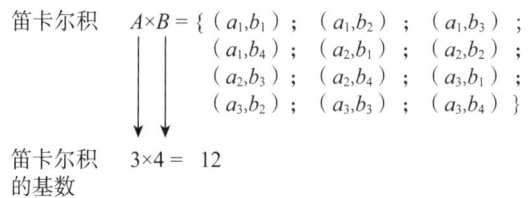

图 1-22

（二）"坐标"模型的基本特征

"集合"语言下的乘法定义，我们称为"坐标"模型。因为它是建立在直角坐标体系中的，还可以称为"点阵"模型；因为它所代表积的数对在坐标中就是一个个的点，这些点有序地排列，正好成为一个长方形，还可以称为"矩阵"模型。这些名称都体现了"集合"语言下的基本特征。

1. 基于二维的乘法意义

乘法基本意义下的两个乘数分别表示每份数与份数，如果把这两个数抽象成几何图形，是一维的线段，每份数表示其中的一段，份数表示有这样的几段。集合语言下的乘法定义建立在直角坐标的基础上，它是二维的一个面，每一个点是纵、横两个维度的交点。

图 1-23 中左、右两个图示都表示了"坐标"模型下"3×4"的含义。左图中可以提出用乘法的问题"一共有多少个点"，右图中可以提出乘法问题"一共有多少个字"。这里左图中的每一个点与右图中的每一个字都有特定的位置。

图 1-23

2. 综合了乘法算式的两种含义

"集合"语言下的乘法定义建立起一个直观的二维数学模型。在这个模型下，如何得到两个集合中的元素相乘的积呢？从计算的角度，需要转化成"数数"模型。

如图 1-23，在计算"一共有多少个点"或"一共有多少个字"时，通过"数数"可以得到一共有 3 个 4——每行有 3 个点（或字），有 4 行；也可以得到一共有 4 个 3——每列有 4 个点（或字），有 3 列。也就是说，"3×4"的两种含义在同一个图中同时得到了体现。

3. 积的含义发生质的变化

让我们回过头来再仔细观察图1-21，是否发现坐标中的每一个点各不相同，有了特定的含义？图1-23中右图的两个"性"，从数量上虽然都表示"1"，位置却是不同的，不仅仅具有数的含义，也具有空间的含义。

也就是说，积的含义与两个乘数的含义比较，已经发生了质的变化。这一种特征在长方形的面积计算公式中得到了最为显著的体现，长方形的面积 = 长 × 宽，长与宽表示长方形相邻两条边的长度，它们相乘得到的积却表示面的大小。

总之，以上三个方面的特征反映了"坐标"模型下的乘法意义不同于"数数"模型下的乘法意义。在乘法学习的过程中，需要认清两者各自的特征，并在学习中凸显，以更好地理解乘法的意义。

（三）"坐标"模型是"数数"模型的几何表达

下面，让我们一起来讨论"坐标"模型与"数数"模型这两种乘法含义之间的关系。经过对两种模型的比较，我们概括为"坐标"模型是"数数"模型的几何表达。在学习过程中，一般先学习"数数"模型下的乘法含义，再学习"坐标"模型下的乘法含义。后者的乘法含义是建立在前者的基础上，并且后者相对于前者更加复杂一些，因为"数数"模型下数出"几个几"是单一的一种数法，而"坐标"模型下的"数数"则要先确定用哪一种含义来数。

总之，集合语言下的乘法定义构建了数与形之间的联系，乘法的意义本质上是数与数进行合并时的一种运算。通过"坐标"模型，让乘法意义有了二维的空间内涵，也为更好地理解长方形面积计算公式中的乘法意义找到了学习路径。

三、从"数数"模型过渡到"坐标"模型学习乘法基本意义

通过"数数"模型把不能用加法表示的"1个a"与"0个a"纳入乘法意义之中，又引入集合语言下的乘法定义，进一步完善了对乘法意义的认识。基于这些认识，在乘法初步认识一课中，可以在学习"数数"模型下乘法含义的基础上，过渡到"坐标"模型下乘法含义的学习。

（一）多元表征建立"数数"模型

图1-24是依据图示情境逐步建立"数数"的乘法基本含义。首先，依次出示图示情境，请学生说一说图中有哪些信息，可以提出什么数学问题。接着，依据其中的图示与文字情境抽象成示意图进行表征；用连加的形式表示出解决问题的思路；说一说图示情境、文字情境、图示表征与连加所表示的意思有什么相同的地方，概括出都表示了"几个几"。按照上面的几个步骤完成后，依据它们的共同

点归纳出乘法的表示形式。

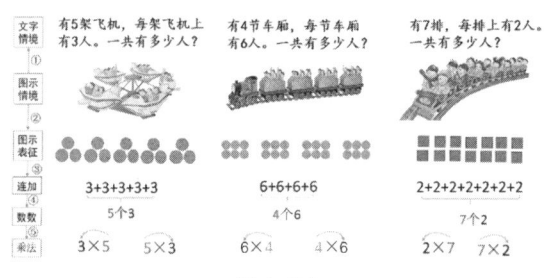

图 1-24

从图示情境到图示表征再到连加，都在经历"数数"的过程，但此时的"数数"都与相同加数连加相联系。

（二）再认图示引出"坐标"模型

图示表征的过程中，结合图示情境的特点，请学生再观察图 1-24 中的第 3 幅图示，引导学生结合图示横着数，发现分成 2 行，每行 7 人，"求一共有多少人"的加法算式就是 7+7，表示"2 个 7 相加"，乘法算式是"2×7"或"7×2"（图 1-25）。

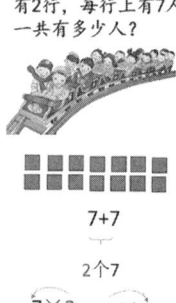

图 1-25

接着，请学生比较图 1-24、图 1-25，说一说为什么同样一个图示可以有两种不同的含义。观察后引导学生发现，排成一个长方形后可以横着一行一行地数，也可以竖着一列一列地数。进一步观察图 1-24 中的第一个问题，想一想会不会有两种不同的数法。在观察比较的过程中，进一步凸显"坐标"模型的特点——有两种不同的"数数"模型。

（三）逐步变式完善"数数"模型

从乘法的基本意义需要经历"数数"这一个视角出发，可以把两个乘法的性质融合到乘法的基本性质之中，即"几个几相加"可以写成"几乘几"。二年级"乘法初步认识"一课中可以在练习巩固阶段设计图 1-26 这样的一组练习，请学生"数一数"填出有"几个几"，再依据几个几写出乘法算式与加法算式。完成后想一想，后面的两个图示为什么不能够写出加法算式？通过这样的练习，让学生感受到乘法不仅仅是相同加数连加的简写形式。由图 1-26 的解决过程，请学生说一说依据图示写乘法时的思路。学生指出要先数一数，一共有"几个几"就写成"几乘几"。

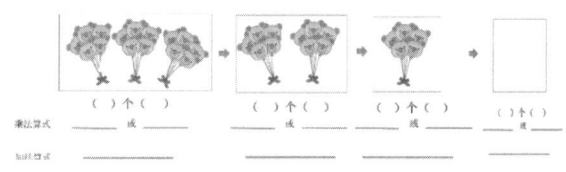

图 1-26

对乘法基本意义的完善给我们以启示,数学本体性知识、数学教学内容与数学教学过程之间有密切的联系,又有不同的教学功能。理解数学本体性知识有利于我们更好地理解教材编写的内容和可以完善的地方;钻研数学教学内容是对相应的数学本体性知识的教育学化,需要依据学生的年龄特点进行学习材料的选择与组织;精心设计数学教学过程则是让学生经历数学知识的产生、形成、发展与完善的过程。

第三节
乘法基本意义的延伸

张奠宙先生认为,小学乘法的含义大致包括三种:份数与一份量相乘;长度 × 长度 = 面积;倍。就小学乘法而言,这些含义并不并列,而是基本意义与延伸意义的关系。梳理教材发现,乘法的基本意义与延伸意义之间构建起如图 1-27 所示的结构图示,其中左上角的学习内容是乘法的基本意义;右上角的学习内容是乘法在"倍"中的意义;右边从上到下第 2 个图示的学习内容是乘法在长方形面积计算中的意义;左下角的学习内容是在"乘数倍"的基础上延伸出的"分数倍"中乘法的意义——求一个数的几分之几是多少;右下角的学习内容是"小数乘小数",但没有产生新的乘法意义。

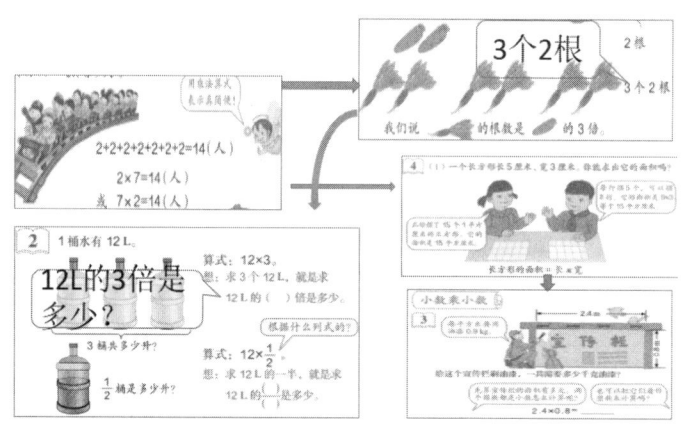

图 1-27

一、"倍的认识"中的乘法是"数数"模型的延伸

人教版教材将"倍"安排在三年级上册,编排有 3 个例题,分别是"倍的认识""求一个数是另一个数的几倍的解决问题"和"求一个数的几倍是多少的解决问题"。其中,第 1 个例题与第 2 个例题都是用"倍"来表示两个数比较后的关系。

（一）由差比引出倍比

如图1-27右上角所示，从图示信息中可以得到"胡萝卜有2根，红萝卜有6根"。依据这两个信息，怎么才能够让学生想到"倍"呢？可以采用以旧引新的策略。先引导学生依据图示比较这两个数据，想一想可以提出哪些已经学习过的问题。学生由原有的学习经验可以提出"胡萝卜比红萝卜少多少根"或"红萝卜比胡萝卜多多少根"，概括为"红萝卜和胡萝卜相差多少根"。再进一步提问：仔细观察图示，你还能够提出什么新的问题？依据对"倍"的感知，部分学生会提出"红萝卜根数是胡萝卜的多少倍"。

（二）由"几个几"到"几倍"

"倍"是一个数学术语，同时也是一个日常用语，学生在日常生活中对"倍"有一定的了解。因此，学生会自主地如图1-27右上角的形式进行解释，逐步形成如下的思路：把2根胡萝卜看成1份，红萝卜根数有这样的3份，也就是有"3个2根"，就是3倍，即"红萝卜的根数是胡萝卜的3倍"。

从"3个2根"到"3倍"，从原有的"乘法意义"转化成"倍的认识"。接着教材安排白萝卜的根数（10根）与胡萝卜的根数（2根）进行比较，白萝卜的根数是胡萝卜的5倍。举例过程中完善思路，感受到"乘法意义"与"倍的认识"的联系和区别。

（三）由"份总"关系到"倍数"关系

例2的教学中，同样是求"倍"，却应用了除法的数量关系（图1-28），可以体会到"倍的认识"与"求倍数"既有联系——都是关于"倍"的内容，又有着十分明显的区别——获得"倍"的思路不同。

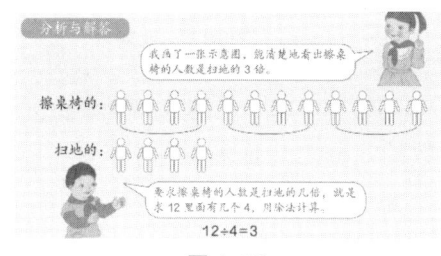

图1-28

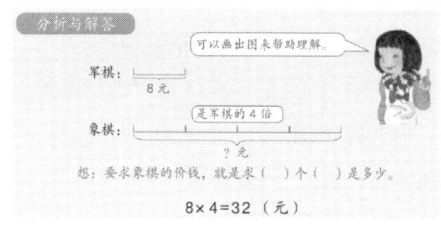

图1-29

因此，真正从"倍"中延伸出乘法的意义，则是例3"求一个数的几倍是多少"（图1-29）的数量关系：一倍数 × 倍数 = 几倍数。这一数量关系可以看成是乘法意义的延伸在新问题情境下的应用。乘法的基本意义对应的数量关系是"每份数 × 份数 = 总数"。因为"每份数"是总数中的一个部分，所以本质上还是"部分数"与"总数"的关系。

而在"倍的认识"中,是"两个并列的数"进行比较,转化成"部分数"与"总数"得到"倍",再经历求"一个数的几倍是多少"形成新的数量关系,从而延伸出新的乘法意义。

二、"长方形的面积"是乘法中"坐标"模型的几何含义

一般认为,"长方形的面积计算"在"图形与几何"学习领域,而"乘法的意义"在"数与代数"学习领域,不可能是乘法意义的延伸,最多是乘法的应用。如果仔细分析"乘法意义"下的数量关系(每份数 × 份数 = 总数)、"求一个数的几倍是多少"的数量关系(一倍数 × 倍数 = 几倍数)与长方形的面积计算公式(长 × 宽 = 长方形的面积),会发现后者的乘法意义与前两者都有着本质的区别。

(一)比较分析,理解本质

下面以"5×3=15"为例,分别创编"乘法的基本意义""一个数的几倍是多少"和"长方形的面积"为数量关系的解决问题,从具体例子中发现长方形面积计算公式的本质特征。

从图 1-30 可以发现,三个解决问题都用乘法的数量关系,但是图示表征的形式不同。求"一个数的几倍是多少"由原来的一条线段图表示"份总"关系,变成了用两条线段图表示"倍比"关系,但是两者可以进行互相转化。"求每支钢笔多少元"就是"求 5 元的 3 倍是多少元",也就是"求 3 个 5 元是多少元"。"求买 3 支要多少元",就是"求 3 个 5 元是多少元",也可以是"求 5 元的 3 倍是多少元"。后一种转化方式也是六年级学习"求一个数的几分之几是多少"时需要经历的(图 1-27 的左下部分)。

但是,长方形面积中的图示就不仅仅是线段的长短关系,还有面的大小,也就是由两组一维的线(长与宽)围成了二维的面。计算中乘数与积的关系也发生了本质的变化,两个因数各表示的是两组线的长度,用长度单位,积却是"面积",用面积单位。也就是说,积表示的意义与两个因数的意义都不相同,形成了一个新的意义。而前两个算式中,积的单位与"每份数"或"一倍数"的单位相同,说明积的意义没有发生变化。因此,长方形面积计算中的乘法与前两类已经有了本质的区别。

（二）运用转化，构建模型

从分析比较中可以发现，长方形面积计算公式中的乘法意义与乘法的基本意义以及乘法的延伸意义——一个数的几倍是多少有着本质的区别。但在实际教学中，还是要与乘法的基本意义构建起联系。

如图1-31，长方形面积计算公式的推导经历了数学建模的过程。在学习过程中出现了两个数量关系，第一轮出现的数量关系是依据乘法的基本意义所得，用1平方厘米的正方形密铺，长5厘米表示每行可以铺5个，宽3厘米表示有这样的3行；第二轮出现的数量关系是长方形的面积计算公式，这是依据"长"与"每行个数"、"宽"与"行数"之间的对应关系抽象概括得到的。当然，如果只用这一个例子得到长方形面积计算公式，只能说是一种猜想，还需要再举例子进一步验证，图1-32就是教材中安排的举例验证与得出结论的学习素材。

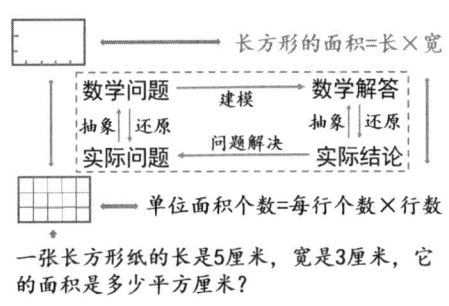

图 1-31

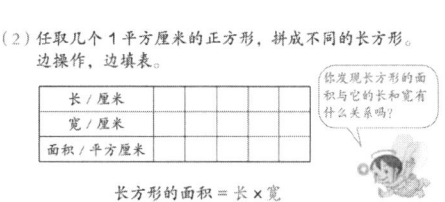

图 1-32

（三）实际应用，凸显本质

这里的实际应用可以分成两层，第一层是直接应用，即直接应用计算公式解决问题；第二层是适度变式，即在应用计算公式解决问题时，对于其中的信息或问题进行适当变化，对计算公式有更灵活的应用或对计算过程有更本质的认识。

图1-33是教材中安排的利用长方形面积计算公式的一个环节。左边一题是直接应用，完成后可以让学生把长方形分割成边长是1厘米的小正方形，还原成乘法基本意义背景下的数量关系进行验证。右边一题则是变式，通过测量发现长与宽相等，用长方形面积计算公式计算出结果后，可以进一步总结出正方形面积计算公式。

除此之外，为凸显公式的计算本质，还可以出示如下的问题：

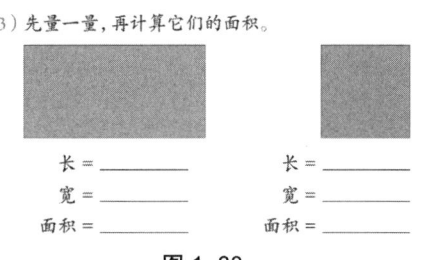

图 1-33

一张长方形餐桌，桌面长 14 分米，宽 90 厘米，需要配上与桌面同样大小的玻璃。求这块玻璃的面积。

此问题中，长与宽的单位不相同，学生在独立计算时往往会出现如下两种错误：14×90=1260（平方分米），14×90=1260（平方厘米）。可以将错就错出示图 1-34，并把计算中的面积单位依据图示进行改变：14×90=1260（分米 × 厘米）。引导学生讨论：如果把"分米 × 厘米"作为一个面积单位是否可以？讨论后认为可以，但这样面积单位就变得太复杂了。进一步出示图 1-35 与图 1-36，以及两种统一单位后的计算过程：14×9=126（分米 × 分米），140×90=12600（厘米 × 厘米）。其中，面积单位采用长度单位相乘，再分别与相应的"平方分米""平方厘米"进行比较，体会到后者的表达形式就是指两个长度单位相乘。五年级学习长方体的体积公式时，还可以应用这一经验，即"立方米"表示"米 × 米 × 米"。

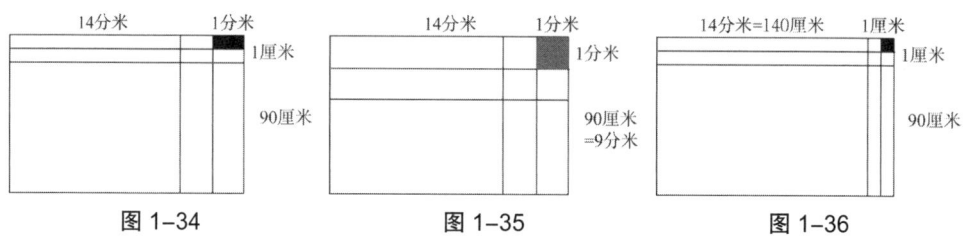

图 1-34　　　　　图 1-35　　　　　图 1-36

总之，把长方形的面积计算公式纳入乘法基本意义的延伸，可以更加完整地构建小学乘法意义体系。同时，作为乘法意义延伸的长方形面积计算公式，也为下文中将要阐述的"集合"语言下的乘法定义找到了一个现实的原型。

三、"求一个数的几分之几是多少"是倍含义的再延伸

"求一个数的几分之几是多少"与"求一个数的几倍是多少"有相同的结构特征，但是所求的积又有相反的变化方向。即"求一个数的几倍是多少"在整数范畴下学习，所得到的积比"一倍数"大；"求一个数的几分之几是多少"在分数范畴下学习，所求的积比"单位1"小。如何把这两个数量关系进行沟通，实现乘法意义的再延伸呢？教材编排了例 2 和"做一做"的组合，让学生经历"起、承、转、合"的解决问题的过程（图 1-37），从而形成在分数范畴下的乘法意义。

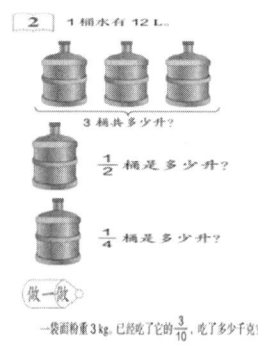 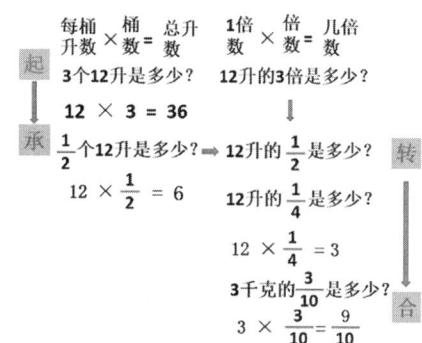

图 1-37

（一）起：结合情境回顾乘法基本意义

例 2 是由三个问题组成的题组，其中第 1 题"一桶水 12 升，3 桶共多少升"，让学生利用乘法的基本意义，得到"求 3 桶的升数"就是"求 3 个 12 升是多少升"，相应的数量关系是"每桶升数 × 桶数 = 总升数"。

（二）承：迁移数量关系解决新的问题

第 2 个问题"$\frac{1}{2}$ 桶是多少升"中，"$\frac{1}{2}$ 桶"虽然是一个分数，但是也可表示桶数，因此可以迁移第 1 题总结的数量关系，列出算式"$12 \times \frac{1}{2}$"，用上一节课中的"分数乘整数"计算法则计算。

（三）转：利用倍的意义转化数量关系

用迁移乘法基本意义下的数量关系解决问题，并不能够真正得到分数乘法中新的数量关系。为此，需要把"求 $\frac{1}{2}$ 桶是多少升"转化成"求 1 桶的 $\frac{1}{2}$ 是多少升"。相对应的，需要把第 1 题的问题"求 3 桶是多少升"转化为"求 1 桶的 3 倍是多少升"，让学生体会"求 1 桶的 $\frac{1}{2}$ 是多少升"的数量关系迁移自"求 1 桶的 3 倍是多少升"的数量关系。

第 3 个问题"求 $\frac{1}{4}$ 桶是多少升"，让学生利用"求 $\frac{1}{2}$ 桶是多少升"的经验，把问题转化成"求 1 桶的 $\frac{1}{4}$ 是多少升"后解决。

（四）合：创设情境形成新的数量关系

在例 2 的学习中，结合"起、承、转"，通过迁移、类比、转化等思想方法，形成"求一个数的几分之几是多少"的分数乘法的数量关系，同样经历了从"分数量"转化成"分数率"这样一个思考过程。"做一做"则是完整的"求一个数的几分之几是多少"的问题,在解决这一问题的过程中,真正形成"求一个数的几分之几是多少"的数量关系,形成分数乘法的意义。

对于乘法三种含义之间关系的梳理给我们以启示,数学核心概念往往会有多种含义,并且这些含义之间会有基本意义与延伸意义之分,由此形成了数学核心概念学习的一条路径,即首先学习其基本意义,然后进行情境变式,以具体情境为背景,以原有概念内涵为基础,结合新的情境,丰富概念的内涵,最后逐步形成核心概念的认知体系。

第二章
表内乘法

"表内乘法"是人教版教材二年级上册一个重要的学习内容。基于学生对于乘法口诀已经有了一定的学习基础这一现实,对单元内容进行了整合。以"乘法需要经历数数"这一基本认识,对乘法含义的认识序列进行了调整。根据"算用结合"的思想,把乘法口诀的学习与乘法解决问题有机结合,实现以乘法含义为基础,以乘法口诀为工具,以解决问题为目标的课堂教学样式。

第一节
"表内乘法"的整体设计

"表内乘法"是人教版教材二年级上册一个重要的学习内容,安排了两个单元——表内乘法(一)和表内乘法(二),共 14 个例题,13 组练习,共 38 页,占教材总页数(105 页)的 36.2%。这些内容主要分成三个部分:乘法的初步认识,乘法口诀和计算,乘法解决问题。其中,乘法口诀的学习与记忆占很大的比重。但是,调查得到的现实情况是,在学习表内乘法之前,超过 80% 的学生已经能够按照一定的顺序熟背口诀。基于这样的学情,有必要在照顾到零起点学生学习的情况下,把教材编排的乘法口诀与解决问题进行适当整合,更好地体现乘法含义、计算与应用的一体化,提高课堂教学效率。

一、教材内容的重新梳理

"表内乘法"虽然分成两个单元,但是从结构上来讲还是可以看成一个整体。因此,把它们作为一个整体进行内容的梳理分析。

(一)分门别类,明确目标

两个单元按照学习内容可以分成三个板块,分别是乘法的初步认识、乘法口诀和计算、乘法解决问题。按此三个板块,对每一道例题以及对应的学习目标梳理如下表(带 * 号的是表内乘法(二)中的例题,下同)。

板块	例题	学习目标
乘法的初步认识	例 1 乘法的含义 例 2 乘法各部分名称	结合具体情境,由相同加数连加概括出乘法的含义,并知道乘法各部分的名称
乘法口诀和计算	例 1 5 的乘法口诀	依据有关 5 的乘法算式编写 5 的乘法口诀,概括乘法口诀的结构,记忆口诀并能够用口诀进行计算,解决简单的问题

（续表）

板块	例题	学习目标
乘法口诀和计算	例2—例4　2、3、4、1的乘法口诀；例6　6的乘法口诀 ＊例1　7的乘法口诀 ＊例2　8的乘法口诀 ＊例4　9的乘法口诀	依据相应的乘法自主创编口诀，记忆口诀并能够利用口诀进行计算，解决相应的简单的问题
乘法解决问题	例5　乘加、乘减	结合具体情境，利用5—1的乘法口诀进行乘加、乘减的混合运算
	例7　加法、乘法解决问题的比较	在1至6的乘法口诀的学习基础上，通过具体问题，比较加法和乘法解决问题的区别
	＊例3　求总价的问题	在学习8的乘法口诀之后，结合具体情境，概括已知"单价""数量"求"总价"的解决问题
	＊例5　乘加、乘减解决问题	在9的乘法口诀的学习基础上，结合具体情境，会用乘加或乘减解决问题

按教材编排，乘法口诀新授课的学习有6个课时，占了总新授课时（11课时）的一半多。除了5的乘法口诀需要探究口诀的编写规律外，之后的乘法口诀均可以由学生按照规律自主编写。这里把乘加、乘减也列入解决问题之中，因为这是基于图示形式的列式计算，与"＊例5"的基本结构相同。解决问题中的"例7"和"＊例3"就乘法解决问题而言，前者可以用"以一当一"的示意图表示，后者则把每份数看成一个整体——"每个铅笔盒8元"来表示，更加抽象。

（二）梳理序列，明晰联系

以上三个板块把乘法口诀的学习与解决问题交替编排，"先算后用"是其基本思路，具体序列如下。

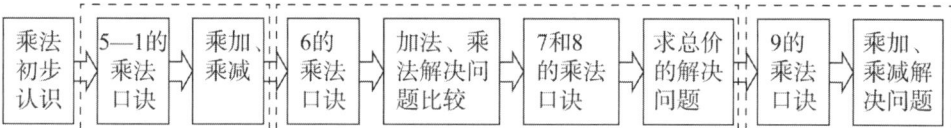

在乘法初步认识的基础上，后两个板块可以分成如虚框中的三轮。第一轮是学习5—1的乘法口诀，再结合图示列出乘法或乘加、乘减的计算题进行计算；第二轮是学习6—8的乘法口诀，并依据文字叙述还原图示学习乘法解决问题，并与两数相加的解决问题相区别；第三轮是学习9的乘法口诀，再结合图示用乘加或乘减解决问题。显然，每一轮的学习均是以乘法口诀作为起点，以解决问题作为具体应用。

这样乘法口诀与解决问题交替进行，客观拉长了乘法口诀的学习时间，适合于对乘法与乘法口诀处于零起点或低起点认知的学生的学习。

（三）依据学情，明了问题

显然，对于口诀能够熟练背诵的学生，这样小步子交替式学习不能激发学习的积极性。同时，解决问题也显得较为松散，如"乘加、乘减"与"乘加、乘减解决问题"放在解决问题的开头与结尾，不能够很好地体现两个内容的延续性；乘法计算与乘法解决问题分课教学，不能够很好地体现"算用结合"的思想。

深入钻研教材，细致了解学情，是进行单元整体设计的基础。通过上述梳理与分析，可以发现"表内乘法"的教材编排与学生学情不够匹配。虽然不鼓励学生课前用机械的方法记忆乘法口诀，但同时也要尊重事实，对教材的编排进行合理的重构。

二、教材内容的重新建构

基于上述分析，可以把乘法口诀的学习与解决问题进行合理整合，即把乘法口诀与解决问题在一节课中同时教学，让少部分没有乘法口诀基础的学生也能够按部就班地、扎实地学习乘法口诀，而已经记忆了乘法口诀的学生在复习回顾的基础上能够在解决问题的过程中进行应用。新课与复习课的设计如下表所示（带＊号的是表内乘法（二）中的例题）。

课时	课题	内容
1	乘法的初步认识	乘法初步认识中的例1、2（不包括乘法各部分名称）
2	5—1的乘法口诀及应用	例1—例4　5—1的乘法口诀（增加乘法各部分名称）
3	6的乘法口诀及应用	例6　6的乘法口诀；例7　加法和乘法解决问题的比较
4	7的乘法口诀及应用	＊例1　7的乘法口诀；＊例3　求"总价"的问题
5	8的乘法口诀及应用	＊例2　8的乘法口诀；例5、＊例5　乘加、乘减及解决问题
6	9的乘法口诀及应用	＊例4　9的乘法口诀（增加基于商品买卖中的乘加、乘减解决问题）
7	单元复习	乘法初步认识、乘法口诀、解决问题的综合练习

这样的设计，努力体现如下几个方面的特点。

（一）教学乘法概念时注重含义的建构

调查发现，有很大一部分学生只是机械地记忆乘法口诀，并没有真正理解乘法的含义。学生看到乘法算式，如"3×5"，只会想到"三五十五"，而忽视"3×5"的含义。因此，在第1课时教学时，为了让学生尽量多地结合"数数"与"连加算式"认识乘法的含义，不在连加算式中计算出结果，应直接让学生从相同加数连加的算式中数出"几个几"，再用乘法表示"几个几"。而乘法的"积"的名称放到第2课时中，在寻找"三五十五"中各个数的含义时引出"积"。

同时，在乘法含义的学习中，基于"乘法需要经历数数"，由"几个几"与"几乘几"进行比较沟通，把"数数"分成两类，一类是对图示的直接数数，一类是对连加算式进行数数。进而依据数数的结果（几个几）进一步数学化，让学生完整地经历乘法基本含义的由来。

（二）尝试解决问题与口诀学习的融合

把乘法口诀的学习与解决问题同步推进，是本单元整体设计的特色。具体设计时，先学习乘法口诀，再学习解决问题。解决问题的数据要适当地进行改编，例题中的数据要用到本节课学习的乘法口诀，而之后的练习则进行已经学习的乘法口诀的复习。在不断重复、回顾的过程中，既巩固乘法口诀，又形成乘法解决问题的数量关系。

这样的设计，压缩了乘法口诀的学习时间，让已经会背口诀的学生着眼于对口诀含义的理解与乘法口诀之间内在联系的探究。同时，照顾到乘法口诀零起点的学生，经历三个阶段：第一阶段结合5的乘法口诀学习乘法口诀的编写原理；第二阶段利用编写原理进行乘法口诀的创编，这部分分成1—4的乘法口诀和6、7、8、9的乘法口诀，教学序列与教材的编排序列相同；第三阶段是记忆乘法口诀，在直接记忆前几句加数个数较少的乘法口诀的基础上，寻找其他口诀与这些口诀之间的联系，让零起点的学生也能够在课内基本记忆口诀。

对于解决问题，则把它作为乘法含义、乘法口诀的练习与应用，分成两个板块。第一个板块为乘法解决问题，又分成一般意义下的乘法解决问题，即"几个几"用乘法计算，和商品买卖中的"每件商品的钱数×件数＝一共多少元"；第二个板块是乘加、乘减解决问题，依据乘法解决问题的两个维度，分别增加新的信息引出相应的乘加、乘减解决问题，体现两类解决问题的结构特征与相互联系。

从上述重构过程可以知道，以整合为基本思路的重构，并不是简单地压缩课时，而是基于学情，在可接受性原则的指导下进行有机的整合，让每一节课都有明确的目标，又可以兼顾不同的学生对于乘法学习的不同认识起点。

（三）单元复习时注重三者联系

本单元复习综合了乘法概念、乘法口诀与乘法解决问题三部分内容，在分板块复习的基础上，努力构建起三者的联系。即当出现一句乘法口诀时，能够联想到对应的乘法算式;依据乘法算式能够联想到它的两种意义;依据乘法意义画出图示或者编制相应的实际问题。

同时,需要从数学文化的角度,介绍"九九乘法口诀"的历史背景,探究作为故事情节中的乘法口诀中的特点,从"乘法口诀"中体会"中国传统文化"。

可以看出,重构的基本策略是"整合",把"数数""相同加数连加""乘法含义"进行整合,更加体现乘法的本质特征,让原来无法用加法表示的"1个5"也可以用乘法表示。把"乘法口诀"与"解决问题"进行整合,体现算用结合的思想。这样的整合,既可以更好地体现乘法的本质,也顺应了学生的学情。

三、单元整合下的教学策略

把乘法口诀与乘法解决问题相融合,节省了整整5个课时的教学,这既是基于学情的考量,同时让个别零起点的学生也能够顺利地学习。因此,教师在教学设计时要顺应学生的思维,凸显数学知识的本质,让每一层次的学生均有所得。

(一)从"群数"的视角概括乘法的含义

由四年级下学期乘法的定义来看,乘法是"求相同加数和"的简化表达,一个乘法算式直接联想到的是加法算式。而"相同加数连加"到"乘法算式",需要经历"数数"这样的过程。例如,"3+3+3+3+3"表示"5个3",用乘法写作"5×3或3×5",其中的个数"5"是通过数加数个数得到的。因此,把乘法形成的过程与"数数"联系起来,且是"群数"结果的记录,能够更直观地理解乘法的含义。经历"数数"概括乘法含义,让"相同加数的和"与"几乘几"搭建起了一座桥梁——"几个几"。

(二)从"联系"的视角记忆乘法口诀

怎样把对乘法口诀的记忆转化成理解记忆?怎样增添乘法口诀记忆的趣味性?可以探究同一组乘法口诀中蕴含的积的变化规律;探究积相同的乘法口诀中蕴含因数的变化规律;借助故事情节记忆口诀,等等。具体做法请参见本章后续内容。

(三)从"概念"的视角学习解决问题

用乘法解决问题是依据图示列式到依据文字表述列式的过程。在学习乘法含义与学习口诀时,均是结合直观图示由加法含义概括出乘法含义,或由加法计算概括出乘法口诀。在此基础上,把图示含义用文字含义表达,提炼出信息与问题,就成了解决问题的基本结构。具体地,在乘法初步认识时把图示信息转化成文字信息,初步感知乘法的基本信息;在解决问题时把文字叙述转化成图示表征,建立乘法含义的基本表象;结合具体图示组合出乘加或乘减数量关系。

综合以上的实践研究，对于大部分学生已经有一定的学习基础，教师要从整体设计的视角合理调整教学进程，让学生不至于认为本节课的内容课前都懂了，上课没有意思，从而因为缺乏挑战性而影响学习的热情。同时，也要关注数学本质特征的剖析，把原有学习基础中学生只知其然，而不知其所以然的内容，作为学习的重点，如本单元中乘法与"数数"的关系，乘法口诀的基本结构，乘法解决问题中的基本数量关系及其变式，等等。

第二节
"乘法初步认识"教学实践

"乘法需要经历数数"可以更好地体现乘法含义的形成。在本课的教学中,让学生结合图示、连加算式等进行群数,表示出数的结果"几个几",并在此基础上凸显用乘法表示的必要性。"坐标模型"[①]是一个融合了乘法算式两种不同含义的直观模型,可提供相应的学习材料,让学生自主探究,发现特征。同时,结合具体的图示,让学生从一般含义延伸到特殊含义,完善对乘法的认识。

一、分层体验,感受乘法产生的背景

通过"情境图→示意图→数据信息→数出'几个几'"等流程,让学生在概括出乘法含义之前,积累起丰富的、有层次的孕育乘法产生的素材。

(一)逐步递进,列加法算式

在具体情境中找到"几个"和"几"对应的量,数出"几个"和"几",对后续乘法模型的建立会有很好的铺垫。

图2-1

1. 数一数,明确每个"几"。出示飞艇项目的具体情境(图2-1),让学生数一数每艘飞艇里坐几个人,数出每一个3,从而明确每个"几"。

2. 圈一圈,圈出"几个几"。学生在飞艇项目的主题图中找到两条数学信息:每艘飞艇坐3人;有5艘飞艇。明确这两条数学信息以后,让学生在图中一边圈一边数。数的过程中,要求学生能数出两条数学信息中的两个数:5和3。

3. 画一画,画出"几个几"。用小圆圈代表每一个坐在飞艇里的小朋友,把具

---

① 乘法在集合语言下的定义:自然数 a 乘自然数 b 得到乘积 $a×b$,是指 a 所代表的集合 A,与 b 所代表的集合 B 所形成的笛卡尔积的基数(张奠宙,孔凡哲,黄建弘等.小学数学研究[M].北京:高等教育出版社,2009:27)。这一定义是建立在直角坐标基础上,所以把它称为"坐标模型"下的乘法含义,也可以称为"点阵模型"下的乘法含义。

体情境符号化,这是从具体情境抽象为数学表征的重要步骤。用如图2-2中的点子图表示3个小朋友,画一画,数一数,再次数出5个3。

4. 加一加,写出"几个几"。用"3"表示一个整体,将具体形象的表达方式转变为数的整体表达,进一步过渡到5个3相加——写出连加算式,并在加法算式下标注5个3(图2-2中的连加算式与标注)。

通过在不同的形式下反复地"数数",把连加与"数数"建立联系,积累起更多的感性认识。

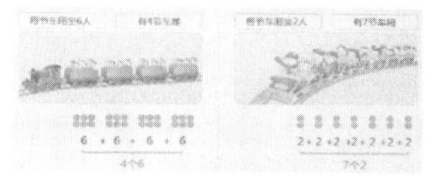

图 2-2

(二)变换情境,丰富连加例子

利用数数与连加表达的经验,用以上四个步骤表示"小火车"和"过山车"上一共的人数(图2-3),丰富乘法产生的例子。

图 2-3

诚然,对于课前已经有了乘法认识的学生而言,依据图示可以直接列出乘法算式,但并不一定清晰其与加法的关系。因此,有意识地"回避"乘法的表达,采用示意图、连加与"几个几"等记录"数数",并且不计算出"数数"的结果,让学生深刻地认识相同加数连加的特征。

(三)比较概括,提炼共同特征

相同加数连加,加数可以与实物或图示在数量上实现一一对应,这是学生经历"数一数""圈一圈""画一画""加一加"层层递进的数学活动后能够感受到的。在此基础上,进一步引导学生观察以上三道题目的相同点,发现都是通过"数一数"得到几个几。相同加数连加只是一种一一对应的群数表述。

以上过程,结合具体材料,在不同的表征(实物、示意图、相同加数连加算式)下进行群数,得到"几个几",为乘法含义的认识与乘法表达形式的构建做足了准备。

二、适时提炼,经历乘法含义的表达

数学学习,就是将一种表达形式转化为另一种表达形式的过程。让学生体会用连加的形式表达"几个几"转化为用乘法表达"几个几"的必要性,并经历这个转化的过程,可以更加深刻地理解乘法的含义。

（一）延伸比较，认识连加缺点

在前面的学习过程中，学生已经感受到用加法表示"几个几"时，加数的个数有多有少，并且在加法算式中，有几个加数需要重新数出才可以得到。在此基础上，教师进一步延伸"小火车"问题：如果有 10 节车厢，那么用加法表示要写几个 6？如果有 100 节车厢，要写几个 6？在表示 10 个 6 时，教师实际板书；而在表示 100 个 6 时，教师只板书"100 个 6"，不板书加法算式，提问：为什么老师不写加法算式？学生自然地指出加法个数太多了。

通过不断地增加加数的个数，让学生进一步感受到，当加数个数太多时，相同加数连加越来越具有局限性，进一步进行优化就十分有必要了。

（二）沟通求联，形成乘法表达

教师依据学习材料，进一步引导学生观察：这些加法算式有什么共同点与不同点？都表示什么？第一个问题可以直观地回答，即每个算式里的加数相同，不同点是个数不一定相同；第二个问题是对相同点与不同点的进一步提炼，都表示"几个几"。

顺着学生的思路，教师根据"飞艇图"中的 5 个 3，写出乘法算式，并指导学生读一读写出的两个算式，并自己写一写。依据乘法的含义标上箭头，形成如图 2-4 所示的板书。模仿同样的过程，让学生在其他的"几个几"下面添上相应的乘法算式。

在学习中，充分照顾到零起点学生的学习思路，同时让已经有了乘法认识的学生能够更加完整扎实地经历从"相同加数连加"到"几个几"再到"几乘几"的过程，感受到乘法是对"几个几"的符号化表达。

图 2-4

（三）对比整理，丰富乘法含义

以上过程，让学生感受到一个连加算式可以概括出"几个几"，然后可以用两个乘法算式表示"几个几"。在此基础上，增加新的情境，让学生结合具体的情境图，感受到一个乘法算式可以写出两个不同的加法算式，即有两种不同的含义。

教师出示例 2 的气球图，请学生按照"画一画""加一加""数一数""写一写"这样四个步骤经历乘法算式形成的过程（图 2-5）。在此基础上，教师引导学生与前面学习的飞艇图（图 2-4）比较，说一说有什么相同点与不同点。

通过比较，学生发现写出的乘法算式是相同的，但是含义不同。教师进一步概括，一个乘法算式有两种含义，如"5×3"既可以表示"5 个

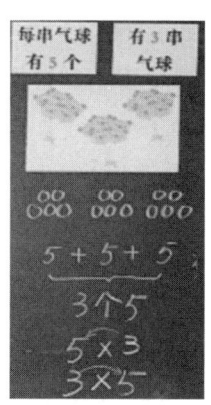

图 2-5

3",也可以表示"3个5"。接着请学生选择上一个环节中概括的乘法算式,表述出另外一种意思,然后用连加算式与图示分别表示。

概括乘法算式时,不是直接从"相同加数连加"的算式概括,而是从"几个几"概括,并且只关注这一种表达形式,不要求计算出结果,从而让学生更好地感受到乘法是"几个几"的一种符号化记录,为进一步认识乘法作铺垫。

三、逐步变式,完善乘法含义的认识

通过前面两个学习环节,学生充分地认识了"相同加数连加"可以概括成"几个几",而"几个几"又可以用乘法算式进行表达;"几个几"写成乘法算式有两种形式,而一个乘法算式又有两种"几个几",也就是说可以写成两种不同的加法算式。但是,还有特殊的情况,对这些特殊情况的认识,可以进一步完善对乘法含义的认识。

(一)回溯辨析,深刻认识含义

教师将前面的气球图改为题组(图2-6),先由学生独立完成,然后反馈或提出问题。从图中可以发现,气球数在5个5个地减少,第三个图只有"1个5",学生能够列出乘法算式"5×1"或

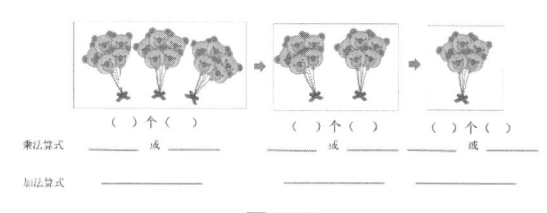

图 2-6

"1×5"。填写加法算式时,有学生认为是"1+1+1+1+1",但是有学生反对,因为这个加法算式表示的是"5个1",所以没有加法算式。

通过评析,学生进一步发现,乘法算式表示"几个几",不仅仅是"几个相同加数的和"。

(二)观察延伸,体会自乘模型

以"3个5"的气球图为基础,再增加两组,成为"5个5"(图2-7)。依据之前的思路与格式填写,学生发现乘法算式只能够填一个。与其他可以写两个乘法算式的题目相比,发现加数与加数的个数相同。

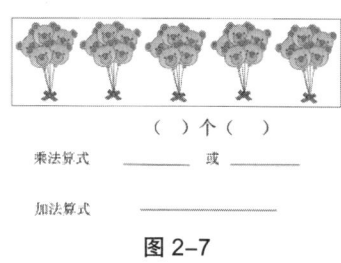

图 2-7

教师进一步写出4×4、3×3、2×2和1×1,请学生说一说它们的意思,并独立画出图示,完成后反馈。

通过上述例子,进一步完善乘法含义的认识,体会图示、加法算式与乘法算式相互对应的一般性与特殊性。

（三）图示重构，感知"坐标模型"

教师出示图 2-8，提出问题：一共有多少个小圆片？要求学生有规律地圈一圈、数一数，然后列出加法算式与乘法算式。学生按要求独立完成后校对，发现一个图示有两种意思，按照"每行 4 个，有 3 行"，列出的加法算式是"4+4+4"，而按照"每列 3 个，有 4 列"，列出的加法算式是"3+3+3+3"。同时，根据这两个加法算式列出的乘法算式又是相同的，即"4×3"或"3×4"。

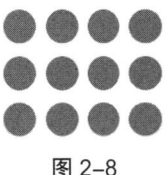

图 2-8

教师进一步出示如图 2-9 所示的格子图，请学生分别列出求各个图示的小正方形个数的加法算式与乘法算式。学生独立完成后反馈，发现只可以列一个加法算式与一个乘法算式，且最后一个图示只有乘法算式。学生比较后发现，每一个图示的每行个数与行数均相同，组成的形状是正方形。

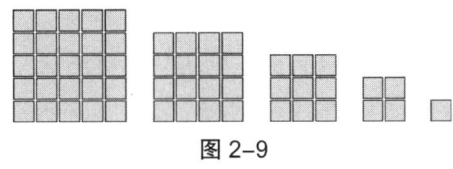

图 2-9

上述把图形摆成长方形与正方形，求其中的单位图形的个数，属于"坐标模型"。在求总数时，需要转化成"几个几"才可以列出相应的加法算式与乘法算式，这是对乘法含义的进一步表达，也为后续学习长方形、正方形面积计算公式打下了基础。

"乘法需要经历数数"是概括乘法含义的基本思路。图示与连加提供了"数数"的对象，得到"几个几"，进而用乘法表达式记录"几个几"。"坐标模型"则是综合一个乘法两种含义的重要模型，并进行"长方形模型"与"正方形模型"的区分。在以上过程中，没有要求标注乘法各部分的名称，只要求在书写过程中说明乘法的写法，从而更加聚焦乘法含义的认识。

综合本节课的实践研究，在教学数学概念时，教师首先要深入研究概念的本质属性，从而发现教材在指导学生学习概念过程中可能存在的一些问题，重新构思学习思路，让学生对数学概念有一个更加全面深刻的认识。如本节课中的"乘法"的含义的建立，教材是按照"乘法就是相同加数连加的简便运算"这一定义编排的，但是用这一定义不能够包含如"1 个 5"表示成的乘法"1×5 或 5×1"，为纳入这样的例子，就有了"乘法需要经历数数"这一含义下的教学思路。

第三节
"5—1的乘法口诀"教学实践

乘法口诀是我国古代筹算中进行乘法、除法、开方等运算的基本计算规则，已有两千多年的历史，体现了中国语言文字的独特魅力。在调查中发现，大约80%的学生已经能够熟练地背诵5以内的乘法口诀，但是对于乘法算式和口诀之间的联系还不太明确。因此，乘法口诀教学的起点是什么，教学的生长点是什么，需要重新审视，要让不同层次的学生在教学中都有所获。通过适当的整合——整体学习"5—1的乘法口诀"，借助数一数、列一列、算一算、编一编、理一理、用一用等活动，让学生进一步认识乘法的含义，更加全面地认识乘法口诀，沟通乘法算式、乘法意义、乘法口诀、同数连加算式之间的联系，构建起多元的乘法表征形式。

一、数形结合，发现乘法口诀编写规律

教材中，5—1的乘法口诀是借助不同的具体情境组织学习的。整合5—1的乘法口诀，若仍沿用教材的情境图进行教学，则显得杂乱无章。因此，采用小方块这一几何图形统一表征情境。

（一）结合图示，列出乘法题组

用1个小方块代表1，教师出示5个小方块，问学生这是几。学生回答后，把这5个小方块圈起来，再追问这是多少。"数一数"引出"1个5"。之后通过"列一列"，列出相应的乘法算式。用同样的方式，列出"2个5""3个5"的乘法算式，逐步形成如图2—10所示的板书。

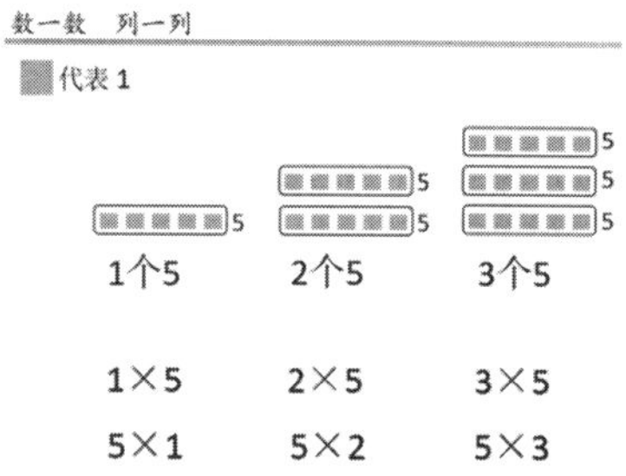

在数一数中，通过5个分散的小方块演变到圈在一起的5个小方块，使学生更好地理解"几个几"的乘法含义。而在"列一列"中，教

数一数　列一列

■代表1

1个5	2个5	3个5
1×5	2×5	3×5
5×1	5×2	5×3

图2—10

师没有让学生计算出结果，而是让学生通过"几个几"感受5的乘法算式的变化规律。

（二）计算结果，初创乘法口诀

在列出上述3组乘法算式之后，教师依次让学生算出乘法题组的结果：1个5就是5；2个5就是在5（1个5）的基础上再加1个5是10；3个5就是在10（2个5）的基础上再加1个5是15。通过连加计算得到结果，使学生进一步理解乘法的含义（图2-11）。

1．"三五十五"的口诀编写

追问学生有没有其他方法算出"3×5"的结果，引出乘法口诀"三五十五"。让学生解释这句口诀代表的意思，以及它由几部分组成。根据学生的回答，引出乘法各部分名称，知道乘法口诀由乘数、乘数、积组成（图2-12），并建立起乘法算式与乘法口诀之间的联系。再问学生"5×3=15"的乘法口诀应该是什么，有学生会提出"五三十五"（图2-13）。教师进一步追问：要不要这句口诀呢？根据学生的回答，概括得出：两句口诀积相同，口诀中小的乘数在前更顺口，同时在算式中用标箭头的方式演示，发现只需留下"三五十五"这一句口诀（图2-14）。

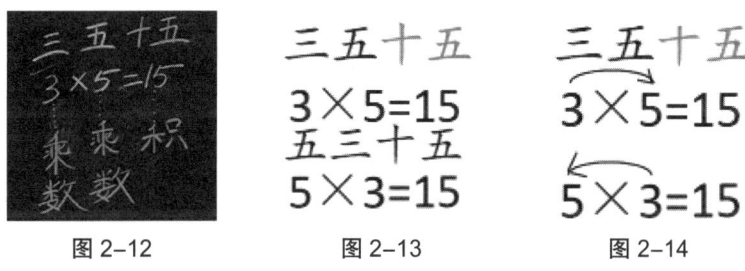

图2-12　　　　图2-13　　　　图2-14

经历"三五十五"口诀的编写过程，沟通了乘法口诀与乘法算式之间的联系，掌握乘法口诀的基本结构；在明确各部分数的含义时，自然地引出"乘数"与"积"，并概括了乘法口诀的基本结构，为后续依据乘法算式编写乘法口诀提供了样例。

2．"一五得五"的口诀编写

依据"三五十五"口诀编写的经验，学生编制"一五得五"这句口诀，并追问学生：这里的"得"是什么意思？当学生回答是"等于"的意思后，教师顺势提出：为什么这里要加"得"字？之后让学生读一读"一五五"，并与"三五十五"进行比较，发现口诀中如果既有三个字，又有四个字，读起来不顺畅，如果都是四个字，就顺畅多了。因此，这里加"得"字，读起来朗朗上口，便于记忆。

学生依据"1×5"很自然地说出口诀"一五得五",通过比较"三五十五"发现不同点,经历乘法口诀编写规则的完善过程。

3."二五一十"的口诀编写

接着编制"二五一十"这句口诀。在前测中发现,有学生把"二五一十"写成"二五得十"。因此,在这里将口诀与"2×5=10"的读法进行比较,并提出疑问:口诀中的"一十"的"一"可以去掉吗?让学生读一读"二五十",并与已经编制好的口诀(如三五十五、一五得五)进行比较。再把"二五得十"与"一五得五"进行比较,辨析"二五一十"与"二五得十"哪一句口诀更加合理。学生发现,"十"是一个两位数,"五"是一个一位数,所以"一十"比"得十"更能够体现出这一特点。

数学表达是一个不断完善、改进、规范与优化的过程,仔细分析不同的乘法口诀,可以体会这一种过程。把"三五十五"作为乘法口诀的基本模型,把"一五得五"和"二五一十"作为规范与优化的例子,让学生感受乘法口诀编写过程中的智慧。

(三)图示联想,自创乘法口诀

有了前面三句乘法口诀的创编与辨析经验,剩下的"5的乘法口诀"就让学生自主创编,并在创编的过程中进一步质疑、完善。

依次出示4个5和5个5的图示,让学生再次经历"数一数""列一列""算一算"与"编一编",层层递进构建起图示、乘法含义、乘法算式、乘法口诀之间的联系。在依据"5×5"编制乘法口诀——"五五二十五"后,提出质疑:这句口诀有五个字,能不能把"十"去掉?教师出示"五五廿五"进行解释(图2-15),并通过反复朗读体会这两种读法哪一种更适合于现在的应用。

很多学生课前会背乘法口诀,但并不清楚乘法口诀的编写规律。因此,在学习口诀的过程中,要让学生追本溯源,理解乘法口诀的来源、编写规律等,从而更好地记忆口诀、运用口诀。

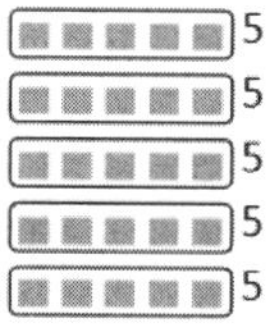

5个5

五五二十五

5×5=25

五五廿五

图2-15

二、迁移类比,自主尝试创编乘法口诀

通过上面的活动,学生掌握了解决这类问题的图式规则,能将这一规则迁移类比到4、3、2、1的口诀中。同时,学生看着口诀能联想到具体的含义、算式和结果等。

(一)模仿创编,丰富乘法口诀

依次出示"1个4""2个4"的图示,请学生猜测是关于什么的口诀。当学生回答是关于"4的乘法口诀"后,追问:"一四得四"表示几个4,"二四得八"呢?

接着依次出示"3个4"和"4个4"的图示,请学生依次用"数一数""列一列""算一算""编一编"得到"4的乘法口诀"(图2-16)。用类似的方式,得到有关"3的乘法口诀"(图2-17)。

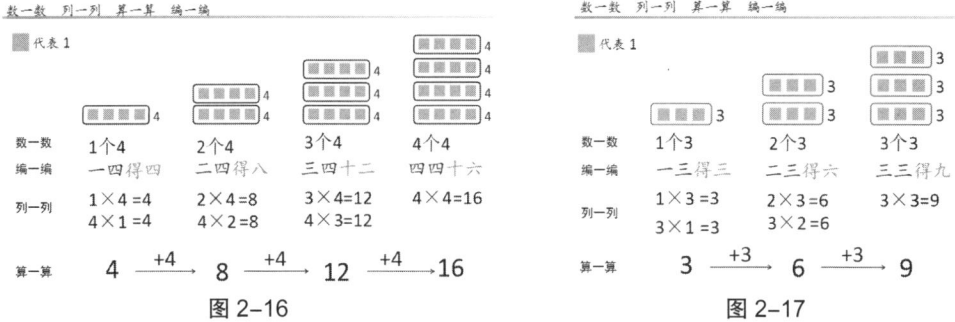

图2-16　　　　　　　　　　　　图2-17

编写4和3的乘法口诀时,让学生再次经历5的乘法口诀的编写过程,同时又是5的乘法口诀编写经验的应用。

(二)依据口诀,联想算式含义

对于2的乘法口诀与1的乘法口诀,让学生依据编写的经验进行猜想:可能有怎样的口诀?又有怎样的含义?以此检验学生对于"乘法口诀""乘法含义"与"乘法算式"之间的沟通能力。

教师提问:2的口诀有哪几句?根据学生的回答,依次追问:"一二得二"是什么意思?算式怎么列?"二二得四"的含义是什么?怎么列式?用同样的方式学习"一一得一"。提问:"一一得一"能不能写出相应的加法算式?学生发现1个1可以用乘法算式表示出来,但是无法用相应的加法算式表示,进一步体会乘法含义与"几个几"的关系。

联想是一种重要的思维方式,当学生看到一句乘法口诀时,能否联系到相应的"乘法含义"与"乘法算式",是后续应用"乘法口诀"进行计算的基础,更是依据乘法口诀的编写过程训练学生联想思维的一个很好的载体。

(三)比较联系,发现口诀特征

通过前面的学习,得到5—1的乘法口诀(图2-18),教师提出问题:这些乘法口诀中,有哪些相同的地方?根据学生的回答进行归纳:① 竖着看,每一列的第一个乘数相同;横着看,每一行的第二个乘数相同;② 乘数一样,只有一个乘法算式的口诀:一一得一、二二得四、三三得九、四四十六、五五二十五;③ 积一样的口诀:一四

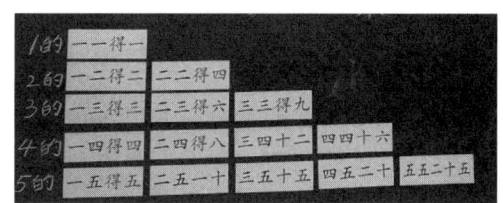

图2-18

得四和二二得四。

通过理一理的数学活动，在变中找不变，发现5—1的乘法口诀的特征，为后续学习6—9的乘法口诀作铺垫。学生深刻地感受到，"乘法口诀"不仅仅是一种记忆，它的内部有着很多规律与特征。

三、解决问题，逐步灵活应用乘法口诀

通过"数一数""列一列""算一算"与"编一编"得到了5—1的乘法口诀；通过"理一理"知道了口诀中的一些规律、特征。接下来还要学以致用，会用口诀熟练口算有关的乘法算式以及相应的变式；在解决问题的过程中进一步加深乘法口诀含义、算式、口诀之间的联系。

（一）题组练习，口诀应用变式

在"用一用"活动中，关键是找到对应的乘法口诀，尤其是大的乘数在前的算式需要"转个弯"才能想到相应的口诀，学生容易出错，因此进行了相应的题组练习。

课件依次出示6道乘法算式：$3×4$、$2×3$、$4×3$、$4×4$、$3×2$、$1×1$，学生进行抢答。在抢答前，引导学生运用乘法口诀口算出结果。用第一题"$3×4$"作示范，引导学生：三四十二，等于12。后面的算式都可以用这样的格式总结。在这样的过程中，巩固了口诀记忆，加强了口诀与算式之间的联系。

"表内乘法计算"是"乘法口诀"运用于乘法计算的第一轮。首先要规范思路，看到"乘法算式"就能够迅速联想到相应的"乘法口诀"，其次要简化表达，把算式的阅读与乘法口诀有机地结合。

（二）联系加法，口诀意义回溯

有了用口诀口算乘法算式的经验后，教师出示加法算式3+3+3+3，学生自然而然地回答：三四十二，等于12。进一步追问：这是加法算式，怎么用了乘法口诀？这时学生会联想到"几个几"。之后用几组加法算式进行巩固练习。同数连加的算式渗透了乘法含义，沟通了乘法口诀、乘法含义、加法算式之间的联系。

（三）连线沟通，理清内在联系

教师提问：3+3+3+3可以改写成哪个乘法算式？根据学生的回答，在课件中连线展示。紧接着提问：4+4+4可以连哪个乘法算式？通过连线发现，在3+3+3+3和4+4+4中，虽然一个表示4个3，一个表示3个4，但是可以同时连$3×4$和$4×3$，用同一句口诀。而4+4+4+4表示4个4，只能写出一个乘数相同的乘法算式（图2-19）。这一练习进一步让学生感受到乘数相同的乘法算式与乘数不同的乘法算式对应的加法算式的个数是不一样的。

数一数 列一列 算一算 编一编 理一理 用一用

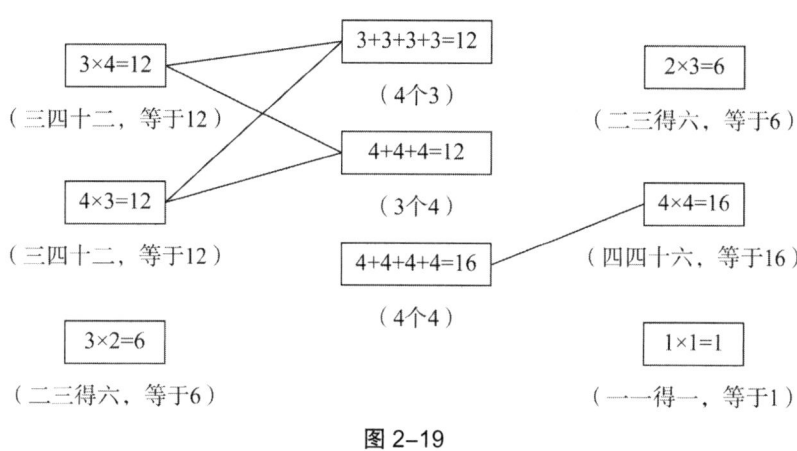

图 2-19

依据这样的经验,让学生编写出"3×2=6""2×3=6"的加法算式。再让学生表示"3×1=3"对应的加法算式与图示表达。

有许多数学知识有着十分丰厚的数学背景,在教学中可以把这些数学背景融合到教学中,让学生经历数学产生、形成与发展的过程。"乘法口诀"的结构虽然十分简单,但是它蕴含着我国古代劳动人民的智慧,教学中不仅仅是简单地记忆乘法口诀,而是要展现乘法口诀的简化、优化与模型化的过程。

第四节
"6的乘法口诀和解决问题"教学实践

人教版教材关于乘法口诀的情境创设分成三类形式:"5—1的乘法口诀"采用点子图,"6、7的乘法口诀"采用表格,而"8、9的乘法口诀"采用"数线"。也就是说,随着编写口诀经验的积累,采用的记录方式也变得更加抽象与数学化。因此,6的乘法口诀的学习,既是5—1乘法口诀学习经验的应用,也要积累新的学习经验,解决实际问题。

一、依据经验,自主创编6的乘法口诀

在数学学习过程中,很多新知的学习都是在已有的数学知识基础上进行再思考,形成新表达。教师可以寻找这样的新旧知识的连接点,重温旧知,引出新知识。"6的乘法口诀"的教学就是一个很好的例子。

(一)依据图示,理解表格含义

如图2-20,是一年级下学期"100以内的加减法(一)"的一道解决问题,当时是用连加的形式列式,用列表的形式叙述记录过程。而这正好是本节课"6的乘法口诀"的学习基础。因此,把这一个解决问题作为本节课的基础,概括出乘法与乘法的含义。

课始,教师出示如图2-20中的题目部分,请学生阅读题目,说一说已知什么,求什么。在学生说出已知每人折6个,有3个人折时,教师出示如图2-21中的图示与空白表格,结合图示,从上到下,从左往右,让学生通过表格的填写,逐步形成"从小到大"前三句乘法口诀。

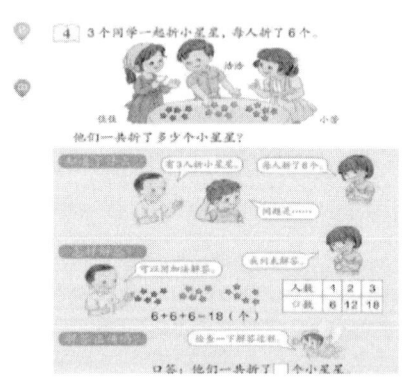

图2-20

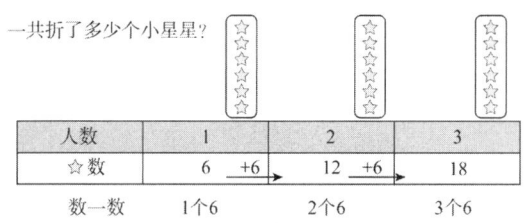

图 2-21

（二）自主创编，学习 6 的口诀

6 的乘法口诀是在学生已经熟练掌握"5—1 的乘法口诀"基础上进行自主创编的，在上一节课中已经有了数一数、列一列、算一算、编一编这样的编写乘法口诀的思路，因此在 6 的乘法口诀的创编中可以直接沿用，鼓励学生自主创编 6 的乘法口诀。

教师隐去星星图，改成人数为 6 的表格（图 2-22），让学生脱离具体情境，直接从数出发，完成表格。通过表格让学生感知 6 的乘法口诀中相邻两句口诀相差 6 的规律，以及表格在求乘法积中的作用。教师请学生观察 6 的乘法口诀前面三句编制的形式后提问：你能根据这样的顺序来试着编一编其余 6 的乘法口诀吗？学生回答后及时板书记录。

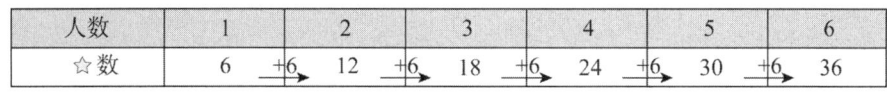

图 2-22

（三）交流互动，寻找口诀联系

学生在三年级上学期将学习"倍的认识"，在四年级上学期将探究"积的变化规律"，这些内容都可以在乘法口诀中提前感知，用于体验乘法口诀之间的联系。

在完成 6 的乘法口诀创编后，鼓励学生进行即时记忆。教师展示"二六十二""四六二十四"这两句口诀，提问：这两句口诀是一对好朋友，你能找到它们之间的关系吗？

基于加法的已有经验，学生回答：12 加 12 等于 24。教师利用点子图，从两句口诀的含义出发，用动画的形式帮助学生提前感知倍数关系（图 2-23）："四六二十四"就是两份"二六十二"。教师请学生在 6 的乘法口诀中继续寻找拥有同样关系的两句口诀：一六得六和二六十二，三六十八和六六三十六。

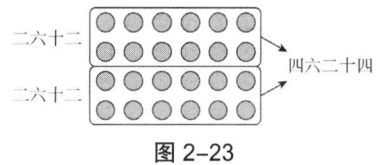

图 2-23

结合表格继续观察6的乘法口诀，教师提问：你还发现了什么？学生回答后进行集体评析。很多数学信息之间都是存在联系的，探究联系是培养学生观察能力与逻辑思维能力的重要策略，同时使得口诀记忆更有思维价值。

二、结合图示，自主区分乘法与加法

整数乘法与加法有着密切联系，两者均表示"合并"；同时两者又有着本质的区别，加法是两个数的合并，而乘法是若干个相同数的合并。因此，结合具体情境，采用题组的形式，区分乘法与加法这两种运算，能够更好地构建起运算含义与数量关系的联系。

（一）阅读文本，提炼数学信息

基于数量关系的解决问题，首先要通过阅读文本，结合题意提炼出相关信息。在读题时，采用两轮读题策略。先让学生独立读题，圈出表示题意的关键字词，然后齐读，要求圈出的关键字词重读。在此基础上进一步提炼信息，把具体的数据提炼成相应的意义。例如，图2-24两题中的数据，结合关键字词，提炼成如图2-25后进一步分析。

图 2-24

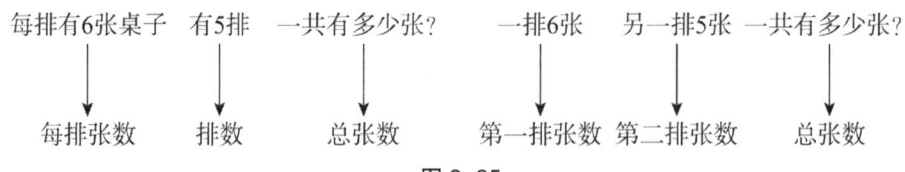

图 2-25

这样的读题审题，需要从一年级解决问题时就进行训练，可以很好地减少具体数据对归纳数量关系的干扰。

（二）多元表征，区别乘、加含义

在提炼信息时，学生已经感受到两题的情境相同，问题相同，数相同，但数所代表的含义并不相同。依据差异，首先请学生用画一画的形式表示出差异（图2-26），再列出相应的数量关系，最后把数据代入，列式解答（图2-27）。

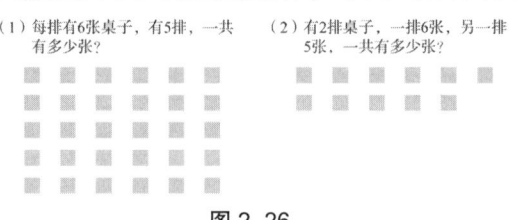

图 2-26

每排张数×排数=总张数	第一排张数+第二排张数=总张数
6 × 5 =30（张）	6 + 5 =11（张）
答：一共有30张。	答：一共有11张。

图 2-27

通过"画一画"，直观感知已知信息的区别，再结合列出的数量关系，让学生感受乘法中的两个乘数代表的含义与加法中的两个加数代表的含义有着本质的区别。

（三）自主编题，体会运算含义

在解决问题中体会加法与乘法运算含义的区别后，进一步追问：用"6×5=30"和"6+5=11"还可以解决什么问题，请编一编相应的数学问题。小组内交流后指名学生反馈。在此基础上进一步归纳反思，乘法中的两个乘数与加法中的两个加数在表述上各有什么特征，从而概括出乘法的一般关系式"每份数 × 份数 = 总数"，加法的一般关系式"部分数 + 部分数 = 总数"。

算式的抽象性与数量关系的具体性，体现了一个算式可以对应于多个数量关系，解决一类问题，而这一类问题又具有共同的一般关系式。以上学习过程，学生经历了从具体到抽象再回到具体这样一个过程，不仅体会到加法与乘法的区别，也总结了两者不同的关系表征。

三、专项练习，应用口诀解决问题

习题设计既要关注针对性，又要注重相关知识的整体回顾，即把"6 的乘法口诀"纳入"6—1 的乘法口诀"之中，把已经学习的三种运算——加、减、乘，采用题组形式整体练习。

（一）完善口诀，再找口诀联系

在学习"6 的乘法口诀"之前，学生已经自主创编了"5—1 的乘法口诀"，并形成了口诀表，找到部分规律。本道练习旨在从整体出发，帮助学生熟悉乘法口诀表的规律，寻找口诀之间更多的联系。

一一得一					
一二得二	二二得四				
一三得三	二三得六	三三得九			
一四得四	二四得八	三四十二	四四十六		
一五得五	二五一十	三五十五	四五二十	五五二十五	
一六得六	二六十二	三六十八	四六二十四	五六三十	六六三十六

图 2-28

教师整体出示"5—1 的乘法口诀"（如图 2-28 的上面 5 行），提出要求：这节课我们学习了"6 的乘法口诀"，请选择其中的一句摆到"5—1 的乘法口诀表"中，并说一说你为什么这么摆。学生摆和表达的过程，就是发现乘法口诀联系的过程。

例如,有学生回答:我喜欢三六十八,我把它摆在这里("三五十五"的下面),因为竖着看,这一列的第一个乘数都是"三"。

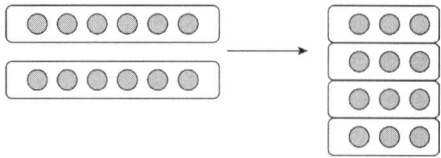

图 2-29

把"6 的乘法口诀"与"5—1 的乘法口诀"组成新的乘法口诀表后,引导学生整体观察,说一说哪些乘法口诀有联系,有怎样的联系。有学生依据找"6 的乘法口诀"规律的经验,发现"二三得六"和"二六十二"是两份的关系,"三三得九"和"三六十八"也是两份的关系。也有学生发现"三四十二"和"二六十二"的得数都是十二,教师课件出示如图 2-29 所示的点子图,引导学生直观发现积不变时两个乘数的变化规律——一个乘数变大,另外一个乘数变小。

把新学习的乘法口诀纳入原来的乘法口诀之中,再引导学生发现乘法口诀之间的联系,是课堂教学中的一个重要环节,随着口诀的增加,发现更多的规律,增强乘法口诀的有意义记忆。

(二)列式计算,学会运算审题

通过例题,学生已经体会到在解决问题时对关键字词理解的重要性。在练习时变化形式,要求学生依据信息提出问题,并通过一题多问,引出减法解决问题。

教师出示如下的两组信息,请学生提出问题。

1. 红星假日小队秋游去坐船,租了 3 条船,每条船坐 6 人,_____?

2. 曙光假日小队秋游去坐船,租了 2 条船,其中一条坐了 3 人,另一条船坐了 6 人,_____?

对于第 2 个问题,学生提出"一共有多少人"并列式解答后,教师追问还可以提出什么数学问题。学生从相差关系的视角提出新问题,并用减法列式解答。进一步引导学生发现,除了要关注已知信息中的关键字词,还要依据问题的变化,归纳出相应的数量关系。

(三)一题多解,活用数量关系

汉字的基本单位是笔画,相同的字笔画相同;同时,有些汉字是由几个相同的字组合而成。依据这样的特征,教师出示"木、林、森"三个汉字,提出问题:这三个汉字一共有多少笔?学生独立思考后反馈,引导学生分步数出"木"的笔画,再数出"木"的个数,用算式"4×6=24(笔)"解决问题。再让学生说一说有哪些用同样方法造字的汉字,它们又一共有多少笔。学生列举出"日、昌、晶""人、从、众"等,计算后发现,都是用"6 的乘法口诀"解决。

本课的教学实践给我们以启示,数学知识具有结构性,当相同结构的数学知识在连续几个课时学习时，每一个课时的学习目标应具有递进性。一般地，第一课时，或者前面的若干课时主要是建立起思维的流程与基本的表达，后面的几个课时则是利用或完善思维的流程与基本的表达。"6 的乘法口诀"的学习就是对上一课时"5—1 乘法口诀"学习策略的再利用。

第五节
"7的乘法口诀与解决问题"教学实践

在学习"7的乘法口诀"之前,学生已经能够根据乘法的意义和乘法口诀的结构,尝试自主编写乘法口诀。因此,在教学中如何利用旧有的经验,自主创编7的乘法口诀?如何结合7的乘法口诀自身的特征记忆乘法口诀?这是在教学"7的乘法口诀"中思考的两个问题。同时,在此基础上,依据"算用结合"的思想,将"求总价"的解决问题整合在本节课中,利用"图文互译"帮助学生理解、概括题意,在解决问题的过程中熟练运用口诀。

一、以旧引新,学习7的乘法口诀

七巧板是一种古老的数学游戏,学生在一年级的学习中已经有丰富的活动经验,知道一副七巧板由7个图形组成,并能够拼成丰富的图案。本节课,利用学生喜欢的七巧板学习"7的乘法口诀",能够唤醒学生的活动经验,更有利于推导"7的乘法口诀"。

(一)填表列式,编制乘法口诀

可以利用"6的乘法口诀"的学习策略迁移进行"7的乘法口诀"自主创编,继续积累编制口诀的活动经验。

利用课件演示一副七巧板拼成一条鱼,数一数有"几个7",再列一列算式,编一编乘法口诀;动画演示七巧板拼成的"船",数一数一共有几个7,再列一列算式,编一编乘法口诀。(图2-30)经过两句口诀的示范编写后,教师依次出示图2-30中其他的七巧板图示,学生自编其余"7的乘法口诀"。

通过熟悉的七巧板拼图案,学生明白一个图案"1个7",两个图案"2个

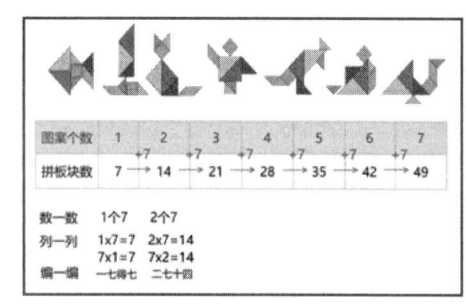

图2-30

7"……在算一算拼板块数时,也容易发现:只要把前一个拼板块数加 7,就是下一个拼板块数,提高了自主编写口诀的速度。

(二)分门别类,记忆乘法口诀

"7 的乘法口诀"共有 7 句,可以依据口诀的特点分类记忆,提升记忆的趣味性与结构性。

1. 故事联想记忆口诀

"三七二十一"和"七七四十九"这两句口诀可以与《西游记》中的故事相结合。教师出示动画片情境(图 2-31),让学生寻找 7 的乘法口诀。引导学生联想《西游记》中熟悉的故事记忆口诀:孙悟空在太上老君炼丹炉中"七七四十九"天,炼成火眼金睛;孙悟空看见妖怪,不管"三七二十一"举起金箍棒就打。

孙悟空七七四十九天炼成火眼金睛。　孙悟空看见妖怪,不管三七二十一举起金箍棒就打。

图 2-31

2. 寻找规律记忆口诀

6 的乘法口诀学习时积累的学习经验,在学习 7 的乘法口诀时可以应用。教师出示"二七十四""四七二十八"两句口诀,提问:观察这两句口诀,你有什么发现?学生发现,"四七"是 2 个"二七",其结果是 2 个"十四",那么"四七"就是"二十八"。教师顺势提问:"7 的乘法口诀"中,你还能找到这样的规律吗?形成如图 2-32 所示的板书结构。这时,后两句口诀与已经记忆的口诀建立联系,有利于记忆。

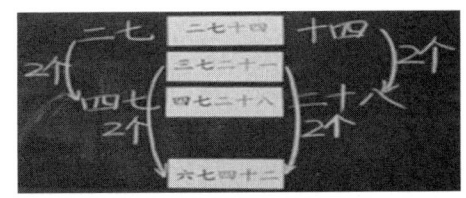

图 2-32

3. 纳入结构记忆口诀

剩下的"五七三十五"这句口诀如何记忆呢?我们发现,"五六三十"这种整十数的口诀学生容易记忆,如果从"五六三十"这句口诀纵向对比分析,把"五七三十五"看成"6 个 5"加"1 个 5"就是"7 个 5",结果就是"30+5",就容易记忆了。

二、创设情境,灵活应用乘法口诀

如何在应用中进一步记忆乘法口诀,拓展乘法口诀的应用范围?我们对教材进行适当调整,将生活中常见的购买商品求"总价钱"的实际问题整合到这节课来教学,采用"图文互译"的策略。

(一)结合图示,经历问题解决

结合具体应用巩固乘法口诀,是本单元整体设计的特色之一。与"7的乘法口诀"学习相对应的解决问题是商品买卖中的数量关系。这是四年级上学期"三位数乘两位数"中的一个数量关系,需要区分两次学习的差异。一是本节课学习时只有乘法的数量关系,没有除法的数量关系;二是不用抽象出"单价 × 数量 = 总价"。

同时,也要与"6的乘法口诀"例7解决问题中的信息相区别,例7中的每份数可以用以一当一的图示直观表示,而"求总价"的例题则用以一当多的图示,更加抽象,当然也更有利于数量关系的概括。

基于以上的分析比较,先出示图2-33中的图示,请学生说一说图示的信息与问题,串联成一个文字叙述的解决问题。再依据上节课的经验,把已知信息与问题进行提炼并列出数量关系,最后代入,计算出结果,形成板书。

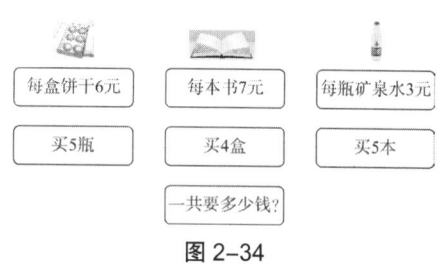

图2-33

(二)选择信息,自主提出问题

在日常生活中,单价与数量之间有"量词",依据量词,可以寻找相对应的单价与数量。出示多组信息,让学生选择相对应的信息,培养学生的审题能力。

教师出示如图2-34所示的三组情境,信息不对应,问题表达却是相同的,让学生连一连,编制三个问题。

图2-34

在此基础上,如果进一步概括可以得到单价、数量与总价,并建立起关系式,但对于二年级学生来说过于抽象,因此并不建议这样教学。

(三)解决问题,归纳数量关系

让学生观察上述三个问题的关系式,寻找相同点,从而概括出关系式"每件的钱数 × 件数 = 总钱数"。显然,上述关系式更加一般化。要求学生说一说这里的"每件的钱数"还可以是什么,通过举例让学生进一步认识其含义的一般性。

图示信息转化成文字信息,再通过解决同类型的问题组,概括出相同的数量关系。在此过程中,让学生体会数学与生活的联系,经历数学抽象与模型建构的过程。

三、分层练习,丰富乘法口诀的认识

乘法口诀在解决问题中提炼,又回到解决问题中进行巩固,并在不断的应用中加深对口诀的理解。基于这样的思路,练习从多维认识乘法、解决应用问题与编写应用问题三个方面展开。

(一)游戏计算,体会乘法含义

乘法的表达可以是算式、含义或口诀,三者相互联系,构成乘法认识的整体。围绕7的乘法口诀的学习,设计连线过河的游戏(图2-35),学生独立完成后反馈。在此基础上,请学生按乘法的三类表达形式相互补充。例如,在积是42的连线后补充乘法的含义:6个7和7个6。

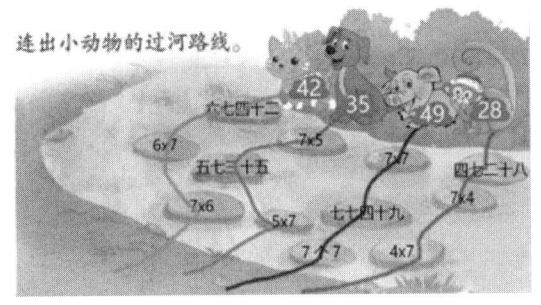

图 2-35

(二)按图提问,感知变与不变

在初步学会求"总价钱"的方法后,引入题组练习,让学生体会买的数量不变,每盒的价格变化,总价钱也会相应变化的规律。

教师出示图2-36,先请学生说一说有哪一些信息,要解决什么问题,然后让学生列式,逐一计算并判断:

5×7=35(元)　　35＜40　　可以
6×7=42(元)　　42＞40　　不可以
7×7=49(元)　　49＞40　　不可以

在此基础上,请学生观察三个算式,引导发现:买的盒数是相同的,买的件数变化了,总价钱也随着变化。

图 2-36

(三)依式编题,领悟算式含义

学生经历"图文互化"的过程,学会提炼数学信息,形成解决问题的思路。在此基础上,让学生区分乘法、加法、减法意义之间的不同,显得尤为重要。

教师出示7和5这两个数,请学生先给这两个数添上运算符号,得到已经学习的三种算式"7+5""7-5"和"7×5",再请学生把它们分别编成应用问题,然后进行分析比较,概括出三种运算的基本含义,如加法是"把两个量并在了一起",减法是"从总数里面去掉一部分,求另外一部分",乘法是"求几个几是多少"。

在练习阶段适当回顾与新课相关的旧知,通过题组练习,形成新的认知结构,有利于学生及时建立起数学知识结构。

从整体设计的视角,本节课的教学实践给我们以启示,学习活动的延伸性与发展性是数学知识的结构性的重要表现。"7的乘法口诀"的学习活动与"6的乘法口诀"相同,采用表格及加法,有利于学习策略的迁移。解决问题还是已知"每份数""份数"求"总数",但是与"6的乘法口诀"中"每份数"的性质却有差异,"每块橡皮7角"画图时一般如图2-33,"7角"是一个整体,不可以如"每组有7人"那样,画7个圈表示7个人,从而丰富与发展了"每份数"的含义。

第六节
"8的乘法口诀与解决问题"教学实践

随着乘法口诀的增加,学生的口诀记忆量更大了。因此,如何沟通乘法口诀之间的联系,利用有意义记忆,更好更快地记忆口诀?如何在实践中不断地进行应用,丰富利用乘法解决问题的数量关系?我们把8的乘法口诀和用乘加、乘减解决问题整合到同一课时,让学生结合图示自主编写口诀,通过寻找乘法口诀中的"2倍"关系、加减关系等策略记忆口诀;而在解决问题时,则用图示和文字构建起乘加或乘减解决问题的数量关系。

一、创编记忆,体会内在联系

在"1—7"的乘法口诀中,学生已经经历了多轮自主创编乘法口诀。因此,教学时可充分利用已有的学习经验,创设情境,在教师适当示范编写策略的基础上,自主编写其余的"8的乘法口诀",并寻找口诀间的内在联系,挖掘乘法口诀的思维价值。

(一)结合数线图,示例编口诀

分析教材发现,"5—1的乘法口诀"的学习利用点子图,"6、7的乘法口诀"的学习用表格,而"8、9的乘法口诀"的学习用数线图。因此,如何用数线图表示"8个8个地累加"的过程,需要教师适当示范。

先出示图2-37的方阵主题图:学校的铜管乐队参加演出,排成了整齐的队伍,一共有多少人?因为图中人数较多,学生不能一下子数出或者算出人数。这时引导学生观察:他们是有规律地一列一列排队的,要想知道总人数,我们可以先数出一列有多少人。课件出示其中一列队伍,学生数出共有8人。8人排成一列,把这一列看作一个整体,叫做"1个8"。出示数线图,标出"0"与"8",提问:"1个8"用乘法算式怎么表示?

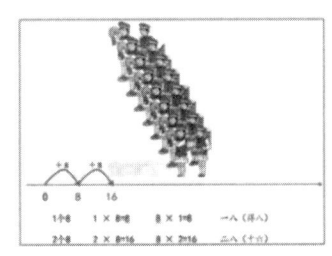

图2-37

学生回答：算式是 1×8 和 8×1。进而编写口诀：一八得八。在原有的图示中增加一列，按上述过程编写出乘法口诀"二八十六"。

在教学中，由"数一数""标一标""列一列"到"编一编"，数形结合，示范"8 的乘法口诀"的创编过程，为后续学生独立编写乘法口诀提供了基本思路。

（二）依据数线图，独立编口诀

教师示例"8 的乘法口诀"前两句后，要求学生自主创编后六句（图 2-38）。即要求先在数线上数一数，再写出乘法算式，接着在数线图上标出相应的积，最后编写出相应的乘法口诀。

依据数线与表格，把"几个 8""8 的乘法算式"以及"8 的乘法口诀"联系在一起，感知三者之间的联系。

图 2-38

（三）结合旧经验，寻找新联系

如何在记忆乘法口诀的同时，挖掘"8 的乘法口诀"的思维价值？可以与之前学习的乘法口诀进行比较，探究积相同的乘法口诀的内在联系，依据已有经验探寻"8 的乘法口诀"的内部规律，让每一句新学习的乘法口诀都不是独立地存在。

1. 寻找积相同的乘法口诀

在"1—7 的乘法口诀"教学中，学生已有寻找积相同口诀的经验，因此很快发现，二四得八、四四十六、四六二十四这三句乘法口诀的积在"8 的乘法口诀"中也出现。教师用点子图动态展示它们之间的联系（图 2-39），发现积相同的两句口诀之间的联系：两个乘数，一个变大，另一个就变小，但是点子总数不变，所以积相同。

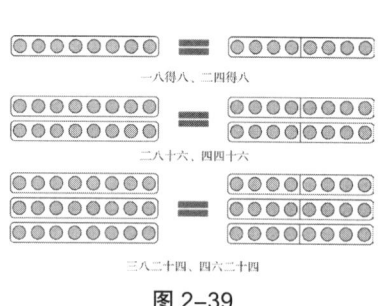

图 2-39

2. 寻找"2 倍"关系的口诀

教师进一步出示"四八三十二""六八四十八"与"八八六十四"这三句口诀，与之前的三句"8 的乘法口诀"两两组合（图 2-40），让学生说一说有什么新发现。即一个乘数"自加"，积也跟着"自加"，形象地表达了"二八十六"和"四八三十二"之间的"2 倍"关系（图 2-41），从中渗透了积的变化规律及正比例函数思想。

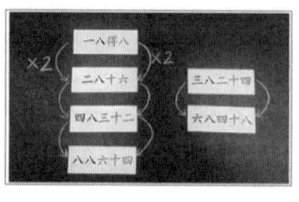

图 2-40

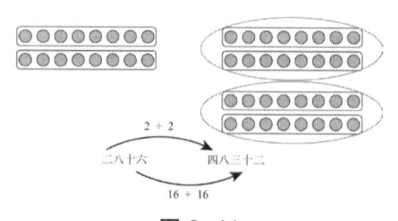

图 2-41

3. 自主寻找口诀联系

通过前面两次探究，还剩下"五八四十"与"七八五十六"这两句口诀没有找到联系。让学生依据之前的经验，思考这两句口诀可以怎么记忆。

对于"五八四十"，学生联想到了"二五一十""四五二十""六五三十（"五六三十"的变式）"，接下来就是"八五四十（"五八四十"的变式）"，它们正好是2个5、2个5地增加。在此基础上，学生进一步发现，"五八"可以说是"8个5"，7个5再加1个5是8个5，因此"五七三十五"后再加1个5，就是"五八四十"。

对于"七八五十六"，有学生发现可以由"五八四十"和"二八十六"两句乘法口诀合并。依据这样的思路，可以形成如图2-42所示的合并形式。

寻找口诀之间的联系记忆新学习的乘法口诀，把机械地记忆口诀变成寻找口诀间内在联系的过程，有利于更好地理解口诀以及后期应用口诀。

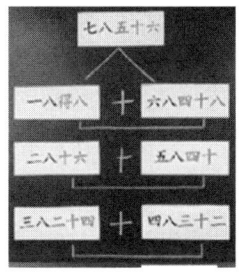

图 2-42

二、图示比较，构建数量关系

本节课中的解决问题，主要学习"乘加或乘减"背景下的解决问题。教学中可以结合图示，让学生说一说、比一比、列一列，构建起乘加或乘减两步计算的数量关系。

（一）看图说理，体会关系变化

出示图2-43、图2-44，让学生说一说分别从图中获得了哪些数学信息，各可以提出什么数学问题。学生提出问题后，寻找两个问题之间有什么联系与区别。结合图示，学生发现图2-44在图2-43的基础上增加了只坐了4人的一桌，需要分两步解答。

图 2-43

图 2-44

依据图示变化，探寻新旧知识的衔接点，有利于学生更好地依据具体情境，揭示数量关系由简单到复杂的发展脉络。

（二）概括比较，列出数量关系

分析比较后，引导学生概括出第一题的数量关系：每桌的人数 × 桌数 = 总人数。在此基础上，概括出第二题的数量关系：每桌的人数 ×3 桌 + 多的 4 人 = 总人数，或者每桌的人数 ×4 桌 – 少的 4 人 = 总人数。（图 2-45）

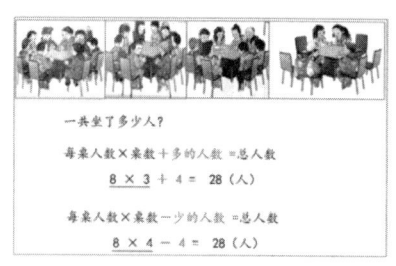

图 2-45

从乘法含义出发，用两种方式进行群数，得到不同的计算过程，获得不同的数量关系，体现数学思维的灵活性与多样性。

（三）多维思考，梳理数量关系

教材第 98 页例 5（如图 2-46，有 2 名教师和 30 名学生，一辆客车坐得下吗）是第 58 页例 5（图示表示 4 组旋转木马，其中 3 组坐满 3 人，另外 1 组只坐 2 了人，求一共坐了多少人）的延伸，均是乘加或乘减解决问题。同时，前者有多种视角可以进行分类与组合（图 2-46）。在提出问题后，让学生独立完成后反馈。

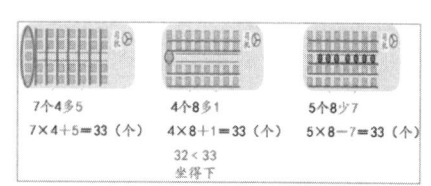

图 2-46

图 2-46 的前两个图是分组后有余，第三个图是先补充再分组。这两类思路与上一个环节中的乘加或乘减的数量关系相同，完善了乘法的直观表征形式。

把数量关系式概括为几个几多（或少）几，再列式计算，学生较好地掌握了从多维角度梳理数量关系，理解了乘加、乘减解决问题的含义。

三、分层练习，拓展学生思维

学习了"8 的乘法口诀"以及用乘加、乘减解决问题后，本环节设计了三组有梯度的练习，层层递进。首先是通过题组计算，让学生学会审题；其次是结合图示，选择合理的思路；最后是读图审题，学会应用。

（一）题组计算，学会运算审题

如图 2-47，第（1）（2）组是加法、减法和乘法的比较，同样的两个数，运算符号不同，运算方法就不同；第（3）组是乘加、乘减的比较，当乘法算式相同时，乘加的得数比积大，乘减的得数比积小，这也可以成为后续学习中判断结果大小的方法；第（4）组是乘法、乘加、乘减的比较，通过课件演示（图 2-48），发现三个算式之间的联系，体会乘法口诀的分与合。

（1）8×7=
　　8+7=
　　8-7=
（2）8×8=
　　8+8=
　　8-8=
（3）6×8=
　　6×8+6=
　　6×8-6=
（4）5×8=
　　4×8+8=
　　6×8-8=

图 2-47

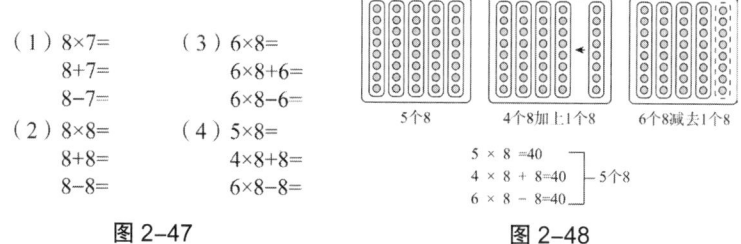

5个8　　4个8加上1个8　　6个8减去1个8

$5 \times 8 = 40$
$4 \times 8 + 8 = 40$
$6 \times 8 - 8 = 40$ ——5个8

图 2-48

（二）结合图示，感知比较方法

教师出示如图 2-49 所示的两幅方格图，要求不算出结果，比较哪个图中涂色格子多。通过观察引导，发现第一幅图比 4 个 8 多 6，第二幅图比 8 个 4 多 2；因为 4 个 8 和 8 个 4 一样多，所以只要比多出来部分就行，可以判断第一幅图涂色格子多。这正是应用了图 2-47 中第（3）组题目总结的经验。

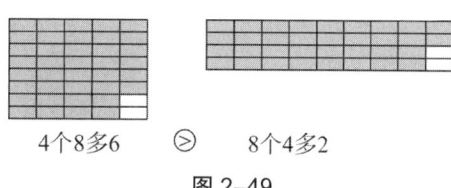

4个8多6　　>　　8个4多2

图 2-49

（三）读图审题，经历综合应用

在前两个计算环节的基础上，出示图 2-50。先请学生分析后概括出数量关系：车头的车轮数 + 车厢的车轮数 = 车轮的总个数；接着请学生画一画图示（图 2-51），根据图示概括出具体的数量关系：车头的车轮数 + 每节车厢的车轮数 × 车厢节数 = 车轮的总个数；最后列式解答。计算时强调：在乘加、乘减算式中，不管乘法在前面还是后面，都要先算乘法。

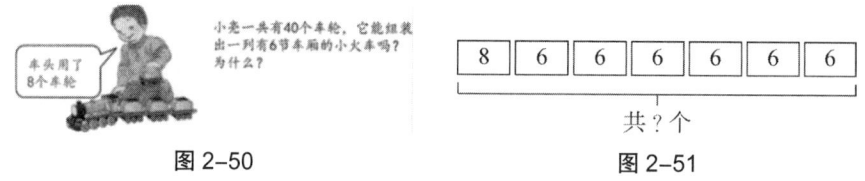

图 2-50　　图 2-51

从整体设计的视角，本节课的教学给我们以启示，相同结构下的数学知识是逐步递进的，在教学中要适度地变化学习活动形式，提升问题解决的复杂性。同时，由于有前期活动经验的积累，学生在探究新知时应该有更多的自主性，充分利用已有的活动经验解决新的问题。

第七节
"9 的乘法口诀与解决问题" 教学实践

相比于之前学习的乘法口诀,"9 的乘法口诀"的内在联系在于积的变化规律。因此,在学生编写出口诀之后,可以引导学生寻找积的变化规律,有规律地记忆乘法口诀。同时,在之前的乘法口诀的学习过程中,学生已经逐步概括出用乘法解决问题的数量关系,在此结合具体的例子进行回顾比较,构建起乘法解决问题的基本结构,并适当地进行延伸。

一、拨珠操作,创编乘法口诀

"9 的乘法口诀"有其独特的内在规律,怎样把这种规律外化,成为一种操作活动?我们进行了多种形式的实验,最终选择用改造后的计数器进行拨珠操作,让学生在拨珠的过程中感知积的变化规律。

(一)修正操作,创编乘法口诀

计数器是学生在学习数的认识时用的学习工具,也是直观展现"满十进一"的具体模型。"9 的乘法口诀"从第二句开始,每次加上 9 都会出现"满十进一",用计数器可以直观地展现这一个过程。

教师出示个位上拨有 9 颗珠子的计数器,再出示手中拿着的 9 颗珠子,提问:再增加 1 个 9,怎么操作最方便?

有学生先从教师的手中拿出 1 颗珠子拨入个位,这样个位上就满十了,取出向十位进一,再把教师手中的剩余 8 颗珠子放到个位上,结果是十八。(图 2-52)

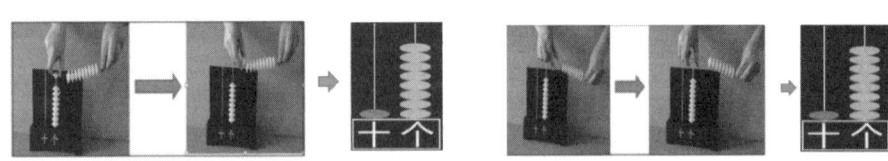

图 2-52　　　　　　　　　图 2-53

教师肯定学生的操作,并追问:有没有更加方便的方法?有学生从个位上的

9颗珠子中取出1颗与教师手中的9颗珠子放在一起形成一串，满十要向十位进一，这时计数器十位上1颗珠子，个位上8颗珠子，合起来就18。（图2-53）

比较后学生发现，按照图2-53的操作更加方便。依据刚才的操作，请学生用数一数、列一列和编一编的方法编出相应的乘法口诀，再请学生完成后两句口诀，形成如图2-54所示的板书。

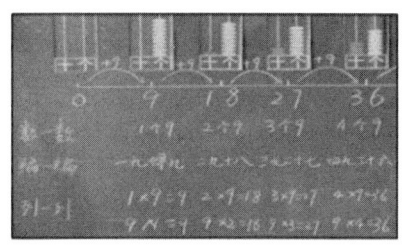

图 2-54

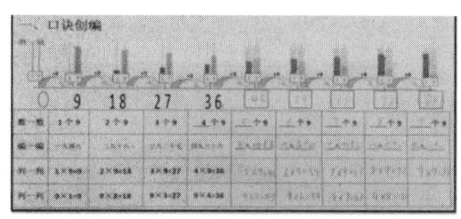

图 2-55

（二）猜想验证，完善乘法口诀

积累素材，合情猜想，是培养学生探究数学规律的重要方面。请学生结合图2-54，说一说有什么发现。有学生从变化的角度发现，十位上的珠子在增加，而个位上的珠子在减少。进一步追问：又有什么不变的地方呢？通过观察，学生发现个位与十位上的珠子总数不变，也就是个位上与十位上的数字和不变，都等于9。

基于以上发现，请学生边计算、验证，边编写"9的乘法口诀"，形成如图2-55所示的创编内容。

从画一画、加一加、数一数、列一列、编一编等多个角度创编"9的乘法口诀"，既是之前编写经验的再应用，也是对规律的应用。

（三）纳入结构，丰富口诀背景

"9的乘法口诀"虽然句数较多，但同时也最有规律，在日常语言中也有不少应用。首先，教师引导学生采用"手指一弯，口诀自现"（图2-56）的方法边活动边记忆口诀。接着依据故事填空，用"9的乘法口诀"填空。具体如下：

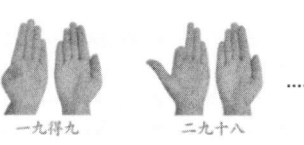

图 2-56

《西游记》中就有唐僧师徒西天取经要经历"＿＿＿＿"难，孙悟空有"＿＿＿＿"变的本领;《孙子兵法》有"＿＿＿＿"计，中国古代有"＿＿＿＿"般兵器。

接下来，把九句乘法口诀纳入整个乘法口诀表中，形成完整的乘法口诀表，请学生按自己的方式读一读或背一背。

二、题组推进，归纳数量关系

结合乘法口诀的学习，逐步学习相应的问题解决，构建起乘法解决问题的数量关系体系。在此之前，学生已经掌握了乘法与乘加或乘减解决问题的数量关系，本节课中，对求总价的数量关系进行适当延伸。

（一）看图说理，回顾乘法模型

教师把练习十九第 5 题进行改编，先只解决 4 位成人需要多少元的问题。如图 2-57，请学生独立画出图示，列出数量关系式后用列式解答。接着校对反馈，形成如图 2-58 所示的板书形式。

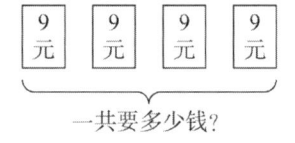

图 2-57　　　　　　　　　　　　图 2-58

这是对"9 的乘法口诀与解决问题"中"求总价"问题的复习。

（二）问题整合，回顾乘加模型

教师出示完整的图示（图 2-59），请学生在上一题的基础上独立完成，再反馈评析，形成示意图、数量关系与列式计算（图 2-60）。

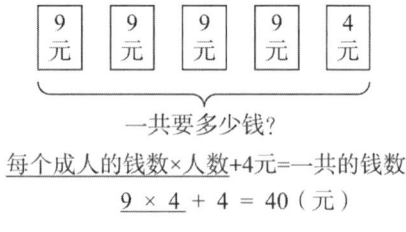

图 2-59　　　　　　　　　　　　图 2-60

两步计算的数量关系是对一步计算的数量关系的组合。因此，在上一题的基础上，通过增加信息，解决新的问题，让学生体会到由简单到复杂的数量关系的变化过程。

（三）适度变式，提升思考能力

通过前面两个环节初步构建起了"求总价"的乘加（减）两步复合应用问题的模型，下面可以利用这个模型解决相应的现实问题。

教师出示如下的问题：

王老师到文具买了 9 支同样的笔，每支 7 元，又买了一本 7 元的笔记本。他付 67 元钱够吗？

学生独立完成后反馈评析，形成如下的解决问题过程。

每支笔的钱数 × 支数＋笔记本的钱数＝需要花的钱数

7×9+7=70（元）　　　　70 元＞67 元　　　　所以付 67 元不够

在这一过程中，增加了对结果的判断。同时，对"+7"还可以进一步追问：这个算式还可以表示什么意思？分析后发现，它表示"10 个 7 是多少"，为后续计算"7×10"做铺垫。

结合乘法口诀的学习进程，融入乘法与乘加、乘减数量关系解决问题，是本单元的整体设计特色。在本环节中，解决问题采用题组的形式层层推进，让学生在自主学习、交流反思的过程中，利用已有的活动经验解决相应的问题。

三、专题练习，丰富乘法应用

练习环节，既是对新知识的巩固，也是应用新知解决新的问题。围绕"9 的乘法口诀"的应用，设计了三个问题。

（一）填数反思，归纳变化模型

8 和 9 的乘法口诀的编写都用到了公差是 8 和 9 的等差数列，在此基础上对数列进行变式，成为如下的形式：

找一找规律，再在（　　）里填上适当的数。

11　20　29　（　　）（　　）（　　）（　　）（　　）（　　）（　　）

这既是对"9 的乘法口诀"的应用，也是对百以内加减法的复习。学生独立完成后反馈评析。

（二）反复尝试，熟练乘法口诀

利用乘法口诀既可以计算出准确的积，也可以应用到估算之中。出示如下的问题：

商店里钢笔每支 9 元，小明带了 60 元钱，最多可以买几支这样的钢笔？

由于学生还没有学习除法，因此解决这个问题需要建立起乘法算式的模型，即"9×（　　）＜60"。括号里填的就是钢笔的支数，那么最大可以填几呢？学生通过尝试"9 的乘法口诀"，填入合适的数。

在上述问题解决的过程中，把实际问题转化成了数学问题：括号里面最大能够填几？这也是学生在后续学习除法试商时需要用到的一种思维方式。出示如下一组专项练习，请学生独立完成后校对。

（　　）里最大能填几？

9×（　　）＜40　9×（　　）＜80　（　　）×9＜64　（　　）×9＜29

（三）结合意义，灵活运用口诀

最后，请学生依据已经学习的数量关系解决如下的问题：

一种布 9 元一米，买 10 米，一共需要多少钱？

列出算式"9×10"，它的结果是多少呢？用 9 的乘法口诀不能够解决。此时，可以与之前的"7×9+7=7×10"联系，拆分得到"9×10=9×9+9"，从而计算出结果。在此基础上，让学生用同样的方法计算下面算式的结果：

1×10=　　2×10=　　3×10=　　4×10=　　5×10=　　6×10=　　8×10=

计算出结果后，再请学生找一找规律，发现"一个数乘 10 的积就是在这个数的末尾添 1 个 0"。

本节课的教学实践给我们以启示，调动学生的学习积极性，不能仅仅依靠创设吸引学生的外在学习情境，更要充分挖掘数学内在的思维魅力，精心设计能够揭示数学本质的学习活动，在活动中不断引导学生观察、猜想、分析与反思等，真正把数学课上成数学思维活动课。

第八节
"表内乘法整理与复习"教学实践

本单元复习综合了乘法概念、乘法口诀与乘法解决问题三个部分,在分板块复习的基础上,努力构建起三者的联系。即当出现一句乘法口诀时,能够联想到对应的乘法算式;依据乘法算式,能够联想到它的两种意义;依据乘法意义,能够画出图示或者编制相应的实际问题。

一、利用百数表,探究口诀特征

乘法口诀表是按照乘数从小到大纵横递增的方式编排的,在复习时,采用逆向思考,利用百数表,从积开始,由积想到乘法口诀,由乘法口诀联想到乘法算式,进而构建解决实际问题的数量关系。

(一)利用乘法口诀,圈出百数表中的积

表内乘法口诀的积均在百数表中,它们有怎样的分布特点呢?带着这样的疑问,让学生一边背诵乘法口诀,一边把积在百数表中圈一圈。先由学生独立完成,然后校对,形成如图2-61的图示。

百数表作为研究乘法口诀表的载体,可以直观地反映乘法口诀中积的一些特征。

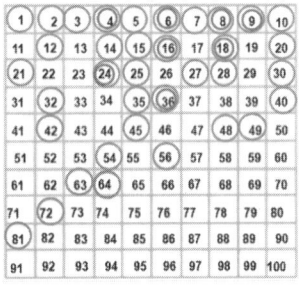

图2-61

(二)观察百数表,发现口诀分布的特点

仔细观察百数表中乘法口诀中的积,可以发现哪些特点?为什么会有这样的特点?带着这样的疑问,引导学生先独立观察,再小组交流,最后集体反馈。

第一个特点是先密后疏。这是为什么呢?学生观察乘法口诀,发现第一排的前面九句口诀就是含有乘数1的九句口诀;同时,当乘数较小时,同类的两句口诀间隔近,当乘数大时,同类的两句口诀就远,所以当两个乘数都是7、8或9,间隔就比较远了,就变得疏了。

第二个特点是"双数积"比"单数积"多得多。这又是为什么呢?再次引导学

生观察乘法口诀表,提问:在怎样的情况下积会是单数?学生观察后发现,只有两个乘数都是单数的情况下积才是单数。

依据第二个特点,又可以进一步发现,积相同的乘法口诀中,只有一组积是单数,另外都是双数。这又是为什么呢?教师引导学生把相应的口诀中的两个乘数进行比较(图2-62),发现只有积是 9 的乘法口诀,两句中的乘数都是单数。并且除了积是 36 的两句乘法口诀外,另外的几组口诀均是一个乘数从上往下乘 2 或 3,另外一个乘数从下往上乘 2 或 3。积是 36 的一组口诀则用点子图的形式,展示它们的变化过程,如图 2-63 所示。

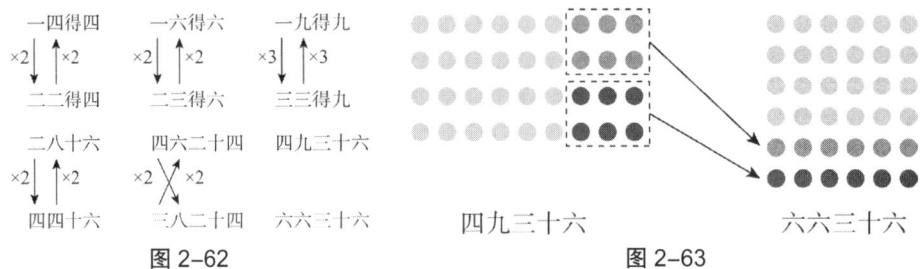

图 2-62   图 2-63

实际教学中,学生还有其他的一些发现,如 9 的乘法口诀正好成一条斜线等,可以让学生说一说为什么。这样的过程,既是记忆口诀的过程,也是探究乘法口诀内在联系的过程。

(三)选择余下的数,编成乘加或乘减的算式

没有画圈的数如何与乘法构建起联系呢?可以用乘加或乘减的方式。教师提出问题后,任意指出一个数如 52,让学生编写相应的乘加或乘减的算式。学生独立完成,然后反馈,形成一般的思路,即先列出加法(48+4)或减法(54-2),再把前一个数替换成乘法算式(6×8+4 或 6×9-2)。总结编写思路后,同桌合作,一名学生指出一个数,另外一名学生编写乘加或乘减的算式。

根据小学低段年级学生的年龄特点,用百数表作为教学素材,进行不同维度的观察、比较与分析,不仅可以省去学生熟悉材料的时间,而且提高了学生的关注度。

二、多维计算,感受计算魅力

在计算过程中,凸显思维价值,是设计计算题的重要策略。采用计算后的整合与分解,让学生寻找算式之间的联系;图、数互译,感受计算结果的变化特征。

(一)计算后组合,经历综合过程

单元复习的计算不仅局限于乘法,而是与加法、减法进行比较、综合,由单一到复合,梳理各自的运算方法与组合策略。

教师出示如下的两组计算题：

1. 8+5=　　　　　8−5=　　　　　8×5=
2. 6×4=　　　　　6×6=　　　　　36−24=　　　　　36+24=

独立完成上述计算后，请学生观察，发现第1组题中，8和5相加、相减与相乘，结果大小不同，积最大，差最小。这也是三种运算中最普遍的运算结果大小比较的规律。

对于第2组，计算后让学生从中选择两个有联系的算式，写成两步综合算式：6×6−24，36−6×4，6×6+24，36+6×4。

看符号定方法，看数据想法则，这是四则计算时的一般策略。通过第1组的题组比较，可以归纳思路；通过第2组的计算后反思，可以寻找算式间的联系，组合成混合计算，培养学生的推理能力。

（二）观察后分解，体会运算变化

两个一步运算的组合可以得到两步混合运算，也可以对一步运算中其中的一个数进行分解，用一个算式代替，得到两步混合运算，从而进一步丰富两步混合运算与一步运算之间的转化策略。

上一组练习的36−24、36+24中的36和24，分别有两句乘法口诀，如果分别用另外一句乘法口诀进行替换，可以列出怎样的乘加或乘减的算式？学生独立完成后反馈，得到如下的算式：4×9−24，36−3×8，4×9+24，36+3×8。

由单一到复合，是四则运算到四则混合运算的发展过程。上述两个环节是四则计算内部由单一到复合的转化过程，而组合与分解这两种策略也是由一步运算的数量关系到两步运算的数量关系的基本策略。

（三）依据图形等式，推测可能数据

加法与乘法均代表合并。一般情况下，两个数的积比相同的两个数的和要大，这在上述环节的计算结果比较中已经有了经验。但是，也会出现相等或更小的情况。因此，用图形等式的方式形成不同的关系式，让学生依据关系式推测可能的数据。

下面几个图形式子中，利用乘法口诀，想一想各个图形可能是多少。

1. □ + □ = □ × □　　2. ☆ + ◎ = ☆ × ◎ − 1　　3. △ + ○ = △ × ○ + 1

先由学生独立完成，然后反馈评析。第1题，相同的两个数相加和相乘的结果相等，经过尝试，□=2。第2题，两个数的和比两个数的积少1，经过尝试，得到☆=2，◎=3或☆=3，◎=2。通过练习，学生发现"2+3"与"2×3"的不同之处，避免混淆。第3题，两个数的和比两个数的积多1，经过尝试，符合要求的关于1的乘法口诀均可以，进而归纳出"1乘一个数的积等于这个数"。

三、多维应用,体会乘法意义

运算意义是解决问题的基础。从具体的计算题目与相应的图示出发,依据运算意义赋予现实情境,自主编制应用问题,能够更好地体现"算与用"的关系。选择合适信息,提出各类问题,可以更好地构建数量关系,形成分析与解决问题的基本思路。

(一)运算比较,区分数量关系

教师出示第一个题组:8+5,8-5,8×5,以及如下三则点子图(图2-64、图2-65、图2-66),提出问题:依据图意,要解决括号中的问题,分别需要用到哪一个算式?

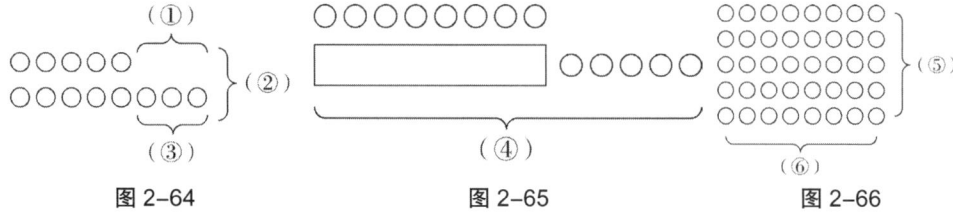

图 2-64　　　　　图 2-65　　　　　图 2-66

以上三个图示代表了已经学习的加法、减法与乘法运算的几种意义。学生独立完成后反馈。接着让学生依据图示,赋予具体意义,把它们分别编成应用问题,并在此基础上列出相应的数量关系。在这样的过程中,学生感受到相同的运算有不同的数量关系。

一道计算题,可以与多个数量关系相对应,这体现了计算题的抽象性与形式化。通过计算与图意相联系,让学生进一步感受到计算题的"一题多义"。

(二)问题延伸,感受思维伸展

在图2-66的基础上增加5个圈,成为如图2-67的形式,请学生依据图意列出算式;再在根据图2-66编出的应用问题基础上编成新的应用问题,然后列式解答。学生在这个过程中感受到,依据图示列式可以有多种表达,如8×5+5,8×6-3以及3×5+5×6。但是,当依据原来的问题增加信息再解答时,只有其中的一种情况,如:

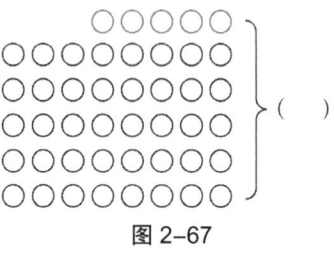

图 2-67

一个盒子里面装有8个苹果,有这样的5盒,<u>还剩下5个</u>。一共有多少个苹果?

在依据图2-66编写出的应用问题的基础上增加了下划线部分后,就是依据图2-67编写的应用问题,对应的式子是8×5+5。如果要表示后面两个算式的意思,需要重新编题,尤其是3×5+5×6这样的三步混合运算,可以结合相同的情境,进行相应的编题后反馈。

（三）分析信息，自主提出问题

选择"单价"，补充"数量"，提出用乘法或者乘加、乘减解决的问题，既是前面环节中数量关系的补充，也是对相应的数量关系的再一次梳理与比较。

教师出示图 2-68，请学生说一说图中有哪些信息，有什么相同点。然后出示图 2-69、图 2-70 的两个思路图，请学生依据思路图上的数量关系，编写应用问题，再依据思路图列式计算。

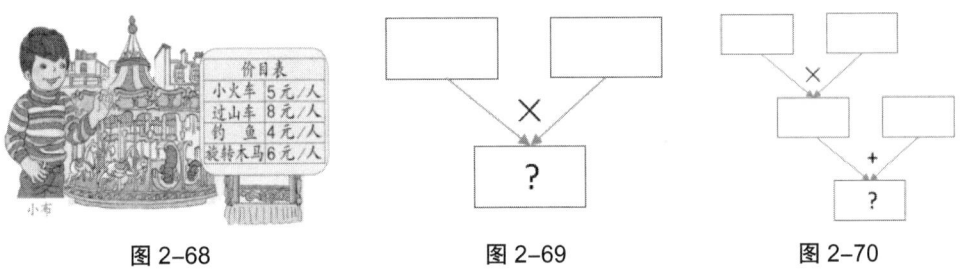

图 2-68　　　　　　图 2-69　　　　　　图 2-70

本节课的教学实践给我们以启示，数学单元复习的基本目标是通过整理、练习，建立本单元的知识结构；同时，还要关注联系，把本单元的知识与之前学习的相关知识一起练习、比较，形成更加完善的数学知识结构。

第三章
倍的认识

　　本章是"乘法"与"除法"双重大概念下的单元整体设计研究。"倍"既是一个数学概念，也是一个日常用语，与"差""除法""乘法"等有着直接或间接的联系。"倍"与"差"都是两个数进行比较后得到的一种关系；"倍"是"乘法"含义的延伸，即"几个几"就是"（谁的）几倍"；"除法"又是求"倍数"与"一倍数"的算式表达，分别与"包含除"与"等分除"相对应，也就是说，"倍"也是除法含义的延伸。因此，虽然这一单元的课时数不多，但是具有十分重要的地位。

第一节
"倍的认识"整体设计

"倍"的本质是什么？怎样让学生认识到"倍"的本质？两个量进行比较（大比小）有两种表达方式，一种是"差"，另一种就是"倍"。"倍"是两个量之间的一种比较关系，从含义上讲具有乘法的含义，而在求"倍数"时却又依据除法的含义。那么，如何让学生认识到这一种特性，怎样与相差关系进行区别？"倍"与"除法""乘法"之间有怎样的联系？怎样利用这一种联系构建起新的乘除法运算的含义和数量关系？

一、教材的梳理与理解

对现行人教版教材中的"倍"，可以从三个方面展开梳理与理解。首先是学习基础的认识，主要从教材的逻辑结构梳理与"倍"相关的旧知；其次是编排结构，从教材的学习序列梳理例题之间的关系；最后把学习基础与教材结构两者综合，理解教材的认知结构。

（一）学习基础的认识

倍与差均是两个数进行比较后的表达方式，因此，之前学习的"相差关系"是学习"倍"的基础。

同时，倍是两个数比较时，由乘法中的"几个几"和除法中"几里面包含了几个几"这两种思维模式延伸所得。因此，对于乘法含义与除法含义的认识程度，直接影响着学生对于倍的认识与应用。

"倍"也是一个日常用语，学生在平时的交流中也有初步的认识，如桃子有 8 个，苹果有 4 个，学生除了发现桃子的个数比苹果多 4 个，也会说桃子的个数是苹果的 2 倍，或桃子的个数比苹果多 1 倍。

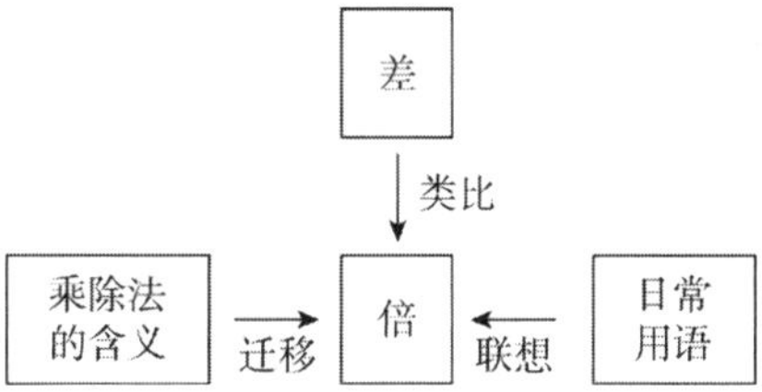

图 3-1

以上三种学习基础，其思维方式不相同，由"差"到"倍"是通过类比，由"乘除含义"到"倍"是采用迁移,而由日常用语到"倍"是通过联想(图 3-1)。不论哪一种思维方式,均需要在具体现实情境中激发起原有的认知基础后进行思考。

(二)编排结构的梳理

人教版教材中,"倍"单元分成两个板块,一是倍的认识,采用直观示意图与操作活动,在认识"几个几"的基础上概括倍的含义;二是用倍解决问题,分别用示意图与线段图表示信息与问题,再把求一个数是另一个数的几倍转化成求一个数里面包含了几个几,用除法计算,把求一个数的几倍是多少转化成求几个几,用乘法计算。教材特别重视用各种图示的形式来认识倍与建立倍解决问题的数量关系,在此过程中,还学习了用线段图分析问题。具体如图 3-2 所示。

倍的认识　　　求一个数是另一个数的几倍　　　求一个数的几倍是多少

图 3-2

除了以上三种图示外,教材在二年级下册"混合运算"单元中还安排了色条图,介于示意图与线段图之间,虽然在本单元中没有出现,在实际教学中也可以作为从示意图到线段图的过渡。

(三)认知结构的理解

从编排结构中可以发现,教材没有把相差关系作为倍的认识的学习基础,而是借助乘法的"几个几",通过数量的抽象,把两个数的倍比转化成总数与每份数进行比较,从而得到"3 个 2"即"6 是 2 的 3 倍"。

而"求一个数是另一数的几倍"与"求一个数的几倍是多少"分别用除法与乘法计算,这就需要与二年级学习的乘除法的含义相联系,即把前者与除法中的包含除相联系,后者与乘法含义相联系。在此过程中形成了新的乘除法的数量关系,并丰富了乘除法的含义。

因此,从教材编排的结构而言,"倍"单元的学习是乘除法的意义由原来的"份总"关系向"倍比"关系的拓展。在学习过程中,用原来的"份总"关系解释"倍比"关系,同时又丰富了乘除法的含义,在图 3-2 的基础上形成如图 3-3 所示的认知结构。

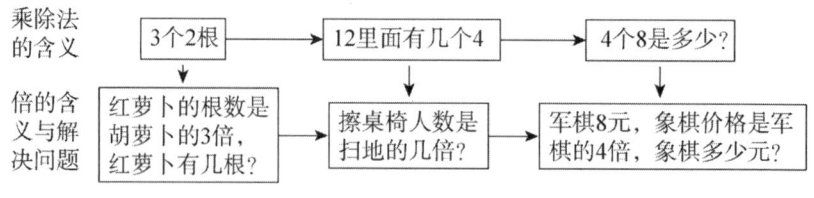

图 3-3

总之，教材以乘法含义作为学习基础，把倍的含义、倍解决问题的数量关系与乘除法的含义、乘除法解决问题的数量关系相对应，运用迁移与类比，重构乘除法的含义。

二、教材的反思与重构

基于教材的梳理可以发现，倍的学习基础有两个方面，第一是差比，第二是乘除法的含义，但是教材只用后者作为学习基础。是否可以增加差比这一学习基础？倍解决问题的算式表达与原有乘除法有联系，如何安排学习序列，让学生体会新旧知识之间的关系？除法有包含除与等分除两种数量关系，因此，在倍解决问题时是否也应该有相应的两种数量关系的学习？

（一）如何利用好倍与差的异同

课前调查中，出示图3-4，请学生用"倍"表示红萝卜与胡萝卜的关系，学生说红萝卜是胡萝卜的2倍。这是受相差关系的负迁移，在红萝卜中去掉了与胡萝卜同样多的部分。因此，在倍的认识时，学生联想到相差关系，并会把相差关系的思路迁移到倍的认识之中。

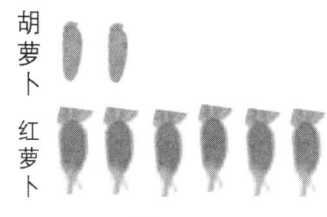

图 3-4

基于这样的情况，在教学倍的认识时，可以把两个学习基础综合，即先用相差关系与倍的概念进行比较，引出前概念"倍"，再用"几个几"解释倍的含义。让倍的学习纳入两个认识结构之中，即两个数比较的结构和乘除法含义的结构。

（二）怎样衔接倍与乘除法的关系

"倍"在《现代汉语词典》中有三种字义，其中与教材一致的是：(量词)跟某数相等的数，某数的几倍就是几乘某数，如2的5倍是10。也就是说，倍的认识要与乘法相联系，"几个几"就是"几的几倍"。

如图3-2，倍的认识中，结合图示让学生认识到胡萝卜有2根，红萝卜有6根，也就是3个2根，所以红萝卜的根数是胡萝卜的3倍。这样的思路符合倍的含义。

但是，在"求一个数是另一个数的几倍"时，要与除法相联系。如图3-2，"求擦桌椅的人数是扫地的几倍"，需要转化成"12里面有几个4"，用包含除的思路进行分析。也就是说，倍的含义与求倍的解决问题的数量关系不一致。

在教学中需要把倍的含义与求倍的解决问题的数量关系进行有机统一，具体的做法是把"几个几"与"几里面包含'几个几'"的含义相统一。例如，"胡萝卜有2根，红萝卜有6根，也就是有'3个2根'"，就说"红萝卜的根数是胡萝卜的

3 倍",即具体解释"3 个 2 根"为"6 根里面有'3 个 2 根'",实现乘法含义与包含除在表达上一致。

(三)是否需要完善倍解决问题的体系

本单元没有安排"已知一个数的几倍是多少,求这个数"这类解决问题,并且后续的学习中也没有例题。那么,能否在不增加课时的情况下自然地补充这一内容,以实现乘除法的含义与倍解决问题一一对应?从整体设计的视角,可以把例 2"求一个数是另一个数的几倍"作为基本例题,把另外两种倍解决问题作为"回顾与反思"时检验例 2 是否正确的方法,形成如图 3-5 所示的结构。

另外,倍解决问题也可以与差解决问题进行融合,在相关信息变化过程中探究倍的变化规律。"年龄问题"就是一个很好的例子。

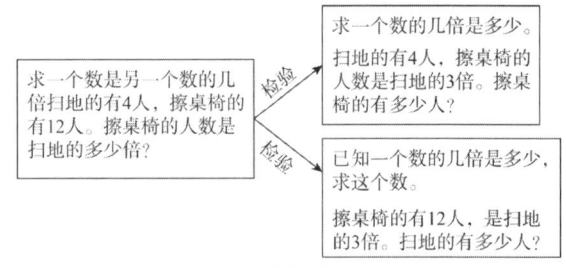

图 3-5

虽然"倍"单元的课时不多,但是对于丰富与完善乘除法的含义以及乘除法解决问题的数量关系,有着十分重要的意义。并且,后续"一个数是另一个数的几分之几"与分数乘除法解决问题的学习,都与本单元有着直接的联系。因此,需要对本单元学习内容进行有层次、系统的反思与重构。

三、教学的构思与设计

通过对教材的梳理与理解,对倍的含义与倍解决问题有了更加全面的认识;通过反思与重构,对存在的问题提出了解决的策略。如何具体落实呢?下面,从倍的认识、倍解决问题与倍解决问题的拓展三个维度进行设计。

(一)由"数"的比较过渡到"份"的比较,认识"倍"的含义

在学习"倍"之前,学生已经学习了"相差关系",也学习了乘法与除法的含义。其中,"相差关系"可以作为与"倍"进行比较的对象,而"乘法"与"除法"的含义则是理解倍的基础。

1. 感知"倍"与"差"的区别

关于"倍",对于三年级的学生来说,在日常生活中已经有了一定的了解,并且能够用"倍"表示两个量之间的关系。因此,在教学中可以结合具体的例子,在

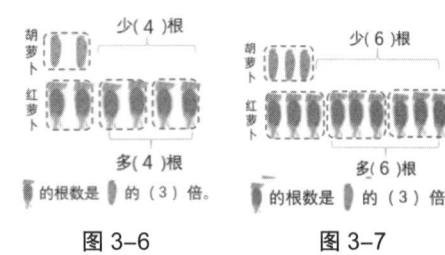

图 3-6　　　图 3-7

学生提出旧问题(它们相差多少)后提出新问题(倍)(图 3-6)。学生做出解释后改编信息,解决同类问题(图 3-7)。直观比较后提出问题:为什么"差"发生变化,"倍"没有变呢?

在相同情境下比较差与倍这两种不同的比较方式,以旧引新,为揭示"倍"概念的本质提供素材。

2. 揭示"倍"的本质特征

比较了差与倍的不同点后,进一步出示图 3-8,请学生说一说哪些问题能够解决,哪些问题不能解决,为什么。

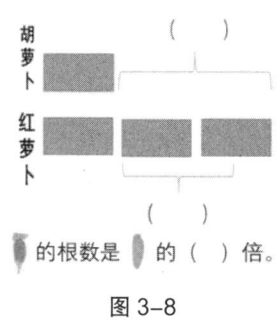

图 3-8

用没有标注具体量的色条图回答以上问题,可以进一步凸显差与倍的区别,感受到倍是"份"的比较,而差是"数"的比较。

3. 巩固"倍"的概念

结合具体的情境与操作巩固倍的概念有两层目标,一是进一步巩固与加深对倍概念的认识,二是结合具体操作感知倍解决问题的数量关系,在活动中感受到已知其中的两个信息,就可以求出第三个信息。

"倍"作为一个学生已经有了一定生活经验的概念,在与"差"的比较中,逐步揭示倍的本质,并结合具体情境与操作活动,以及原有乘除法解决问题时形成的操作经历,形成倍解决问题的直观思路。

(二)由"份总"模型过渡到"并列"模型,延伸数量关系

在"倍的认识"中,学生结合画图,已经感受利用"倍"的概念可以解决问题,同时让学生把数量关系与算式构建联系,运用原有的乘除法中的数量关系作为基础,利用转化思想逐步构建起新的数量关系。

1. 用"包含除"表达"倍"

教材的例 2 是"求一个数是另一个数的几倍"(图 3-5 左),在教学倍的认识时,实际上已经通过画图操作解决了这类问题。在教学倍含义时,是用"几个几"的乘法模型认识倍,再通过"一个数里面包含几个几"进一步完善。因此,在分析例 2 时,可以顺应这一思路指出两者的区别,即"包含除"表示的是"总数与每份数"之间的"份总"关系,而倍数表示两个独立的量之间的"倍比"关系。在此基础上建立数量关系:几倍数 ÷ 一倍数 = 倍数。

2. 用"乘法含义"表达"倍"

怎样检查例 2 的解答是否正确呢?可以运用交换信息与问题的形式,改编另外两类倍的解决问题(图 3-5 右)。在同一节课中解决并概括"求一个数的几

倍是多少"这类问题（图 3-5 右上）的结构特征与数量关系：一倍数 × 倍数 = 几倍数。

3. 用"平均分"表达"倍"

"已知一个数的几倍是多少，求这个数"相对于前面的两个问题，更加难以理解，因为相对于倍的解决问题，它是反叙题。结合图示分析图 3-5 右下的解决问题，把它转化为除法的含义，则是"等分除"，就是把总数平均分成几份，求每份是多少；再利用前两节课学习的数量关系中的名称，总结出新的数量关系：几倍数 ÷ 倍数 = 一倍数。

依据以上设计，倍解决问题的三个数量关系正好与乘法中的"几个几"与除法中"包含除""等分除"这三种数量关系相对应，说明倍解决问题的数量关系是由原有乘除法的含义转化而来，同时又延伸了乘除法的含义。

（三）由"年龄问题"过渡到"差与倍问题"，培养模型意识

每个人一出生，年龄就会伴随一生。而两个年龄不同的人，年龄之间自然地存在着年龄差，同时还可能存在倍数关系。当这两个人的年龄发生变化时，他们的年龄差总是不变的，但年龄的倍数关系却会发生变化。这种变化中有什么规律呢？探究变化的规律，就成了年龄问题的研究特色。

1. 积累素材，整体观察"差"与"倍"的变化规律

具体探究时，结合情境，让学生在已知两个人今年年龄的基础上，推算出他们去年和明年的年龄、年龄差与倍数。依据推算得到的信息探究规律，得到年龄差不变，越往后年龄间的倍数关系越小，但永远不会正好是一倍（即相等），2 倍可以出现。

以上规律的发现，要求学生结合有关联的数据变化得出。因此，要选择有利于学生发现规律的一组年龄，如"今年哥哥 8 岁，妹妹 2 岁"，交流后形成如图 3-9 所示的板书。

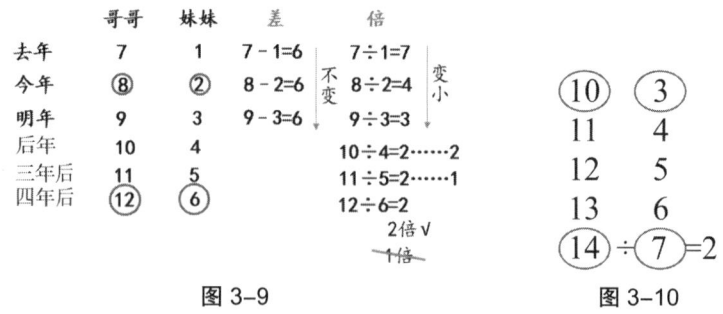

图 3-9　　　　　　　　图 3-10

2. 提出假设，举例验证 2 倍一定会出现

两个人的年龄变化过程中，会出现一些年龄相比较后的整倍数。同一组年龄在变化过程中，有的倍数会出现，有的并不会出现。哪一个倍数是不论数据怎么变化都会出现呢？当学生指出是 2 倍后，请学生自己举例子（图 3-10）。

通过图 3-9 与图 3-10 这两个例子的验证，可以归纳 2 倍会出现。但是，当年龄差比较大时，用有序列举的方式比较麻烦。如图 3-11，因为年龄差较大，起始的倍数较大，用列举法找 2 倍就不能够一下子找到，需要改进方法。

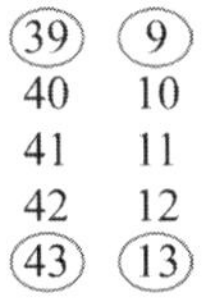

```
㊟39   ⑨
 40   10
 41   11
 42   12
㊸43  ⑬
```

图 3-11 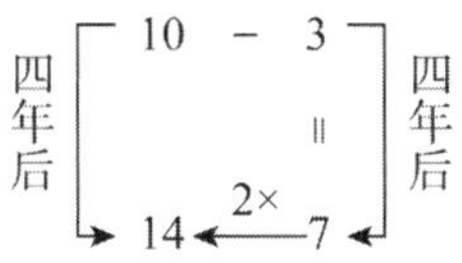　　　　　　图 3-12

3. 观察提炼，构建推算 2 倍年龄的数学模型

因为用枚举法推算出 2 倍时的年龄比较麻烦，所以依据已知的几组学习材料，让学生在教师的引导下概括出其中的数学模型，再举例验证数学模型的正确性。

推算 2 倍年龄的数学模型不止一个，最简单的模型是"当较小的年龄等于两人的年龄差时，较大的年龄恰好是较小的年龄的 2 倍"，图 3-12 就是依据图 3-9 中的年龄形成的关系图。为什么会有这样的规律呢？对于三年级的学生来讲，不需要说明为什么有这样的规律，而是让学生在举例验证与应用的过程中，体会数学模型的内在魅力。

总之，"倍"是两个量用乘法和除法两种思路进行解释而获得的新概念。在教学中，可以与"差"进行比较，加深对"倍"概念的认识；在解决问题中则要与乘除法中的数量关系进行类比，获得有关倍的新的数量关系，实现乘除法含义的延伸；结合年龄问题中"差"与"倍"的变化规律的探究，培养学生的数感与合情推理意识。

第二节
"倍的认识"教学实践

"倍""差"均是两个量进行比较后进行的表达。"差"是两个量进行减法比较后的结果,还是一个"量";"倍"则是两个量先分别看成"份"再进行除法比较,结果是一个"率"。如何创设情境,让学生在不断比较中提出"倍"的概念?怎样再列举例子丰富素材,揭示倍的本质特征?怎样结合图示,在操作的过程中更加全面地认识"倍"?

一、创设情境,在比较中学习"倍"的概念

创设数学情境,让学生自主提出问题,是培养学生发现与提出问题能力的重要策略。"差"与"倍"可以在同一个数学情境下提出,让学生自主解答或解释,学习新概念"倍",同时也为揭示"倍"的本质特征积累素材。

(一)创设情境,提出旧问题

教师出示图3-13,请学生说一说从图中可以看到什么信息,能够提出哪些运用已经学过的知识就可以解决的问题。学生自然可以提出求和与求差的问题,教师依据学生的回答出示图中的括号与其中的数据。

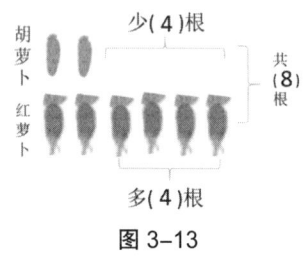

图3-13

这样的学习活动,不只是简单地复习铺垫,而是寻找新旧知识的连接点,既可以更好地构建起新旧知识间的联系,也有利于学生体会到数学知识产生与发展的轨迹。

(二)通过追问,提出新问题

"倍"既是一个数学概念,同时也是一个日常词汇,学生在日常生活中对倍已经有了一定的认识。在前概念调查中,对于图3-13中的信息,有一半左右的学生已经能够提出"红萝卜的根数是胡萝卜的3倍"。因此,教学中可以利用这一部分学生的认知基础,让他们提出新问题,然后引导进行解释,学习"倍"的概念。

教师追问:依据信息,你还能够提出什么新的问题?有学生提出:红萝卜的

根数是胡萝卜的多少倍？教师板书并进一步追问：是几倍？又是怎样想的？引导学生圈一圈，把 2 个胡萝卜看成一份，那么 6 个红萝卜可以看成 3 份，所以是 3 倍（图 3-14）。

"倍"是"几个几"的乘法含义的延伸。因此，结合"份"对"倍"进行解释，体现了这一种延伸关系。

图 3-14

（三）变换信息，发现新问题

依据同样的信息，提出"差"与"倍"的问题，让学生感受到同一组信息可以提出两类问题。这两类问题到底有什么本质的区别，还需要进一步积累素材。

教师出示如图 3-15 所示的一组信息（其中的括号与括号中的数据，以及关于倍的问题在之后的教学中出示），让学生说一说与图 3-13 比较有什么相同的地方，又有什么区别。学生发现，都是关于胡萝卜与红萝卜的数量，但是具体的数量不一样。接着出示问题，指出这是我们上一题中解答过的四个问题，你能够一一解答吗？

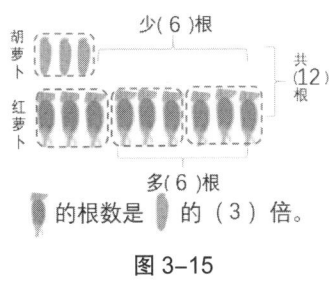

图 3-15

学生解答后，教师进一步引导学生与图 3-14 中的四个问题进行比较。学生自然地发现，两个题目中"相差数"不一样，但是"倍数"是一样的。教师进一步追问：这又是为什么呢？

学习素材的结构化，有利于学生在比较分析中发现和提出新的问题。图 3-14 与图 3-15 中，胡萝卜与红萝卜的数量发生了变化，但是倍数不变。基于这一发现，通过进一步探究来揭示"倍"的本质。

二、几何直观，在比较中揭示"倍"的本质

相差数发生变化，但是倍数不变，这是为什么呢？对于这一问题的讨论，可以让学生进一步回顾两者思考方式的不同点。在此基础上，利用几何直观揭示"倍"的本质。

（一）直觉感知，数理解释

先让学生依据具体的数据进行解释。学生发现，相差数是两个数进行比较，从多的数中减去同样多部分后得到的数，与具体的数有直接的关系；而倍数是先把较小数看成一份，看较大的数里面有"几个几"，就有这样的几倍，每一份可以是 2 根，也可以是 3 根，等等。

在上述分析过程中，学生不需要列式，而是结合具体操作，在图示比较中进

行表达。

(二) 几何直观，揭示本质

在图 3-14 与图 3-15 比较的基础上，教师进一步出示图 3-16。图 3-16 是抽象的色条图，没有具体的数，但是可以看出两个量之间的倍数关系。通过比较"差"与"倍"，可以进一步揭示"倍"的本质。

教师出示图 3-16 后提问：这四个问题，哪个问题可以解决，哪些问题不能够解决？为什么？学生分析后发现，相差数和总数不能够求出，但是倍数可以得到。这是因为，图中可以看出"份"，但是看不到具体的数量。教师进一步追问：这里的具体一份可以是多少呢？学生认为，可以是 1、2、3、4……

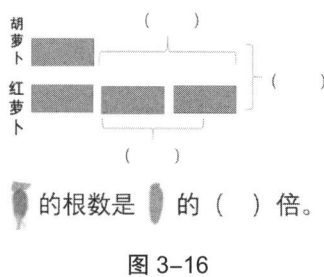

图 3-16

从具体到抽象，从特殊到一般，在不断积累学习材料的过程中，概括出"3 个几"就是"几的 3 倍"。

(三) 列举例子，巩固本质

依据学生列举的例子，教师指出：如果胡萝卜是 4 根，那么红萝卜是几根？如果红萝卜是 20 根，那么胡萝卜是几根？由学生独立完成。反馈时，先请画一画的学生汇报，再请列式计算的学生汇报并说一说理由。

在说理的过程中，引导学生发现，红萝卜的根数是胡萝卜的 3 倍，就是 3 份胡萝卜的根数是红萝卜的根数，也就是 3 个 4，列式计算是 4×3=12。在此过程中，把"几倍"与"几个几"建立联系，从乘法的视角还原倍的含义。

第二个问题则可以从等分除的含义进行还原，引导学生发现，红萝卜的根数是胡萝卜的 3 倍，也就是红萝卜的根数里面包含了 3 份胡萝卜的根数。求胡萝卜的根数，就是求 12 平均分成 3 份，每份是多少，列式是 12÷3=4。这时，又把"几倍"转化成平均分。

以上的解释，均是在与相应图示的比较下进行的。这一环节为后续学习解决问题做准备，同时又要与解决问题区分，即这里主要是依据图示进行思考，且不总结数量关系。

结合色条图，从"几个几"延伸出"几倍"，再通过举例，由"几倍"还原出"几个几"和"等分除"。让学生进一步感受到"倍"的本质特征，即在两个量进行比较时，对"几个几"含义的概括。

三、分层练习，在操作中深化"倍"的内涵

与"差"的比较中学习"倍"；利用几何直观，揭示倍的本质；通过举例还原，

为解决问题做铺垫。在此基础上,进行分层练习,结合操作深化学生对"倍"的认识。

(一)圈一圈,填一填

教师出示图 3-17,请学生圈一圈,填一填。学生有两种圈法,一种是把 3 个梨圈在一起为 1 份,苹果圈成这样的 3 份,所以填"3 倍";一种是 3 个苹果和 1 个梨为 1 组,这样圈出 3 组,因为每组中苹果的个数都是梨的 3 倍,所以填"3 倍"。

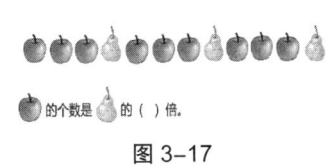

图 3-17

这两种方法中,第一种方法是基本方法,第二种方法反映了"倍数"不变的规律。可以引导学生进一步思考:如果苹果和梨各增加或减少几个,倍数变不变?学生举例后画图,再用第一种方法进行验证。

(二)涂一涂,说一说

"一倍"表示相等,相当于"相差数为 0"。可以结合涂一涂,说一说,在倍数的变化过程中认识一倍。

教师出示图 3-18,请学生涂一涂,说一说。交流时学生出现了两种情况,即两种颜色分别涂了 1 个、5 个和 2 个、4 个,分别求相差数与倍数。教师追问:还可以怎样涂色?学生回答还可以两种颜色各涂 3 个。教师追问:两种颜色的圈一样多,能够用倍来表示它们的关系吗?依据倍的思路,认识一倍,进一步总结得到两个数一样多,可以用一倍表示。

把下图中的圆圈涂上两种颜色,再提出问题并解答。

图 3-18

数学概念的外延中会有一般的例子和特殊的例子,对于特殊的例子,可以将概念的内涵与概念形成的过程进行比较,凸显特殊例子的本质特征。经历这样的过程,可以更好地理解概念。

(三)估一估,算一算

从倍的视角进行估测,结合具体的数据进行列式计算,为后续解决问题中的线段图表达做好铺垫。

教师出示图 3-19,先请学生估一估,再用圆规把长跳绳分成若干段与短跳绳同样长度的绳子进行验证。接着补充信息与问题:如果短跳绳长 2 米,长跳绳是多少米?学生先把信息与问题标注到图中,再列式解答后反馈评析,最后自己补信息、提问题。

估一估,长跳绳的长度是短跳绳的(   )倍。

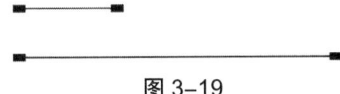

图 3-19

本单元的解决问题,还要学习画线段图分析问题,此题中的跳绳正好是线段图的生活原型,通过估一估和算一算,让学生感受到线段的长短可以表示数的大小。

从联系的视角学习数学概念，需要寻找新概念与相关旧概念的衔接点，从旧知的复习中学习新知，有效促进意义学习。本课中，从乘法与除法基本含义的延伸视角认识倍的含义，在与差的比较与数据积累的过程中揭示倍的本质特征。

第三节
"倍解决问题（1）"教学实践

人教版教材"倍解决问题"只安排了两个例题，例2是"求一个数是另一个数的几倍"，例3是"求一个数的几倍是多少"，没有出现"已知一个数的几倍是多少，求这个数"，且之后的教材也没有安排。这样编排不利于倍解决问题的数量关系与乘除法的数量关系做到一一对应。因此，可以在不增加课时数的基础上增加第3种解决问题。为此，可以把例2、例3在一节课中教学。事实上，例3已经出现在例2的"回顾与反思"中，因此，这样的安排更加顺理成章。如何使得例2和例3沟通联系起来？如何在学习"倍"的两种解决问题的数量关系时，提高学生的抽象思维能力？

一、阅读理解，多元表征信息

在本节课中，除了要让学生学会解决"求一个数是另一个数的几倍"和"求一个数的几倍是多少"这两类问题，更为重要的是要学会画线段图。线段图是相对比较抽象的表征形式，之前学生已经有了画示意图和色条图的表征，所以从示意图的直观性、色条图的半抽象性过渡到线段图的抽象性，是需要经历的学习过程。

（一）示意图描述，提出问题

请学生独立阅读例2（只出示其中的信息），用示意图表示题中的信息，再提出将两个量进行比较的问题。基于前一节课的经验，学生会画出如图3-20所示的图示，提出其中的三个问题。进一步引导学生对这三个问题进行分类，指出其中的两个是相差关系的问题，是之前已经学习的；而另一个是"求一个数是另一个数的几倍"的问题，是这节课要学习的。

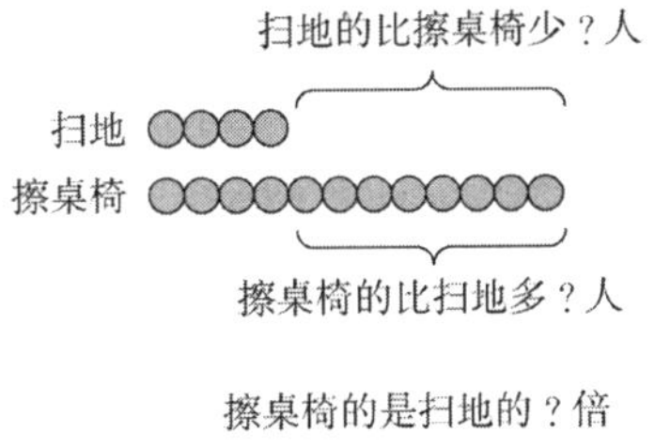

图3-20

点子图是最具象的一种图示，学生在之前的学习中已能够熟练运用，所以比较容易理解并利用点子图分析数量关系。同时，作为画色条图的基础，点子图每一部分尽量表达规范，意思清晰。

（二）色条图呈现，逐步抽象

在图 3-20 的基础上，教师进一步引导学生从倍的角度追问"擦桌椅的是扫地的几倍"中，把谁看成一份？学生回答把扫地的人数看成一份后，把示意图中的扫地人数用一个条形代替并标上数据（图 3-21）。接着提问：擦桌椅的人数可以怎样表示？教师示范擦桌椅人数也用条形表示。

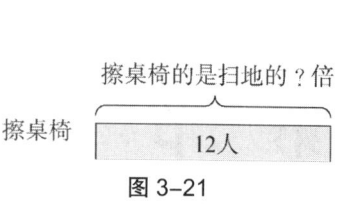

图 3-21

经历示意图到色条图的抽象，让学生说一说色条图与示意图有什么联系与区别。学生发现，示意图直接数一数便可以知道数量，色条图则用长短表示数量的多少，需要做出标注才可以知道数量。

（三）线段图表达，体会抽象

在色条图的基础上，利用课件演示，去掉色条的上半部分，提问：这样能够表示题目中的信息吗？与色条图相比，有什么相同的地方与不同的地方？学生回答还是用长度表示数量，只有一条线段更加方便了。教师补充标注后如图 3-22 所示。

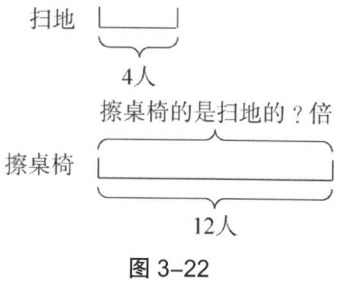

图 3-22

显然，与示意图、色条图相比，用线段图表示题目中的信息与问题更加简洁。同时，经历从示意图到色条图再到线段图的表示，可以体会信息表达从具体形象到抽象概括的过程。

二、尝试解决，概括数量关系

利用情境图或示意图建立倍的概念，采用的是操作与转化的方式；解决问题时则需要根据线段图概括出数量关系，列式计算。另外，结合图示，改变信息与问题，在验证的过程中概括出解决问题的数量关系。

（一）自主解答，评析思路

教师要求学生依据线段图自主解决问题，并说一说数量关系与具体意思。解决求一个数是另一个数几倍，上一节课中运用的是圈一圈、数一数、说一说的方法，目的是认识倍的概念，且是从"几个几"，即从乘法的含义出发认识倍。而用列式计算求倍数，学生需要用除法列式，再依据算式说出数量关系。对于列式的依据是什么，有部分学生不能够解释。因此，需要学生依据线段图的含义，丰富倍的表达形式，从乘法的"几个几"转化成"几里面有几个几"。

（二）解释含义，体会联系

相差关系是总分关系的延伸，倍数关系则是"几个几"关系的延伸。在数量关系形成之初，教师要引导学生体会数量关系的联系性与发展性。

教师首先让学生结合图示解释求相差数的数量关系，用"同样多"构建起和总分关系的联系。同样地，教师提问，这里的"擦桌椅的人数÷扫地的人数"又应该怎样解释？引导学生用"12里面有几个4"，即包含除的方法进行解释。要求结合三种图示解释，在头脑中建立表象。

（三）回顾反思，变式关系

"求一个数的几倍是多少"既是例2"回顾反思"的环节，同时可以获得新的数量关系。教师提出，如何验证结果对不对？学生依据原有经验，把问题改为已知信息，把其中的一个信息变成问题，提出如下两个问题。

1. 扫地有4人，擦桌椅的人数是扫地的3倍。擦桌椅有多少人？
2. 擦桌椅有12人，是扫地的3倍。扫地有多少人？

教师只引导学生用第1题作为"回顾与反思"的内容，让学生画出线段图，然后依据线段图列出关系式与算式（图3-23）。在此基础上，进一步引导学生解释数量关系的含义，从而建立起"求一个数的几倍是多少"与"求几个几是多少"的联系。

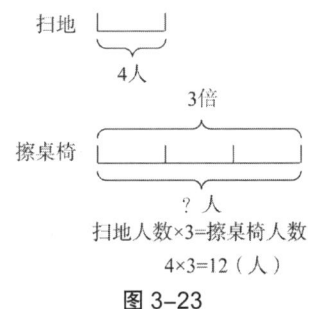

图 3-23

在"回顾与反思"中提出新的解决问题，在"验证与总结"的过程中获得新的数量关系，从而初步形成倍解决问题的数量关系结构，并为下一节课倍解决问题的继续学习做好了准备。

三、分层练习，巩固数量关系

在知识巩固和练习环节，首先针对两个例题进行专项练习，会顺利画线段图和列式；其次是知识的综合，将倍的数量关系和乘除法的含义相关联。

（一）专项练习，巩固新学知识

课件呈现信息：小鹿18只，小猴6只，天鹅8只。请学生选择信息，提出和倍有关的问题。学生一致提出的问题是：小鹿18只，小猴6只，小鹿的只数是小猴的几倍？教师追问，为什么不选择"天鹅8只"这个信息？有学生举例并列式说明，比如小鹿18只，天鹅8只，求小鹿的只数是天鹅的几倍，列式是18÷8=2……2（只），也就是小鹿是天鹅的2倍还多2只。教师借机引出"一个数比另一个的几倍多几或少几"的问题，使学生感受到前面学习的有余数除法和"倍"的问题之间也有密切联系。

图示中有小兔,但小兔的只数未知,"如果要求小兔的只数,在现有信息的基础上可以添加什么信息?"引导学生认识到,需要将小兔的只数与其他信息构建起一种关系,如小兔的只数是"谁"的几倍。教师顺势出示"小兔的只数是天鹅的3倍",要求学生提出求小兔只数的问题,如天鹅有8只,小兔的只数是天鹅的3倍,小兔有几只。学生提出问题后画一画线段图,列一列关系式,再算一算结果。

选择信息,提出问题;分析问题,补充信息。通过这样两个层次的活动,让学生明确两类倍解决问题的结构特征。并通过画线段图、列关系式,形成解决问题的基本思路。

(二)题组比较,学会迁移整合

基于倍的解决问题,丰富了乘法与除法的含义。在此基础上,结合题组比较,区分这两种含义的区别。教师出示如下的题组。

第一组:

1. 器材室有20个毽子,每个班分4个。这些毽子可以分给几个班?

2. 踢毽子比赛,王平踢了20个,李芳只踢了4个。王平踢的个数是李芳的几倍?

第二组:

3. 器材室有一盒毽子,每个班分4个,正好分给5个班。这盒毽子有多少个?

4. 踢毽子比赛,李芳只踢了4个,王平踢的个数是李芳的5倍。王平踢了多少个?

读题审题,先依据题意画出线段图,再列出数量关系,最后列式解答。学生完成后反馈,说一说每组题目有什么相同点与不同点,两组题目之间又有什么联系。基于具体例子与图示,让学生形成除法与乘法已有知识的结构。

(三)依据算式,再编解决问题

算式的单一性和现实情境的丰富性是基于数量关系的解决问题基本特征,也是教学的难点。因此,结合上述环节中的题组比较,让学生用"20÷4=5"与"4×5=20"创编新的解决问题,完成后同桌交换批改与解答。

通过再举例子,学生进一步明确了两个算式在解决问题时的基本思路,发现旧知"包含除""几个几"和新知"求倍数""求几倍数"的联系与区别。

"倍解决问题"是对倍进行再认识的过程。利用上一节课的学习经验,对两个量进行比较,提出差与倍的问题,再依次通过用点子图、色条图与线段图表征两个量之间倍数关系的过程,学会用线段图表征的策略,在依据线段图进行分析、解答与验证的过程中,逐步构建起根据倍解决问题的数量关系结构与根据乘除法含义解决问题的数量关系结构。

第四节
"倍解决问题(2)"教学实践

本节课是对补充的"已知一个数的几倍是多少,求这个数"解决问题的学习。经历两个层面的回顾、分析与梳理,以期完善倍解决问题的数量关系结构,并与原有的乘除法解决问题的数量关系建立联系,形成更加完整的乘除法解决问题的数量关系结构。

一、以旧引新,完善关系结构

在上一节课中,除了把"求一个数的几倍是多少"作为基本例题"求一个数是另一个数的几倍"的检验,还有用"已知一个数的几倍是多少,求这个数"提供检验的思路,只是由于时间的限制没有展开。因此,在本节课的开始,回顾上节课的教学思路,引出新的解决问题,从而形成更加完整的倍解决问题的数量关系结构。

(一)回顾旧知,提出问题

教师引导学生回顾上一节课例2的学习中有关倍的主要内容,展示"求一个数是另一个数的几倍"和"求一个数的几倍是多少"这两个内容的课题、题目、线段图、数量关系与算式(图3-24)。

接着出示上节课中没有解决的问题:擦桌椅的有12人,擦桌椅的人数是扫地的3倍。扫地的有多少人?

请学生说一说已知什么信息,要求什么问题。依据学生的回答揭示课题:已知一个数的几倍是多少,求这个数。

把倍解决问题的三个数

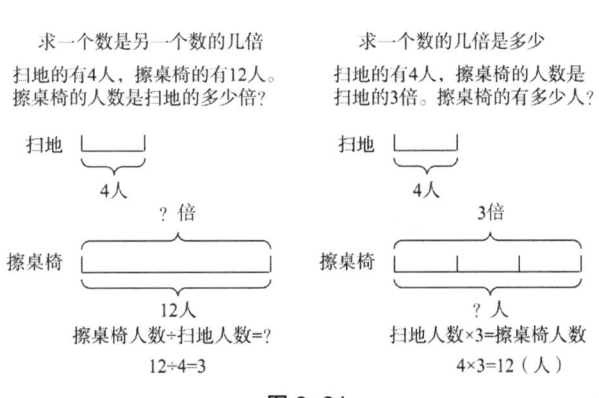

图3-24

量关系看成一个整体,在回顾已知的基础上提出上节课中遗留的问题,有利于借助上一节课的学习经验自主解决问题。

(二)运用经验,自主反馈

在阅读理解后,让学生按"画一画线段图""列一列关系式""算一算结果"三个步骤自主完成,然后反馈学生的作业(图3-25)。此时,有部分学生依据乘除法间的逆运算关系推导出解题思路。在此基础上,可以联系除法的基本含义解释。教师请学生结合图示,解释"12÷3"的具体意思。学生依据等分除

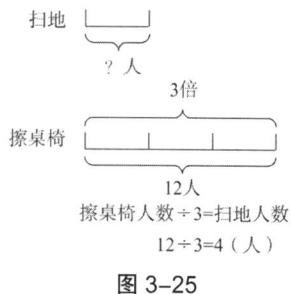

图 3-25

进行解释:擦桌椅的人数是扫地的 3 倍,就是把擦桌椅的人数平均分成 3 份,每一份就是扫地的人数。

从推导所得的思路到除法基本含义的解释,让学生更好地理解新旧知识的联系。"已知一个数的几倍是多少,求这个数"可以用平均分的知识进行分析,这里的"这个数"也就是平均分中的每份数。

(三)结合检验,形成结构

如果要检验解决问题是否正确,又可以怎样进行呢?引导学生回顾新的解决问题与已有的两个问题,观察这三个线段图和算式,寻找相同点。学生发现三个图都是关于两个量之间的关系,都是紧紧围绕"擦桌椅的人数是扫地的 3 倍"这句话来画图的。

经过这一阶段的教学,倍解决问题就形成了一个完整的体系,即抓住关键句"A 是 B 的 C 倍"。如果求 A,那么就是求"几倍数";如果求 B,那么就是求"一倍数";如果求 C,那么就是求"倍数"。学生更加清晰地认识到倍解决问题的数量关系。

二、选择信息,提出数学问题

为进一步巩固用倍解决问题,让学生寻找有联系的数学信息,再提出相应的问题。在此过程中,进一步明确倍解决问题的结构特征。

(一)依据信息,寻找联系

出示如下四个信息:(1)苹果有 28 个;(2)梨有 7 个;(3)草莓有 7 个;(4)苹果的个数是梨的 4 倍。请学生选一选,哪三个信息有联系。

学生指出(1)(2)(4)三个信息有联系后,教师追问:为什么"草莓有 7 个"不是呢?学生指出,在"苹果的个数是梨的 4 倍"这句话中,是对苹果和梨的比较。

在有多余信息的情况下寻找有联系的三个信息,可以凸显分析关键句的重要性。

(二)画图表达,提出问题

在寻找到有联系的三个信息的基础上,请学生画图表示出这三个信息之间的关系,并想一想依据哪个信息画图,怎样进行标注。学生独立完成后反馈评析。

在这一环节中,并不要求一定要画线段图,示意图、色条图都可以用来表示题目的意思。在展示学生作品的环节中,可以将线段图和示意图、色条图进行对比,直观感受用线段图表示更简洁。

最后,在画图表达的基础上,让学生把其中的一个信息改为问题,编出三道有联系的解决问题(图3-26)。

1.苹果有28个,梨有7个。苹果的个数是梨的多少倍?
2.梨有7个,苹果的个数是梨的4倍。苹果有多少个?
3.苹果有28个,是梨的4倍。梨有多少个?

图3-26

(三)相互检验,提炼特征

学生编出解决问题后,请学生先列数量关系,再列式解答。反馈后再次进行比较,说一说这三个问题的相同点与不同点。引导发现,虽然所求问题不同,但是数量关系的结构相同,并且两两之间都可以互相检验。

这一环节融合了两节课的学习内容,形成了相互验证的倍解决问题的结构。同时,通过三种不同画图方法的比较,进一步感受到,解决倍的问题时,画图是分析数量关系的好方法,并且画线段图是其中最简洁的。

三、自主编题,形成关系结构图

至此,两个数进行比较有"差比"与"倍比"两种方式,基于"差比"的解决问题是加法与减法含义的延伸,基于"倍比"的解决问题则是乘除法含义的延伸。因此,在形成倍解决问题的数量关系结构的基础上,可以进一步融合乘除法的基本含义与延伸含义,形成更加完整的数量关系结构。

(一)依据算式,梳理含义

出示除法算式"30÷5=6",请学生用文字叙述的形式说一说这个算式的意思。学生口答,教师记录。

1. 把30平均分成5份,每份是多少?   2. 30里面有几个5?
3. 30是5的多少倍?   4. 一个数的5倍是30,求这个数。

随着学习的深入,算式的含义也会不断地丰富,并反映在文字表述上。在此基础上,请学生进行分类。分类时会有两种方法,第一种是第1、2题为一组,是原来学习的"平均分",第3、4题为一组,是新学习的"倍"的问题;第二种是第1、4题为一组,均是关于"等分除",第2、3题为一组,都是"包含除"。

文字题既是算式的解释，也是解决问题的抽象形式。因此，依据文字题，让学生创设现实情境，编制能够体现联系的应用问题。学生独立完成后，同桌交流后集体反馈。下面是一位学生创编的四个解决问题。

1. 三（1）班新到图书30本，平均分给5个小组。每个小组可以分到多少本？

2. 有30盆花，每5盆摆一排。可以摆这样的几排？

3. 小军有30元钱，小琪有5元钱。小军的钱数是小琪的多少倍？

4. 军棋30元一副，是象棋的5倍。象棋多少钱一副？

由于是由同一个算式编写，因此在情境上不适合关联。再出示线段图，让学生根据题意选择对应的线段图，结合线段图再次感受两种分类方式不同的特征。

（二）原题再编，形成结构

把除法算式"30÷5=6"改编成"6×5=30"，请学生依据上一个环节中的文字题与解决问题的情境和信息，依次编制乘法解决问题。此时，学生发现除法算式有四种类型，但是对应的乘法含义只有两种类型，一类是求"几个几"，一类是"求一个数的几倍是多少"，且后者是前者的延伸。但是，同一类中又会有两种不同含义，如"求几个几的和是多少"可以表示为"6个5的和是多少"和"5个6的和是多少"，而"一个数的几倍是多少"可以表示为"5的6倍是多少"和"6的5倍是多少"。

通过以上两个环节，沟通了乘法解决问题与除法解决问题由基本含义到延伸含义之间的关系，并且将算式、文字题与解决问题进行对应，让学生体会到从算式到文字题再到解决问题，是由数学表达到数学应用的具体化过程，而从解决问题到文字题再到算式，是从数学应用到数学表达的抽象过程。

（三）差倍融合，适度延伸

年龄问题是整合差与倍的一个好载体。在本节课中，结合具体例子，让学生初步感知到，在两个人的年龄变化过程中，年龄差不变，但倍数在发生变化，为下一节课中进一步探究年龄问题中的"差"与"倍"做铺垫。

教师出示如下题组：

爸爸今年36岁，是小丽的6倍。

1. 小丽今年多少岁？

2. 去年爸爸的年龄是小丽的多少倍？

3. 观察两组信息，你有什么发现？

学生在解答前两个问题的基础上，通过观察发现，小丽与爸爸的年龄差没有变化，但是倍数发生了变化。教师进一步指出："变化过程还有哪些规律，我们将在下节课中进一步进行研究。"

显然，在练习巩固环节，并没有只着眼于本节课的新知巩固，而是从更加整体的视角进行回顾，一是从乘除法解决问题的体系出发进行了回顾，形成数量关系体系；二是从倍比与差比两个方面对两人年龄变化情况进行分析，为后续进一步研究做准备。

总之，本节课作为倍解决问题的教材内容补充，使得学生对于倍解决问题的结构更完整，也可以与之前学习的乘除法解决问题一一对应，从而认识到乘除法的基本含义与延伸含义在解决问题中的联系与区别。基于这样的思路，本单元每一节新课教学时，均与旧知进行沟通，整体梳理。本节课作为单元新知学习的最后一课，更是对乘除法解决问题进行了全面的梳理，让学生对乘除法解决问题形成更加全面的认知结构。

第五节
"倍与差"教学实践

倍与差是两个数进行比较后的表达形式。当已知的两个数同加或同减相同的数时,差不变,但倍数会发生变化。倍数在变化的过程中有什么规律?这些规律又具有怎样的数学模型呢?探究以上的问题,"年龄问题"就是其中的典型例子。

一、积累素材,发现变化规律

精心选择年龄数据,让学生自主提出问题,并结合联系提出新的问题。在此过程中,不断地积累学习素材,进而发现变化规律。

(一)比一比,提出数学问题

教师出示:今年哥哥8岁,妹妹2岁。请学生读题,并说一说看到了哪些信息。学生指出,知道了哥哥今年的岁数,妹妹今年的岁数。教师追问:请比一比这两人的岁数,你能够提出什么数学问题?引导学生提出:今年哥哥的岁数比妹妹大几岁?今年妹妹的岁数比哥哥小几岁?今年哥哥的岁数是妹妹的几倍?依据学生的回答,教师把前两个问题概括为"差",第三个问题概括为"倍",再请学生列式计算,形成如图3-27所示的板书。

	哥哥	妹妹	差	倍
今年	8	2	8-2=6	8÷2=4

图3-27

"差"是二年级学习的知识,"倍"是本单元学习的知识,两者在年龄问题中很好地融合。通过一组数据提出问题并比较,为继续思考提供了基础与模型。

(二)想一想,提出新的问题

为什么选择2岁与8岁这两个年龄进行比较呢?因为去年或明年哥哥的岁数都是妹妹的整倍数。教师进一步追问:想一想,依据这两个数据,你还可以提出关于"差"与"倍"的问题吗?学生先独立思考,然后小组交流,最后集体反馈。依据学生的回答,形成如图3-27所示的板书。

在上一节课中,学生已经有了由今年两人年龄数据推算出去年两人年龄的倍数的经验。因此，依据今年的数据，提出问题推算去年与明年相应的倍数与相差数，是可以达成的目标。

（三）看一看，发现变化规律

通过"比一比""想一想"，学生积累了年龄问题中有联系的差与倍的三组数据，从中可以感知"年龄问题"中"差"与"倍"的变化规律。

首先是"差"的规律，即年龄差不变。学生用说理的方式做出解释，也就是被减数与减数每次都增加或减少1、2、3、4……差不变。其次是倍的变化规律，即年龄越大，倍数越小。依据学生的回答，在图3-28的板书中添加变化规律。

	哥哥	妹妹	差	倍
去年	7	1	7-1=6	7÷1=7
今年	8	2	8-2=6 不变	8÷2=4 变小
明年	9	3	8-2=6	9÷3=3

图3-28

随着学习材料的丰富，回顾总结变化规律，鼓励学生猜想、归纳，培养学生的数感，同时也为进一步猜想提供了基础。

二、猜想验证，提出新的假设

对于倍的变化规律，可以进一步推测，即倍数越来越小，到底还会出现怎样的结果，怎样进行验证。

（一）猜一猜，提出可能结论

教师请学生进一步观察板书中倍的变化情况，提出问题：现在出现了7倍、4倍、3倍，如果再往后，可能会出现哪些倍数呢？学生自然想到，还可能出现2倍、1倍。教师在板书中补上"2倍"与"1倍"。

受数据限制，最后只可能出现2倍与1倍。因此，这样的猜测是基于对结果数据趋势的主观推测，为后续进一步进行验证和提出新的假设提供了基础。

（二）验一验，排除否定结论

教师在"2倍"与"1倍"后面各打上"？"，等待学生发现问题。短暂停顿后，有学生指出，"1倍"不可能，因为"1倍"表示相等，而两人的年龄永远相差6岁。教师顺势在板书中划去"1倍"。

为了规范学生的数学表达，可以在学生说出思路的基础上，用"如果……那么……""因为……所以……不可能"的句式进一步规范。即"如果是1倍，那么表示哥哥与妹妹的年龄相等""因为哥哥与妹妹的年龄始终相差6岁，所以1倍不可能"。

反证法作为数学推理的一种方法，有其独特的作用与思考方式。"如果……那么……"是在假设背景下做出的判断，"因为……所以……不可能"是发现矛盾后做出的否定判断。

（三）举一举，提出新的猜想

教师进一步追问："2 倍"可以得到吗？学生认为可以往后面找一找、试一试。教师根据学生的反馈，补充形成如图 3-29 所示的板书。

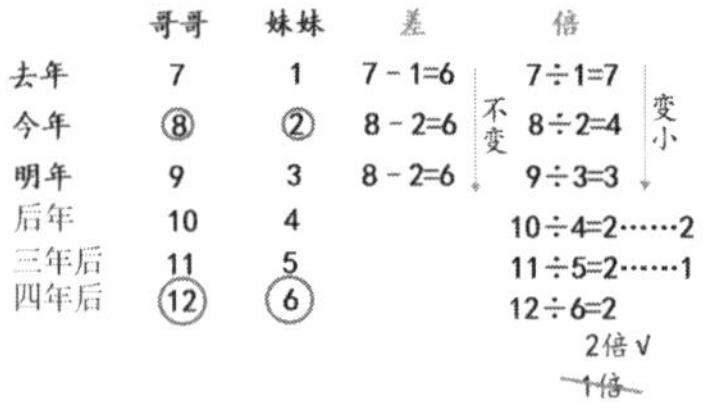

结合板书，教师进一步总结，今年哥哥 8 岁，妹妹 2 岁，四年后，哥哥的岁数（12 岁）正好是妹妹（6 岁）的 2 倍（圈出 8、2、12 和 6 这几个岁数）。追问：在其他情况下，是否也可以得到 2 倍呢？

	哥哥	妹妹	差	倍
去年	7	1	7-1=6	7÷1=7
今年	⑧	②	8-2=6	8÷2=4
明年	9	3	8-2=6	9÷3=3
后年	10	4		10÷4=2……2
三年后	11	5		11÷5=2……1
四年后	⑫	⑥		12÷6=2

不变　变小　2倍↓　一倍

图 3-29

三、举例探究，构建数学模型

虽然只要通过同加或同减就可以得到 2 倍，但是如果让学生随意列举，当两人的年龄差较大时，需要列举的例子就会较多；当两人的年龄差小于较小的年龄时，得到 2 倍的情况又会有所区别。因此，教师需要合理地安排学生的学习序列，基于具体例子逐步概括出寻找 2 倍的数学模型。

（一）找一找，验证新的假设

教师指着课前谈话时留下的数据"姐姐 10 岁，弟弟 3 岁"，请学生试着找一找是否可以得到 2 倍的情况。教师依据学生的反馈板书，如图 3-30 所示。教师步追问：如果只列举这样一组数据，是否足够？学生认为还需要再举例子。

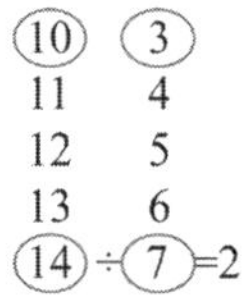

⑩　③
11　4
12　5
13　6
⑭÷⑦=2

图 3-30

教师进一步请学生写出爸爸或妈妈的年龄和自己的年龄，找一找 2 倍时两人的年龄。学生发现列举出很多组年龄后还是没有得到 2 倍。教师要求学生回顾有 2 倍关系的数据，看看能否找到规律。

用一一列举的方法找 2 倍关系，当列举次数较少时，是一种好的方法，但是当列举次数较多时，就会显得烦琐。这时，就需要进一步回顾与思考。

（二）议一议，探究数学模型

此时，如果班级中没有学生发现规律，教师请学生观察图 3-29、图 3-30 中圈出的数，看看是否能找到共同的变化规律。如果还不能够发现规律，教师遮住图 3-29 中哥哥 2 倍时的岁数与图 3-30 中姐姐 2 倍时的岁数，观察每组中圈出的余下 3 个数，学生发现 8-2=6，10-3=7，即今年两人的年龄差就是 2 倍时较小的年龄。教师板书如图 3-31 所示，"几年后"则是验证的过程。

上述探究可以分成三个层次，第一层次是观察图 3-29、图 3-30 中圈出的各 4 个数据发现规律；第二层次是观察两幅图中分别遮住哥哥与姐姐 2 倍时的年龄后圈出的余下 3 个数发现规律；第三层次是写出余下三个数据的运算关系式发现规律。不同班级可能会在不同层次中发现规律，且越快发现规律，说明学生分析问题的能力越强。同时，在前面两个层次中，也有可能发现其他规律，如"今年较大数的年龄 - 今年较小数的年龄 ×2= 几年后"，即先求出"几年后"，几年后 2 倍的年龄就可以求出了。如果学生在前面两个层次发现了规律，要给予肯定，提问有没有其他的规律，引导学生发现规律并形成如图 3-31 的板书。

图 3-31

接着，运用获得的数学模型，各自推算出爸爸或妈妈的年龄是自己年龄 2 倍的情况。

诚然，这样的过程还是一种不完全归纳，得到的数学模型是一种假设。但是，在这一过程中学生经历了更多例子的验证，体会到归纳数学模型的价值。

（三）列一列，完善数学模型

得到的数学模型对不对，严格意义讲，可以用推理的方法进行验证，如因为 2 倍时年龄差不变，所以此时的年龄差就成为其中的 1 倍，即较小年龄。但是，对于三年级学生来说，这样的推理较为抽象。因此，可以让学生再举例，看看能否找到在这个模型下不适合的例子。

学生在举例过程中发现，如果两个人今年的年龄分别是 8 岁和 5 岁，推算出 2 倍的情况时，不是几年后。围绕这一种情况展开讨论，形成了如图 3-32 所示的板书，发现这时的 2 倍变成"几年前"的情况了。

图 3-32

数学规律的探究与数学模型的建构，是随着学习材料的不断丰富，发现用原有经验无法解决问题，或解决问题的方法太复杂，需要提炼方法，形成解决问题的优化思路的过程。

模型意识主要是指对数学模型普适性的初步感悟，是小学数学学科核心素养之一。结合具体例子，探究年龄问题中年龄差不变的情况下倍数的变化规律，逐步建立数学模型。学生不仅仅是在探究规律，更是积累了探究规律的活动经验。

第四章
多位数乘一位数

"多位数乘一位数"是"乘法"大概念下的第二轮学习。相较于第一轮,"计算"由表内乘法提升为表内乘法与20以内加法的综合运用,由口算学习转化为口算、估算、笔算、速算等多种运算的相互结合与合理选择。解决问题分为估算解决问题与归一、归总问题,其中估算解决问题作为口算的应用,并入计算之中。归一、归总问题与本单元的计算相比,相对独立,且又是之前学习的乘法与除法数量关系的组合,需要依据情境表述中的关键词,发现两个数量关系中的不变量,组合新的数量关系。综合以上分析,如何探寻计算中的口算、估算、笔算、速算等多种计算形式的相互关系并有机组合?如何让学生把握归一、归总问题的结构特征,初步感知函数思想?这是本单元在整体设计时需要解决的两个问题。

第一节
"多位数乘一位数"整体设计

"多位数乘一位数"是在二年级上学期学习了"表内乘法"之后,对乘法内容的再学习,可以分为"计算"与"解决问题"两个板块。"计算"包括口算、笔算与估算,"解决问题"包括归一、归总问题与估算解决问题。在认真钻研人教版关于本单元的教材编排后发现一些问题,如"多位数乘一位数"估算与口算、笔算的学习序列问题,笔算乘法的难点突破问题;归一、归总问题的数量关系整体把握问题等。带着这些问题,从单元整体设计的视角进行了实践研究。

一、梳理剖析,重构学习序列

"教材无非是一个例子。"首先要认真钻研这些"例子",从中梳理出编排结构、学习内容等;再对"例子"进行剖析反思,发现可以改进与完善之处;最后从整体设计的视角提出改进的设想。

(一)梳理单元序列

本单元安排了9个例题,可以分为口算乘法、笔算乘法、解决问题和整理与复习四个板块,其中安排有新授课9个课时,具体如下表。

课时	板块	课题	例题	内容
1	口算	口算乘法	例1、例2(第57页)	1. 整十(整百或整千)数乘一位数的口算 2. 不进位的多位数乘一位数的口算
2	笔算 (例3、例5 中渗透估算)	笔算乘法(1)	例1(第60页)	不进位的多位数乘一位数的笔算
3		笔算乘法(2)	例2(第61页)	一次进位的多位数乘一位数的笔算
4		笔算乘法(3)	例3(第62页)	连续进位的多位数乘一位数的笔算

（续表）

课时	板块	课题	例题	内容
5	笔算（例3、例5中渗透估算）	0的乘法	例4（第66页）	0乘任何数都等于0
6		多位数中间或末尾有0的乘法	例5、例6（第67页）	1. "多位数中间有0"的多位数乘一位数笔算 2. "多位数末尾有0"的多位数乘一位数笔算
7	解决问题	估算解决问题	例7（第70页）	有关乘法的估算解决问题
8		归一问题	例8（第71页）	每份数不变的乘除混合数量关系
9		归总问题	例9（第72页）	总数不变的乘除混合数量关系

这样编排，板块清晰分明，构建了由简单到复杂，由一般到特殊，前一板块是后一板块的学习基础这样一个逻辑体系。按课时数计算，"笔算"是本单元教学的重点，"口算"的学习为笔算做准备，两个例题体现了两种不同的口算思路。"估算"首先渗透于相应的笔算之前，估计积的范围，接着在笔算教学结束之后安排专门的估算解决问题。"解决问题"中的归一问题与归总问题是之前学习的乘除数量关系的组合。

（二）反思剖析教材

教材为教师的教与学生的学提供了序列与素材，也为改进教学流程提供了材料与依据。剖析教材，可以从以下几个方面完善。

1. 为什么需要进行估算

为什么需要进行估算？通常有两类情况，第一类是计算变得更复杂时；第二类是结合具体情境对结果进行推断时。这两类情况有一个共同的特征，即根据需要，对算式中的数取近似数，使得计算变得简单，甚至可以直接口算。仔细分析本单元的例题，包含了这两类情况。

第一类情况渗透于连续"进位"乘法与"多位数中间有0"的乘法之中。其中，图4-1中的计算是连续进位，笔算变得更加复杂了，用多种视角估算出精确值所在的范围；图4-2是多位数中间有0，说明这个多位数很接近于整百数，精确值会比整百数乘一位数的积"多一些"。安排这样的估算活动可以增强学生的数感。

图4-1　　　　　　图4-2

第二类情况就是例7（图4-3），是专门的估算解决问题，不需要笔算得数再比较，而是估算出结果再推导。由于已经学习了"29×8"的笔算，此时如果

图4-3

用复杂的估算推导进行判断，学生会认为不如直接算出结果后再比较来得方便。

因此，可以把两类估算进行融合，在学习"整十（整百或整千）数乘一位数"口算之后，创设情境学习估算解决问题。此时，由于学生还没有学习"多位数乘一位数"的笔算，因此转化成口算的形式进行估算就显得十分必要。

2. 笔算乘法是怎样形成的

笔算乘法是怎样形成的？从口算的例2（口算12×3）到笔算的例1（笔算12×3），可以找到算理轨迹（图4-4）。在口算乘法中，结合图示表征，利用数的分解与组合说明口算乘法的算理。在笔算乘法中，首先转化成口算式笔算，即把口算时的三个算式组合成一个算式，省略了其中的一些表述，在此基础上进一步优化，形成笔算乘法的格式与法则。

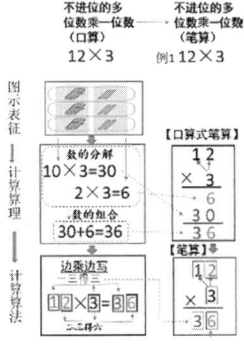

图4-4

如果仅仅用这样的一个过程，学生会认为本题既然可以直接口算了，而且口算的方法也很简单，为什么还需要学习笔算呢？但是，如果出现进位，特别是连续进位，口算就比较麻烦了，此时笔算的优点就体现出来了。因此，可以把笔算乘法中的例1、例2和例3作为一个整体，让学生结合图示表征，先口算三个例题，再分别解释口算到口算式笔算的对应关系，以及口算式笔算到笔算的优化过程，从而让学生经历"多位数乘一位数"笔算形成的过程（图4-5）。

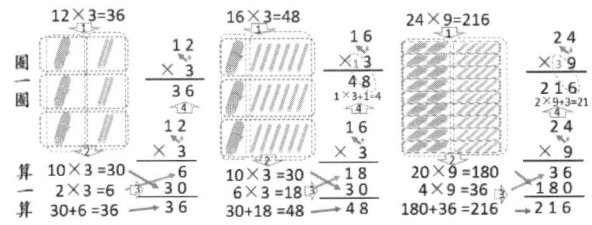

图4-5

3. 如何充分利用好"0的乘法"的学习经验

"0和任何数相乘都等于0"是例5和例6的笔算乘法的学习基础，在此基础上学习"多位数中间或者末尾有0"的"多位数乘一位数"（图4-6）。对于三年级学生来说，能够结合具体的例子猜想"0和任何数相乘都等于0"，并能够举例加以验证。因此，可以把上述两个课时整合成一个课时，把例4渗透于例5与例6的计算之中，在"多位数乘一位数"笔算的过程中，多位数的中间或末尾出现0时，再讨论得到"0和任何数相乘都等于0"的结论，最后利用这一规律，结合具体计算简化笔算或进行口算（图4-7）。

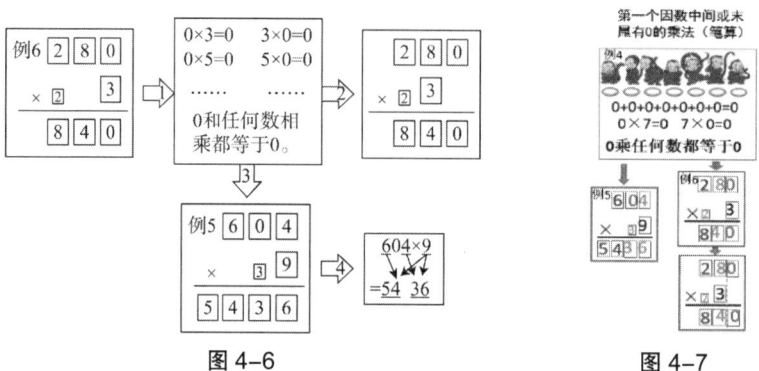

图4-6　　　　　　　　　　　　图4-7

4. 如何感受相同的解题思路

如何感受相同的解题思路？教材中例8、例9的设计很好地体现了归一问题与归总问题之间的联系，即两个例题有着相同的情境，都用图示表征，发现两类不同的数量关系中有相同的思维方式，即先求不变的量，再求变化的量（图4-8）。

但是，由于安排在两个课时，这一联系往往会被割裂和淡化。因此，设想把两个课时整合成一个课时，在解决归一问题中形成基本的思路，并把活动经验迁移于归总问题的解决，最后进行对比，感受两者相同的结构特征与思维方式。

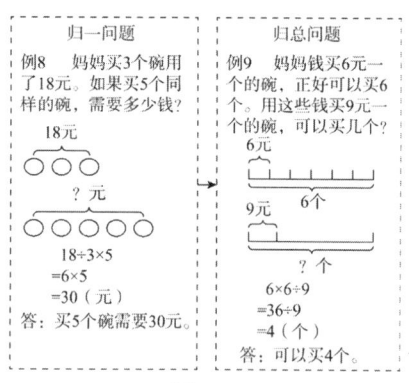

图4-8

在单元复习课中，把两类问题中的数量进行倍比，发现各自的变化规律，形成新的解决问题的思路——倍比问题（图4-9）。这一种思路用简易列表的形式，在按照原有方法解决后，把答案填入相应的问题处进行观察讨论，发现规律。

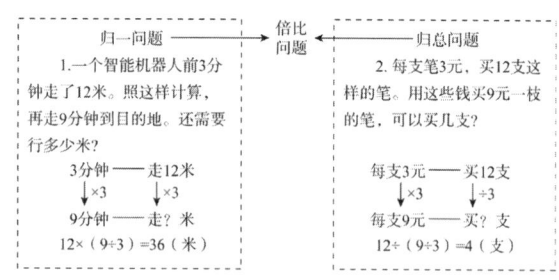

图4-9

（三）重构单元序列

在对单元内容进行梳理与剖析的基础上，把原有 9 个课时的新课调整，整合成 4 个课时，多出来的课时可以增加新课后的练习。具体调整方案如下。

课时	课题	例题	内容
1	口算与估算	例1、例7	1. 整十（整百或整千）数乘一位数的口算 2. 有关乘法的估算与估算解决问题
2	笔算乘法（1）	例1、例2、例3	1. 多位数乘一位数的笔算 2. 不进位的多位数乘一位数的口算
3	笔算乘法（2）	例4、例5、例6	1. 0乘任何数都等于0 2. "三位数中间有0"的多位数乘一位数笔算与口算 3. 多位数末尾有0的多位数乘一位数笔算与简算
4	归一、归总问题	例8、例9	1. 每份数不变的乘除混合数量关系 2. 总数不变的乘除混合数量关系

由 9 个课时整合为 4 个课时，不是简单的学习时间上的压缩，而是让学习内容更有逻辑性、结构性与整体性。

1. 第 1 课时：让估算更具应用价值　这一课时的口算只教学"整十（整百或整千）数乘一位数"，接着应用口算乘法的学习经验解决估算问题。

2. 第 2 课时：经历笔算乘法的形成过程　在对多位数乘一位数进行估算的基础上，提出如果需要得到精确的值，可以怎样进行计算。让学生结合图示，边圈边算，用横式计算的形式算出得数，再用口算式笔算的形式简化记录过程，最后优化成笔算。在练习巩固时，引导学生辨析三类多位数乘一位数计算方式（口算、笔算、估算）中哪一类计算过程最简单。结合问题的讨论，概括不进位的多位数乘一位数的口算方法。

3. 第 3 课时：充分利用"一个因数为 0 的乘法"的学习经验　充分利用学生对于"0 和任何一个数相乘的积等于 0"这一种猜想，在自主笔算"多位数末尾有 0"的多位数乘一位数笔算过程中，发现新问题，形成新猜想，验证正确性。进而优化笔算乘法，发现"三位数中间有 0"的多位数乘一位数的计算特征，并应用特征速算"三位数乘一位数"。

4. 第 4 课时：逐步揭示数量关系的结构特征　从"求每份数"的一步解决问题入手，让学生自主增加信息与提出问题，通过分类、图示、解答与反思，逐步明晰归一问题的基本结构与数量关系；再利用学习经验，用同样的策略学习归总问题；最后比较两类问题，概括出共同的结构与思路。

通过整合，使得每一个课的学习都具有完整的结构。多出来的课时，可以在第2课时后增加两节练习课，其余的分别在每一节新课后面增加一节练习课。下面，分计算与解决问题两个板块分别阐述具体的教学设计。

二、"四算"结合，遵循发展脉络

"四算"是指口算、估算、笔算与速算，第1至第3课时中，每一个课时都结合其中的两种运算形式，体会不同计算的相互关联。

（一）口算与估算结合：估算是口算的应用

第1课时，口算与估算相结合。创设情境，先学习整十（整百或整千）数乘一位数的口算，再利用口算的学习基础用估算解决问题，最后把口算与估算解决问题进行比较，体会两者的联系与区别。

1. 创设情境，学习口算算理与算法

为了让口算与估算建立结构上的联系，教师课始出示如下问题：如果坐碰碰车每人每次30元，6人一起玩一次，准备160元，够吗？学生读题说出其中的数学信息与问题后，按照"一算、二比、三判断"的思路自主解决问题（图4-10）。通过反馈评析与图示表征等形式，总结出计算方法（图4-11）。接着进行相应的练习，增加整百或整千数乘一位数的口算题。

```
每人每次的钱数×人数＝一共的钱数
            30×6○160
一算      30×6=180                3×6=18
二比      180＞160              一去↑ ↓二添
三判断    答：准备160元钱不够。      30×6=180
```

    图4-10   图4-11

2. 改变数据，学习估算解决问题

学习了口算后，把问题改为：如果坐碰碰车每人每次32元，6人一起玩一次，准备160元，够吗？引导学生用估算的策略解决问题（图4-12）。

```
一审    30×6○160
二估    32×6≈180
          ↓(30)
三比    32×6＞180＞160
四判断  答：准备160元钱不够。
```

  图4-12   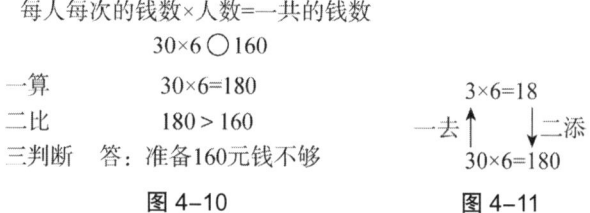

             图4-13

图 4-13 是例 7 的"分析与解答"过程,第一次出现"≈"号。"≈"表示的是近似关系,在估算推导时还需要判断估算结果与原算式积的大小关系,即要用上不等号。教材中的"分析与解答"只是一个交流的过程,并没有形成规范的估算书面表达形式,图 4-13 是在此基础上的完善。

3. 题组比较,体会估算与估算解决问题的差异

在形成估算解决问题的思路之后,教师出示如下两类题目进行比较。

(1) 如果坐碰碰车每人每次三十多元,6 人一起玩一次,准备 260 元,够吗?

(2) 估算:$34×6≈$　　$35×6≈$　　$38×6≈$　　$3□×6≈$

第(1)题是估算解决问题,题目中的"三十多元"不论是 34 元、35 元还是 38 元,都要看成 40 元进行估算。第(2)题则需要看这个数更接近于 30 还是 40,而"$3□×6≈$"则要分类估算。

在笔算之前先学习估算与估算解决问题,可以更好地体现估算的价值。同时,也为整个多位数乘一位数的学习形成了更加完善的结构体系,即多位数乘一位数时,如果不需要算出精确得数,可以用估算,如果需要算出精确得数,就需要笔算。这样,与下一个课时学习笔算构建了联系。

(二) 口算与笔算结合:笔算是口算的记录与优化

第 2 课时把口算与笔算结合。笔算是当计算需要多步口算组合,并超出了一般人的口算能力而创造出的一种计算形式。因此,如果把笔算过程进行分解,最小的单位还是口算,即笔算是口算的记录与优化。第 1 课时中,没有进行"不进位"的多位数乘一位数口算,而是在第 2 课时把它与"进位"的多位数乘一位数放在一起,经历图示表征下口算、口算式笔算与笔算这样一个过程,再通过笔算的难易比较,概括"不进位"的多位数乘一位数的口算方法。

1. 提出问题,图示表征下口算

课始出示如下三个问题:

(1) 故事书每本 12 元,买 3 本大约需要多少元?

(2) 科技书每本 16 元,买 3 本大约需要多少元?

(3) 漫画书每本 24 元,买 9 本大约需要多少元?

学生利用上一节课的经验估算出结果(图 4-14)。教师把每题中的"大约"去掉,提出新问题:精确值到底是多少呢?学生结合图示边圈边算,口算出结果(图 4-15)。

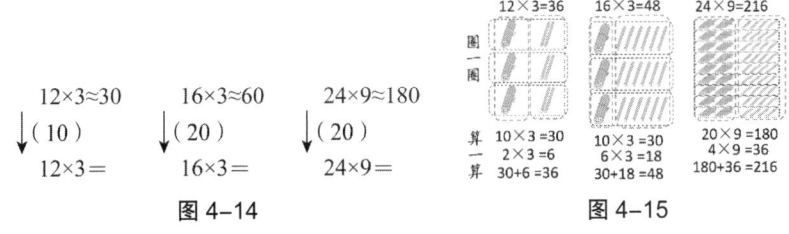

图 4-14　　　　　　　　图 4-15

2. 示范模仿，学习口算式笔算

以"12×3"为例，示范"口算式笔算"（如图4-16，其中的箭头是在后面学生解释时加上的）。从图中可以看出，"口算式笔算"是把口算的三个步骤用笔算的形式记录。余下的两题请学生模仿完成。在这样的过程中，建立起笔算乘法的基本思路：从个位起，用一位数分别去乘多位数每一位上的数。

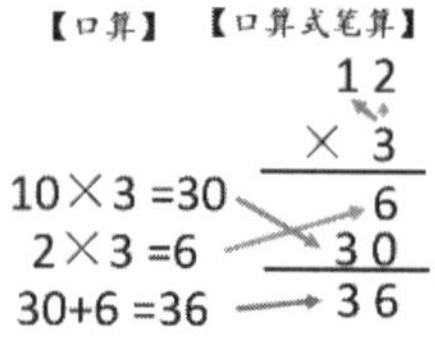

图 4-16

在"口算"与"口算式笔算"中，由于是分步计算，"进位"的难点并没有凸显。学生在写成笔算形式时，既可以独立乘，也可以把口算的过程按步骤抄过来。

3. 探究思路，经历笔算的形成

教师进一步展示三个算式的笔算式子（图4-17），请学生找一找这样的笔算式子与"口算式笔算"之间有什么联系与区别，进而总结出笔算乘法的计算法则。

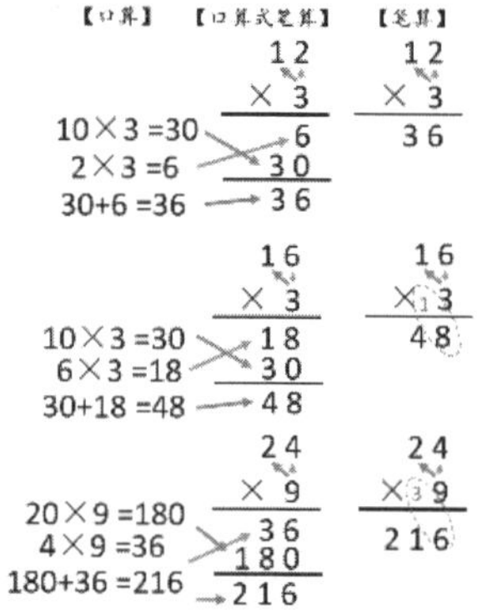

接着，进行笔算乘法的模仿练习：(1) 32×3，(2) 132×3，(3) 136×7，(4) 436×7。学生笔算后反馈，并说一说怎样的笔算最简单。评析中，从第(1)(2)题归纳出"不进位"的多位数乘一位数口算的方法——从高位起，边乘边写。

图 4-17

从笔算乘法的发展历史看，经历了较长的变革才形成了现在的形式，其中包含了许多数学家的创造因子。依据学生的可接受性，设计了从图示表征到口算，再到口算式笔算，最后到笔算这样的路径，让学生在模仿、解释和应用中经历笔算的形成过程。

（三）笔算与速算结合，速算是计算规律的活用

第3课时把笔算与速算结合。这里的笔算是指"多位数中间或末尾有0"的多位数乘一位数。其中，"三位数中间有0"的多位数乘一位数可以用来作为速算的依据。

1. 发现问题，举例归纳规律

课始，教师出示问题：学校图书室买了3套《小小科学家》丛书，每套280元。学生列式笔算出结果。在反馈时发现一个新的乘法算式："0×3=0"。请学生用乘法的含义与列举实例的方式进行解释，概括出"0和任何数相乘的积都是0"。利用规律将上述乘法笔算写成简便计算的形式（图4-18）。

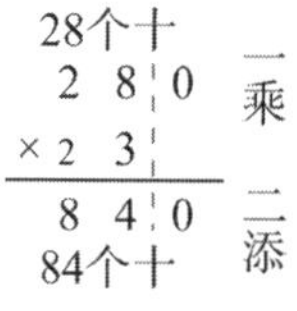

图 4-18

2. 应用规律，改进计算方法

接着，结合具体情境，在"604×8"的计算过程中感受积的特征。再举例验证

（图4-19），结合具体例子归纳出积的规律。最后依据规律，在重新口算上述四题的基础上列举相应的例子，用口算的形式算出结果。

(1) 403×2=806　301×4=1204　(2) 908×6=5448　207×8=1656

```
     403          301           908          207
  ×    2       ×    4        ×   46       ×   58
  ─────        ─────         ─────        ─────
    806         1204          5448         1656
   4×2 3×2     3×4 1×4        9×6 8×6     2×8 7×8
```

图 4-19

以上过程，边计算、边发现、边归纳总结，发现规律后把笔算改为口算，体会数学计算中的思维性，感受计算由一般到特殊的演变过程。

3. 利用规律，了解速算过程

速算是依据某一类计算题的特殊规律，改进原有计算方法后形成的快速计算法则，有其特定的应用范围。利用"多位数中间有0"的多位数乘一位数的计算规律，可以改进一般的三位数乘一位数笔算过程，形成新的计算法则。

教师出示题组：（1）308×6，（2）378×6。先请学生选择合适的方法计算，说一说两题之间有什么联系与区别；接着出示如图4-20所示的计算过程，请学生解释这样计算的算理与法则，说一说它的优点；最后请学生用这样的方法重新笔算，体会其优点与缺点。

图4-20所示方法的优点是把乘法中的"进位"难点消除或转移到加法中；缺点是当计算多位数乘多位数时，这一种速算方法就变得太麻烦了。因此，这一种速算方法只作为了解，不要求在后续的笔算中应用。

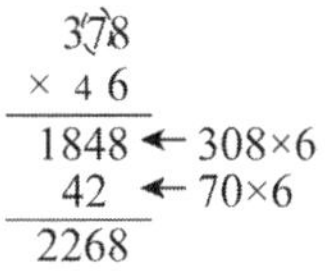

```
      378
   ×   46
   ─────
     1848  ← 308×6
       42  ← 70×6
   ─────
     2268
```

图 4-20

把"多位数乘一位数"的计算重新建构，以口算为基本出发点，经历口算的应用——估算与估算解决问题，口算的记录与优化——笔算，口算的拓展——"三位数中间有0"的多位数乘一位数的口算，以及多位数乘一位数的速算。

三、合理整合，揭示问题本质

把归一问题与归总问题整合于一个课时，把前者的学习变成后者学习的活动经验，通过比较形成相同的问题解决思路。为达成这样的目标，需要调动原有的数量关系，把新的数量关系作为原有数量关系的再组合。

（一）丰富信息，逐步明晰数量关系

归一问题的基本特征是前后两个数量关系中每份数不变，不论是"正归一（求总数）"还是"反归一（求份数）"，每份数是固定的。基于这样的特征，从简单的求每份数的解决问题入手，添加信息，再提问题，逐步明晰归一问题的结构。

教师先出示信息：妈妈买 3 个碗用了 18 元。学生阅读信息后提出问题：每个碗多少元？教师图示表征后，请学生添加信息后提出问题，依据学生的回答进行分类，形成如图 4-21 所示的两类问题。

求总数	求份数
1.买5个碗需要多少钱？	1.用30元能买几个这样的碗？
2.买6个碗需要多少钱？	2.用36元能买几个这样的碗？
……	……

图 4-21

分别选择两类问题的第 1 题，同桌互助完成后反馈评析，形成如图 4-22 所示的解答。进一步观察两道题目的解答过程，寻找相同的地方与不同的地方，从而归纳出解决问题的基本特征，即先求每份数，再求总数或份数。

总钱数÷个数=每个碗的钱数　　　总钱数÷个数=每个碗的钱数
　　18÷3=6（元）　　　　　　　　　　18÷3=6（元）
每个碗的钱数×个数=总钱数　　　总钱数÷每个碗的钱数=个数
　　6×5=30（元）　　　　　　　　　　30÷6=5（个）
　　18÷3×5　　　　　　　　　　　　　30÷（18÷3）
　　=6×5　　　　　　　　　　　　　　=30÷6
　　=30（元）　　　　　　　　　　　　=5（个）
答：买5个碗需要30元。　　　　答：30元钱可以买5个这样的碗。

图 4-22

（二）利用经验，形成新的数量关系

把"归总"问题作为"归一"问题学习经验的应用，经历同样的学习过程，更多地让学生自主学习。

教师出示信息：妈妈带的钱买 6 元一个的碗，正好可以买 6 个。学生提出问题：妈妈有多少钱？接着出示如下的信息与问题：

1. 用这些钱买 9 元一个的碗，可以买几个？
2. 用这些钱买 9 个碗，每个碗多少钱？

同桌分工完成后组织交流，特别讨论相同的算式中的不同之处，概括出归总问题的基本结构。

（三）比较分析，概括共同结构

让学生观察归一问题与归总问题的解答过程，概括出共同的结构特征：先求不变量，再求变化的量。进一步引导学生思考如何检验上述四个解决问题的结果是否正确，发现归一问题可以依据每份数不变进行检验，归总问题可以依据总数不变进行检验，并且每一类中不同的两个问题，检验的算式是一样的（图 4-23），进一步凸显两类问题的基本特征。

在解决问题的数量关系中，有许多具有相同结构特征但又意义相反的知识点，如加法解决问题与对应的减法解决问题，连乘解决问题与连除解决问题，等等。这样的内容整合于一节课中学习，有利于更好地进行比较沟通，形成有结构的数量关系。

归一问题	归总问题
18÷3=6（元）	6×6=36（元）
30÷5=6（元）	9×4=36（元）
每个元数相同	总元数相同

图 4-23

综上所述，本单元"多位数乘一位数"中的乘法计算，经历了口算、估算、笔算、速算等多种计算形式，在每一个课时的教学中，均是多种计算形式相辅相成。因此，在后续单元复习时，让多种形式的计算题以题组的形式出现，让学生自主审题，合理选择计算方法，以培养审题习惯。解决问题中学习了归一、归总问题这一类结构相同但意义相反的数量关系，在单元复习中可以进一步探究其中数量关系的变化规律，聚焦"倍比"视角下的问题解决。

第二节
"多位数乘一位数的口算与估算"教学实践

整十、整百或整千数乘一位数的口算是多位数乘一位数笔算的基础，同时也是"多位数乘一位数"估算解决问题的前提。基于这样的理解，本节课在学习了口算的基础上，创设情境，让学生基于整十、整百或整千数乘一位数的口算经验，用估算的方法解决问题，从而总结出估算解决问题的基本思路，体会估算的价值。

一、依据具体情境，总结口算方法

为了与估算整合，在口算问题中增加了"判断钱够不够"的情境。学生在解决问题的过程中，不仅学会口算，而且形成判断钱够不够的基本思路，为后续学习估算解决问题做了思路与情境等方面的铺垫。

（一）创设情境，梳理思路

课始，教师出示如下问题：

碰碰车每人每次30元，6人一起玩一次，准备160元，够吗？

提问：题中给出了哪些数学信息？求什么问题？学生指出，知道了每人每次的钱数和人数，要求160元够不够。进一步追问：怎样解决这个问题？学生指出，可以用每人每次的钱数乘人数，算出6人玩碰碰车一次需要多少钱，然后与160元比较大小，最后判断钱够不够。教师依据学生的回答板书（图4-24）。

每人每次的钱数×人数=一共的钱数
30×6 ○ 160

一算
二比
三判断

图4-24

上述过程，把文字语言转化成数学语言，理清了解决问题的思路。在此基础上，让学生自主尝试解决问题，计算时要求写一写或画一画这样算的理由。

（二）交流说理，总结方法

"整十数乘一位数"是新知。但是，学生依据已有经验能够解决问题，且不同的学生会有不同的解决问题的方法。因此，教师注意收集学生的作业，安排交流的顺序。

1. 展示过程，提出要求

教师首先请学生汇报所写的三步流程，并形成如图 4-25 所示的板书。接着提问：这里的"30×6"是"整十数乘一位数"（板书课题），我们没有学习过，你是怎样计算的呢？

图 4-25　　　　　　　　　　图 4-26

2. 分层展示，说明理由

首先，展示连加计算的学生作业：30+30+30+30+30+30=180。学生的理由是："30×6"就是有 6 个 30，就是 30+30+30+30+30+30，和等于 180，积也等于 180。教师依据学生的回答板书，如图 4-26 所示。

接着，展示用表内乘法口诀计算的学生作业：3×6=18，30×6=180。学生的理由是：把"30×6"看成"3×6"，"3×6=18"再添一个 0 就等于 180。

显然，这样的回答是整十数乘一位数口算的算法，而不是算理。教师追问：这里的"3×6"是什么意思？学生指出是"6个3"后，教师板贴小棒图"6个3根"。继续追问："30×6"又表示什么呢？学生回答："表示 6 个 30。"教师贴出 6 个 3 捆，每捆 10 支的小棒图。请学生依据图示说一说两幅图有什么联系，又有什么区别。相同的是上下两幅图都有 6 份；不同的是上面的图每份是 3 个一，下面的图每份是 3 个十（图 4-27）。

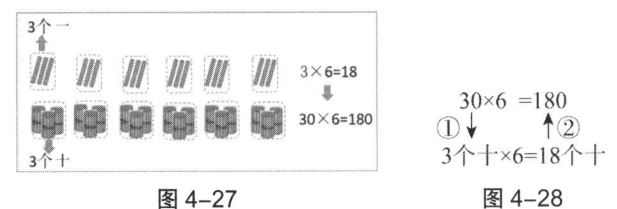

图 4-27　　　　　　　　　　图 4-28

然后，展示按计算单位转化的作业：3 个十 ×6=18 个十。学生的理由是：把 30 看成 3 个十，乘 6 就是有 18 个十，18 个十就是 180。教师板书如图 4-28 所示。

3. 比较反思，总结方法

请学生观察图 4-26、图 4-27、图 4-28，说一说有什么相同的地方。总结得到：当一个算式不会计算时，可以想办法把它转化成会计算的。教师提问：如果要算得既对又快,用哪一种思路最好?学生讨论后认为用图 4-27 的方法,并进一步总结出口算步骤:一去——去"0"后口算;二添——在积中添上去掉的零(添上步骤,板书成图 4-29)。进一步思考,如果要说明计算的道理,哪一种更好呢?学生认为是图 4-28 的方法。进一步观察,发现图 4-29 中去掉 0,就是看成有几个十,添上 0 就是还原成有几个十。

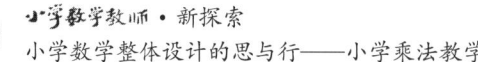

图 4-29

诚然,"整十数乘一位数"的口算,教师不教学生也会。但是,为什么可以怎样做,大多数学生并不知其所以然。通过交流讨论与直观演示,让学生明白算理。

(三)题组计算,形成技能

理解算理总结算法后,出示如图 4-30 所示的题组,学生独立计算后反馈。选择左边一组请学生按照图 4-28 的形式说一说算理,并将课题添加为"整十、整百或整千数乘一位数"。

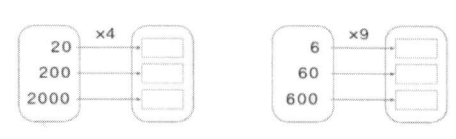

图 4-30

上述学习过程,充分体现了在教师指导下的自主学习。以判断钱够不够为现实情境,学生在交流讨论形成解决问题思路的基础上,自主尝试,交流讨论,不仅理解了算理,总结了算法,也为后续的估算进行了铺垫。

二、应用口算技能,学习估算方法

估算是三年级数学教材中一个重要的板块。在本单元之前,学生在学习万以内的加法时已经学习过两轮估算,都是因为列出的加法算式还不会计算,而只要作出判断即可。在学习了"整十、整百或整千数乘一位数"的口算乘法后,正是学习乘法估算的最好时机。

(一)情境变式,学会估算

教师引导学生回到坐碰碰车的情境中,把问题改为:

如果坐碰碰车每人每次 32 元,6 人一起玩一次,准备 160 元,够吗?

请学生读题审题,并用数与符号表示出题目的意思。学生依据学习经验表示为:32×6 ○ 160。接着,指名学生依据已有的经验进行判断。有学生认为不够,因为 30×6=180,比 160 元多,而 32×6 不用算出结果就知道比 30×6 大,所以更不够了。教师依据学生说理的过程贴图逐步完善,如图 4-31 所示。

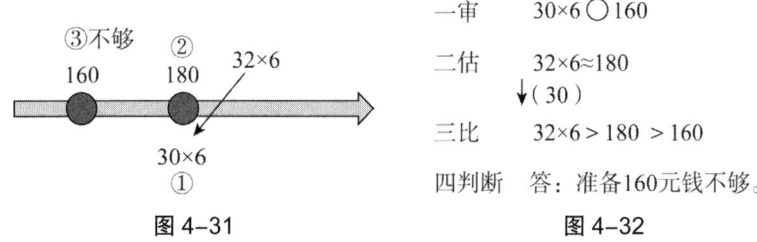

图 4-31 　　　　　　　　　图 4-32

结合图示，再请学生与同桌说一说上述思路。接着出示图 4-32（左边的思考过程后面再标），请学生观察分析，说一说各是什么意思，有什么疑问。

交流时，学生特别解释"≈"与"↓"的意思。最后归纳出估算解决问题的步骤：一审——谁与谁比较；二估——按要求估算出结果；三比——与标准量进行比较；四判断——判断够不够。

理解图 4-32 后，请学生模仿这样的过程，边说边记录。

教材中，估算解决问题没有规范的书写格式。图 4-32 的乘法估算解决问题的格式，旨在尽量用数与数学符号记录估算的过程。

（二）改编信息，重新思考

上述估算是往小估的问题，自然还有往大估的情况。再次改编信息，请学生依据自己的学习经验估算解决问题。

教师谈话引课：在刚才的估算中 160 元不够，如果再加 100 元，变成 260 元，够不够呢？把问题改为：

如果坐碰碰车每人每次三十多元，6 人一起玩一次，准备 260 元，够吗？

学生读题后讨论"三十多元"是什么意思，怎样表示。讨论后统一用"3□"表示。接着，请学生用估算解决问题的思路独立完成后反馈，展示学生的两种典型解法（图 4-33、图 4-34），请学生评析。

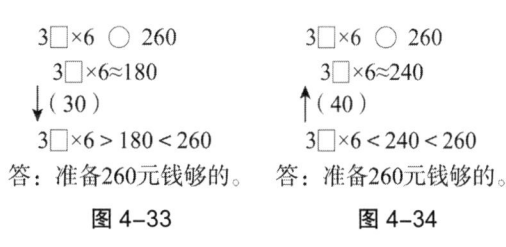

图 4-33 　　　　　　　　　图 4-34

生 1：我认为左边（图 4-33）不对，往小估够的话不能说明一定够。我画图给大家看一下（图 4-35）。

生 2：我认为右边（图 4-34）的估算是对的，把三十多估成 40 是往大估，往大估够一定够。我也画了图（图 4-36）。

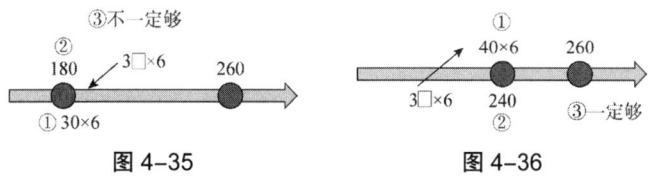

图 4-35 　　　　　　　　　图 4-36

估算实际上是一种逻辑推理。对于本题，虽然两种估算得到同样的结论，但是图4-33的解法是不合理的，从图4-35可以发现，虽然180小于240，同时也小于"3□×6"的积，但是不能判断"3□×6"与260谁更大。

在估算解决问题中，往大估与往小估会有不同的推理结果。因此，在解决了上面两个问题后，让学生进一步概括，得到第一个估算解决问题中的规律是：往小估不够，就一定不够；第二个估算解决问题中的规律是：往大估够，就一定够。

（三）专项练习，完善思路

"估算解决问题"与"估算"是不同的概念。就多位数乘一位数而言，"估算"要把多位数看成与这个数最接近的整十、整百或整千数，再用它乘一位数求出估算值；而"估算解决问题"则是依据判断的需要确定估大或估小。

教师出示下面一组题目，请学生估算出结果。

（1）34×6　　　　　35×6　　　　　38×6　　　　　3□×6

（2）742×7　　　　752×7　　　　782×7　　　　78□×7

（3）2490×3　　　2590×3　　　2640×3　　　26□□×3

学生独立完成后校对评析。在校对第（1）组时，与前面的两道"估算解决问题"进行比较，发现"估算"与"估算解决问题"的不同点，指出"3□×6"有三种不同的结果：当"□"为数字"0"时，结果等于180；当"□"为数字1—4时，结果约等于180；当"□"为数字5—9时，结果约等于240。在校对第（2）（3）组时，让学生思考取整百、整千数时分别看哪一位上数字的大小，有什么规律。同时，在校对时还要注意格式与约等号的书写。

由"整十、整百或整千数乘一位数"的口算到利用口算进行估算或估算解决问题，体现了数学学习的价值，提升了学生的应用意识。

三、练习巩固拓展，提升计算能力

运算能力主要是指能够根据法则和运算律正确地进行运算的能力。培养运算能力有助于学生理解运算的算理，寻求合理简洁的运算途径解决问题。具体到本课的学习中，就是培养学生选择适合的方法进行口算与估算的能力，培养联系实际解决估算问题的能力。

（一）依据特征，合理计算

在本节课中，整十、整百或整千数乘一位数用口算，多位数乘一位数则用估算。教师出示这样的两类计算题，让学生选择合适的方法计算。

（1）50×6　　54×6　　　　　　（2）60×6　　56×6

学生独立完成后校对，并说一说这两组题有什么相同点与不同点。特别注意等号与约等号的选择。

（二）赋予意义，独立探究

把上述估算题目赋予意义，进一步比较估算与估算解决问题的区别。

1. 王伯伯有6箱苹果，每箱重54千克。有一辆载重360千克的车，能一次运完这些苹果吗？

2. 王伯伯有300千克苹果，一个箱子能装54千克，用6个箱子能装完这些苹果吗？

这两个问题都是由"54×6"这一道估算题改编而来，但在估算时一道要往大估，一道要往小估，可以检测学生联系实际，灵活应用估算解决问题的能力。

（三）比较思路，突破定势

学生独立完成后，教师展示学生的作业图4-37，提出问题：同样是"54×6"的估算，为什么第1题往大估，第2题往小估？依据学生的回答，教师分别展示两个问题的图示结构（图4-38）。

54×6 ○ 360　　　54×6 ○ 300
54×6≈360　　　　54×6≈300
↑(60)　　　　　　↓(50)
54×6<360　　　　54×6>300
答：能一次运完。　答：用6个箱子够装完。

图4-37

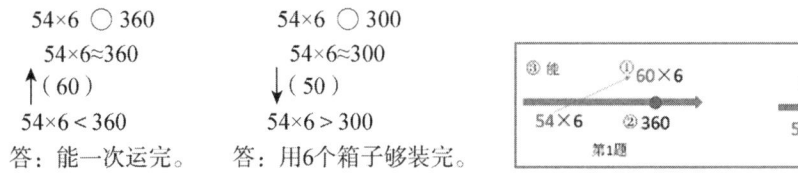

图4-38

通过这两题的练习，帮助学生突破思维定势。首先，估大或估小后的值在比较时，并不一定要大于或小于才可以判断，等于的情况同样也可以作出判断；其次，从第2题的估算中发现，并不是所有情况下都"往大估够就一定够"，也可能会"往小估够就一定够"，需要依据题意做出判断。

总之，估算的基本思路是推理，就是把原来需要笔算的计算过程，通过推理改为可以口算的计算过程，依据口算结果作出判断，从而解决问题。因此，把估算与口算合并成一节课，可以更好地体现两者之间的联系，即口算是估算的基础，估算是口算的应用。

第三节
"多位数乘一位数的笔算"教学实践

"多位数乘一位数的笔算"既是口算过程的记录，又是口算记录过程的优化。如何结合图示，让学生边画图、边计算、边记录，经历"多位数乘一位数口算"（以下称为横式计算）的计算过程？如何运用迁移类比，让学生结合加法、减法和除法笔算的经验，把口算的过程用竖式进行记录，感受乘法笔算与口算的联系与区别？如何引导学生在上述两个步骤的基础上进行优化，理解乘法笔算的算理，总结乘法笔算的法则？如何结合计算，进一步揭示"多位数乘一位的笔算"难点，并利用多种策略突破难点？

一、提出新的要求，经历横式计算

在结合具体情境进行估算的基础上，提出如何获得精确的结果，让学生结合图示边画边记录，经历横式计算过程，明确横式计算的算理与一般步骤。

（一）回顾估算，提出问题

上一节课中，学习了"整十、整百或整千数乘一位数"以及相应的估算与估算解决问题。在此基础上，提出新的问题，激发学生进一步探究新知的积极性。

课始，教师出示如图 4-39 所示的三组标价，并提出三个问题：

（1）买 3 本《柳林风声》大约需要多少钱？（2）买 3 本《木偶奇遇记》大约需要多少钱？（3）买 9 本《封神漫游记》大约需要多少钱？

学生读题、审题后，口头列式并估算出结果，得到如图 4-40 所示的三个算式与估算过程。接着，教师把三个问题中的"大约"分别去掉，变成如下的三个问题：

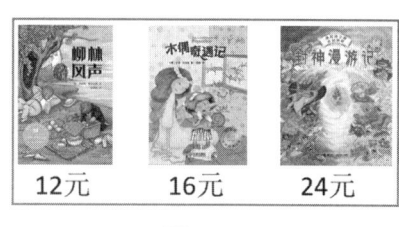

图 4-39

$12 \times 3 \approx 30$　　$16 \times 3 \approx 60$　　$24 \times 9 \approx 180$
↓（10）　　↑（20）　　↓（20）
12×3　　16×3　　24×9

图 4-40

（1）买 3 本《柳林风声》需要多少钱？（2）买 3 本《木偶奇遇记》需要多少钱？（3）买 9 本《封神漫游记》需要多少钱？

请学生说一说这三个问题与原来的三个问题有什么相同的地方与不同的地方。学生交流后发现，数量关系和列出的算式没有变，但是现在的三个问题要求精确的值。依据学生的回答，教师在估算下面分别添上三个算式，用等号表示需要精确计算（图4-40下面三个算式）。

在同样的信息下，通过问题的变化，由估算过渡到精算，可以很好地揭示两者之间的联系与区别，体会数学学习的阶段性与发展性。

（二）自主计算，交流规范

一般地，以上三道两位数乘一位数的计算题，分别代表了计算中三个不同难易层次。第一题是不进位，最简单；第二题是一次进位，较难；第三题则是连续进位，最难。如果是口算乘法，却没有这么大的差别，都可以分拆第1个因数后分别乘第2个因数，再把两个积相加。教师在"12×3="下面板贴如图4-41所示的小棒图，说明小棒数表示钱数，请学生"圈一圈""算一算"，得到结果。学生完成后反馈，得到图4-42中"圈一圈""算一算"的过程。

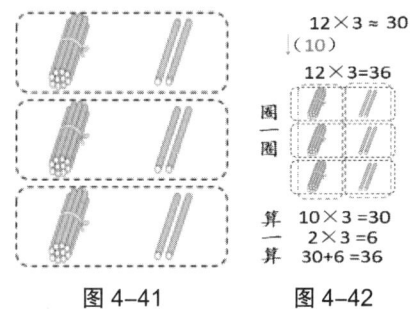

图4-41　　图4-42

由于12×3的计算没有进位，相对简单，在教材中作为口算的内容。在本节课中，则成为操作与记录操作过程的一个示范。

（三）分层交流，横式记录

通过"圈一圈""算一算"计算出12×3后，请学生用同样的方法完成余下两题的计算，完成后交流评析。接着请学生观察三道题目，找一找在计算时有什么相同的地方。学生交流讨论后形成横式计算的一般步骤：一分（把第一个因数分成几十和几），二乘（分别去乘第二个因数），三加（把两个积加起来）。

横式计算实际上就是口算的过程。同时，由于这里的口算不能够一步完成，因此可以把其中的每一步记录下来，形成横式表达，也就是一步口算的组合。在上述过程中，"圈一圈"是口算的算理，也是验证结果是否正确的手段。在此基础上，让学生逐步脱离图示与操作，按照总结的横式计算的步骤，独立计算"136×7"，指名学生板演后评析，形成如图4-43所示的板书。

136×7=952
100×7=700
30×7=210
6×7=42
700+210+42=952

图4-43

横式计算是一步口算过程的组合。从上述过程可以看出，不进位、一次进位与连续进位的"多位数乘一位数"，计算思路完全相同，"满几十进几"的难点也在分步积相加的过程中得以化解。同时，横式计算也为后续"多位数乘一位数的笔算"做铺垫。

二、归纳笔算方法，突破计算难点

多位数乘一位数的笔算是本节课的教学重点。在此之前，学生已经学习了加法、减法与除法的笔算计算方法，也就是说已经有了一定的经验，即当计算结果中有多步口算组合时，可以用笔算的方法进行记录。

（一）展示笔算，探寻联系

教师课件出示如图 4-44 所示的加法、减法与除法的笔算题，并说明这是我们已经学习的加法、减法和除法的笔算，它们实际上是把多步口算的过程有序地记录下来。

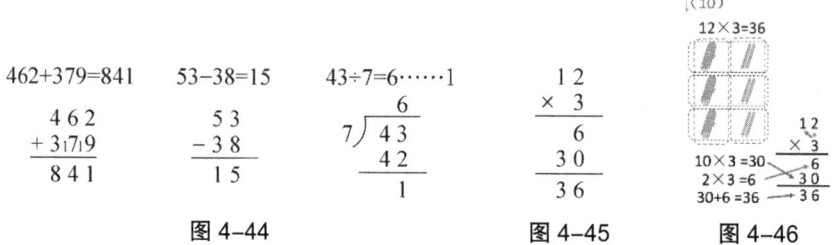

图 4-44　　　　　图 4-45　　　　　图 4-46

接着，教师出示如图 4-45 所示的板贴，说明这是把乘法"12×3"的横式计算过程用乘法笔算记录了下来。与加法、减法和除法的笔算比一比，有什么相同的地方与不同的地方？学生发现，第一条横线上面部分的写法与加减法相同，而下面部分与除法的下面部分很像。

通过比较建立起基本结构后，教师进一步引导学生与横式计算过程进行比较。学生发现，横式计算的每一步在笔算中均可以找到；但横式计算时从十位开始，笔算时却是从个位开始。依据学生的回答，做如图 4-46 所示的标记。以此为例，要求学生把余下的三个计算题也用同样的竖式计算完成，并标注相互关系（图 4-47、图 4-48、图 4-49）。

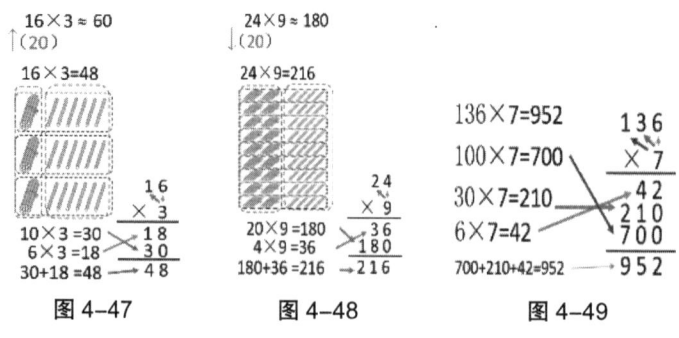

图 4-47　　　　　图 4-48　　　　　图 4-49

通过上述活动，学生感受到笔算是口算的组合。就多位数乘一位数而言，这里的组合有两层意思，一是横式计算过程的重新组合，二是多个"表内乘法"与多个"20以内加法"的组合。

（二）解释笔算，归纳法则

显然，上述环节中得到的乘法笔算还需要进一步优化，即把乘的过程与相加的过程融合到一起。这一优化的过程更多的是一种规定，不太可能由学生自己探究得到，因此采用解释的策略，让学生观察比较，优化过程。

教师在三个"两位数乘一位数"图示的右边板贴出优化后的笔算（图4-50），说明多位数乘一位数笔算时可以写成这样的形式，并提问：观察一下，哪种笔算简单？学生回答新贴出的笔算简单。教师追问：能不能从简单的笔算中看出口算的过程？要求学生口答出每一题的计算过程，特别是进位时的表达。例如，24×9中，个位表达成"四九三十六，写6进3"，并在竖式中圈出"36"；十位表达成"二九十八，加进位三，等于二十一，写1进2"。

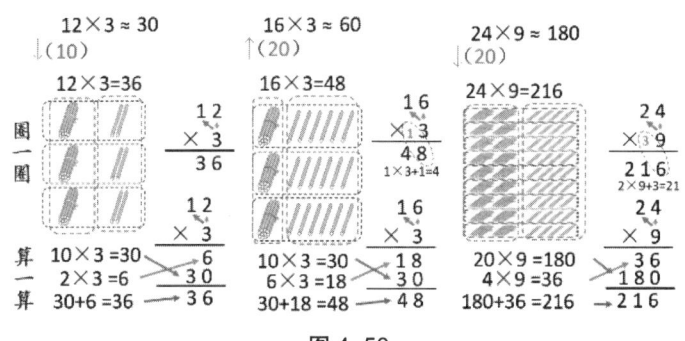

图4-50

图4-50展示了"多位数乘一位数笔算"的形成过程。笔算乘法相对于笔算加减法，摆竖式的形式相同，难点也相同——进位，但是比加减法更为复杂。同时，"多位数乘一位数"是"多位数乘多位数"的计算基础，让学生充分经历多位数乘一位数笔算的形成过程，为后续学习做铺垫。

（三）笔算乘法，发现难点

接着，教师出示如下四道题目：32×3，132×3，136×7，436×7。学生独立完成后校对，并说一说哪些题目的计算简单，哪些题目的计算比较麻烦。通过反思，让学生认识到不进位的"多位数乘一位数"较简单，并进一步追问：如果直接口算出结果，能够做到吗？教师即时出示两道同一类型的题：24×2，223×3，请学生直接口答出结果。

对于一次进位和连续进位乘法，教师追问：要注意什么？学生讨论后总结出多位数乘一位数的计算法则：从个位起，用个位乘多位数的每一位；哪一位上的积满几十，就向前一位进几。

两位数或三位数乘一位数，本节课首先作为笔算组织教学，形成统一的笔算方法，接着根据难易进行分类，把不进位的"多位数乘一位数"归类到口算范畴，体现了口算与笔算方法上的统一性。

三、分层设计练习，提升计算能力

与前一节课一起，学生学习了"多位数乘一位数"的口算、笔算与估算。那么，什么样的情况下选择哪一种运算？如何突破笔算中的难点？围绕这两个问题，设计了三个层次的计算练习。

（一）学会审题，合理计算

口算、笔算与估算是三种不同的计算方式。一般地，口算是笔算的基础，同时，一部分原来需要笔算的题目，随着计算水平的提高，也可以用口算的方法进行计算。估算是口算的应用，原来需要笔算的题目，把运算的数据取近似数转化成可以口算的题目，再计算出近似的结果。

教师出示：

能口算的用口算，用笔算的先估算再笔算。

（1）20×7　（2）900×6　（3）32×3　（4）423×2　（5）18×7　（6）918×6

上面的题目设计在作业纸中，并在每一题的下面留足可以笔算的空间。学生独立计算后校对。一般地，前四题学生选择用口算的方法解决，后面两题用估算与笔算。校对后，进一步比较第（1）（2）题的计算结果与第（5）（6）题的估算结果之间的联系与区别，即结果相同，但是结果表示的含义不同。有一小部分学生第（5）（6）题也用口算解决。确实，到三年级下学期学习两位数乘两位数时，这两题也要求能够口算，但此时还是倡导学生用笔算。

（二）专项训练，突破难点

进位是"多位数乘一位数"的难点与易错点，一是学生容易漏进位，二是学生计算能力不过关。通过专项练习，提升学生的计算能力。

教师出示如下两组题，请学生直接写出得数：

（1）$8 \times 8 + 3 =$　　　　$9 \times 3 + 2 =$　　　　$4 \times 7 + 1 =$

（2）$8 \times 8 + 7 =$　　　　$9 \times 3 + 6 =$　　　　$4 \times 7 + 5 =$

学生在2分钟内完成后校对，并进一步比较：两组题在计算时，哪组题目的计算更复杂一些？为什么？学生交流后认为第二组更加复杂，因为相加时出现了进位。

（三）同桌出题，互练互评

在进行专项训练的基础上，教师让同桌两人各出两道进位的计算题，互相交换后计算，完成后相互批改，并交流各自的题目特色与注意事项。教师巡视，选择典型的例子全班介绍。

总之，把教材由易到难编排的三个多位数乘一位数的例题整合到一个课时进行教学，让学生经历操作、记录、优化的过程，在这样的过程中，既体现了三类乘法算式在算理上的相同处，又体验后两类题目在竖式计算中的难点，从而让学生从整体的视角经历"多位数乘一位数的笔算"形成过程。

第四节
"多位数中有零的多位数乘一位数"教学实践

在学习了"多位数乘一位数的笔算"后，再学习第一个因数末尾或中间有零的"多位数乘一位数"，学生会发现计算变得简单一些，因为"0和任何数相乘都等于0"。那么，在教学过程中，怎样让学生自主发现0乘一个数的特征，并能够进行合理解释？怎样结合笔算乘法中"0和任何数相乘都等于0"的规律，优化第一个因数末尾有0的乘法笔算？如何把"第一个因数中间有0"的乘法特点应用于一般的"多位数乘一位数"之中，获得速算的策略？

一、发现新的知识，优化竖式计算

"0和任何数相乘都等于0"虽然是本单元学习的新知，但是对于三年级学生来说，可以依据0乘一个数的含义自主推导，甚至在平时的学习与生活中已经有了这样的结论。因此，把这一新知渗透于具体的计算中，让学生发现新知、验证新知并应用新知。

（一）自主解答，发现新知

课始出示问题：学校图书室买了3套《小小科学家》丛书，每套280元。一共需要多少钱？学生读题、审题后列出数量关系与式子，独立计算，教师巡视，评析后形成如图4-51所示的板书。

每套钱数×套数=总钱数
280×3=840（本）

$$\begin{array}{r} 280 \\ \times3 \\ \hline 840 \end{array}$$

答：一共需要840元。

图 4-51

显然，学生依据上一节课学习的"多位数乘一位数"笔算法则进行计算。教师顺势请学生说一说计算过程，并追问：笔算中的第一步"0×3=0"并没有这样的表内乘法口诀，"0×3"真的等于0？

（二）依据含义，进行解释

学生对于这个问题已经有了直觉且正确的答案，但是作为新知识，还需要进行验证。先让学生用自己的理解进行解释，再举例说明，接着列举"0乘一个数"的情境，列式推算出结果，最后概括得到结论：0和任何一个数相乘都等于0。

学生依据经验有如下的解释:"0×3"表示"3个0相加",就是0+0+0=0。依据学生的解释教师创设情境,出示图4-52:求3个盘子里一共还有多少个桃子,就是求什么?怎样列式?结果是多少?

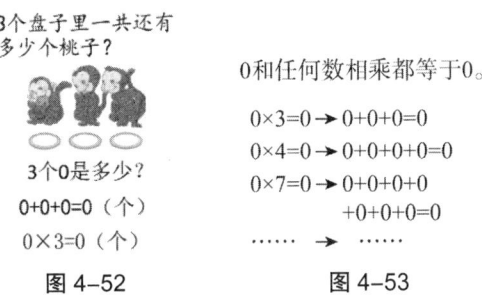

图4-52　　　　　图4-53

学生回答后,教师提问:通过乘法与加法的关系和例子,解释了"0×3=0",你还有什么发现?学生交流后得到:0和任何一个数相乘都等于0。教师板书这一结论并在后面加上一个问号:刚才只是从"0×3=0"一个例子中得到的,如果要说明这句话是正确的,还需要怎样做?

学生小组交流后汇报,形成如图4-53所示的板书。在此基础上,教师出示:(1)0×1;(2)0×12;(3)1000×0;(4)1×2×3×4×5×0。请学生直接说出得数。其中,第(3)(4)题是变式,进一步把0的乘法计算一般化。

每套钱数×套数=总钱数
280×3=840(本)

$$\begin{array}{r} 280 \\ \times\ 3 \\ \hline 840 \end{array} \rightarrow \begin{array}{r} 28\ \text{个十} \\ 28\!\!\not{0} \\ \times\ 2\ 3 \\ \hline 840 \\ 84\ \text{个十} \end{array} \begin{array}{l} 一\\乘\\ \\二\\添 \end{array}$$

答:一共需要840元。

图4-54

(三) 优化竖式,体会应用

总结出0的乘法计算规律后,教师把"280×3"的另一种竖式计算方法展示在原竖式的右边,请学生观察有什么变化,并说一说这样算的理由是什么。学生交流后形成如图4-54所示的板书。其中,"28个十"与"84个十"是对算理的解释,"一乘(第一个因数末尾0前面的数与第二个因数相乘)二添(在积的末尾添上同样多的0)"则是计算方法。

教师进一步出示:250×4、1200×5,请学生说一说分别当成几乘几,积的末尾要添几个零。学生回答后独立完成。反馈结果后追问:为什么这两题积末尾的0都会比原来判断的要多?学生发现,这两题积末尾的0由两部分组成,"一乘"中的0和"二添"中的0。因此,计算出结果后才能够判断积的末尾有几个0。

实际上,第一节课中的"整十、整百与整千数乘一位数"也是多位数末尾有0的情况,这类计算题可以转化成表内乘法,算出得数后再添0,因此可以口算;而这节课学习的乘法只能够转化成多位数乘一位数,因此需要笔算。

二、利用学习经验，发现计算规律

"多位数乘一位数"中，0除了出现在多位数的末尾，也可以出现在中间。这一类计算题比起一般的"多位数乘一位数"计算更加便捷。为什么会比较便捷？有怎样的规律？可以在解决问题的过程中，结合具体计算让学生自主探究。

（一）情境变式，自主解答

教师出示：运动场的看台分为8个区，每个区有604个座位。运动场的看台共有多少个座位？请学生读题、审题后列出数量关系与算式，观察算式后说一说这一题与之前学习的多位数乘一位数相比有什么区别。学生指出"第一个因数中间有0"。教师请学生独立计算，边计算边体会有什么特别的地方。学生独立完成后先在小组中交流，然后集体反馈。

学生交流后发现，由于十位上"$0 \times 8=0$"，因此十位上只要写个位进上来的数就可以了；而且，十位上计算后一定不会向百位进位，因此一位数去乘百位上的数就不会出现"乘加"的计算了。

（二）专项练习，发现规律

经过讨论，学生已经初步感知"因数中间有0"这类乘法计算的便捷之处，但是由于例子较少，还停留于就题论题的阶段，因此教师可以再编制这样的计算题，让学生通过有结构的题组计算发现计算规律。

教师出示：（1）908×6，207×8；（2）403×2，301×4。

学生独立完成后小组交流，发现积的十位上的数与个位上的数组成的两位数，正好是多位数个位上的数与一位数相乘的积，千位上的数与百位上的数组成的两位数正好是多位数百位上的数乘一位数的积（图4-55）；如果多位数个位上的数与一位数相乘的积是一位数，就在积的十位上添0（图4-56）。

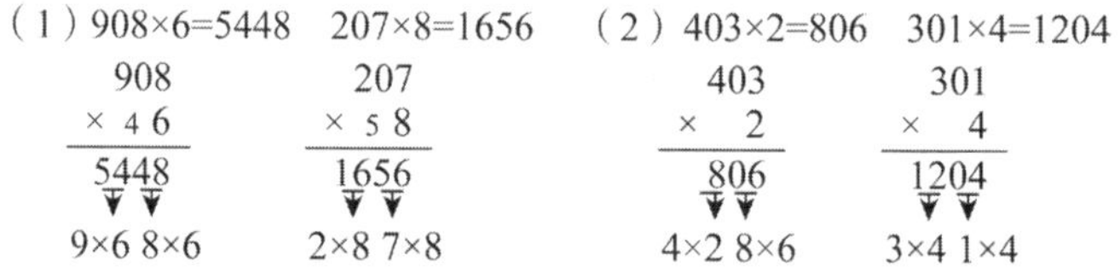

$$
\begin{array}{llll}
(1)\ 908 \times 6 = 5448 & 207 \times 8 = 1656 & (2)\ 403 \times 2 = 806 & 301 \times 4 = 1204 \\
\quad\ 908 & \quad\ 207 & \quad\ 403 & \quad\ 301 \\
\times\quad 6 & \times\quad 8 & \times\quad 2 & \times\quad 4 \\
\hline
\quad 5448 & \quad 1656 & \quad\ 806 & \quad 1204 \\
9 \times 6\ 8 \times 6 & 2 \times 8\ 7 \times 8 & 4 \times 2\ 8 \times 6 & 3 \times 4\ 1 \times 4
\end{array}
$$

图4-55　　　　　　　　图4-56

结合题组计算，揭示第一个因数中间有零的"三位数乘一位数"的特点，增强了学生的数感，培养了学生的抽象概括能力。

（三）应用规律，口算结果

通过举例概括获得积的规律，应用规律可以实现速算。教师出示：908×9，203×3，请学生不列竖式直接说出得数，再说一说与笔算的相同点与不同点。学生计算后发现，笔算时从低位算起，而直接说出得数时从高位算起。口答后，再请学生出类似的两个计算题,同桌交换后完成并互批。

结合具体例子发现规律,应用规律解决同类问题,是数学学习的一条重要学习路径,如乘法运算定律的总结与简便计算,计算法则的归纳与计算,都属于这样的学习路径。在这样的学习路径中,教师要精心安排有层次的学习材料,让学生在解决问题时不断地观察、分析、反思与归纳。

三、利用其中优势,形成速算思路

多位数末尾有 0 的多位数乘一位数可以使笔算简便;三位数中间有 0 的三位数乘一位数可以实现口算。对于后者,还可以应用于一般的三位数乘一位数中,形成速算思维。在此基础上通过题组比较,继续培养学生的计算审题习惯。

(一)比较分析,发现难点

多位数末尾或中间有 0 的多位数乘一位数的学习,丰富了多位数乘一位数的计算形式,也体现了计算时审题的必要性与重要性。

教师出示:(1) 308×6,(2) 378×6,请学生选择合适的方法计算出结果。

第(1)题学生选择口算,第(2)题选择笔算。完成后追问:第(2)题相比第(1)题,计算时难在哪里?学生指出,第(2)题十位与百位上的数乘一位数时,都要加上前一位进上来的数,比较难。

(二)展示速算,进行解释

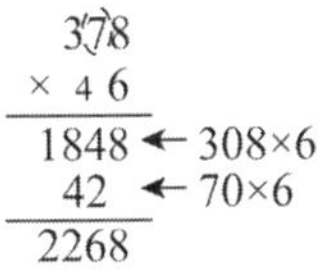

教师展示速算竖式(图 4-57),请学生说一说是怎样计算的。学生交流讨论后,在图上做标注,说明实际上分成 "308×6" 与 "70×6" 两部分计算出结果,再相加。

$$\begin{array}{r} 3\overset{7}{7}8 \\ \times\ \ 4\ 6 \\ \hline 1848 \\ 42 \\ \hline 2268 \end{array}\ \begin{array}{l} \leftarrow 308\times6 \\ \leftarrow 70\times6 \end{array}$$

图 4-57

接下来请学生模仿上述计算方法把这一题重新计算,再用这样的方法计算 "999×9"。完成并校对后,请学生说一说这样计算有什么优点和缺点。学生指出,优点是在求积的过程中不会出现 "乘加" 的计算;缺点是要求两次积再相加。最后,教师依据 "$999\times9=8991$" 提出问题:三位数乘一位数,最多是几位数?学生进一步体会计算后反思的重要性。

利用规律进行速算,丰富了计算方法。同时也要认识到,学生在后续计算中还是要用原来的方法进行计算,因为多位数乘一位数是后续学习两位数乘两位数与三位数乘两位数笔算的基础,用速算的方法显然不适合计算这两类题目。

(三)题组练习,体会差异

至此,"多位数乘一位数" 计算部分的新知学习已经结束。在这个学习过程中,口算的内容得到不断丰富,笔算的内容随着数据的变化变得更加灵活多样;估算基本策略已经形成。因此,通过题组练习,学生能够依据题目的特征合理选择计算方法。

教师出示如下的题组：

下面的题目，能够口算的口算，不能够口算的先估算再笔算。

（1）700×8　（2）123×3　（3）450×8　（4）703×8　（5）743×8　（6）2005×4

在作业纸设计时，每道题目下面都留出可以笔算的空间。学生独立完成后反馈。一般地，第（1）（2）（4）（6）题直接口算出得数，第（3）（5）题笔算。其中，第（5）题校对两种计算方法，并指出后续学习中用一般的方法计算，速算法可以作为检验；第（6）题与第（4）题进行比较，要求学生解释积的百位上的数为什么是0。

总之，在本课中，让学生经历了由一般到特殊，再应用于一般的学习过程，体会到"多位数乘一位数"丰富的结构形式与计算方法，养成计算前先审题，再选择合理的计算方法进行计算的习惯。

第五节
"归一与归总问题"教学实践

归一问题与归总问题是具有典型数量关系的解决问题。归一问题是每份数不变的情况下求总数或份数;归总问题是在总数不变的情况下求每份数或份数。两者在解题思路上有相同点,即都要先判断什么量不变,然后求出不变的量。因此,可以把这两个内容融合到一个课时中学习,第一环节学习归一问题,让学生理解这类问题的解题策略与特征;第二环节学习归总问题,将学习归一问题中形成的策略迁移到归总问题的学习;第三环节是两种解决问题的比较,形成共同的解决问题的思路。

一、不断提出问题,图示表征关系

这一个环节的学习内容是归一问题。归一问题的基本特征是每份数不变,因此可以从求每份数的解决问题出发,通过补充信息提出问题,逐步构建归一问题结构,再利用图示表征,让学生逐步提炼数量关系与解题思路。

(一)依据信息,分层提问

教师课件出示信息:妈妈买3个碗用了18元。请学生阅读后说一说有哪两个信息。接着提问:可以提出什么问题?学生提出:买一个碗多少钱?教师把问题标注到图示中,形成图4-58。

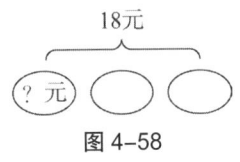

图4-58

教师进一步提出要求:如果增加一个信息后再提出问题,你可以增加什么信息,又可以提出什么问题?

下面是学生增加信息后提出的问题:

(1)买5个碗需要多少钱?   (2)买6个碗需要多少钱?

(3)用30元能买几个这样的碗?   (4)用36元能买几个这样的碗?

有图示作为基础,学生在提出问题时相互启发,逐步感知归一问题的基本结构。

（二）问题分类，探究不同

教师选择学生的典型的信息与问题进行板书后，请学生分类，并想一想哪些信息与问题是同一类型的，为什么。学生讨论后发现，（1）（2）是同一类型的，都是已知碗的个数，求需要多少钱；（3）（4）是同一类型的，都是已知总的钱数，求可以买同样的碗的个数。教师每一类选择一组信息与问题进行图示表征（图4-59、图4-60）。把文字信息转化图示信息，可以更好地发现两类问题的不同之处，也为寻找数量关系指明了方向。

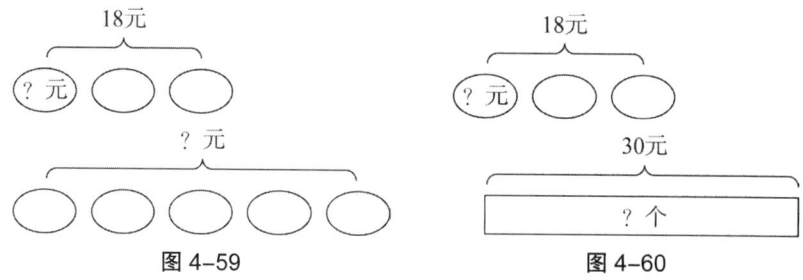

图 4-59　　　　　　　　　图 4-60

（三）依据图示，解决问题

依据图示，同桌两人各完成其中的一个问题，完成后向同桌讲解自己的思路。教师选择其中典型的作业进行展示，并请学生说一说每一步的含义与数量关系。依据学生的回答形成板书（图4-61、图4-62）。

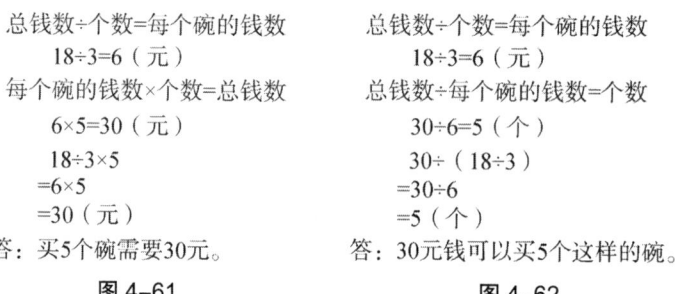

图 4-61　　　　　　　　　图 4-62

请学生观察这两个问题，说一说有什么相同的地方。学生指出，都需要先求出1个碗的价格。依据学生的回答，教师顺势板书：归一问题。再结合例子，请学生解释为什么称为"归一问题"，明晰结构特征。

"归一问题"中包含了两步复合的数量关系。教学时，由简单的一步数量关系，通过增加信息与问题，转化成两步复杂的数量关系，可以更好地认识归一问题的结构特征，体现数学知识由单一到复合的过程。

二、运用学习经验，解决新的问题

本环节的学习内容是"归总问题"。顾名思义，"归总问题"是总量不变，与"归一问题"有相同的问题结构与解题思路。因此，可以把"归一问题"中形成的学习经验应用于"归总问题"的分析与思考。

（一）依据信息，提出问题

教师课件出示信息：妈妈带的钱买6元一个的碗，正好可以买6个。请学生说一说有哪两个信息，可以提出什么问题。依据学生的回答，教师用线段图表征（图4-63）。

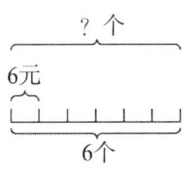

图 4-63

在此基础上，教师添加信息，提出如下的两个问题：

（1）用这些钱买9元一个的碗，可以买几个？

（2）用这些钱买9个碗，每个碗多少钱？

显然，这两个问题列式计算的过程相同，但是求出的结果意思不同。

（二）依据经验，自主解答

以上两个问题，同桌分工完成再相互交流。要求先画一画线段图，再找一找数量关系，最后列式计算。完成后交流学生的作业，请学生说一说算式中每一步各表示什么意思，对应于线段图上的哪一部分，形成如图4-64、图4-65所示的板书。

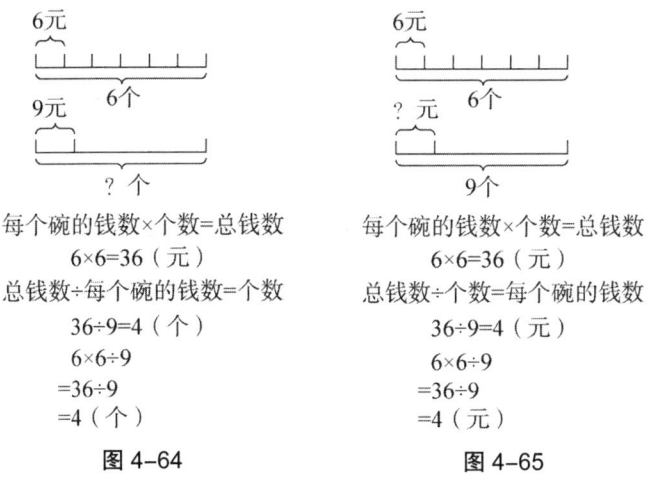

图 4-64　　　　　图 4-65

教师提问：上下两条线段图画成同样长，表示什么意思？学生回答两次用的总钱数同样多。教师进一步追问：题目中哪里看出是同样多？学生审题后指出是"用这些钱"，说明前后两次用的钱同样多。

教师引导："每份数同样多"的问题称为归一问题，那么"总钱数同样多"的问题可以叫做什么问题呢？学生指出可以叫做"归总问题"。教师板书课题后，让学生观察两个综合算式：这两个算式完全相同，意义相同吗？结合分步计算中的数量关系,学生指出,第一个算式求出的是个数,是数量;第二个算式求出的是每个碗的价格,是每份数。

(三)观察比较,揭示特征

比较归一问题与归总问题,学生发现,两类问题都有相等的量,但相等的量不一样;两类问题变化的情况不一样,归总问题补充的一个信息(每份数)如果变大了,结果就会变小。

归一问题与归总问题在一个课时教学,可以更好地体会同类问题解题思路的相同点与不同点,从而揭示特征。

三、题组比较练习,体会变化规律

归一问题与归总问题是两类有明显特征的问题,结合具体情境,能够判断其中的变与不变,形成解决这两类问题的共同思路,即先求出不变量,再求变化后的量。

(一)填写表格,比较异同

教师先后出示如下两张表格,请学生先找一找规律,再填一填空格。

1. 王老师到商店买同种规格的钢笔。

方案	一	二	三	四
用去的钱数	15	25		45
买的支数	3	5	8	

2. 李老师到商店去买钢笔。

方案	一	二	三	四
每支的钱数	12	8		4
买的支数	2	3	6	

要求学生先从方案一与方案二中发现什么不变,并计算出结果,再依据方案三与方案四中已知的量,列式求出未知的量。

用列表的形式表示两种量之间的变化情况,既是信息与问题的表现形式,也可以成为梳理信息与问题的方式。

(二)发现不变,解决问题

在文字表述中,会有一些特定的词表述归一问题或归总问题中不变的量,在阅读理解时,让学生划出表示不变的词,作出判断,形成解决问题的思路。

教师同时出示如下的两个解决问题,请学生划一划表示不变量的词语,并说一说是什么不变,然后列式计算。

1. 小蜗牛从起点出发,前5分钟爬了45厘米。照这样计算,再爬行36厘米就可以到达目的地,小蜗牛还需要爬多少分钟?

2. 三(1)班利用假期组织了一次徒步春游,从甲地到乙地,每小时走6千米,2小时到达乙地。从原路返回,每小时走4千米,多少小时可以返回甲地?

上述两个解决问题的情境均是行程问题,是对例题创设情境的补充。第1题,学生划出的是"照这样计算",也就是照"5分钟爬了45厘米"这样计算;第2题划出的是"从原路返回",也就是"去的千米数 = 回来的千米数"。

(三)再提问题,拓展关系

教师依据学生的回答,分别用线段图表示题意(图4-66、图4-67),请学生说一说算式对应于线段图中的意思。在此基础上,教师追问:观察线段图,你还可以提出什么问题? 对于第1题,学生提出"小蜗牛一共爬了多少分钟";对于第2题,提出"来回一共用走了多少小时"。请学生观察这两个问题,分别与原题中的问题进行比较,指出问题中不同关键词所代表的不同数量关系。

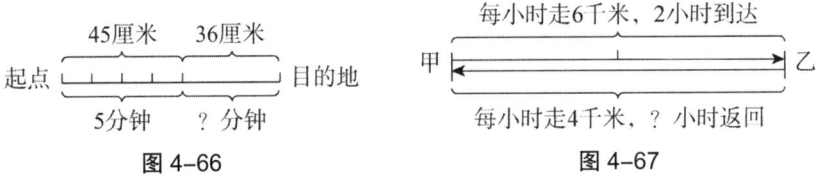

图 4-66　　　　　　　　图 4-67

总之,把归一问题与归总问题整合成一个课时进行教学,更加注重两类解决问题共同的结构特征与相同的解决问题的策略,即在"阅读与理解"时,联系前后意思及关键词组,发现不变的量;在"分析与解答"时,依据线段图或数量关系,先求不变量,再求变化量;在"回顾与反思"时,比较不变量。

第六节
"多位数乘一位数"单元复习教学实践

"多位数乘一位数"单元的整理与复习可以分成两个部分，第一部分是计算，第二部分是解决问题，采用先理后练、边练边理的形式展开。"多位数乘一位数"有口算、笔算与估算三种计算方式，在复习时如何结合具体计算题的特征，让学生选择合适的方法进行计算？本单元的解决问题有两类，一类是归一、归总问题，一类是估算解决问题。两类解决问题都有各自的题型结构与思维方式，如何结合具体问题，通过审题明晰两类问题的结构与解决问题的思路？如何体现算用结合的思想，让学生体会到计算背后具有的现实意义？

一、合理选择，培养审题习惯

本环节在简要回顾本单元知识板块的基础上，关注计算中的审题，依据题目的特征合理选择计算方法，形成多位数乘一位数的计算思路。

（一）回顾梳理，构建框架

教师开门见山指出本节课的学习任务——多位数乘一位数的整理与复习。接着指出本单元的内容可以分成两个板块，分别是计算与解决问题，其中计算又有口算、笔算与估算，解决问题有归一问题、归总问题和估算解决问题。在叙述过程中，形成如图4-68所示的板书。

由教师谈话引导回顾梳理，可以提高效率；用板书记录可以直观地展示单元知识体系，为后续学生自主回顾单元知识提供了较为规范的样式。

多位数乘一位数
计算　　解决问题
口算　　归一问题
估算　　归总问题
笔算　　估计解决问题

图 4-68

（二）依据特征，自主计算

依据单元结构图，很自然地发现可以分成两个板块进行整理与复习。教师出示如下的一组计算题：（1）80×4；（2）300×7；（3）12×3；（4）24×2；（5）79×4；（6）136×3；（7）205×8；（8）1640×2。提出要求：这几题都是我们学习过的"多位数乘一位数",请认真审题,选择合适的方法计算。如果选择笔算,先估算出积再笔算。

在前面的新授课中也有这样的题型与要求。因此,先让学生独立选择计算方法算出结果,然后在小组中进行交流。

(三)合理分类,回顾算法

按照口算、估算再笔算的顺序进行反馈,同时,对于有不同选择的题目重点评析,在反馈评析的过程中回顾计算法则。

首先,教师要求学生说一说哪些计算题用口算,又是怎样口算的。通过反馈,学生一致认为第(1)至(4)题用口算,前两题是整十、整百数乘一位数,用的方法是"先乘后添",后两题是"边乘边写"。也有学生认为"205×8"可以直接口算,因为第一个因数十位上是0,百位上的数乘一位数,积写在千位和百位上;个位上的数乘一位数,积写在十位和个位上,教师概括为"先分后算"。接着,把余下三题用板贴展示学生的作业,然后概括出估算与笔算的计算方法。最后形成如图4-69所示的板书。

先乘后添	边乘边写	先分后乘	口算
80×4=320	12×3=36	205×8=1640	
300×7=2100	124×2=248		

先估后算			估算
79×4≈320	136×3≈300	1640×2≈4000	
↑(80)	↓(100)	↑(2000)	

个位乘起	满几十进几		笔算
79×4=316	136×3=408	1640×2≈3280	
79 × ₃4 ――― 316	136 × ₁3 ――― 408	1640 × ₁2 ――― 3280	

图 4-69

(四)进行联想,推测可能

教师谈话引导:在二年级上学期,我们学习了表内乘法,今天又学习了"多位数乘一位数",想一想,关于乘法的计算,以后还会学习哪些内容?学生猜想还会学习"多位数乘两位数""多位数乘三位数""多位数乘多位数"。教师依次让学生列举相应的乘法例子,并鼓励课后研究它们分别可以怎样计算。

小学数学教材是依据学生的可接受性,循序渐进地把数学知识分解于不同的年级之中。在所构成的逻辑体系中,后续的学习内容往往是以已有的知识学习与活动经验作为基础。"多位数乘一位数"的计算是表内乘法的有机组合,可以依据计算的复杂性与现实需要合理地选择计算方法。"多位数乘一位数"又是后续学习"两位数乘两位数"和"三位数乘两位数"的基础。因此,本单元"多位数乘一位数"计算的熟练程度直接关系到后续乘法计算的学习质量。

二、沟通联系,渗透函数思想

归一问题与归总问题本质上是正比例与反比例关系的问题。因此,在问题设计时,精心选择数据,通过观察与分析,发现规律与应用规律,做到"温故而知新"。

(一)出示题组,自主解答

教师出示如下两个解决问题:

1. 每支笔3元,王老师带的钱可以买12支这样的笔。用这些钱买9元一支的笔,可以买几支?

2. 一个智能机器人前3分钟走了12米,照这样计算,再走9分钟到达目的地。机器人还需要走多少米到达目的地?

这两个解决问题分别创设了"商品买卖"和"行程问题"两个情境,概括了生活中常见的两类数量关系,两个题目中的数相同,但含义不同。

学生读题审题后发现,第1题是归总问题,因为是"总钱数相同",第2题是归一问题,因为是"每分钟走的米数相同"。接着,教师请学生分别找一找得到"总钱数相同"或"每分钟走的米数相同"各有哪两组信息,依据学生的回答形成板书(图4-70、图4-71)。依据这样的图示,可以接着画线段图明确关系,也可以直接列式解答。在本节课的教学中,选择了后者,请学生依据图示直接列式解答,然后反馈评析。

图4-70　　　　　　　　　图4-71

(二)检验过程,发现规律

归一问题与归总问题分别对应于正比例关系与反比例关系,结合这两类问题的教学,可以渗透函数思想。

解答完成上面两个问题后,教师提问:怎样检验两个问题的解答是否正确?学生依据上节课的学习经验,分别用两组数据求出不变量进行检验(图4-72、图4-73)。

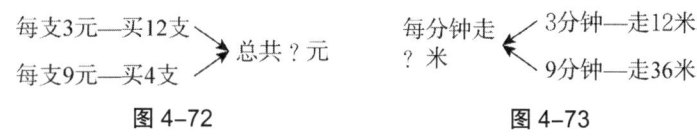

图 4-72　　　　　　　　　图 4-73

接着，教师请学生纵向观察两个图示中的信息，发现图 4-72 中每支的元数变多了，支数反而变少了；图 4-73 中分钟数变多了，走的米数也变多了。有学生进一步发现，每支的元数乘 3，支数就除以 3；分钟数乘 3，走的米数也乘 3。依据学生的回答，形成如图 4-74、图 4-75 所示的板书。

图 4-74　　　　　　　　　图 4-75

（三）利用规律，重构思路

在此前的教学中，归一问题与归总问题都是先求不变量，再求变化量。在结合具体情境发现其中的变化规律后，可以利用规律重新建构解决问题的思路。

教师把上述两题分别列出算式：12÷（9÷3）和 12×（9÷3），请学生结合图示解释这两种列式每一步的含义。学生发现，第 1 题中的"9÷3"表示现在每支的元数是原来的 3 倍，原来的支数除以 3 就是现在的支数；第 2 题中的"9÷3"表示后来行的分钟数是前面行的分钟数的 3 倍，所以后来行的米数也是前面行的米数的 3 倍。

以上方法是用倍比关系解决问题，有其局限性。因此，采用解释教师列出算式的方式呈现，作为了解与拓展，不要求学生在后续学习中用这种方法解决问题。

"温故知新"是复习课的重要教学目标，在归一问题与归总问题的复习过程中，用图示梳理信息与问题，纵向比较两组量之间的变化关系，形成新的解决问题的思路。

三、算用结合，梳理估算策略

估算与估算解决问题是两个既有联系又有不同意义的概念。选择第一题中的两个计算题：79×4 和 136×3，赋予具体意义，转化成估算解决问题，在解决问题的过程中感受估算和估算解决问题的联系与区别。

（一）出示问题，自主解答

教师出示如下两个估算解决问题：

有 320 千克苹果。

1. 平均分给4个组，每个组分79千克，够分吗？
2. 每辆手推车一次最多可以装136千克，这些苹果3车能够运完吗？

这两个问题有相同的比较对象——"有320千克苹果"，但是估算时判断的思路却相反。第1题往大估够分，就一定够分；第2题往小估能够运完，就一定能够运完。学生依据原有的估算经验，按照"一审——谁与谁比较；二估——按要求估算出结果；三比——与标准量进行比较；四判断——判断够不够"的方法自主解答。为提高效率，实际教学时同桌分工各自完成其中的一个问题，完成后同桌互相交流。

（二）反馈评析，画图检验

这两个估算解决问题，第一个问题学生的正确率较高，因为它与估算的思路基本一致；第2个问题错误的学生较多，因为它与单纯的估算有很大的区别。因此，在反馈评析时把第2题作为重点。

首先展示第1题学生的做法（图4-76虚线上面部分），提出问题：怎样判断这样的估算是否正确？引导学生用画图的方法直观演示，并总结：如果往大估够分，就一定够分（图4-76虚线下面部分）。

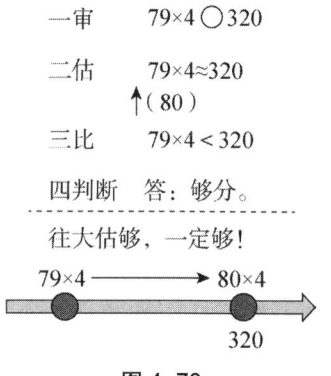

图4-76

接着展示第2题学生的三种不同的估算过程（图4-77、图4-78、图4-79虚线上面部分）。同样用画图的方法检验，发现前两种估算不能够正确判断，第三种估算才是正确的：如果往小估能够运完，就一定能够运完（图4-79虚线下面部分）。

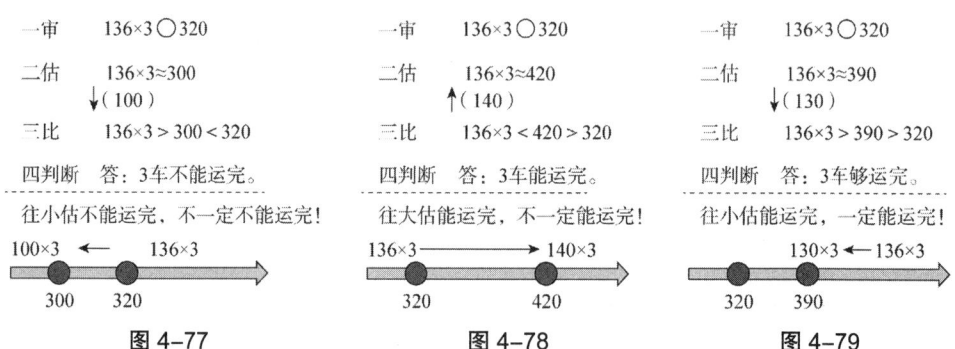

图4-77　　　　　图4-78　　　　　图4-79

（三）发现差异，完善思路

同样是估算"够"或者"能"，有时要往大估，有时要往小估。怎样确定到底是往大估还是往小估呢？可以在审题时进行假设。例如，第1题可以在一审时做如图4-80所示的补充。按照这样的方法，

一审　79×4○320
　　　够。往大估

图4-80

请学生在第 2 题的"一审"中也补上假设。

接着,请学生把计算中对应的估算与解决问题中的估算进行比较,说一说有什么相同点与不同点。学生指出估算就是把原来需要笔算的题目转化成可以口算的算出结果,一般是多位数转化成最接近的整十、整百或整千数;估算解决问题时却要依据审题时的假设进行估算。

纵观本节课的整理与复习,采用了先理后练、边练边理的形式,结合具体的板书,逐步形成本单元的知识结构与典型例子。这样的整理与复习,需要教师精心选择题目,有层次、有结构地组织练习与评析,在回顾与巩固已有知识与技能的基础上,增加新思维,形成新认识,真正实现"温故而知新"。

第五章
两位数乘两位数

"两位数乘两位数"是人教版教材三年级下册的内容,在整套教材的乘法学习体系中,则是其中的第四个单元。本单元包括乘法口算、笔算两个乘法计算的内容和连乘、连除两类解决问题。就乘法计算而言,重点学习"两位数乘两位数"的笔算,它可以看成求两次"两位数乘一位数积"的和,算理是相应的乘法意义,法则是求两个分步乘法笔算积之和。连乘、连除解决问题则可以看成有联系的两个乘法或除法解决问题的组合,是乘法与除法意义的再认识与再应用。分析教材,乘法口算分为"一次进位"的两位数乘一位数和"不进位"的两位数乘整十数两个部分,可以看成"两位数乘两位数"笔算的学习基础。但是,口算与笔算在计算思路与计算方法上有着明确的区别。因此,需要从整体设计的视角更好地处理"口算"与"笔算"的关系。连乘、连除解决问题有着密切的联系,但是教材把它们分成两个例题,创设两个情境进行教学,很难让学生直观感知到两者在数量关系上的互逆性,可以进行合理整合。

第一节
"两位数乘两位数"整体设计

"两位数乘两位数"包括"口算""笔算"和"连乘、连除解决问题"这样三大板块。"口算"中"两位数乘一位数"和"两位数乘整十数"是笔算"两位数乘两位数"中的两个部分积,因此,"口算"的学习应该为"笔算"的算理概括与算法总结服务;"连乘、连除解决问题"则结合具体情境让学生充分感受到乘法与除法的意义以及相互关系。那么,单元编排是否能够体现这样的设计意图?有哪些可以改进的地方?如何制订策略完善单元学习路径呢?

一、梳理单元学习路径

教材按照乘法口算—乘法笔算—解决问题的学习路径进行编排,每一个板块相对独立,同时又有着一定的联系。

(一)口算乘法

本单元的口算乘法有两个例题(图5-1)。第一个例题是"一次进位"的两位数乘一位数,是三年级上学期学习的内容,当时用笔算,而本单元要求用口算。第二个例题分成两个小题,第1小题是"一个数乘10",这类题型在二年级下学期"表内乘法"中出现过(图5-2),当时是转化成表内乘法,用乘加的形式 $9\times10=9\times9+9$ 解决,本单元也是按照这样的思路让学生计算,再结合题组计算归纳出计算法则:一个数乘10就在这个数的后面添一个0;在此基础上,把第2小题的"12×20"转化成"12×2×10",从而概括出两位数乘整十数的口算方法。

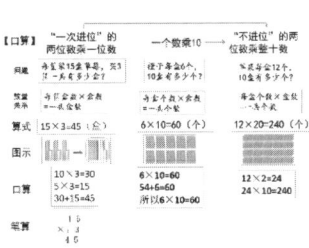

图5-1

从上述梳理可以看出,例1是对原有的多位数乘一位数的再学习,也是归纳例2口算方法的基础。就单元体系而言,乘法

图5-2

口算的学习也为"两位数乘两位数"笔算的学习做准备。

（二）笔算乘法

"两位数乘两位数"的笔算教材编排了两个例题，分别是"不进位的"和"进位的"（图5-3）。两个例题创设了不同的数学情境，例1是已知书的套数与每套本数，求一共的本数；例2是已知平均每班人数和班级数，求一共需要的酸奶盒数。例1要求学生结合点子图分一分，转化成已经学习的"两位数乘一位数"和"两位数乘整十数"进行计算，先用口算（也可以称为横式计算），再把第二种（按数的组成进行分解）口算过程转化成笔算乘法；例2在估算的基础上，让学生利用上一节课的笔算方法进行计算，再总结出计算法则。

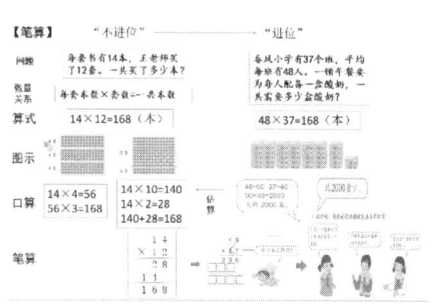

图 5-3

可以看出，例1的计算经历了图示表征、口算再到笔算这样三个步骤，在计算中没有进位，主要是让学生掌握笔算的基本法则；例2则是突出笔算中"进位"的难点，结合具体笔算概括出计算法则。

（三）连乘、连除解决问题

连乘与连除解决问题中的计算可以看成已经学习的乘法与除法计算的实际应用；就数量关系而言，则是对乘法与除法含义的再认识。因此，如果与运算的意义和计算相联系，连除解决问题应该编排在第二单元"除数是一位数的除法"，现在把它放在连乘解决问题之后，就是为了更好地体现两个解决问题在数量关系上有着密切的联系，如连除解决问题中的"回顾与反思"就是连乘解决问题的思路，具体如图5-4所示。

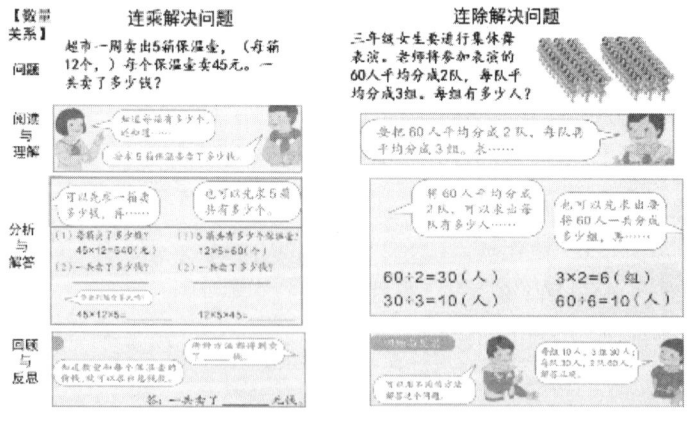

图 5-4

综上分析,就内容而言,三个板块有着密切的联系,乘法口算板块的两种乘法形式正好对应于"两位数乘两位数"笔算中的两个分步乘法,连乘与连除解决问题是数量关系互逆的两类有联系的解决问题。

二、剖析单元学习路径

梳理单元学习路径的过程,也是反思剖析学习路径的过程。从整体设计的视角,发现可以改进与完善的地方,主要体现在以下几个方面。

(一)如何让问题情境更具有结构性

不论是口算还是笔算,都创设具体情境,依据数量关系列出相应的乘法算式,并且对于乘法算式,或用示意图,或用情境图表示算式的意思,有一些图示还反映了计算的过程。但是,不论是情境还是图示,没有形成一个系列,而是不断进行变化。这样编排,虽然乘法计算题目由简到繁,层层推进,形成一个逻辑序列,但是问题情境与图示表征不断地发生变化,不利于问题情境的结构化和图示表征的一致性。

为解决这一问题,从口算与笔算的五个问题情境中选择了笔算例1的问题情境,用这一个情境依据套数的变化,提出口算与笔算乘法的问题,并且都用点子图引导学生"圈一圈""算一算",具体如图5-5所示。

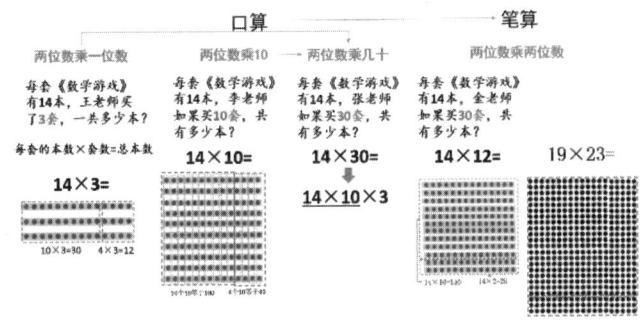

图 5-5

(二)怎样让口算与笔算并行推进

统一了问题情境与图示表征,怎样让口算与笔算也有更加紧密的联系呢?分析教材,除了口算例1中学生用多种方法计算"14×3"时用到笔算,后面的口算题中没有出现笔算,但是笔算与口算有着密切的联系,笔算可以看成是口算过程的记录。因此,在口算学习时,同时也用笔算记录;在笔算学习时,把"分步口算"先转化成"分步笔算",为概括"两位数乘两位数"笔算方法找到更加贴切的起点。

首先，在乘法口算时分别用笔算的形式表示计算过程（图5-6）。其次，把乘法笔算的两个课时重新分工。第一课时专门学习"两位数乘两位数"的"分步笔算"（图5-7左边的算法）；第二课时用第一课时的"分步笔算"解释"笔算"，出示图5-7右边的算法，请学生与左边的"分步笔算"进行比较，体会"笔算"的形成与优化过程，从而理解算理、概括法则。

$14\times3=42 \qquad 14\times10=140 \qquad 14\times30=420$

图 5-6

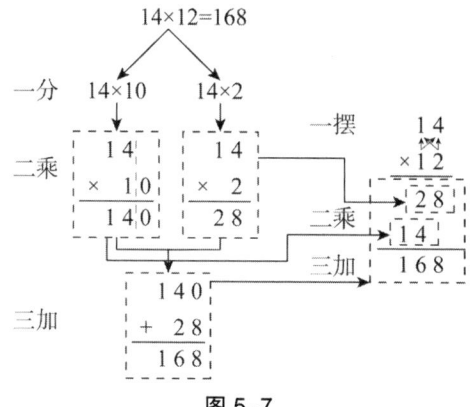

图 5-7

（三）连乘与连除解决问题可以进行整合吗

除法是乘法的逆运算，连除也可以看成是连乘的逆运算。首先，在乘法计算的教学中渗透分步连乘解决问题。例如，在口算乘法的练习巩固环节安排连续两次提问的乘法解决问题：矿泉水每瓶2元，1箱24瓶，买1箱要多少元？买50箱呢？乘法笔算例1"14×12"中，结合图示把它转化成"14×4×3"，也渗透了连乘解决问题中的数量关系。到解决问题时，则把连除解决问题作为例题，连乘解决问题作为连除解决问题的检验，如图5-8所示。

连除解决问题　　　　　　连乘解决问题

三年级女生要进行集体舞表演。老师将参加表演的24人平均分成2队，每队平均分成3组。每组有多少人？

三年级女生要进行集体舞表演。参加表演的有2队，每队有3组，每组有4人。一共有多少人参加表演？

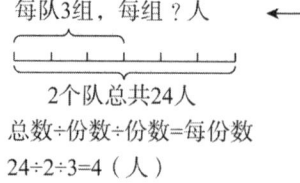
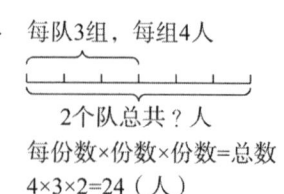

图 5-8

从整体设计的视角剖析单元中的各个板块,可以更好地体现板块间的联系与融合,如本单元在口算中融入笔算,在笔算时体现对口算的优化;也可以使板块内容更具结构,如连乘与连除解决问题实现互相检验。

三、完善单元学习路径

在对单元内容进行梳理与剖析的基础上,为完善单元学习路径指明了方向。首先在口算乘法中渗透笔算的方法;其次将笔算分成"分步笔算""笔算"两轮学习;再次以连除解决问题作为例题,连乘解决问题作为连除解决问题的检验。具体形成如下的四节新课学习设计。

课时	课题	例题	教学目标
1	口算和笔算乘法	每套《数学游戏》有14本。 1. 王老师买了3套,一共有多少本? 2. 李老师买了10套,一共有多少本? 3. 金老师买了30套,一共有多少本?	1. 结合图示表征,学习一次进位的两位数乘一位数和两位数乘整十数的口算方法,以及两位数乘整十数的笔算方法 2. 在概括计算法则过程中培养学生的图示表征能力与反思概括能力 3. 在学习过程中感受数学的内在联系,学会自主探究与反思验证
2	分步笔算乘法	解决问题:每套《数学游戏》有14本,陈老师买了12套,一共有多少本? 计算:14×12	1. 结合图示,学会用分步横式口算与分步笔算的方法计算"两位数乘两位数",理解算理,准确计算 2. 在计算中培养学生的类比迁移能力和抽象概括能力 3. 在学习过程中体会数学知识由简单到复杂的学习过程,感受数学学习的内在魅力
3	笔算乘法	解决问题:每套《数学游戏》有14本,陈老师买了12套,一共有多少本? 计算:14×12	1. 结合分步笔算解释乘法笔算的计算过程,理解算理,概括法则,准确计算 2. 经历乘法笔算的简化过程,体会数学中的优化思想 3. 感受数学产生、形成、发展的过程,体会数学之间的内在联系

(续表)

课时	课题	例题	教学目标
4	连乘、连除解决问题	例题：三年级女生要进行集体舞表演。老师将参加表演的24人平均分成2队，每队平均分成3组。每组有多少人？ 检验：三年级女生要进行集体舞表演。参加表演的有2队，每队有3组，每组有4人。一共有多少人参加表演？	1. 结合图示表征、分析比较，知道连乘与连除解决问题的数量关系与结构特征；能正确分析并解答相应的应用问题 2. 培养学生利用图示表征和思路图分析数量关系的应用问题的能力 3. 通过学习增强学生的应用意识

（一）口算与笔算并进，做好后续学习的铺垫

"乘法口算"是本单元的第一课时学习内容，但是从单元整体的视角看，本单元中的乘法口算既是独立的新知学习，也必须为后续的乘法笔算服务。

1. 结合图示，计算两位数乘一位数

教师出示信息：每套《数学游戏》有14本，王老师买了3套。让学生依据信息提出问题：一共有多少本？这是一个已经学习过的"多位数乘一位数"的问题，学生自主计算出结果后，请学生结合点子图"圈一圈""算一算"，形成多种计算方法（图5-9）。

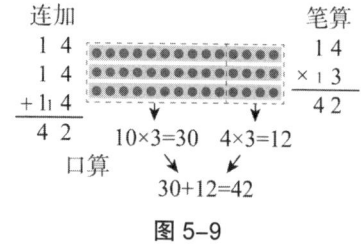

图 5-9

"连加"依据的是乘法的意义。"口算"与"笔算"有着十分密切的联系，笔算是把口算的过程进一步优化，转化成了表内乘法，如笔算中十位上的"1乘3"就是"一三得三"，只不过多了一个规则，即再加上进上来的1后把得数写在十位上。

2. 猜想验证，依据意义进行解释

在学习"两位数乘整十数"口算之前，先学习"两位数乘十"。教师把前面问题中的数量改为10套：每套《数学游戏》有14本，李老师如果买10套，一共有多少本？学生列出式子，认为"14×10"就是"'14×1'的积的后面添0"。这一种经验来自于"多位数乘一位数"时如"280×3"这类题目中笔算的简便运算。

基于学生的猜想，教师可以写成用笔算方法记录的形式（图5-10），再结合点子图把"10个14"转化成"14个10"，用整数的意义得到结果（图5-11）。并且从中还可以推导出"一个数乘十就是在这个数的后面添0"（图5-12）。

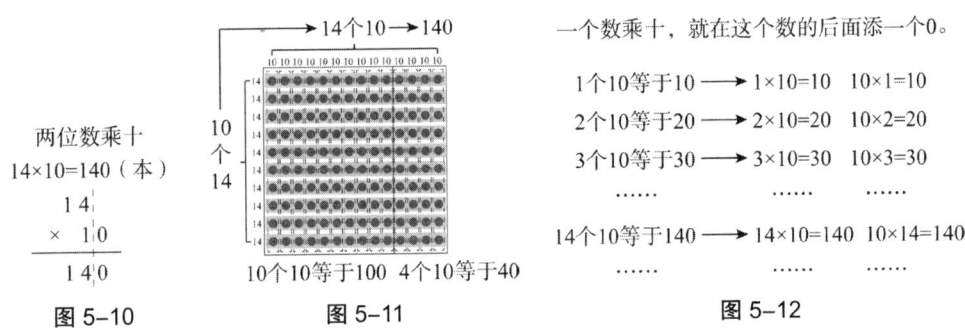

图 5-10　　　　　图 5-11　　　　　　　　　图 5-12

3. 迁移类比，解释笔算的算理

教师进一步把数量改为"30 套"：每套《数学游戏》有 14 本，张老师买了 30 套，一共有多少本？由学生自主笔算（图 5-13），再请学生说思路，反馈评析得到如图 5-14、图 5-15 所示的两种思路。

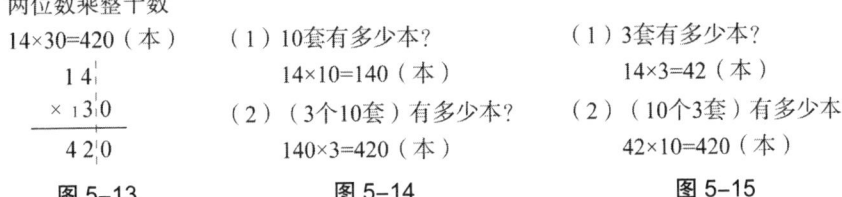

图 5-13　　　　　　图 5-14　　　　　　　　图 5-15

上面三个环节逐步递进，前面两个环节为第三个环节做准备，把笔算作为口算过程的简化记录，让笔算与口算实现真正的融合。

（二）分步笔算与笔算递进，经历笔算乘法的形成过程

"两位数乘两位数"笔算，不仅仅是掌握其中的计算法则，而且要让学生体会到"两位数乘两位数"笔算是分步笔算的综合与优化。与教材编排相比，增加了"分步笔算"这一环节，这是对上一节课中"口算"与"笔算"并进的再诠释。

1. 图示表征，"分步口算"出结果

诚然，"两位数乘两位数"不可以口算，分拆后才可以。因此，让学生结合图示，利用转化思想，把不能够直接口算的转化成可以分步口算的过程，是计算"两位数乘两位数"的基本思路。

把上一节课的问题情境中的数量改为"12 套"：每套《数学游戏》有 14 本，金老师如果买 12 套，一共有多少本？结合点子图，让学生"圈一圈""算一算"，反馈评析后形成如图 5-16 所示的两种"分步口算"的方法。

2. 解释思路，"分步笔算"出结果

在评析学生作业的过程中，教师对于两种方法分别用分步笔算的形式进行板书。图5-17是图5-16中左边"连乘"法的分步笔算，图5-18则是图5-16中右边"分解"法的分步笔算。

进一步，请学生结合图示计算"19×23"，发现只有"分解"法可以计算，且用"分步笔算"可以提升正确率（图5-19）。

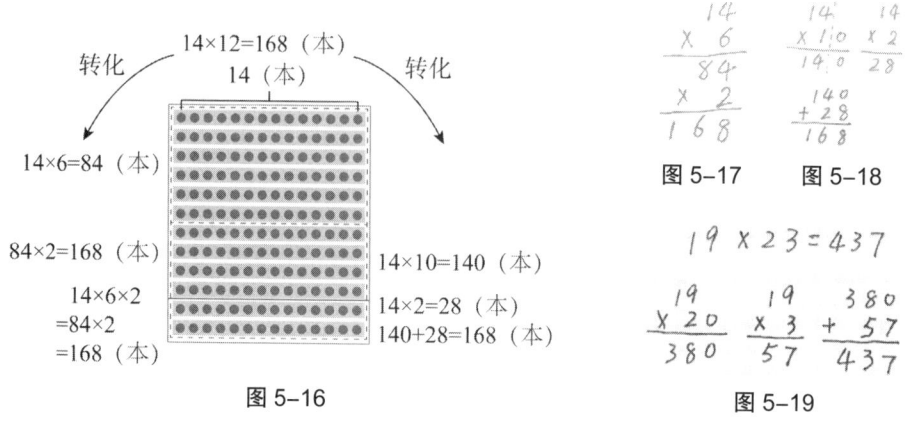

图5-16　　　　　　　　　图5-17　图5-18

图5-19

3. 解释"笔算"，经历"笔算"形成过程

上一节课的例题作为本节课的例题，把上一节课的"分步笔算"作为本节课的学习起点，出示"14×12"的笔算，请学生与"分步笔算"进行比较，解释与"分步笔算"之间的联系。在这样的过程中，形成了"两位数乘两位数"笔算的基本格式，但还是依赖于"分步笔算"。因此，让学生再把"19×23"的分步笔算模仿表示成笔算形式，在此基础上出示"37×43"，让学生在已经有了笔算乘法基本格式的基础上尝试计算（图5-20）。

图5-20

结合图示表征，利用转化思想，把"两位数乘一位数""两位数乘整十数"笔算作为"两位数乘两位数"笔算的铺垫，从"分步口算""分步笔算"再到"笔算"逐步递进，实现"两位数乘两位数"的算理、算法相互融合。

（三）连乘与连除解决问题整合，构建互逆的数量关系

在整数乘法中，连乘的积越乘越大，连除的商则越除越小，这体现了两种数量关系的基本特征，而且是可以相互检验、形成互逆的特征。

1. 前期渗透，为连乘解决问题作铺垫

连乘解决问题实际上可以看成是两个有联系的乘法解决问题的组合。因此，乘法计算学习时，在练习巩固阶段编制相应的解决问题，为连乘解决问题的学习做好铺垫。

第一课时"乘法口算"的练习巩固中安排了如下两个问题：

（1）矿泉水每瓶2元，1箱12瓶，买1箱要多少元？买50箱呢？

（2）一只蜗牛每分钟爬2米，一只蚂蚁每分钟爬的路程是蜗牛的12倍，这只蚂蚁每分钟爬多少米？照这样计算，这只蚂蚁50分钟能爬多少米？

请学生列式解答，完成后比较两个问题的相同点与不同点，体会乘法算式的抽象性与具体应用的多样性。

第三课时"乘法笔算（2）"的练习巩固中安排了如下问题：

1箱矿泉水有12瓶，18箱有多少瓶？如果每瓶2元，买18箱一共需要多少钱？

与第一课时中求矿泉水元数问题相呼应，通过解答，进一步让学生感受到同样的问题情境可以有不同的解决问题思路。

2. 图示表征，体会连除解决问题的数量关系

在第四课时"连乘、连除解决问题"中先出示连除解决问题：三年级女生要进行集体舞表演。老师将参加表演的24人平均分成2队，每队平均分成3组。每组有多少人？与教材相比，去掉了情境图，把原题中的总人数"60人"改为"24人"，有利于学生自主审题，画出结果，再结合图意列出数量关系与算式解答（图5-21）。

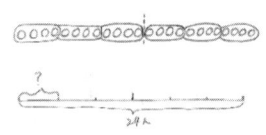

总数÷份数÷份数=每份数
24÷2÷3=4（人）

图 5-21

3. 结合验证，感受连乘解决问题的数量关系

由于"连乘解决问题"有前期的铺垫，因此把它作为"连除解决问题"的检验时，可以让学生对"连除解决问题"的示意图进行比较，感受连乘解决问题的结构特征（图5-22），第一次乘得的积表示"每队的人数"，是总数，但是在第二次乘时表示的是每份数，所以积进一步增加。

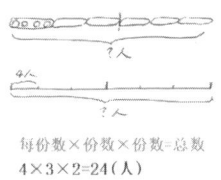

每份数×份数×份数=总数
4×3×2=24（人）

图 5-22

图 5-23

整数连乘、连除解决问题是整数乘法、除法意义的体现，它们的特征与六年级"分数乘法"中的分数连乘解决问题的特征相反（图5-23），因为此时的分数连乘问题中出现了越乘越小的情况。

总之，梳理教材让我们更加明晰编者设计的学习路径，剖析教材让我们对编

者设计的学习路径提出改进的建议,完善教材则是对学习路径的重新设计。就本单元而言,完善后的单元学习路径充分融合乘法计算中口算、分步口算、分步笔算与笔算之间的联系,体会笔算是口算过程的记录与优化;学习整数连乘与连除解决问题时重视图示表征,让学生体会其结构特征。

第二节
"两位数乘两位数（1）"教学实践

本节课的学习可以看作"两位数乘两位数"笔算的准备课。"两位数乘一位数"是旧知，如何让学生在原有笔算思维的基础上，回归到口算计算出结果？"两位数乘整十数"是新知，怎样在计算的过程中发现新知识，理解算理，形成算法？

一、结合具体情境，图示表征计算

本环节学习的是"两位数乘一位数"的口算，是"多位数乘一位数"的旧知，只不过由原来的笔算题要求用口算，教学时让学生结合点子图进行自主探究与归纳。

（一）提出问题，自主解答

教师出示信息：每套《数学游戏》有 14 本，王老师买了 3 套。学生阅读后提出问题：一共有多少本？接着列出关系式与算式，并直接口算出结果。教师追问：你为什么能够计算？学生指出这是一道两位数乘一位数，在三年级时已经学习了。依据学生的回答，教师板书如图 5-24 所示。

两位数乘一位数
每套的本数×套数=总本数
14×3=42（本）
图 5-24

这是一道"两位数乘一位数"中个位与个位相乘后一次进位的乘法，在三年级时要求用竖式计算，但在本节课中要求用口算。因此，先让学生直接口算出结果，再请学生依据点子图说明可以怎样算出结果。

（二）图示表征，回顾思路

结合点子图，回顾刚才的口算过程，用自己的理解边圈边记录。学生独立完成，教师巡视，选择合适的材料有序地展示。

首先展示如图 5-25 所示的学生作业，学生解释"14×3"表示 3 个 14 的和，所以可以用连加的形式；接着展示如图 5-26 所示的学生作业，学生解释把点子分成两组，一组是 3 个 10，一组是 3 个 4，它们的和是 30+12=42；最后展示学生用图 5-26 中同样的划分方式，但是用竖式计算的方法。在展示以上三类作业的同时,教师板贴图示与板演算式,形成如图 5-27 所示的板书。

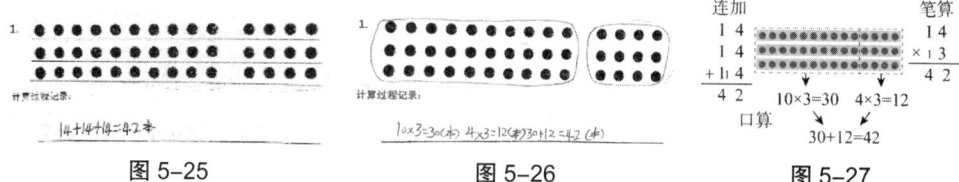

图 5-25　　　　　　图 5-26　　　　　　图 5-27

三种方法都可以计算出结果,但是就本节课而言,要求用口算方法计算。因此,请学生说一说口算的步骤,讨论后概括为"一拆——把两位数拆成整十数与一位数;二乘——分别与第二个乘数相乘;三加——把两个积加起来"。

(三)巩固提升,形成技能

"两位数乘一位数"是"两位数乘两位数"笔算的学习基础。因此,在学习了一次进位的"两位数乘一位数"口算后,整体展示"两位数乘一位数"的不同题型,让学生先判断再选择合适的方法计算。

教师出示题组,请学生先审题,判断用口算还是笔算,再计算。

(1)23×3=　　　(2)15×6=　　　(3)150×6=　　　(4)38×9=

学生独立完成后反馈评析。学生一致认为第(1)题用口算,因为不进位。第(2)(3)题有学生用口算的,也有用笔算的。分别展示这两种方法,再说一说这两题之间的关系。学生认为,第(3)题可以转化成第(2)题进行计算,而口算时则要把 150×6 分拆成 100×6 和 50×6。第(4)题是连续进位,用笔算。

"一次进位"的两位数乘一位数的口算是本环节的重点,同时考虑到后续学习的需要,也要关注多位数乘一位数的笔算。

二、再提数学问题,学习新的计算

本环节学习两位数乘整十数,分成两个部分,第一部分是学习两位数乘十,明确一个数乘十的算理与计算规律;第二部分是两位数乘整十数,把整十数分拆成几十和几,转化成两位数乘一位数再乘十,并能够用竖式计算。

(一)引出新知,直觉计算

教师出示改编后的题目:每套《数学游戏》有 14 本,李老师如果买 10 套,一共有多少本?请学生与前面的例题进行比较,发现由原来的"两位数乘一位数"改为"两位数乘十",依据原来的数量关系,列出式子"14×10"。学生依据直观经验认为等于"140",教师追问为什么。学生回答:可以先看成 14×1,再在积的末尾添 0。教师依据学生的回答,用笔算的形式表示,形成如图 5-28 所示的板书。

两位数乘十
14×10=140(本)

$$\begin{array}{r} 14 \\ \times\ 10 \\ \hline 140 \end{array}$$

图 5-28

（二）结合图示，验证猜想

教师一边出示 10 个 14 的点子图（图 5-29），一边提出要求：这样的计算结果对不对？先引导学生依据题意横着"标一标"（每一横行标"14"），有"10 个 14"；再竖着"圈一圈""数一数""标一标"（每一竖列标"10"）。

在竖着标注的过程中，当数到 10 个 10 时，把 10 个 10 的点子图加一个虚框，余下的部分重新

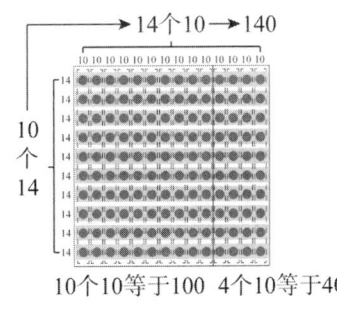

图 5-29

数，数到 4 个 10 得到结果，最后把两部分合起来，就是 14 个 10 等于 140。

用长方形的点子图表示乘法的模型，有利于一个乘法算式两种含义的互相转化。显然，10 个 14 是多少不能够直接得到。而依据图示转化成 14 个 10，由十进位值制计数法，可以 10 个 10 加 4 个 10 等于 140。

结合点子图，用乘法的含义验证猜想，可以更加整体地认识"两位数乘十"的含义，并且为进一步归纳"多位数乘十"的计算规律铺就了学习路径。

（三）回顾计算，总结规律

"一个数乘十，就在这个数的后面添 0"，在图 5-28 的竖式计算中已经应用了，但还需要验证。教师引导学生进一步观察图 5-29 中竖着看的点子图，一边数一边用乘法算式记录，在此基础上概括出"一个数乘十"的积的规律，形成如图 5-30 所示的板书。

在学习"两位数乘几十数"之前，先学习"两位数乘十"，既是为后续学习做了算理的准备，同时也把它看作"两位数乘整十数"的特例，形成基本的口算与笔算的形式。

一个数乘十，就在这个数的后面添一个0。

1个10等于10 ⟶ 1×10=10　10×1=10
2个10等于20 ⟶ 2×10=20　10×2=20
3个10等于30 ⟶ 3×10=30　10×3=30
……　　　　　　……　　　　……
14个10等于140 ⟶ 14×10=140　10×14=140
……　　　　　　……　　　　……

图 5-30

三、继续提出问题，归纳计算方法

前面两个环节的学习中，都是让学生先依据原有学习经验自主计算，得到正确的但没有经过验证的计算方法，再引导学生进行说理验证。本环节的学习仍然沿用这样的学习方式。

（一）再编信息，自主计算

教师再次改编问题为：每套《数学游戏》有 14 本，张老师买了 30 套，一共有多少本？请学生读题后比较，与前面的两个问题相比有什么相同的地方与不同的

地方? 学生发现,数量关系一致,而套数变了,变成了30套,是整十数。请学生列出算式,教师标注课题,形成如图5-31所示的板书。

两位数乘整十数
14×30=
图5-31

教师请学生观察14×3和14×10,想一想14×30可以怎样算,并把计算的过程记录下来,能用多种方法计算的就用多种方法计算,完成后小组交流。

（二）反馈评析,类比归纳

前面的两道题目都有点子图,本题不再采用点子图,而是让学生运用迁移与类比,自主尝试计算。教师巡视,选择典型例子进行评析。

首先,展示学生口算的两种方法(图5-32、图5-33),请学生说明思路。显然,这两种方法都是把30看成3×10,但是含义不同,图5-32是看成3个10,先求10套有多少本,图5-33是看成10个3,先求3套有多少本。

（1）10套有多少本?
14×10=140（本）
（2）（3个10套）有多少本?
140×3=420（本）

图5-32

（1）3套有多少本?
14×3=42（本）
（2）（10个3套）有多少本?
42×10=420（本）

图5-33

展示竖式计算。首先说一说与哪种口算的思路一致,学生发现与图5-33的口算思路一致,概括出计算方法:一乘、二添;接着请学生观察如图5-34所示的整体板书,说一说这三类计算之间的关系。学生发现,"两位数乘一位数""两位数乘十"都是学习"两位数乘整十数"的基础,"一乘"就是把它看成"两位数乘一位数","二添"就是把它看成"两位数乘十"。

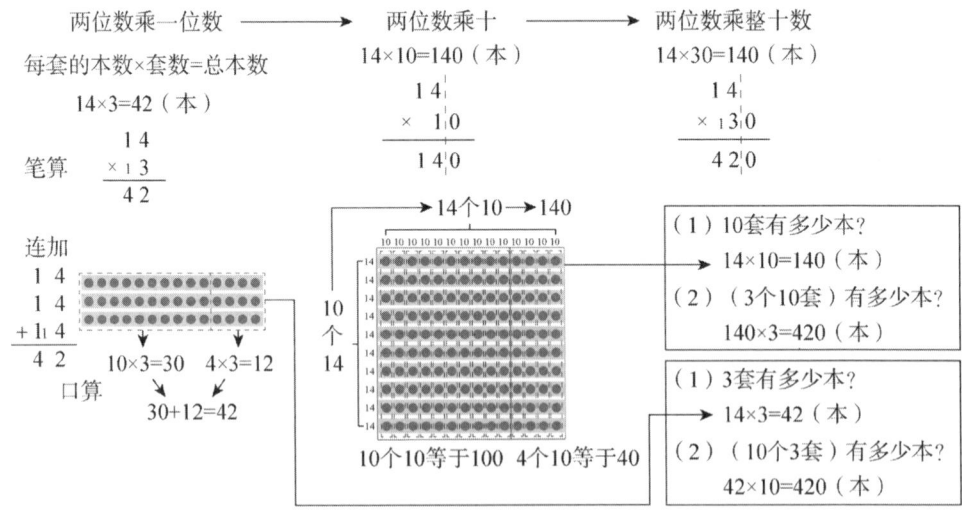

图5-34

（三）题组练习，形成技能

怎样的乘法计算适合于口算，怎样的乘法适合于笔算？采用题组的形式，让学生依据题目的难易程度进行选择后计算。

（1）12×3　12×30　　　　　　　（2）15×10　150×10
（3）25×4　25×40　　　　　　　（4）46×5　46×50

每个题目下面留出可以笔算的空间。学生独立完成后评析选择什么方法计算，再校对计算过程与结果。特别关注第（3）（4）题末尾0的个数的判断。

接着出示如下的解决问题的题组，请学生独立完成。

（1）矿泉水每瓶2元，1箱24瓶，买1箱要多少元？买50箱呢？

（2）一只蜗牛每分钟爬2米，一只蚂蚁每分钟爬的路程是它的24倍，这只蚂蚁每分钟爬多少米？照这样计算，这只蚂蚁50分钟能爬多少米？

校对解答过程后，让学生比较两题有什么相同的地方与不同的地方。学生体会到相同的算式有不同的情境和不同的数量关系，体会到算式的一般性与数量关系的多样性。

数学学习是一个循序渐进的过程，对于某些复杂的数学新知，需要进行分解，先学习准备性的内容，本节课学习"两位数乘两位数"即是如此。这是常用的数学学习方式，如"平行四边形和梯形的认识"前，先学习"平行""垂直"；"解方程"前先学习"等式的性质"。因此，对于这样的新授课，要从整体的视角设计教学流程，做好"准备"与"铺垫"。

第三节
"两位数乘两位数（2）"教学实践

在学习"两位数乘两位数"笔算之前，让学生充分经历分步笔算的过程，真正理解"两位数乘两位数"的算理。因此，本节课不学习笔算，而是让学生结合图示拆分计算，并在这一过程中不断变式，形成统一的分步笔算思路。在此基础上，结合具体情境，在应用"两位数乘两位数"解决问题的过程中渗透连乘解决问题的基本思路。

一、依据活动经验，自主尝试探究

"两位数乘两位数"分拆后再计算，这一活动经验在上一节课学习"两位数乘一位数"与"两位数乘整十数"时已经有了积累。因此，结合图示，让学生交流策略，自主探究，边圈边算解决问题。

（一）出示信息，发现新知

教师在回顾前一节课问题情境的基础上，把买的套数改为12套：每套《数学游戏》有14本，金老师买了12套，一共有多少本？依据原有的数量关系列出算式——14×12。请学生说一说这一题与前面的两题相比有什么区别。学生观察后指出，这一题是"两位数乘两位数"，形成如图5-35所示的板书。

两位数乘两位数
14×12=
图 5-35

在相同情境下，通过改编其中的信息，用相同的数量关系列出新的乘法算式，展现了乘法算式由简单到复杂的变化轨迹。

（二）图示表征，交流策略

教师板书课题后，用点子图表征题目中的信息与问题（图5-36）。引导学生思考：14×12不能够直接计算，可以用什么办法把它转化成可以计算的题目呢？

生1：可以分成每组3套，12套里面有4个3套，就乘4。

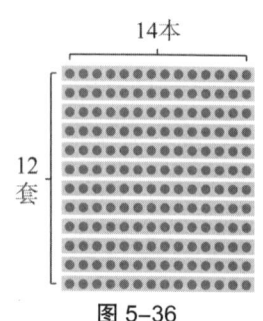

图 5-36

生2：把12套分成10套和2套，算出结果后相加。

以上两位学生的表述代表了把不能够直接计算的"两位数乘两位数"转化成会计算的"两位数乘整十数"或"两位数乘一位数"。依据学生的回答，教师做适当的提炼，形成基本的策略（图5-37），但是对具体的方法不做总结。

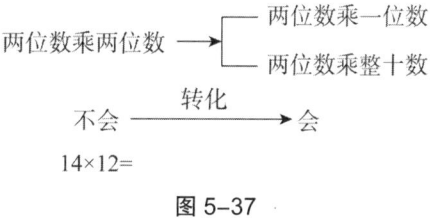

图5-37

（三）自主探究，记录过程

交流策略后，教师请学生先在点子图中圈一圈，再算一算，最后想一想计算的思路。特别注意，这一步骤与前面学生交流的情况相呼应。同桌分工，分别完成其中的一种，然后在组内交流有什么不同的地方。如果交流中只有一种方法，完成后想一想有没有其他的方法。

转化是重要的思想方法，当碰到不能解决的问题时，首先想到的是可以通过什么方法把它转化成已经学习的知识，并进行相应的尝试，从而获得解决问题的方法。

二、交流反馈评析，归纳计算思路

"两位数乘两位数"计算的关键是转化成"两位数乘一位数"与"两位数乘整十数"。在转化思想的指导下，学生结合图示，在交流反馈与变式计算中逐步形成基本的计算思路。

（一）评析连乘，回溯思维

就 14×12 的计算而言，学生可以用"连乘"转化成两次连续的两位数乘一位数。如图5-38，学生把12套分成2个6套，先算出6套有多少本，再算出2个6套有多少本。回溯计算过程，形成转化的思路：一等分，二连乘。请学生想一想，还有没有其他分法，列出相应的算式，再依据算式说一说是怎样进行等分的。

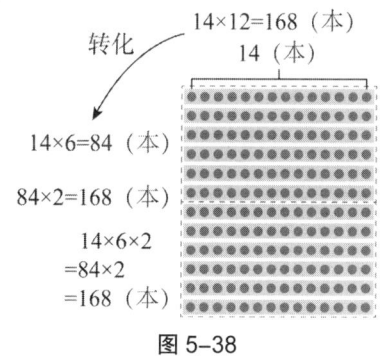

图5-38

上述思考过程体现了连乘的意义，结合点子图，可以让学生感受到整数连乘越乘越大，为后续学习连乘解决问题起到了铺垫的作用。

（二）评析分解，理解算理

把"几十几"分解成"几十"和"几"，就是把两位数按十进位值制进行数的分解。结合图示，让学生理解算理，概括出计算方法。

展示学生用分解方法计算的学生作业,请学生说理,教师把思路板书到点子图的右边,形成两种转化的思路(图5-39)。

接着,让学生比较两种转化的方法,发现都是先把套数分拆,不同之处在于左边是等分,把套数分为几个几,右边是分解,按自然数的计数单位进行分解。让学生再说一说分解的过程,教师板书成如图5-40所示的形式,再总结出计算的基本步骤:一分、二乘、三加。

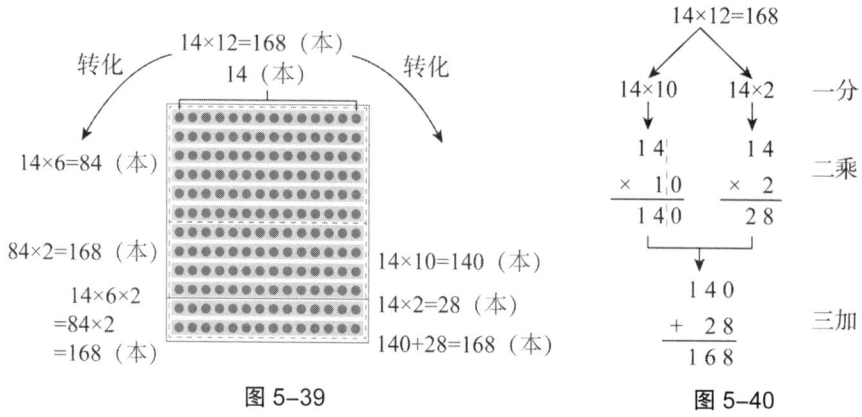

图 5-39　　　　　　　　　　　　图 5-40

在交流时,教师特别强调用笔算的形式表示每一步计算,为后续归纳"两位数乘两位数"笔算做铺垫。

(三)数据变式,确定算法

"两位数乘两位数"的两种转化方法中,等分法会受数据的限制,而分解法适用于所有情况。因此,进行数据变式,让学生依据数据特征,合理选择计算方法。

教师出示19×23和相应的点子图,请学生利用计算14×12的经验独立计算,选择合适的方法"圈一圈""算一算",完成后评析,形成如图5-41所示的计算过程。接着,让学生与14×12进行比较,体会分解法的普适性。与上一题相比,本题在乘法计算中出现了进位,笔算难度有所提高,运用分解法计算,这一难点也得到了分解。

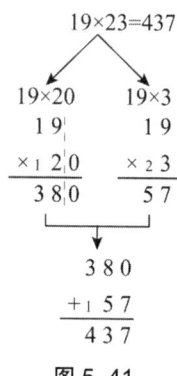

图 5-41

为了让学生更好地理解算理,本节课中没有进一步学习笔算,而是让学生继续采用分解的方法计算"两位数乘两位数"。

三、分层练习巩固,培养计算能力

至本节课,关于乘法计算已经学习了"表内乘法""多位数乘一位数""两位数乘整十数"和"两位数乘两位数",结合具体练习,让学生体会它们之间的联系。就乘法解决问题,主要培养学生认真审题的习惯。

(一)选择方法,合理计算

教师出示如下三道计算题,请学生选择合适的方法独立计算。

(1) 68×2=　　　　(2) 68×50=　　　　(3) 68×52=

学生完成后校对评析。前两题主要校对用竖式计算的过程,其中第(2)题特别评析积末尾的0的组成;第(3)题只写出三个笔算即可,而把分解的过程在算式中进行标注(图5-42)。

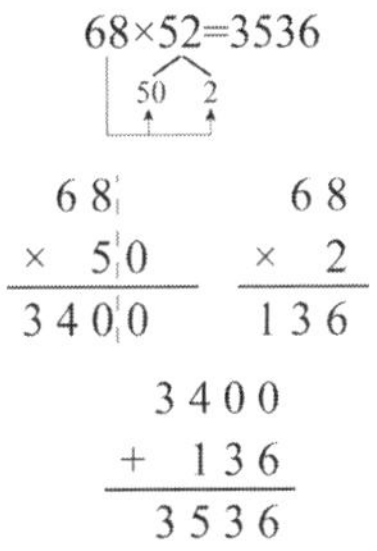

校对评析后,请学生说一说这三个题目之间的关系。学生直观地发现,前两个算式是为后一个算式服务的。教师进一步追问:计算这些题目时,又是以什么为基础的呢?交流后发现,这些计算是以"表内乘法"和"20以内的加法"为基础的。

图 5-42

(二)题组计算,体会难点

在笔算乘法中,进位是计算的难点,也是易错点。教师出示如下题组,让学生用分解法独立计算。

(1) 12×24=　　　　(2) 27×15=　　　　(3) 38×96=

完成后校对评析,让学生说一说哪一题最简单,哪一题最复杂,为什么。学生认识到,进位是计算中的难点,"进几"要有标注。

(三)提出问题,体会意义

练习十一第5题是一道有多余信息的解决问题,对题目进行改编,只出示其中的信息,请学生提出用乘法解决的问题,再列式解答。

今天卖出了56套风光明信片,每套有12张,售价16元。_____?

独立完成后反馈评析。依据信息可以提出两个问题:一共卖得多少元,一共卖出多少张。让学生思考,就营业员来说,解决哪一个问题更有价值?学生认为第1个问题更有价值,因为它可以算出今天风光明信片的营业额,而第2个问题对营业员来说并没有直接的用处。

用分解法计算"两位数乘两位数"是教学的重点,也是笔算乘法的算理。在本节课中,只学习用等分法与分解法进行"两位数乘两位数"的计算,目的是让学生有更多的机会与时间理解算理,更加深入地体会转化思想在计算教学中的作用。同时,在用分解法计算"两位数乘两位数"时,重视逐步淡化横式计算的记录,重视分步笔算的记录,为下一节课学习"两位数乘两位数"笔算积累比较的素材,夯实优化的起点。

第四节
"两位数乘两位数（3）"教学实践

上一节课"两位数乘两位数"的分步笔算，为本节课的"两位数乘两位数"笔算做足了准备。在本节课中，怎样让学生以此为起点，构建起分步笔算与笔算的联系，概括出计算法则？怎样结合具体计算，让学生体会到笔算的难点？利用怎样的策略让学生突破难点？这些都是需要思考与解决的问题。

一、提出新的问题，形成新的方法

把分步笔算改写成笔算，看似一个简单的变化，其中却体现了计算表达的优化。让学生先依据分步笔算解释笔算中的每一步意思，通过比较形成规范的笔算过程。

（一）回顾分步笔算，提出新的问题

分步笔算是笔算的基础，它包含了"两位数乘两位数"笔算的算理，也是笔算形成的起点。因此，直接出示上一节课中例1的分步笔算，提出进一步改进的要求。

课始，教师一边板贴图5-43，一边引导：这是上一节课中14×12的分步笔算的方法，出现了三个笔算，想一想，能否把这三个笔算合并成一个笔算，形成真正的"两位数乘两位数"的笔算呢？

用分步笔算代替教材中的横式计算，就是为笔算找到更加贴近的起点，体会笔算是分步笔算的简化。

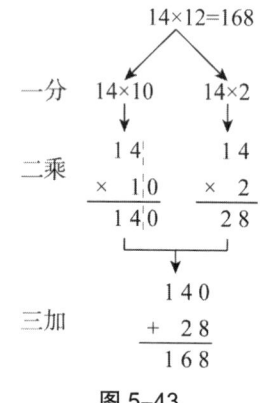

图 5-43

（二）展示乘法笔算，观察发现联系

现代的笔算乘法的计算方法，经历了古代与近代数学家的长期探索。因此，让三年级的学生独立探究计算方法会十分困难。教师出示笔算的规范形式，与分步笔算进行比较，逐步引导学生发现笔算乘法中的"一分""二乘""三加"。

首先，引导学生找一找哪里表示"一分"。学生观察后发现没有"一分"。教

师追问,是否可以看到"二乘"呢?学生指出28是14×2的积,与分步笔算中相应的算式建立联系。教师在笔算中加上相应的实线箭头。进一步指出14是14×10的积,但是它表示14个十,个位上的0被省略了,并用实线箭头表示乘的过程。接着,请学生找一找"三加",也与分步笔算建立联系。最后,请学生观察笔算式子,说一说现在能够看到"一分"吗。学生发现两种不同的箭头就是分的过程(图5-44)。

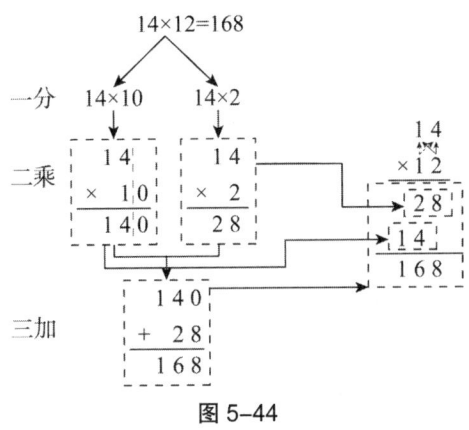

图5-44

通过"两位数乘两位数"中笔算与分步笔算的比较,沟通了两者的联系,让学生明白笔算的算理与基本的计算过程。

(三)依据笔算结构,改写计算过程

在认识了分步笔算与笔算的对应关系后,教师让学生把上节课的19×23依据分步笔算写出笔算的形式。学生给出两种竖式计算形式(图5-45、图5-46),发现结果相同,但是两次乘的顺序不同。评析后归纳,分步笔算时先用十位上的数去乘,笔算时要先用个位上的数去乘,所以图5-45中的竖式是正确的。

图5-45   图5-46

在反馈交流的过程中,通过将笔算与分步笔算建立联系,使学生对最优的竖式书写格式及书写顺序有了更深入的认识,为乘法笔算奠定了良好的基础。

二、先说理后计算,逐步概括法则

脱离分步笔算直接笔算,先让学生依据经验制订方案,形成初步的计算法则,再实施方案,在实际计算的过程中完善方案,概括出"两位数乘两位数"的计算法则。

（一）制订笔算方案，自主计算结果

脱离了分步笔算，没有了"依靠"，笔算变得困难了。因此，先让学生说一说计算的方案，再依据方案自主计算。

出示一道新的题目"37×43"。教师摆成竖式形式后，请学生说一说怎样一步一步地计算。依据学生的回答，板书如图5-47所示的方案，乘法中的两组箭头与虚框相对应。方案中的两个积的末尾怎样对位是笔算的难点之一。依据两个虚框，引导学生观察两个积的对位有什么特点。依据学生的回答，在相应的虚框右边分别标注：个位上的数去乘，积的末尾与个位对应；十位上的数去乘，积的末尾与十位对齐。最后，请学生依据方案自主笔算。

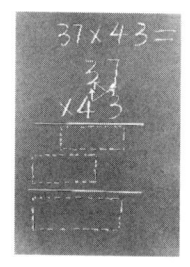

图 5-47

（二）集体反馈评析，细化笔算过程

虽然有了方案的支撑，但是在列竖式的过程中，学生发现了新的问题：如何记录两次乘的过程中的进位（图5-48）？在反馈过程中，比较分析不同的记录方法的优缺点，最后出示记录在笔算式子旁边的小竖式，优化笔算的计算过程（图5-49）。小竖式的两个加数分别来自于上一步计算中的进几与这一步运算的积。本题中的"分步乘法"中均只有一次进位，如果有连续进位的，从左往右摆出。

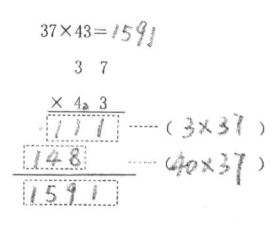

图 5-48

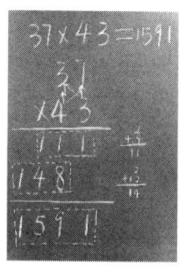

图 5-49

在阐述笔算的计算过程中，学生进一步厘清了笔算的计算顺序。在探讨交流的过程中，发现进位的数字写在哪里都不合适，于是就有了在旁边写上"小竖式"的方法。这样的写法，不仅让竖式的结构更加简洁，也让学生的计算思路更加清晰。

（三）反思比较过程，概括笔算法则

结合三道乘法笔算，请学生说一说"两位数乘两位数"笔算方法是怎样的。讨论后概括为：一摆，摆出第一条横线上竖式计算部分；二乘，从个位乘起，用第二个乘数每一位上的数去乘第一个乘数，用哪一位上的数去乘就与那一位对齐；三加，把两个积相加。

计算法则是程序性知识，它可以由几个相互联系又有先后顺序的环节组成，在表述这些环节时，分成两个部分，第一部分是提炼字或词，第二部分是对提炼的字或词进行解释。

本单元"两位数乘两位数"的计算中，把笔算看成是分步笔算的组合与简化。因此，本节课与上节课构建成一个整体，用相同的例题有层次地学习计算方法。

三、边练习边反思，逐步构建体系

乘法笔算是四则运算笔算学习的最后一个环节，在掌握了"两位数乘两位数"笔算的基础上，通过计算，突破计算的难点，并结合具体情境进行应用。

（一）题组练习，反思难易

通过题组练习，让学生发现进位是笔算"两位数乘两位数"的难点。在比较的过程中，渗透进位的意识，认真记录进位的小竖式，进而突破笔算的难点。

教师出示题组，让学生独立笔算，同时思考哪个题目最简单，哪个题目最难。

（1）33×23 =　　　　（2）34×26 =　　　　（3）78×56 =

通过题组练习，进一步强调进位的记录方法。在比较使用小竖式和不使用小竖式这两种写法后，学生发现利用小竖式记录进位过程可以提高计算正确率，为突破计算难点搭建了良好的支架。

（二）补全笔算，反思法则

数字谜是在学生掌握竖式基本结构、计算方法的基础上，提出的更高要求。教师出示数字谜填空（图5-50），请学生独立完成。

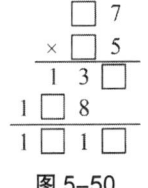

图5-50

在解决数字谜的过程中，学生需要一遍遍地回顾"两位数乘两位数"的笔算法则，有时候要顺势而下，有时候要逆推而上。在这样的推理过程中，进一步加深对笔算结构的认识，厘清各部分之间的关系。

（三）解决问题，梳理关系

计算的最终目的是为了解决问题。通过解决生活中的一些实际问题，能够获得成功的体验；在说理的过程中，梳理出数量关系，为后续学习做好铺垫。

教师出示以下问题，请学生独立完成。

1箱矿泉水有24瓶，18箱有多少瓶？如果每瓶2元，买18箱一共需要多少钱？

在反馈过程中，学生梳理两个问题的数量关系，发现都用到了每份数 × 份数 = 总数，但是在不同的问题中，同一个数量表示的含义可以是不同的。在解决第二个问题的时候，需要用到第一个问题的结果，渗透了用连乘解决问题的解题思路。

对于"两位数乘两位数"的笔算教学，从整体的视角设计教学流程，在笔算之前构建知识迁移的桥梁——分步笔算，本节课就是在分步笔算的基础上学习的笔算，用分步笔算解释笔算，体现了数学的层次性与发展性。

第五节
"连除和连乘解决问题"教学实践

连除的数量关系以总数开头,经历两次平均分,所以得到的是两次平均分后的每份数或份数,就计算结果而言,越除越小;连乘的数量关系以每份数开头,再乘两次份数,得到的是总数,就计算结果而言,越乘越大。从两种解决问题的关系而言,它们可以相互检验。因此,把连除与连乘解决问题整合于一节课,可以起到整体大于部分的作用。那么,在具体教学中,怎样让学生明确两类解决问题的结构特征?又怎样让学生理解两类解决问题的相互关系呢?

一、画图体验连除,列式对应变化

先组织学生学习连除解决问题,因为它更易通过用图示表征的形式体会到除法中"平均分"的过程。在图示表征的基础上列式解答,结合图示的直观变化与计算中的结果变化,归纳出连除解决问题的基本数量关系与结构特征。

(一)阅读信息,图示表征

整数连除解决问题的特征是把总数进行两次平均分,用图示表征可以直观地反映出平均分的过程。

教师出示如下的问题:三年级女生要进行集体舞表演。老师将参加表演的24人平均分成2队,每队平均分成3组。每组有多少人?本题由教材例4改编而来,把总人数"60人"改为"24人",人数减少,有利于学生画示意图。同时,不出现教材中的情境图,让学生依据自己的想象,用多样的方式进行图示表征,用画图的方法解决问题。

先请学生读题说一说有哪些信息,求什么问题,再画一画图,表示出信息与信息、信息与问题之间的关系。

(二)评析图示,体会变化

学生在画图时,教师巡视,选择有代表性的作业,由形象到抽象,逐步展示学生的作业。

首先展示学生用两行圈图表征的图示(图 5-51),请学生解释画图的过程,即先把 24 人平均分成 2 份,每一份就是 12 人,再把 12 人平均分成 3 份,每份就是 4 人。

接着展示学生用一行圈图表征的图示(图 5-52),请学生与图 5-51 进行比较,说一说有什么区别与联系,为线段图的表征做准备。

最后出示学生用线段图表征的图示(图 5-53),请学生与图 5-52 进行比较,发现这里用线段的长短表示人数的多少,其他的意思相同。

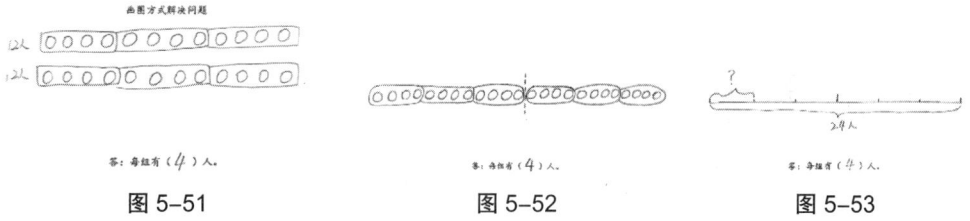

图 5-51　　　　　　　　　图 5-52　　　　　　　　　图 5-53

以上三个图示,由具体到抽象,学生直观地发现两次"平均分"时越分越小的过程。

(三)算式抽象,理解关系

在图示表征画出结果的过程中,对两次平均分已经有了充分认识。教师提出先用算式表示平均分的过程,并算出结果,再在图中找一找每一次计算的含义,最后总结出数量关系。

首先,反馈连除的分步计算,请学生说一说每一步的含义。在学生说理的过程中,教师板书思路图(图 5-54)。依据思路图评析综合算式:24÷2÷3=4(人)。最后概括出数量关系:总数 ÷ 份数1÷ 份数2= 每份数。结合图示,请学生说一说连除中的第一步所表示的含义。交流讨论后让学生认识到,总数 ÷ 份数得到的结果称为每份数,即每队的人数,但是求每组人数时,它又变成了总数。

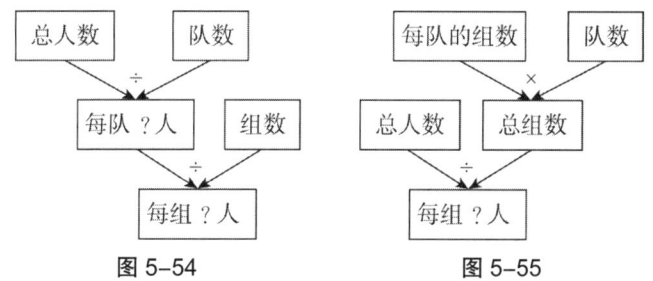

图 5-54　　　　　　　　　图 5-55

接着,反馈先乘后除的分步计算,结合图示说一说每一步的含义,教师依据学生的说理板书思路图(图 5-55)。图 5-54 中,组数实际上是每队的组数,所以要与每队的人数相对应；而图 5-55 中先求出了总组数，所以和总人数可以相对应。进一步请学生概括出数量关系：总数 ÷（每份数 1 × 份数）= 每份数 2。最后请学生说一说信息中的"每队的组数"在图 5-54 与图 5-55 的两种思路中有什么不同的地方。学生讨论后发现，在图 55 中"每队的组数"表示每份数，与"队数"组合求出"总组数"；在图 5-54 则表示份数，与"每队人数"组合求出"每组人数"。学生体会到在分析数量关系时，相同的信息与其他信息组合时会有不同的含义。

最后，请学生依据线段图、算式与数量关系，给这类解决问题取一个名称。学生讨论后认为应该叫"连除解决问题"，虽然第二种解题方法是先乘后除，但只是把原来要两次除合并在一起。

连除解决问题有着明显的数量关系特征，结合图示外化学生的思维，发现其中越分越小的特征，再结合思路图，体会到相同的信息在不同的运算中会有不同的含义。

二、检验体验连乘，图示发现互逆

除法是乘法的运算，同样地，连除也是连乘的逆运算。在本节课中，把连乘解决问题作为连除解决问题的检验，让学生自主编题、自主解答，沟通连乘与连除解决问题的内在联系，体会两者之间的互逆关系。

（一）改编问题，检验结论

教师提出新的问题：如果要检验结果是否正确，可以怎样做？讨论后学生指出，可以把问题变为信息，把信息变为问题，即题目变为："三年级女生要进行集体舞表演。参加表演的有 2 队，每队有 3 组，每组有 4 人。一共有多少人参加表演？"与解决连除问题类似，先请学生画线段图表示出结果，再列出数量关系与综合算式，最后计算出结果。

与连除解决问题相比，连乘解决问题有了更加具体的要求，如画图采用线段图，列综合算式等，更加有利于连除解决问题中思维方式的迁移与结构化。

（二）依据图示，解决问题

有了连除解决问题的经验，学生的解答过程可以迁移原有的学习经验，体会两类问题的差异，形成新的数量关系。

学生独立完成后反馈评析。教师先展示学生的作业（图 5-56），请学生说一说解决问题的思路，形成如图 5-57 所示的思路图。依据连除解决问题中的数量关系，概括连乘中的数量关系：每份数 × 份数 1 × 份数 2 = 总数。同样地，每份数 × 份数得到的总数在下一次乘法中表示每份数。

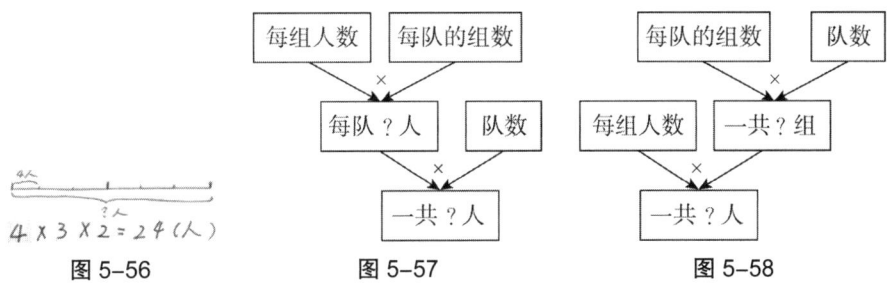

图 5-56　　　　　图 5-57　　　　　图 5-58

接着展示先求总份数的思路：4×（3×2），教师板书如图 5-58 所示。

最后，也请学生给这类解决问题取名称并说一说特点。学生一致认为是连乘解决问题，有两个份数，结果越乘越大。

连乘解决问题在本单元的前几节课中已经有了一定的渗透，加之有连除解决问题的学习经验，更多地让学生自主学习，为后续比较两类解决问题做准备。

（三）观察比较，体会互逆

经历解决问题与反思检验，形成两类解决问题的思路，教师请学生观察板书，说一说两类解决问题之间的联系，形成如图 5-59 所示的板书。

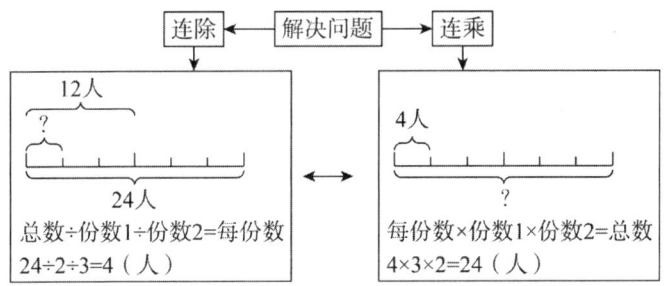

图 5-59

本节课中，把两个课时的解决问题整合于一个课时，并不仅仅是为了节省时间，而且让解决问题中的数量关系更有结构性，实现数学学习的举一反三。

三、分层组织练习，合理选择思路

在解决问题的过程中，形成了连乘、连除解决问题的基本数量关系。在此基础上，结合具体例子进一步进行变式，构建起更加完善的连乘、连除解决问题的数量关系体系。

（一）利用经验，自主解决

在上述解决问题的过程中用到了两种方法进行分析，一种是线段图，另一种是思路图。线段图直观形象，但是在表示乘法或除法的数量关系时会有一定的局限性,如已知总数与每份数求份数时,就比较困难了;思路图相对抽象,不受具体数据的影响。因此,在解决接下来的问题时,引导学生画思路图分析题意,形成数量关系。

教师出示如下的题目:有一种杯子,6个杯子装一盒,4盒装一箱。240个杯子可以装多少箱?学生先画出思路图,再列式计算。完成后反馈评析,形成两种解决问题的过程(图5-60、图5-61)。

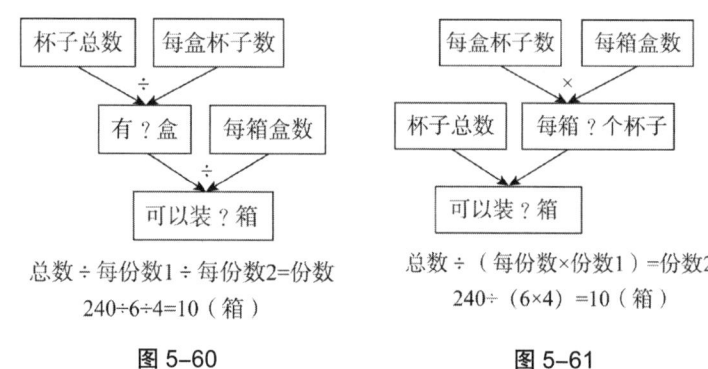

图 5-60   图 5-61

本练习题既巩固了用连除解决问题,又概括了新的数量关系,开阔了学生的思维,感知连除后得到的有可能是每份数,也有可能是份数。

(二)运用迁移,自主完善

一个连除解决问题均对应一个连乘解决问题,让学生依据上面的连除解决问题,口头编写连乘解决问题,画思路图后列式解答。学生独立完成后反馈评析,形成两种解决问题的思路(图5-62、图5-63)。

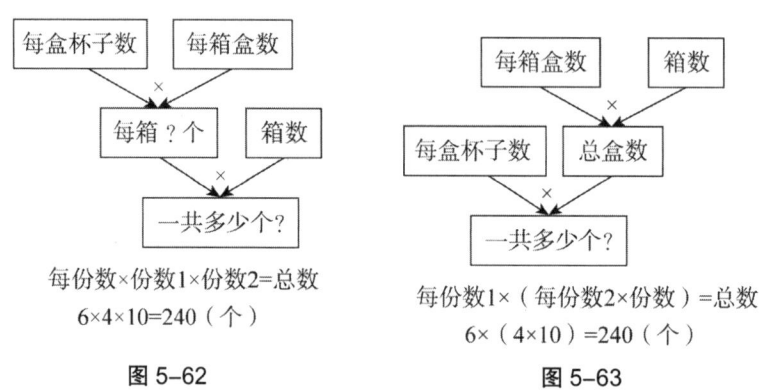

图 5-62   图 5-63

由连除解决问题联系到连乘解决问题,再一次构建起两者的联系,培养学生举一反三、触类旁通的学习能力,并且丰富了解决问题的数量关系,为后续比较积累了更加丰富的学习材料。

（三）对比分析，沟通关系

从题量看，本节课题量不大，只有两组共四道解决问题；从题型看，本节课包含了教材编排的两大类型的解决问题。这样设计的目的是为了更好地认识数量关系间的联系。

为达成这样的目的，教师引导学生观察图 5-64 的板书，上下对比，连乘解决问题的两题数量关系没有变化，所求结果都是总数，而连除的两题数量关系有变化，所求问题也随之发生变化；左右对比，可以互相检验。

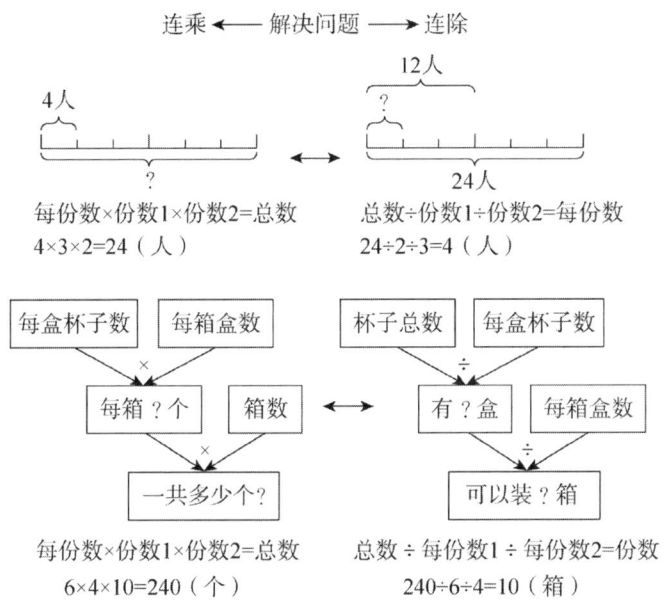

图 5-64

把连除和连乘解决问题整合成一个课时，有利于数量关系的整体建构。其中的示意图、线段图可以很好地展示连除解决问题中越分越小的过程和连乘解决问题中越合并越大的过程；思路图则更好地体现了解决问题中数量关系的结构形式，特别是相同的信息依据解决问题的需要赋予不同的含义。

第六节
"两位数乘两位数"单元复习教学实践

"两位数乘两位数"的学习可以分成计算与解决问题两个板块。计算板块学习了相应的口算与笔算,整理与复习时关注学生两个层面的掌握情况,一是能否选择合适的方法计算,二是能否依据相应的法则正确地计算;解决问题板块学习了连乘与连除解决问题,整理与复习时同样要关注两个层面的掌握情况,一是能否掌握两类解决问题的基本结构,二是能否依据基本结构自主选择信息提出问题。

一、选择合适的方法,夯实计算基础

一般地,作业与检测中的口算和笔算会分类出题,即不用审题判断用哪种方法计算。但是,审题判断后选择合适的方法计算,不仅是培养学生数感与运算能力的重要途径,还可以更好地认识某一类计算的结构特征。

（一）出示题组,自主计算

教师谈话回顾本单元学习的两个内容——计算与解决问题,明确先复习计算。出示如下七道题目：

（1）□ 31×3　　（2）□ 25×8　　（3）□ 25×80　　（4）□ 50×50

（5）□ 22×24　　（6）□ 51×49　　（7）□ 52×48

这组题中既包含了口算乘法,也包含了笔算乘法。先让学生读题判断,认为可以口算的题在□里打"√"并口算出结果,余下的题目用笔算计算出结果。以上用作业纸的形式让学生独立完成,每一道题目的下面均留足可以笔算的空间。

（二）分层评析,学会审题

首先反馈口算的题目,并请学生说一说口算的题目有什么特点。学生指出,第（1）题与第（4）题可以口算,第（1）题是不进位的"两位数乘一位数",从高位起边乘边写,第（4）题是"整十数乘整十数",去0后乘,再添上同样多的0,即"一去、二乘、三添"。

接着反馈第（2）（3）题。用口算的学生认为这两题可以看成"两位数乘一位数"，用笔算的学生认为这两题计算中出现连续进位，口算容易出错，所以选择笔算。依据学生的讨论，分别校对口算与笔算的作业。

最后反馈只选择笔算的，即第（5）（6）（7）题。重点请学生说一说笔算乘法的计算法则，再比一比哪一题计算最简单，哪一题计算时最复杂，要注意什么。学生指出，第（5）题最简单，因为相乘时没有出现进位；第（7）题最复杂，因为出现了连续进位。

有层次地评析学生的作业，在此过程中，让学生结合题目回顾计算方法，体会计算的难点与注意点。

（三）观察算式，发现规律

结合计算发现规律，是培养学生数感的重要策略。在前面七道计算题中，有三道计算题是有联系的，分别是 50×50，51×49，52×48。教师展示这三道题目的计算结果，请学生观察这三个乘法算式的乘数，发现它们的和都等于100；再请学生算一算它们的差，形成如图5-65所示的板书。请学生观察数据，提出自己的猜想。

	两个乘数的和		两个乘数的差
	50+50=100	50×50=2500	50-50=0
	51+49=100	51×49=2499	51-49=2
	52+48=100	52×48=2496	52-48=4

图5-65

学生讨论后总结：两个乘数的和相等，这两个乘数的差越小，积反而越大；差越大，积反而越小。得到猜想后，再举和是100的两个数，相乘求出积，验证是否符合猜想。

以上规律，在第五单元"面积"的教学中也会展开研究。因此，在此不急于下结论，而是把它作为一种猜想。

二、选择合适信息，组合解决问题

连乘与连除解决问题有着明显的结构特征，其中的每份数与份数之间有着一定的结构特征，甚至是在相同的情境下也可以有不同的组合形式。基于这样的认识，把教材中的题目进行适当改编，形成相同情境下两组每份数与份数的信息，请学生依据题意进行分类组合，然后依据信息发现与提出问题、分析与解决问题。

（一）阅读信息，选择组合

教师出示如下标着序号的6条信息，指出它们都是关于学校举行乒乓球比赛时运动员的组成情况，但有两种不同的组合方式，请把它们分成有联系的两组，并说一说理由。

为庆祝校庆,学校举行了乒乓球比赛。

①每个小组有9人;②平均每个班级参赛的有16人;③每个年级有3个班;④每个大组分成4个小组;⑤所有队员来自6个年级;⑥所有的队员分成8个大组。

寻找信息与信息之间联系的过程,就是回顾与构建数量关系的过程。在此过程中,需要分析关键字、词,组合成具有包含关系的分与合的组合。

(二)反馈评析,提问解答

教师展示学生的作业,评析后形成如图5-66所示的板书。接着,请学生依据信息提出问题。学生发现,根据两组信息提出的问题是相同的,都是"参加乒乓球赛的一共有多少人"。

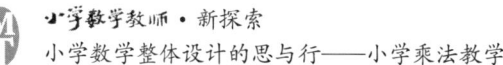

图 5-66

同桌分组,各用其中的一组信息解答,然后相互交流,最后评析,分别形成如图5-67、图5-68所示的板书。

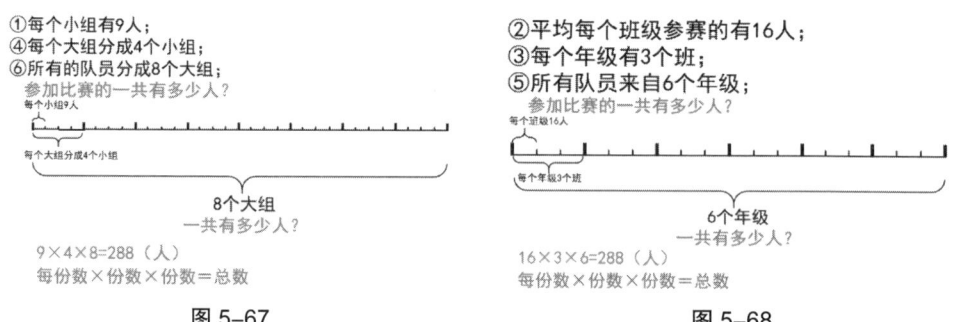

图 5-67　　　　　　　　图 5-68

两组不同的信息解决同一个问题,让学生体会到同一个总数有不同的分解形式或组合方式。

(三)自编问题,明晰结构

把连乘解决问题改为连除解决问题,作为对连乘解决问题的检验。把所求的参加比赛的总人数看成已知信息,再把原来已知的一个信息变成问题,转化成一个新的解决问题后列式解答,并说一说每一步的含义。反馈评析后发现,一个连乘解决问题可以改编成三个连除解决问题。

同桌合作,依据自己解答的连乘解决问题口头编题,列出综合算式,解释每一步的含义但不解答。完成后交流评析,形成两组问题的板书(图 5-69、图 5-70)。

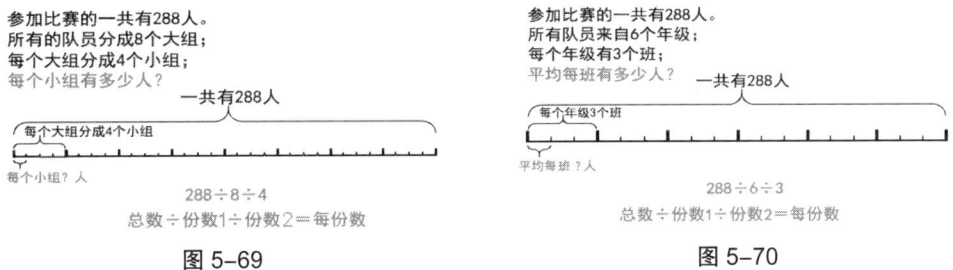

图 5-69   图 5-70

对于一步计算的乘法与除法解决问题,可以有"一图三式",即一个乘法数量关系对应两个除法数量关系。而在两步连乘或连除解决问题中,可以做到"一图四式",即一个连乘解决问题对应三个连除解决问题。

三、回顾学习经历,培养审辩意识

关于整数乘法,学生已经学习了"表内乘法""多位数乘一位数"以及本单元的"两位数乘两位数"。就人教版的教材体系,到四年级还要学习"三位数乘两位数"。在回顾已学旧知的基础上,分类组织审辩,或猜想可能学习的内容,或完善已有的认识结构。

(一)回顾乘法,组织审辩

回顾课始的七道乘法计算题,把它分成"两位数乘一位数"与"两位数乘两位数",并用方格抽象出它们的模型(图 5-71)。

请学生想一想在之前还学习了哪一类的乘法,学生自然想到"一位数乘一位数"和"三位数乘一位数",教师依次用方格乘法表示,再请学生举例子形成如图 5-72 所示的板书。

教师追问:以后还会学习什么样的乘法计算呢?学生认为还可能学习"三位数乘两位数""三位数乘三位数",教师用方格乘法表示,再请学生举例子(图 5-73)。"三位数乘两位数""三位数乘三位数"可以怎样计算呢?选择其中的一题试着做一做,说一说能否用"两位数乘两位数"的笔算法则进行计算?计算后发现,用"两位数乘两位数"的计算法则可以计算新的题目。

□□×□	□□×□□	□×□	□□×□	□□□×□	□□×□□		
31×3	50×50	3×4	31×3	120×3	50×50		
25×8	25×80	8×9	25×8	256×5	25×80	□□□×□□	□□□×□□□
	22×24				22×24	125×23	256×203
	51×49				51×49	568×18	345×123
	52×48				52×48		

图 5-71   图 5-72   图 5-73

（二）回顾关系，组织审辩

回顾连乘与连除解决问题的数量关系，请学生想一想还有没有其他的连乘、连除数量关系。学生认为，还有"一倍数、倍数与几倍数"中的数量关系。

教师出示如下的两个问题：

1. 学校买来一些足球、排球和篮球，足球12个，排球是足球的2倍，篮球是排球的3倍。学校买了多少个篮球？

2. 学校买来一些足球、排球和篮球，篮球72个，是排球的3倍，排球是足球的2倍。学校买了多少个足球？

先请学生画一画线段图，再列式解答。完成后反馈评析，形成如图5-74所示的线段图与解答。

（三）适度变式，丰富意义

在整数乘法与除法中，连乘越乘越大，连除越除越小。这样的变化关系，在连加与连减中有相似的情况，但又有着不同的变化。因此，在巩固与完善了连乘、连除的数量关系之后，教师出示如下两个问题：

1. 学校买来足球12个，排球24个，篮球36个。学校一共买了多少个球？

2. 学校一共买了72个球，其中足球12个，排球24个。学校买来的篮球有多少个？

请学生画出线段图，然后列式解答。反馈评析后形成如图5-75所示的板书。结合图示，与连乘、连除解决问题进行比较，发现连加与连乘解决问题都是求总数，但是连乘解决问题是两次相同加数的连加，而连加则是求三个部分数的和；连减和连除解决问题都是在"分"，但是连减解决问题是减去两个部分数，而连除解决问题是两次平均分。

总之，"两位数乘两位数"在整个乘法学习中起着承前启后的作用。应用"多位数乘一位数"的口算与笔算学习"两位数乘两位数"的笔算，应用乘法与除法的数量关系学习连乘、连除解决问题。在对本单元知识进行整理与复习的基础上，瞻前顾后，补充内容，完善结构，构建体系。

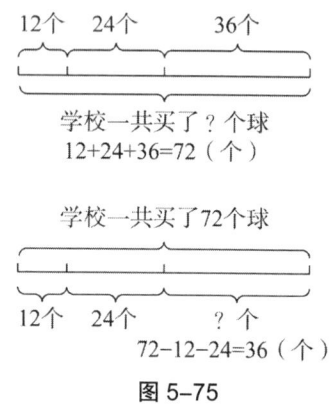

图5-74

图5-75

第六章
三位数乘两位数

一般地，数学教材在编排单元结构时，往往是一个逻辑推理的过程，即前一节课学习的内容是后一节课学习的基础。例如，人教版教材的小数除法中，例1中小数除以整数的学习，是例2中总结一个数除以小数计算法则的基础。但是，"三位数乘两位数"这个单元很特殊，5个例题相互独立，都可以作为单元起始课进行教学。如果按照教材按部就班地组织教学，不利于数学知识点之间逻辑结构的构建。因此，这一单元以"单元整体设计，完善学习序列"这一主题进行研究。

第一节
"三位数乘两位数"整体设计

小学数学教材由一个个相对独立的单元构成,同一单元中的新知又是按照一定的逻辑顺序编写,从而可以在单元学习的过程中让学生形成良好的认知结构。在教学中发现,有一些单元的教学顺序如果能够做适度调整,可以让各个课时之间的逻辑关系更加符合新知学习的认知规律。因此,可以从单元整体设计的视角审视单元内的课时教学内容,从分析原有的单元学习序列入手,发现可以改进之处;重构新单元学习序列,实现"部分之和大于整体"的目的;最后从课时设计出发,适当添加新的课时教学内容,让每一个课时的教学目标更加完善。

一、分析原有的单元学习序列

分析单元学习序列,可以从单元结构分析入手,首先理清单元有哪几个学习板块,这些学习板块间又有着怎样的关系,再进一步分析各个板块需要怎样的学习基础,最后从完善各个板块间的逻辑关系入手进行辨析,为重构单元学习序列做准备。

(一)单元结构分析

逻辑性是数学重要的特征。体现在单元中,是指一个单元中的数学知识的学习序列呈递进关系。例如,三年级上学期"倍的认识"单元,学习序列是倍的认识—倍的应用问题,在建立倍概念的基础上,在具体情境的应用中总结"求一个数是另一个数的几倍"和"求一个数的几倍是多少"两类应用问题的数量关系。倍的认识是倍的应用问题的学习基础,两个板块是不可以交换的。

然而,人教版"三位数乘两位数"这一单元比较特殊,三个板块虽然都是关于乘法的内容,但又是相互独立的,呈并列关系(图6-1)。

第一个板块是例1、例2,即"三位数乘两位数"笔算乘法。两个例题按从一般到特殊的形式编排,即例2是在例1的基础上,学习因数末尾有零和第一个因数中间有零这两种特殊的乘法笔算。第二个板块是例3,即积的变化规律,通过计算有联系的乘法题组，观察、分析、概括得出规律。第三个板块是例4、例5，即乘法中两个常见的数量关系，通过举例，概括得出更为一般的数量关系。

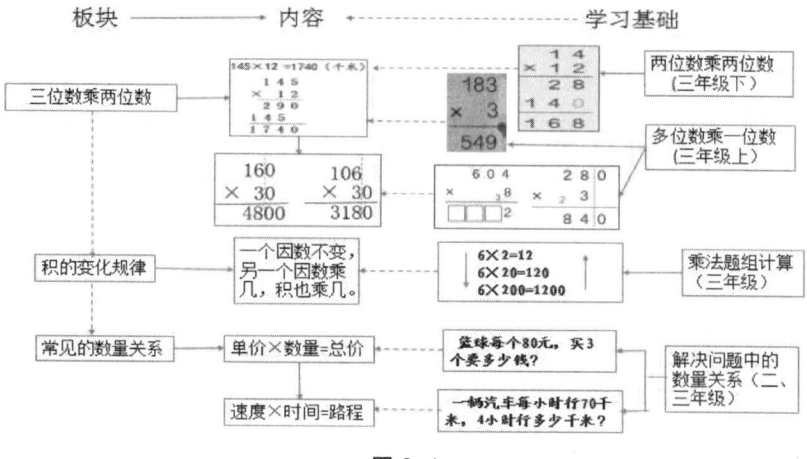

图 6-1

这样的单元结构不是特例，如四年级"除数是两位数的除法"，其中"口算除法"与"笔算除法"这两个板块是递进的，而第三个板块"商的变化规律"又是独立的。

那么，这样的单元是否可以通过单元内部结构的重组，增强板块间的内在联系，体现单元的结构性与逻辑性呢？

（二）学习基础分析

学习基础包括两个方面，一是已经学习的数学知识，二是已经有的生活经验。呈递进关系的数学新知，前者的学习往往就是后者的学习基础，或者是主要的学习基础。但是，并列关系的单元，各个板块的学习基础往往是独立的。

"三位数乘两位数"的三个板块的学习基础就是相互独立的。从图6-1可以清晰地看出，第一个板块的学习基础是"多位数乘一位数""两位数乘两位数"，前者提供的是分步积的计算方法，后者提供的是算理与法则，因此可以用类比迁移的思想方法让学生自主探究；第二个板块的学习基础是对有联系的乘法计算题组的观察、发现与归纳；第三个板块则是对原有的用乘法解决问题时的数量关系进行分类与概括。

所以，这三个板块的学习都可以提供相应的学习材料，让学生自主尝试、自主探究，并通过交流反馈的形式总结法则、探究规律。

（三）逻辑关系辨析

逻辑关系辨析就是指在分析单元结构与学习基础后，探究原来教材单元学习序列中的不合理之处，为重构新的单元学习序列寻找实践的依据。

可以发现，第一个板块中的例 2 是因数末尾有零的乘法，虽然可以由"多位数乘一位数"的同类笔算乘法进行迁移，但是在之前学习时只是法则上的规定，并没有算理上的解释，而第二个板块"积的变化规律"恰恰可以作为其算理上的解释。因此，如果能够调整这两个板块的顺序（图 6-2），更有利于例 2 算理的总结与理解。

$$
\begin{array}{r}
16\,0 \to 16\times10 \\
\times\ \ 3\,0 \to 3\times10 \\
\hline
48\,00 \to 48\times100
\end{array}
\qquad
\begin{array}{r}
106 \\
\times\ \ 3\,0 \to 3\times10 \\
\hline
318\,0 \to 318\times10
\end{array}
$$

图 6-2

还可以发现，第三个板块如果能够前置到第一个板块前，即成为新的第二个板块，那么类似例 1 的数量关系可以用"（火车的）速度 × 时间 =（到北京的）路程"来概括（图 6-3）。同时，"积的变化规律"包含了正反比例函数的模型。学习了这一个"模型"后再来分析乘法的数量关系，也可以从"函数"的视角设计问题，如知道"单价"后，结合具体例子分析当"单价"不变时，总价如果增加，数量会怎样变化？

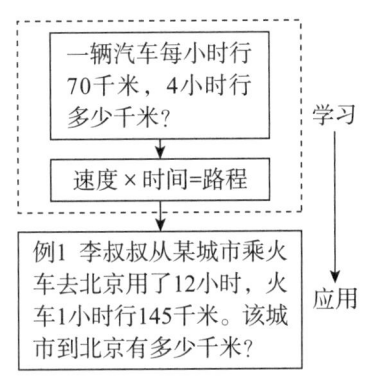

图 6-3

因此，通过单元板块间逻辑关系的辨析，可以更加密切各个板块之间的逻辑关系，让原来相互独立的板块，通过合理调整，成为有逻辑关系的单元学习序列。

二、重构新的单元学习序列

对教材的分析与辨析，既可以梳理出学习序列，更可以揭示重构新的单元学习序列的必要性与可行性。重构单元学习序列，可以调整单元学习序列为基础，整合单元学习内容，并选择合适的切入点进行基于单元的课程拓展。

（一）调整单元学习序列

调整单元学习序列可以分为三类，一是重新构建板块，即把单元中的新知重新组织，形成新的板块；二是板块内的调整，即把某板块内的学习序列进行调整；三是对板块的学习顺序进行整体调整。

"三位数乘两位数"主要采用第三类方式进行调整，即调整后的第一个板块为"积的变化规律"，第二个板块是"常见的数量关系"，第三个板块是"三位数乘两位数"，并且努力实现前一板块的学习内容在后一板块学习时进行合理的应用（图 6-4）。

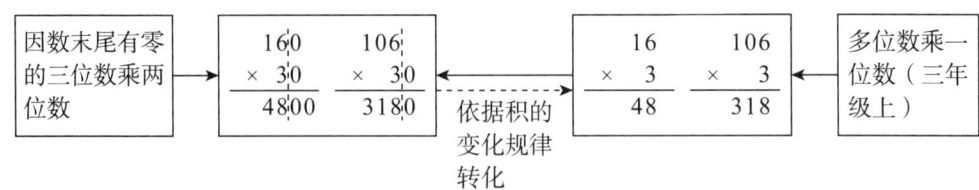

图 6-4

调整单元学习序列,可以更好地构建起单元逻辑结构,让前一节课学习的知识成为后一节课的学习基础,前一节课获得的学习经验在下一节课中得到应用。

(二)整合单元学习内容

在调整学习序列的基础上,还要考虑如何进行单元学习内容的整合,注重前期渗透,提高课堂实效。

例如,在总结了"积的变化规律"后,可以让学生回顾原来的"两位数乘两位数"中因数末尾有零的竖式计算,用新学习的知识进行解释,或者可以直接出示例 2 中末尾有零的"三位数乘两位数"的题目,想一想可以怎样列竖式,如何计算。这样,"三位数乘两位数"例 2 中的两个计算题就可以应用转化思想与积的变化规律得到解决(图 6-5)。

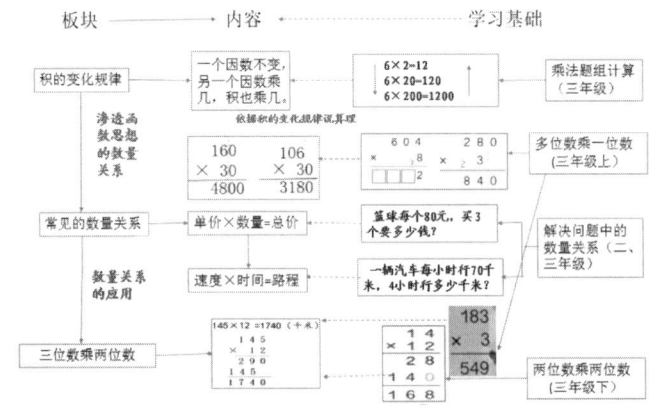

图 6-5

整合单元学习内容,适当打破原有的编排结构,以符合学习的认知规律,让每一个课时重点突出,相关内容联系紧密。

(三)拓展单元学习内容

通过整合单元学习内容,有时候可以节省出课时,用节省的课时进行课程拓展,从而更好地巩固新知,拓展思维。

本单元通过整合,把例 2 作为"积的变化规律"的应用,节省一个课时的时间。因此,可以把教材练习八第 12 题(图 6-6)作为数学课程拓展的素材,让学生通过多种尝试,逐步发现乘积最大的算式的特点。

12.* 用 0、2、3、4、5 组成三位数乘两位数的乘法算式,你能写出几个?你能写出乘积最大的算式吗?

图 6-6

1. 尝试猜想,提出假设

教师出示问题:用 1、2、3、5、6 组成一个三位数与一个两位数,每一个数字只能够用一次。要使积最大,算式是(　　　　　　)。

要求学生先依据自己的理解写出积最大的算式,然后展示部分学生的算式,讨论哪些算式的积可能是最大的。

通过估算与讨论,发现要使乘积最大,就要把大的数字尽量放在高位上,确定两数的最高位是 5 和 6。无论是 500 多乘 60 多,还是 600 多乘 50 多,都比其他组合的乘积大(图 6-7)。

图 6-7

依据以上两个模型,列举出相应的六个算式并在小组内分工计算,找到积最大的算式后,说一说这个算式的特点。

2. 举例验证,发现规律

教师再次出示一组数据:1、3、5、7、8,同样要求组成积最大的三位数乘两位数的算式。学生可以依据猜想列出一个算式后计算。教师展示所有的六个算式,请学生观察自己的算式是否正确。

接着,进一步观察两个最大积的填写规律,总结出如图 6-8 所示的填写顺序。

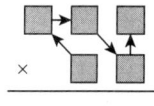

图 6-8

3. 变式练习,形成技能

得出规律后,进一步引导学生思考:当出现重复的数字,或者出现一个或两个零时,发现的规律是否同样适用呢?

第一组数是 5、2、2、1、6,出现了两个 2;第二组数是 2、0、3、4、5,出现了一个 0;第三组数是 6、0、0、5、5,出现了两个 5 和两个 0。请学生观察,并与前面的两个例题比较后,各小组选择其中的一组数进行验证,然后在班级中交流。

在人教版教材中,有不少带"*"或"?"的思考题,这些题目如果在正常的课时教学中进行练习,学生解决问题的时间相对较少,不能很好地体现这些题目的教学价值。因此,可以采用"一题一课"的形式,将它们作为拓展学生数学思维的好材料。

三、添加新的课时教学内容

基于单元的教学重构，也可以在此基础上对某些课时的教学内容进行调整。

1. 在"积的变化规律"中沟通新旧知识间的联系

"积的变化规律"是乘法计算中自然存在的规律，即当一个因数不变，积与其中的一个因数存在着正比例关系。这一种关系，之前的乘法学习中多次出现。因此，在"积的变化规律"的教学中，除了前文指出可以整合例2的内容外，也可以对体现积变化规律的旧知进行系统梳理，让学生体会到数学学习是一个不断积累经验与抽象概括的过程。这样的例子在数学新知学习中是很常见的，如"乘法分配律""商的变化规律"，等等。

2. 在练习复习课中增加新的数量关系

在日常生活中，除了有关"单价"与"速度"的两个数量关系，还有一个常见的关系式"工作效率 × 工作时间 = 工作总量"，它可以看成有关"速度"的数量关系的变式。在学生学习了有关"速度"的数量关系后，添加有关"工作效率"的解决问题，让学生在比较中总结数量关系。

3. 在"三位数乘两位数"教学时感受整数笔算乘法的一般化

"三位数乘两位数"的算理与算法迁移于"两位数乘两位数"，在此基础上，可以进一步追问：假如是"四位数乘两位数""三位数乘三位数"，又应该怎样计算？整数乘法都是怎样笔算的？在解决以上问题时，实现笔算乘法的一般化。同时，介绍"你知道吗？"中的"格子乘法"，进一步体会笔算乘法的算理是因数的分解相乘后再相加，并经历了由繁到简的过程。

4. 在"常见的数量关系"的教学时渗透函数思想

数量关系反映的是有关联的量之间的运算关系。进一步，如果把"三个量"称为"三种量"，就可以从"常量思维"转变到"变量思维"，函数思想的渗透就可以实现了。在教学"单价、数量与总价""速度、时间与路程"这几个数量关系时，可以突出对"单价""速度"（包括"工作效率"）的理解。"单价"体现的是商品的贵贱，同一种商品，当单价一定时，数量增加，总价也增加；当总价一定时，数量如果需要增加，那么单价就要下降……在"速度、时间与路程"（包括"工作效率、工作时间与工作总量"）中也可以发现同样的变化规律。

总之，单元整体设计经历了"分析""重构"与"添加"这三个步骤。通过分析，指出原单元结构中存在的问题；通过重构，意在构建更加合理的教学序列；通过添加，可以更加丰盈每一课时的教学目标。在此基础上，结合具体的单元，在实践研究时做出调整，以更好地构建起基于学生认知规律与数学学科逻辑的单元教学体系。

第二节
"积的变化规律"教学实践

"积的变化规律"是乘法计算中自然存在着的规律，即当一个因数不变，积与另外一个因数存在着正比例关系。这一关系，在二年级学习乘法口诀时学生已经有所体会。例如，"一五得五，二五一十"，其中乘数5不变，另一个乘数乘2，积也乘2；反之，乘数5不变，另一个乘数除以2，积也除以2。受当时学生思维水平的限制，并没有引导学生做这样的探究。到了四年级，学生对"积的变化规律"已经有了较为丰富的认识基础，可以引导学生发现规律、总结规律、应用规律，并渗透函数思想。

一、抽象概括，总结规律

在相应题组计算的过程中自主地发现"积的变化规律"，是基本的教学思路。同时，不同的学生对于规律发现的水平是不一样的。因此，在计算后让学生充分表达自己的发现，有层次地展示学生的发现，在交流互动过程中逐步发现规律、总结规律。

1. 计算观察，获得结论

课始，教师出示如下两组计算题，并提出问题：观察这一组计算题，你有什么发现？

（1）$2 \times 6=$　　　　　　　　（2）$20 \times 4=$
　　　$20 \times 6=$　　　　　　　　　　$10 \times 4=$
　　　$80 \times 6=$　　　　　　　　　　$5 \times 4=$

学生观察后会发现两种规律，一是定性的，即一个因数不变，另一个因数变大（或变小），积也变大（或变小）；二是定量的，即一个因数不变，另一个因数乘（或除以）几，积也乘（或除以）几。当然，学生在表达第二种规律时，一般会用具体的数据进行展示。这两种发现都可以成为后续的学习资源。

2. 交流互动，分析结论

不同认知水平的学生，发现的规律也是不同的。整体展示学生发现的几种典型的规律，在交流比较的过程中逐步分析结论。

展示针对第（1）题发现的两种规律后，教师追问：它们是由哪一种计算题归纳得到的？在确认第一种规律正确的基础上，进一步提问：第二种规律正确吗？能够举例说一说吗？依据学生的回答，得到如图6-9所示的板书。

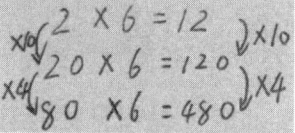

图 6-9

进一步分析：这两种规律，哪一种规律更好？为什么？逐步引导学生认识到，第一种规律只是说明变化的情况，第二种规律还说明了具体的变化。在此基础上，修正第（2）题发现的规律。

3. 举例验证，完善规律

上面的发现还停留于一个题组的归纳，可以让学生再举一组同类的算式，验证规律是否成立。

在学生举例的基础上，教师举出如图6-10所示的例子，请学生分析"同时除以0"是否有意义，从而进一步完善规律。

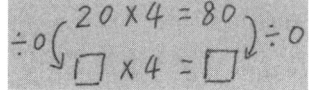

图 6-10

观察与分析、抽象与概括、猜想与验证是学生发现数学规律的基本方式。因此，教师在提供学习材料之后，应该让学生有充足的独立探究与交流反馈的时空，让数学规律的发现过程成为学生数学活动经验的积累过程。

二、回溯旧知，温故知新

"积的变化规律"的发现与总结来自于已知的乘法题组。总结出规律后，引导学生进一步回顾与"积的变化规律"有关的旧知，并用积的变化规律进行新的理解，渗透函数思想。

1. 乘法口诀的回顾

教师出示如图6-11所示的二年级学习乘法口诀时的教材内容，提问：这是我们二年级学过的关于"5的乘法口诀"，你能够发现其中含有的积的变化规律吗？

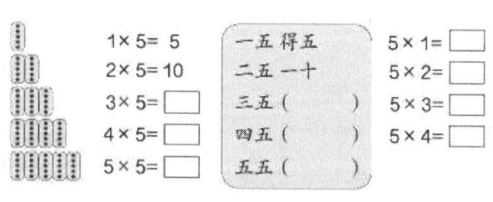

图 6-11

学生指出，5不变，另一个因数乘2、3、4、5，积也分别乘2、3、4、5。之后，教师把图示做调整，变成如图6-12所示的形式，追问：从左往右看，各有几个 5？积是多少？学生回答后得到图 6-13。最后，教师添上一条直线（图 6-14），让学生直观感受积的变化过程。

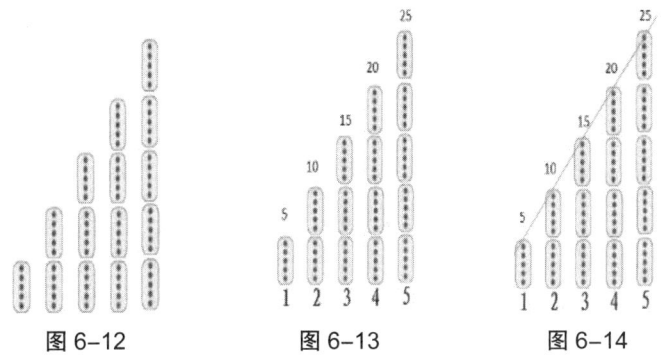

图 6-12　　　　　图 6-13　　　　　图 6-14

通过上述演示，渗透了正比例的函数思想。

2. 整十、整百数乘一位数口算的回顾

整十、整百、整千数乘一位数是多位数乘一位数的基础，教学时是通过数的意义来说明算理，并通过题组比较总结简便算法。在学习了"积的变化规律"后，可以引导学生从积的变化规律的角度来阐述算理。

教师出示图 6-15，要求学生用"积的变化规律"来解释简算的道理。学生回答后，再让学生编制这样的一组题目，同桌完成。

在数学学习时，许多规律在发现之前已经在具体的数学情境中应用了，如运算定律学习之前，在计算与解决问题时已经被多次

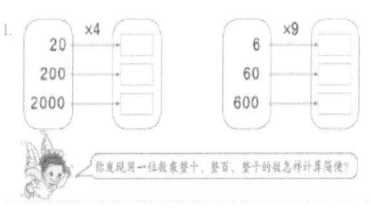

图 6-15

应用了。因此，在总结出相关的运算定律后，可以选择合适的素材进行回顾与反思。

3. 整十、整百数乘一位数笔算的回顾

在学习多位数乘一位的笔算乘法中，当多位数末尾有零时，已经学习了用竖式计算，当时更多地从口算乘法中进行形式化的迁移，并没有做算理上的解释。在本节课中，可以出示如图 6-16 所示的例题，让学生用"积的变化规律"解释算理。出示本题，除了重新解释算理外，也为教学三位数乘两位数中末尾有零的乘法做了铺垫。

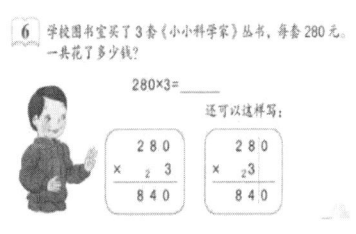

图 6-16

三、以旧促新，综合应用

数学学习过程中，许多新知是在旧知的基础上就某一个方面适当地拓展来开展学习的，如从"两位数乘两位数"到"三位数乘两位数"；或是对旧有的问题在新的知识背景下进行重新思考，如从"正归一应用问题"到"正比例应用问题"。对于前者，我们可以把"新授课"当作"练习课"来上；对于后者，则需要更新原有思维方式，让思维方式进一步优化与提炼。在本节课中，这两个方面的例子都出现了。

1. 渗透类比思想，学习"几百几十乘几十"笔算

显然，人教版四年级上学期"三位数乘两位数"的例2（360×15），与"整十、整百、整千数乘一位数"的笔算是同一类型的。因此，回顾了后者，并用积的变化规律进行算理重构后，顺势而为出示如下题组，让学生尝试笔算。

（1）36×15 =　　（2）360×15 =　　（3）360×150 =　　（4）106×30 =

前三题相互联系，第（1）题是两位数乘两位数，第（2）（3）题在此基础上出现了积末尾有零的情况。计算之前，可以引导学生对这四题进行比较，先摆出两个因数相乘的竖式，然后说一说自己计算的思路，再整体计算。其中，第（2）题学生会有两种摆法（图6-17）。整体展示后，让学生说一说哪种摆法计算时会简便一些，这样计算的理由是什么。通过交流讨论，统一竖式的摆法后，自主计算，反馈纠错。反馈时可以特别讨论第（3）题两个因数末尾均有零时积为什么要添上2个零。

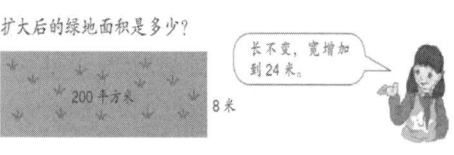

图 6-17

这样的编排结构，把因数末尾有零的"三位数乘两位数"的笔算作为"积的变化规律"的应用，有利于促进学生利用类比思想解决问题。

2. 利用几何直观，学习求"长方形扩大后面积"新方法

如图6-18，是利用"积的变化规律"解决实际问题的一个很好的例子。但是，大多数学生是根据长方形的面积与宽先求出长方形的长，再长乘增加后的宽来求出扩大后的面积。如何引导学生根据增加后的宽与原来的宽的倍数关系来求扩大后的面积呢？几何直观是一种好方法。

图 6-18

教师先请学生把题目的信息用图示表示（图6-19），再依据图示来解决问题。这时，大部分学生能够同时用如下两种方法计算，其中方法2就是积的变

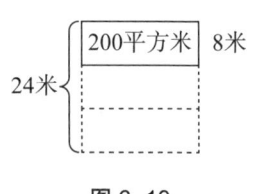

图 6-19

化规律的具体应用。

方法1：200÷8×24

方法2：200×（24÷8）

把文字信息用图示表达，可以发挥几何直观的优点，发现更加合理、简捷的解决问题的思路。

3. 借助表格信息，拓展"积的变化规律"

前面学习的"积的变化规律"，实质上是正比例函数的模型。那么，当积不变时，两个因数又会怎样变化呢？这既可以看成"积的变化规律"的拓展，也可以表述成"因数的变化规律"，即反比例函数的模型。就简便运算而言，运用这一个模型，在后续学习如"1800×25"这样的题目的简便计算时，可以作为简算的依据。

为了让学生探究这一种规律，设计如下表格。

因数	100	10	50	200	
因数	6	60	12	3	
积					

先请学生计算出前面四组因数的积，然后根据"积的变化规律"的学习经验，逐步概括出"因数的变化规律"，并依据发现的规律填写最后一组表格。

综上，数学知识间是有内在联系的。教师在分析一个课时内容时，通过回溯，不仅可以了解学习基础，还可以对原有的知识进一步分析、提炼，真正做到"温故而知新"；同时，可以沟通后续学习的内容，适时渗透数学思想方法，积累数学活动经验。

第三节
"常见的量(1)"教学实践

关于"单价"与"速度"的数量关系,是人教版教材中唯一单独教学的两个数量关系。教材首先安排了两个与"单价、数量与总价"有关的具体问题,寻找到相同点后进一步抽象概括,形成"单价 × 数量 = 总价"这一数量关系。如何理解单价的含义?在理解、总结与应用这一数量关系时,可以用怎样的策略渗透函数思想?

一、观察比较,理解"单价"内涵

显然,在"单价 × 数量 = 总价"的关系式中,单价是其中的核心概念。单价标明了商品的价格,学生在生活中已经有了很多的经验积累。

1. 观察标价,理解标价的结构

课始,教师出示如图 6-20 所示的一组商品标价,提出问题:这是 7 件商品的标价,请你仔细观察,哪几个标价可能是同一类商品?为什么?

这几个标价均采用了"复合单位"的方式表示。学生比较后发现,每一个标价都有"元/□"这样的结构,其中"8元/支""10元/支"和"4元/支"的单位是相同的。

图 6-20

学生在回答上述问题时,需要分析每一个标价的结构,从中推导出每一个标价的含义。

2. 猜测商品,沟通标价与商品的联系

上述标价所对应的商品是日常生活中常见的。学生依据生活经验猜测相对应的商品,从而沟通标价与商品之间的联系,更好地理解单价的内涵。

教师把相同单位的三个标价放在一排,请学生猜一猜可能是哪一类商品。然后出示图示,发现原来是三种不同水笔的标价。再猜一猜其他几个标价分别是什么商品,补充成图 6-21。最后,以具体的商品标价为基础,总结:像这样每瓶矿泉水的价格,每支水笔的价格,每件衣服的价格……我们称之为商品的单价。

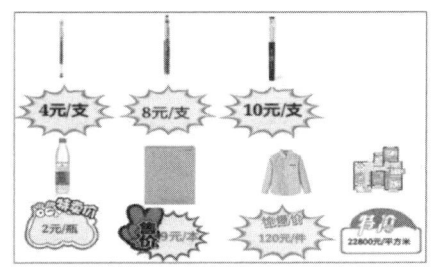

图 6-21

3. 比较标价,发现标价之间的联系

同样的商品,由于包装不同,商品单价的标价形式也会发生变化。为了更深入地理解单价的内涵,还可以比较同种商品不同包装下的标价,进一步体会单价的内涵。

教师出示图 6-22 的标价,请学生猜一猜可能是哪种商品。学生猜测后出示图 6-23,并提问:同一种矿泉水,为什么有两个单价?你还能够举出这样的例子吗?

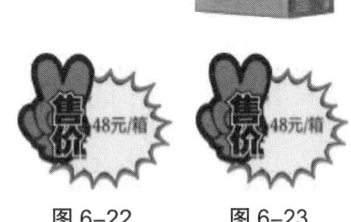

图 6-22　　图 6-23

以上三个教学环节,先在比较中认识商品标价的结构,再由商品标价猜测具体商品,最后由不同标价表示相同商品。围绕探究单价的内涵,环环相扣,层层推进,充分利用了学生的生活经验。

二、列举实例,概括数量关系

理解了单价的内涵,数量、总价以及由这三个概念构成的关系式就可以在具体应用中逐步概括。并且,通过题组发现各个量之间的变化规律,由单纯的数量关系转变为渗透函数思想关系式。

1. 纵向解决问题,概括基本数量关系

纵向解决问题是指利用同一个单价,改变其中的数量求总价。在解决这样的题组后,引导学生观察比较,概括数量、总价与单价的数量关系。

教师创设购物情境,提出问题:买 2 支单价是 8 元的水笔,需要多少钱? 20 支呢? 200 支呢?

学生独立列式解答后校对。然后引导学生概括,这里的"2 支""20 支""200 支"叫做商品的数量,"16 元""160 元""1600 元"是购买商品总共需要花的钱,叫做总价。在此基础上进一步追问:你能够用单价、数量、总价概括出这三个算式的共同的关系式吗?学生回答后形成如图 6-24 所示的板书。

单价 × 数量 = 总价
8 　× 　2 　= 16（元）
8 　× 　20 　= 160（元）
8 　× 　200 = 1600（元）

图 6-24

2. 横向解决问题，灵活变换数量关系

横向解决问题是指在得到基本关系式后，通过改变已知条件与所求问题，在解决具体问题的过程中概括出新的数量关系。在解决问题的过程中，逐步形成利用关系式解决问题的一般思路，即先抽象概括信息与问题，用单价、数量、总价表示，然后列出关系式，再列式并解答。

教师出示问题：王老师到商店买一些水笔，带去的钱正好可以买30支单价为8元的水笔。如果王老师想用带去的钱买60支水笔，应该买单价是多少元的水笔？

这是一个可以用多种思路解决的问题。首先根据单价×数量=总价，求出王老师带的钱数，即8×30=240（元），这是基本数量关系的具体运用。要求"买单价是多少元的水笔"，就是求新的单价，可以有三种思路：第一种是总价÷数量=单价；第二种是总价÷单价=数量；第三种是单价×数量=总价。

解决同一个问题用多种思路，逐步概括出基本关系式的变式。同时让学生感受到，在解决问题时要灵活变换数量关系，形成基本数量关系与数量关系变式的体系。

3. 回顾解决问题，适度渗透函数思想

解决问题的过程中，积累了几组有联系的计算题，对这些题组进行整体观察，可以发现它们的变化规律，即单价、数量、总价这三种量中，其中一种量不变，另外两种量之间的变化规律。

教师引导学生观察图6-25上面虚线框里的三个乘法算式，说一说有什么发现。

生1：我发现单价不变，数量增加，总价也增加。

生2：我发现单价不变，数量乘几，总价也乘几。

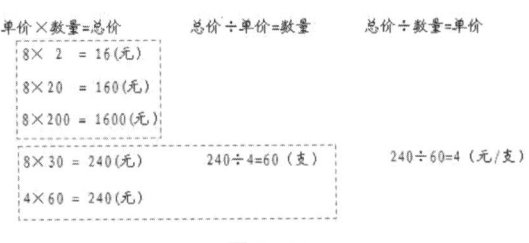

图6-25

依据生1的回答，教师在数量关系中的总价与单价处各加上向上的实线箭头。接着教师各添上向下的虚线箭头，请学生说一说这表示什么。同样地，在生2回答后，在题组中进行举例验证，并追问：还可以发现什么规律？通过举例，概括得到一个因数除以一个数（0除外），积也除以相同的数。

针对下面的虚框，教师追问：这两个算式中，单价、数量是怎么变化的？

生1：因为买的支数要增加，那么单价就要变小。

生2：支数乘2变成了60支，单价除以2变成了4元。

最后形成如图6-26所示的板书。通过题组，拓展学生对数量关系的理解，既是上一节课中思维方式的延续,也为后续学习"归一问题""归总问题"和"正、反比例应用问题"做铺垫。

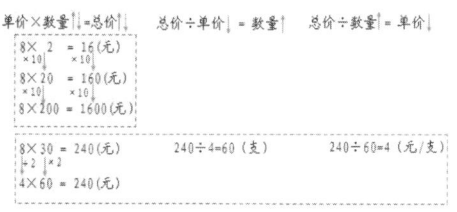

图 6-26

三、边练边思,巩固与应用数量关系解决问题

数量关系在解决问题的过程中概括,然后要回到解决问题的过程中进行巩固,并在不断地应用过程中更加深入地理解数量关系,灵活地应用数量关系解决问题,提升学生发现问题、提出问题、分析问题与解决问题的能力。

1. 依据信息,提出问题

在新知学习后,需要安排相应的基础练习,让学生应用新知解决问题,巩固思维。作为常见的数量关系,教师可以编制不同的现实情境,让学生进一步体会数量关系的一般性与现实情境的丰富性。

根据已知信息提出问题并解答。

(1)每个篮球 80 元,老师买了 3 个,＿＿＿＿＿＿＿＿＿＿＿?

(2)买 4 千克甲鱼共花费了 240 元,＿＿＿＿＿＿＿＿＿＿?

(3)学校花 240 元买字典,每本字典 60 元,＿＿＿＿＿＿＿＿＿?

让学生依据已知的信息提出问题,然后列出数量关系,口答算式与结果。其中,算式写到与数量关系相对应的板书中。

2. 合理选择,提出合适的数学问题

算用结合是数学学习的基本思路。利用运算解决具体问题,并从中总结出数量关系,是学习的主要形式。结合算式提出相应的问题,可以更好地促进学生对数量关系结构的把握。

在上面一组练习中,分别用如下的 3 个算式解答:① 80×3=240;② 240÷4=60;③ 240÷60=4。请学生观察这几个算式之间的联系,选择其中有联系的两个式子,编写一道两步计算的应用问题,并且数量关系要求是本节课新学习的。

选择算式编写应用问题,促使学生能够寻找算式之间的关系,赋予"数"以具体的意义。通过交流,发现同样的算式可以有不同的情境,不同的情境在解决问题时又可以有相同的数量关系。

3. 灵活应用，结合实际解决问题

在实际生活中，往往成批买比零买便宜。因此，可以创设如下问题情境，让学生合理地制订购买方案，使所花的钱最少。

某商店的矿泉水有两种购买方式（图 6-27），如果买 6 瓶，需要多少元？如果买 36 瓶呢？如果买 42 瓶呢？

图 6-27

解决第 2 个问题时，需要判断整箱买时每瓶的单价是多少元，是否比单独买要便宜一些。解决第 3 个问题时，需要判断 42 瓶里面有几个 12 瓶还余下几瓶，分成两个部分分别求出总价再相加。可以先请学生独立计算，然后反馈讲评。

总之，商品买卖中的数量关系的学习，是学生第一次对多个具体数量关系相同点的抽象概括。在这一过程中，可以让学生结合具体的例子，体会到数量关系中各个量之间的变化关系，渗透函数思想，感受数学的内在魅力。

第四节
有关"速度"的数量关系教学实践

数学教材中的速度，指的是物理学中速度的其中一个方面——质点运动的快慢，这个快慢是用一个比值表示。这样的定义给我们一个启示，速度不仅是一个量，也是一个比值。认识速度，不只看量的大小，还要关注速度所包含的单位的含义。基于这样的思考，在教学行程问题的数量关系时，以速度的理解为中心，在具体应用中逐步构建行程问题的数量关系。

一、从"比值"的视角揭示速度内涵

四年级学生大多知道速度可以表示快慢，但是对于速度是如何表示快慢往往停留在"行走（驶）的路程长，速度就快"。因此，为了更加深入地理解速度，需要创设情境，让学生从路程与单位时间的比的角度来理解，既关注路程，更关注单位时间，从而更加全面地认识速度。

1. 感受速度表示快慢

在自然界与生活中，可以看到形形色色的运动状态，通过比较，可以直观地表达谁快谁慢。如果要更精确地描述，就要用到定量描述，这就是速度。在课始，可以创设具体情境，让学生经历这一过程。

教师出示图 6-28，提问：这里有三幅图片，请说一说它们分别是什么动物，谁跑得最快，谁爬得最慢。学生回答后，教师追问：怎样表示它们的快慢呢？有学生说可以用速

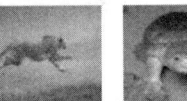

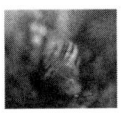

图 6-28

度，教师板书"速度"并出示如下几个数据：8米/秒、8米/分、8米/时，提问：这就是速度，你看得懂吗？说一说它们的意思。由于有前一节课中单价表示的经验，学生能够读出并说出每一个速度的含义。教师追问：这三个速度分别可以表示这三种动物运动的快慢，请你连一连，然后说一说为什么。

生：8米/秒比较快，所以连猎豹；8米/分比较慢，所以连乌龟；8米/时最

慢,所以连蜗牛。

师:同样是8米,为什么你认为8米/秒就是最快的呢?教室的长大约是8米,你能够形容一下吗?

生:就是"滴答"一下,猎豹就从教室的这头到了那一头。

生:真快,风驰电掣!

师:大家想象一下,1秒钟从教室这头到了那一头,能够体会到快吗?怎样来形容8米/分的"较慢"与8米/时的"很慢"呢?

……

通过以上的交流与体验,让学生体会到速度是单位时间内行走的路程,需要路程与时间共同作用才能够表示出快慢。

2. 认识常见的交通工具的速度

在日常生活中,不同的交通工具也有快慢之别。列举常见的交通工具,让学生依据经验选择合适的速度,从单位时间相同的角度来感受速度的快慢。

教师先出示人行走的图示,提问:人1小时一般可以走多少千米?学生猜测后教师出示:约6千米。接着依次出示自行车、汽车、高铁与飞机的图片,让学生先猜测,然后依次出示:自行车约20千米/时,汽车约60千米/时,高铁约260千米/时,飞机约900千米/时。

师:为什么要用到"约"呢?

生:在行驶的过程中,有的时候会快一点,有的时候会慢一点,平均一下就是这个样子。

师:回答得很有水平,平均一下"大约"是这么多!

出示几张不同背景下汽车行驶的图片与限速标记,提问:实际上,汽车在不同的路况下行驶,速度会不一样,这几个标记你看得懂吗?

……

通过以上的活动,让学生对常见的交通工具的速度有一个较为全面的了解,为后续创设问题情境,选择合适的出行方式等做了必要的铺垫。

3. 归纳速度的比较策略

通过让学生比较物体运动的快慢,感受速度体现的是两种量(路程与时间)之间的比值。

师:同学们,刚才我们学习了两组速度,比较一下,它们有什么相同的地方?

生:和单价一样,速度也是由两个单位合起来的,前面一个单位是长度单位,后面一个单位是时间单位。

师:有什么不同的地方?

生：第一组长度相同，时间不同；第二组长度不同，时间相同。

师：你有什么发现？

……

速度是描述运动物体快慢的量，只有了解速度的内涵，才能够选择合适方法进行比较。通过题组的形式，在比较中建立关于速度的量感，能够依据速度推测可能是什么运动物体，看到常见的运动物体能够估计大致的速度。

二、由"应用"的需要概括关系

以速度理解为中心的行程问题数量关系的构建，也建立在对速度的理解与比较之中。速度是如何求得的？长度单位与时间单位均不相同的速度如何比较快慢？如何依据路程的长短合理地选择交通工具？围绕速度解决问题，逐步概括行程问题的数量关系。

1. 比较快慢中概括求速度的数量关系

速度是如何求得的？求得速度有什么用？解答这两个问题可以结合具体实例，让学生在解决问题的过程中概括出求速度的数量关系。

教师出示信息并提问：飞机滑行 5 秒，滑行了 125 米；汽车行驶 20 秒，行驶了 560 米。谁快？

学生独立尝试后反馈：要比较谁快，需要求出什么？

生：只要求出它们的速度后比一比就可以了。

教师依据两个算式概括出路程、时间，然后提问：怎样求速度？学生回答后形成板书（图 6-29）。

路程÷时间＝速度
125÷5=25（米/秒）
560÷20=28（米/秒）

图 6-29

2. 判断快慢中概括求路程的数量关系

一般地，求路程的数量关系是行程问题中的基本数量关系。以速度理解为中心的行程问题教学，把概括路程的数量关系也建立在比较速度的问题情境中。

教师出示情境：在一段高速公路上，一辆汽车行驶的速度是 2 千米/分，这段高速公路的限速是 100 千米/时。这辆汽车超速了吗？

生：一个是每分钟行的千米数，一个是每小时行的千米数，单位时间与千米数都不相同，不能直接比较。我把 2 千米/分化成 120 千米/时，列出的算式是 2×60=120（千米/时）。120 千米/时＞100 千米/时，超速了！

教师板书学生的算式后追问：根据这一个算式，你能够概括出什么数量关系？

生：速度×时间＝路程。

教师进一步引导学生分析题意，让学生明白数量关系式中的"路程"，实际上还是速度。教师板书关系式提出新要求：你能够利用这一个关系式编出求路程的问题吗？

同桌合作，一人口头编，一人列式解答。教师指名两组学生反馈。

3. 选择交通工具中概括求时间的数量关系

日常生活中经常会出现如下的问题：从甲地到乙地有多种交通工具可以选择，选择哪一种交通工具最合理呢？

教师出示如下问题：小王从甲地到乙地去办事，两地相距15千米。有三种出行方式，步行每小时行5千米，自行车每小时行15千米，乘公交车每小时行30千米。要求1小时内到达，可以选择怎样的出行方式？为什么？

生1：我选择自行车，因为15÷15=1（时）。

生2：我选择乘公交车，因为15÷30=0.5（时）。15÷30竖式我不会算，但是我发现15是30的一半，所以是0.5小时。

师：为什么不选择步行呢？

生3：步行要用15÷5=3（时），超时了！

教师依据学生的回答板书算式，然后引导学生概括出数量关系（图6-30）。

速度×时间=路程　　　路程÷时间=速度　　　路程÷速度=时间
2×60=120（千米）　　125÷5=25（米/秒）　　15÷15=1（时）
2千米/分=120千米/时　560÷20=28（米/秒）　15÷30=0.5（时）
　　　　　　　　　　　　　　　　　　　　　　15÷5=3（时）

图6-30

行程问题的三个数量关系既相互联系，又各有作用。创设三个问题情境，让学生在解决问题的过程中逐步概括出数量关系，不仅有利于学生依据具体情境选择合适的数量关系，而且让学生体会到数量关系来源于现实问题的解决。

三、因"题组"的观察渗透函数关系

在前面两节课中，通过题组练习渗透函数思想，在本节课中也可以用题组的形式渗透行程问题中的函数关系。

1. 路程不变时的函数关系

教师引导学生观察板书（图6-30）中求时间的三个算式，说一说有什么发现。

生1：我发现被除数不变，除数越大，商越小。

生2：也就是说路程不变，速度越大，时间越少。

教师在速度、时间上分别加向上与向下的箭头，提问：你能够结合算式举例说明吗？

学生举例，教师板书（图6-31）。

结合具体情境，把行程问题中的数量关系转化成函数关系，归纳总结当路程相同时，速度和时间的变化规律。

2. 速度相同时的函数关系

教师引导学生观察2千米/分=120千米/时，找一找有什么变化规律。

生：从左到右，2千米到120千米乘了60，分变成时，也乘了60。

师：这个发现很有意思，也就是速度不变，时间乘几，路程也乘几。

教师在图6-30中第一个关系式的时间和路程上加向上的箭头，然后在2×60=120的上面和下面分别写出两个算式2×120和2×30，请学生计算后比较这三个算式有什么变化规律。根据学生的回答，教师板书（图6-32）。

3. 时间不变时的函数关系

以上两个情境分别是在路程相同或速度相同的情况下归纳另外两种量的变化规律。依据板书，让学生自己提出问题，然后创设情境来研究提出的问题，归纳出变化规律。

路程 ÷ 速度 ↑ = 时间 ↓
15 ÷ 5 = 3（时）
×3 ↓   ↓÷3
15 ÷ 15 = 1（时）
×2 ↓   ↓÷2
15 ÷ 30 = 0.5（时）

图6-31

速度 × 时间 ↑↓ = 路程 ↑↓
2 × 120 = 240（千米）
×2 ↑   ↑×2
2 × 60 = 120（千米）
÷2 ↓   ↓÷2
2 × 30 = 60（千米）

×60
2千米/分=120千米/时
×60

图6-32

教师引导学生再次观察图6-31、图6-32的板书，指出它们的相同点，即有一种量相同，另外的两种量有规律地变化。接着提出问题：你还能够提出这样的问题吗？

生1：如果时间相同，路程和速度会怎样变化呢？

生2：我想应该是速度越快，路程就会越长吧！

师：请同学们以求速度的关系式下面的第一个算式为例子，编写一组题目，然后找一找变化规律，看是否与自己的想法一致。

学生举例，教师巡视，选择其中的一组写到黑板上，讨论后形成如图6-33所示的板书。

总之，有关速度的数量关系的学习，要把重点放在对速度的理解上，让学生能够从动态的角度理解数量关系，渗透函数思想，并通过迁移类比，沟通相关数量关系的相同点与不同点，让学生在数学知识学习的同时发展数学思维方式。

路程 ↑↓ ÷ 时间 = 速度 ↑↓
125 ÷ 5 = 25（米/秒）
×2 ↓   ↓×2
250 ÷ 5 = 50（米/秒）
÷5 ↓   ↓÷5
50 ÷ 5 = 10（米/秒）

图6-33

第五节
"三位数乘两位数"教学实践

在单元整体设计中,"三位数乘两位数"由原来的起始课成了第四课时,即安排在积的变化规律与常见的数量关系教学之后。这样编排,让解决问题的数量关系更容易表达,并把因数末尾有零的三位数乘两位数前置,作为积的变化规律的应用,使得学生更加集中于"三位数乘两位数"的计算。

一、独立尝试,归纳法则

由于有"两位数乘两位数"作基础,因此理解"三位数乘两位数"的算理,掌握算法,均只要运用迁移类比的方式就可以实现。课始可以让学生自主尝试计算,并通过交流反馈,自主归纳法则。

1. 阅读理解,提出问题

教师出示信息:李叔叔从某城市乘火车去北京用了12小时,火车的速度是145千米/时。学生阅读后教师提问:你能够提出什么问题?怎样解答?

生1:某城市乘火车到北京有多少千米?

生2:已知火车的速度与时间,求路程,可以用数量关系速度×时间=路程,列式是145×12。

教师板书算式后提问:三年级时我们学习了"两位数乘两位数"的乘法,那么这可以说是怎样的乘法?学生回答后板书课题,提出问题:请同学们先来估算一下,大约是多少千米?学生估算后教师进一步提出问题:如果要得到精确的结果,你会计算吗?

由于把本课安排在常见的数量关系之后,因此速度的书写、数量关系的总结均可以用更加规范的形式。课题引出与学生估算均用开门见山的形式,既起到了思维定向的目的,又提高了课堂效率。

2. 自主尝试,小组交流

如何准确地计算出三位数乘两位数的结果?学生会依据之前的学习经验自主

解决。实际教学中会有三种计算方法，一种是口算形式（图6-36），一种是改成连乘形式（图6-34），最多的当然是用竖式计算（图6-35）（图中的箭头与文字在集体反馈时加上）。

$$145\times12$$
$$\downarrow 转化$$
$$=145\times2\times6$$
$$=290\times6$$
$$=1740$$

$$\begin{array}{r}145\\ \times\ 12\\ \hline 290\\ 145\\ \hline 1740\end{array}$$

← $145\times2=290$
← $145\times10=1450$
← $290+1450=1740$

图6-34　　　图6-35　　　图6-36

为了促进学生的思维，在计算时提出要求：能够用多种方法计算的请用多种方法计算。学生独立完成后在小组中进行交流。

3. 集体反馈，归纳法则

在反馈时，一是从方法入手凸显学生的思维方式，二是着力寻找不同计算方法的相通之处。

首先反馈连乘的方法。

生：我把12写成6×2，算式变成145×6×2，多位数乘一位数我们学过，就可以算了。

师：（板书：转化）这是一种很好的方法，把未知的化成已知的来计算，这种方法叫转化。但是这种方法有缺点，如果把12变成13，这种方法就不行了。

接着反馈竖式计算和口算形式，教师提问：观察竖式计算与口算过程，把计算步骤相同的连一连，然后说一说每一步的意思。

学生回答，教师连线，最后概括出"三位数乘两位数"笔算的计算方法。

"三位数乘两位数"的计算法则教材中没有具体概括，因为它与"两位数乘两位数"的计算法则相同，所以可以沿用"两位数乘两位数"的计算法则。

在计算教学中，有许多新的规则是旧有规则的延伸，如小数加减法的计算法则是整数加减法的计算法则的延伸。这样的学习，我们称为"后规则学习"。教学中可以充分信任学生，把"例题"作为"习题"，让学生在自主尝试中寻找新旧知识的衔接点，概括出解决新问题的方法。

二、系统回顾，沟通联系

本节课是整数笔算乘法的最后一个内容。整数笔算乘法是怎样一步一步地学习到现在的呢？在算理上有什么相通之处？计算法则上又可以怎样统一？

1. 算式的递进

笔算乘法从三年级开始学习，首先是多位数乘一位数，接着是两位数乘两位数,最后是三位数乘两位数。通过展示具体的例题,让学生进一步感受数学知识由浅到深、由易到难的学习过程。

教师用课件同时出示"多位数乘一位数"的例1、例2、例3,"两位数乘两位数"的例1、例2,与黑板上板书的例1相比较(图6-37),提出问题:三年级上学期的三个例题,三年级下学期的两个例题,各有什么联系与区别?

三年级上　　　　　三年级下　　　　　四年级上
例1　12×3=　　　例1　12×14=　　　例1　145×12=
例2　16×3=　　　例2　48×37=
例3　24×9=

图 6-37

生1:三年级上学期的三个计算题都是两位数乘一位数,但是例1(相乘时)没有出现进位,例2出现了一次进位,例3要出现两次进位。

生2:三年级下学期的两个例题也一样,例1没有进位,例2出现了进位。

师:在乘法中,相乘时出现进位是比较容易出错的地方,因为要进行两步运算(板书:□×□+□),为什么到了四年级只安排一个例题呢?

生:到了四年级,我们对乘法计算已经比较熟练了,所以只安排一个例题。

通过以上的展示与交流,让学生感受到整数乘法的学习是一个由简到繁的过程,只有基础扎实,才能够计算复杂的"三位数乘两位数"。

2. 算理的沟通

笔算乘法的算理经历了一个由直观到抽象的过程,"三位数乘两位数"的算理就是由"两位数乘两位数"类比迁移所得。但是,"多位数乘一位数"和"两位数乘两位数"的算理,却是借助于直观图示。因此,在本节课中,教师先后出示图6-38与图6-39,请学生说一说图示代表的含义,从而回顾算理,让学生感受到直观图形与乘法计算之间的联系。

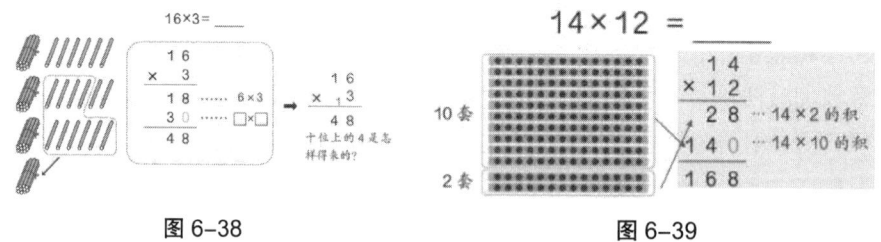

图 6-38　　　　　　　　　　　　图 6-39

3. 法则的递进

"多位数乘一位数"与"两位数乘两位数"均有计算法则,回顾计算法则,可以发现它们之间的递进关系。

教师出示图6-40和图6-41:这是"多位数乘一位数"和"两位数乘两位数"计算方法的小组讨论,说一说这两组法则有什么关系。

　　图 6-40　　　　　　　　　　　　　图 6-41

生："多位数乘一位数"的计算方法就包含在"两位数乘两位数"中。

师："145×12"的计算方法与谁的计算方法是一样的？

生：与"两位数乘两位数"是一样的。

　　整数四则运算的笔算方法是随着整数位数的增加层层递进的，前者的掌握是后者学习的基础。因此，要适当地回顾相应的计算法则，发现其递进关系，迁移完善计算法则。

三、巩固迁移，架构整体

　　作为笔算乘法的最后一个板块，除了学会计算"三位数乘两位数"的各类题目，还可以结合具体情境适当拓展，从而概括笔算乘法的计算法则。

　　1. 巩固练习，完善题型

　　教材例 2 的题型已经在积的变化规律时进行教学，此时可以作为题组内容，让学生选择合适的方法列竖式计算。

　　教师出示如下的题组，要求学生列竖式计算。

　　（1）134×12　（2）47×176　（3）304×30　（4）360×45　（5）60×150

　　这五个题目包含了"三位数乘两位数"的五种类型。

　　2. 联系实际，拓展应用

　　若出现"四位数乘两位数"和"三位数乘三位数"的计算题，学生是否能够独立计算呢？如果能，就可以把笔算乘法计算法则一般化。

　　教师出示如下两个应用问题：

　　（1）声音在海水中的传播速度是 1531 米/秒，声音在海水中 13 秒能传播多远？

　　（2）学校要买 132 个篮球，每个篮球 124 元，买篮球需要多少元？

　　学生独立完成并校对后组织讨论：第（1）题是四位数乘两位数，第（2）题是三位数乘三位数，我们没有学过，你们怎么都会了呀？

　　生1：我认为四位数乘两位数、三位数乘三位数和三位数乘两位数的计算方法是一样的。

生2：不管是几位数乘几位数，我们都可以依次用个位去乘，十位去乘，百位去乘……最后相加就可以了。

从"三位数乘两位数"到"四位数乘两位数"再到"三位数乘三位数"，拓展了笔算乘法计算的空间，学生通过类比迁移，学会了整数笔算的算理和算法。

3. 修改课题，提炼法则

整体回顾了笔算乘法的学习历程，适度拓展了笔算乘法的计算范畴，教师用板书、课件整体展示这些内容，并引导学生进一步思考本节课的课题，以及笔算乘法的计算法则。

师：观察这些算式，你觉得"三位数乘两位数"作为今天的课题还合适吗？你有更好的课题吗？

生1：不合适了，它只是其中的一个部分。

生2：我认为可以叫做笔算乘法。

教师肯定前面两位学生的回答并板书新课题：那么，笔算乘法的计算法则是怎样的呢？

学生回答后教师总结：从个位乘起，用第二个乘数每一位上的数去乘第一个乘数，用哪一位上的数去乘，就和那一位对齐，最后把积相加。

总之，"三位数乘两位数"作为"后规则学习"的内容，可以让学生通过自主尝试，利用原有学习经验探究算理与算法，并进一步抽象出更加一般意义上的乘法计算法则。

第六节
"三位数乘两位数的最大值"教学实践

人教版四年级上学期第50页第12题(图6-42)是一道思考题。

12.* 用0,2,3,4,5组成三位数乘两位数的乘法算式,你能写出几个?你能写出乘积最大的算式吗?

图6-42

解决这一问题有怎样的思路?又会有什么规律呢?利用怎样的策略让学生自主发现这一规律呢?更进一步,5个数字中出现相同的数字时,发现的规律是否同样适用呢?

一、尝试猜想,提出假设

本题的5个数字里面出现了0,0填在数的末尾,竖式计算时可以简便计算,这会影响规律的发现。同时,题目没有说明是否可以重复用某一个数字,容易产生歧义。因此,把题目改为:用1、2、3、5、6组成三位数和两位数的乘法算式,每个数字用且只用一次。这样的乘法算式可以写出许多个?猜一猜,乘积最大的算式可以是怎样的?

1. 直觉猜想,比较归类

依据原有经验,把大的数字填到最高位是学生应有的想法。由于初次尝试,会有不同的答案,如 653×21,631×52,532×61,521×63。

师:黑板上已经有四个算式了,请你估一估,哪个算式一定不正确,为什么?

生1:第1个算式一定是错的,把650估成700,21估成20,700×20=14000。另外几个算式估算的结果都是30000。

师:那么,后面的三个算式中,哪一个算式的积最大呢?

生2:那要算一算。

生3:我觉得只算这三个还不够,我写的算式不一样,但估算的积也是30000。

师：仔细观察估算的积是30000的三个算式，它们有什么共同点？在竖式（图6-43）中填一填你的发现。

$$\begin{array}{r} \square\square\square \\ \times\ \square\square \\ \hline \end{array}$$

图6-43

$$\begin{array}{r} 5\square\square \\ \times\ 6\square \\ \hline \end{array} \qquad \begin{array}{r} 6\square\square \\ \times\ 5\square \\ \hline \end{array}$$

图6-44

学生独立填写后反馈交流，出现如图6-44所示的两种情况。

从个体猜想到集体反馈，用估算的策略构建起积最大值的两种基本模型。这是培养学生从纷繁复杂的数学现象中发现规律，构建数学模型的基本方法。

2. 枚举可能，分组计算

依据构建起的两种基本模型，用枚举法补全所有的可能。按小组分工计算后，教师出示图6-45进行校对。

$$\begin{array}{r} 532 \\ \times\ 61 \\ \hline 532 \\ 3192\ \ \\ \hline 32452 \end{array} \qquad \begin{array}{r} 531 \\ \times\ 62 \\ \hline 1062 \\ 3186\ \ \\ \hline 32922 \end{array} \qquad \begin{array}{r} 521 \\ \times\ 63 \\ \hline 1563 \\ 3126\ \ \\ \hline 32823 \end{array}$$

$$\begin{array}{r} 632 \\ \times\ 51 \\ \hline 632 \\ 3160\ \ \\ \hline 32232 \end{array} \qquad \begin{array}{r} 631 \\ \times\ 52 \\ \hline 1262 \\ 3155\ \ \\ \hline 32812 \end{array} \qquad \begin{array}{r} 621 \\ \times\ 53 \\ \hline 1863 \\ 3105\ \ \\ \hline 32913 \end{array}$$

图6-45

同样是计算题，由于带着探究规律的目的，使得计算有了思考的价值，有利于激发学生计算的兴趣。

3. 观察分析，初步猜想

校对后，请学生比较积的大小，用虚线框圈出积最大的数，然后引导学生观察分析：积最大的两个因数有什么规律？

生1：最大的数字填在两位数的那一组大。

生2：两位数是由最大的数字与第二小的数字组成的。

从猜想估算到枚举计算，从比较发现到提出假设，这是探究数学规律的基本步骤之一。教师在提供合理的学习材料的同时，设计能够促进学生积极思考的问题，让问题探究成为一种内在的需要。

二、举例验证，发现规律

从一个例子中获得的结论，需要通过更多的例子进行验证，这是用归纳方法进行合情推理需要经历的过程。

1. 举例验证，积累经验

教师再次出示一组数据：1、3、5、7、8，同样要求组成积最大的“三位数乘两位数”。因为有前期探究的经验，大多数学生认为是751×83。

师：一定是这个算式吗？怎样验证？

生1：把所有的情况都列举出来，然后算一算，比一比。

生 2：不用全部列举出来，只要模仿上面的例子写出其中的 6 个算式，然后算一算，比一比。

学生列举其中的 6 个算式，分组计算后校对，发现猜想是正确的。

2. 小组举例，合作验证

通过两个例子，学生已经初步确定这一个规律是正确的。但是，从科学严谨的角度，应该举更多的例子进行验证。因此，教师要求以小组为单位，首先任意选 5 个不同的数字，再列举出同前面例子形式相同的 6 个算式，然后分工计算，验证假设。

由于是带着探究的目的进行计算，学生在计算时更容易集中注意力，在分工合作的过程中互相帮助、互相指正。

3. 比较分析，发现规律

教师展示各个组选出的最大积的两个因数组成的竖式，引导学生再次观察，并用箭头把 5 个数按从大到小的顺序连一连（图 6-46）。发现共同点后，教师要求学生在图 6-47 的竖式模型中连一连，得到图 6-48。

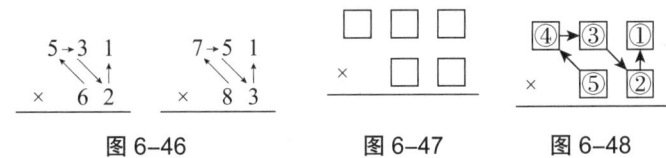

图 6-46　　　　图 6-47　　　　图 6-48

在寻找"积的最大值"的过程中，结合多种计算形式，通过比较归纳获得求"积的最大值"的填写规律。在此过程中，学生学到的不仅仅是一个结论，更是经历了探究数学规律的过程，培养了数感。

三、变式练习，形成技能

"积的最大值"的规律在数据特点发生变化时是否可行？如果改为求"积的最小值"，是否也有规律？基于这两点，进行变式练习。

1. 当出现一个零时

教材的题目中，5 个数字中有一个 0，我们把这类问题称为其中的一种变式。教师出示问题：用 0、2、3、4、5 组成一个三位数乘两位数的算式，每个数字只能够用一次。要使积最大，算式是（　　　），最大的积是（　　　）。

先请学生说一说这组数据与前面列举的数据有什么不同的地方，原来的规律还成立吗？然后在小组内枚举可能的算式，分工合作完成。发现原来的规律仍然适用。

2. 当出现重复数字时

5 个数字中如果出现 2 个数字相同时,原来的规律是否也成立呢?教师出示两组数字:5、2、2、1、6;0、0、7、6、9。请学生判断,找出自己认为积最大的算式。以小组为单位验证其中的一组,完成后汇报。验证后发现,原来的规律还是成立的。验证的过程是计算练习的过程,也是培养学生逻辑思维的过程。

3. "积最小值"的算式

如果把寻找"积最大"的三位数乘两位数改为寻找"积最小"的三位数乘两位数,是否也有一定的规律呢?能够用前面的学习活动经验来解决这一问题呢?

教师出示题目:用 5、6、7、8、9 组成三位数乘两位数的乘法算式,每个数字用且只用一次。猜一猜,乘积最小的算式是怎样的?

师:这个问题与前面研究的问题有什么不一样的地方?

生:现在积要求是最小的。

师:根据前面的经验,三位数乘两位数的竖式可能是哪种形式?

依据学生的回答,总结出如图 6-49 所示的两种形式,接着分别填出 6 种可能情况(图 6-50),并请学生猜一猜哪个竖式的积最小。学生分工计算并找到积最小的算式,标出 5 个数从小到大排列的规律(图 6-51)。在以上活动的基础上,形成猜想(图 6-52)。为了验证猜想是否正确,再让学生举例验证,总结出规律。

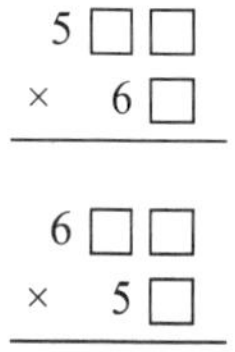

图 6-49 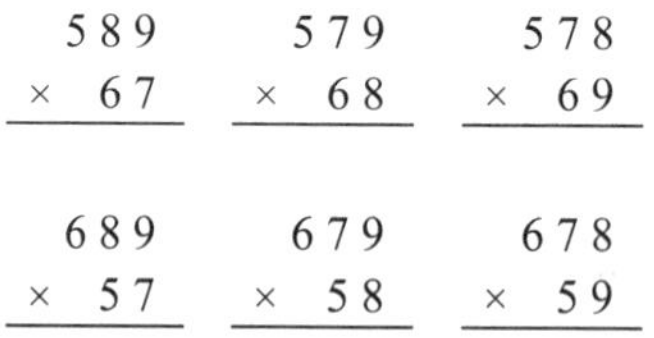　　图 6-50 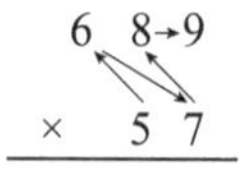　　图 6-51 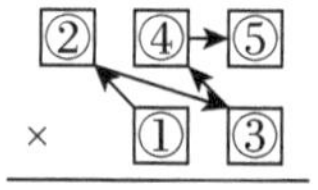　　图 6-52

总之,将计算练习转化成规律探究,可以让原本枯燥的计算变成有趣的猜想验证。在这样的过程中,得出规律并不是主要的目的,重要的是经历探究的过程。因此,教师要精心设计活动环节,提出问题、发现问题、分析问题与解决问题有序展开,并能够主动回顾、提炼问题解决的过程,获得数学活动经验,应用于类似的数学探究之中。

第七节
"三位数乘两位数"单元复习教学实践

"三位数乘两位数"这一单元虽然课时数不多,但是在整数乘法中占有十分重要的地位。整个单元从乘法笔算计算方法上进行整体回顾,从数量关系上进行抽象概括,结合计算总结积的变化规律,结合学习内容进行函数思想的渗透。如何在单元复习中对这些单元学习要点进行回顾、梳理与巩固呢?可以从整体的视角构思与设计复习内容,让学生"温故而知新"。

一、整体设计计算练习,构建乘法竖式计算的模型体系

笔算"三位数乘两位数"有两类模型,第一类是两个因数末尾均没有零;第二类是因数末尾有零。第二类依据零的个数与位置不同,又可以分成三种情况。这样构成了四种基本模型。如何把两大类四种基本模型整体呈现,让学生整体把握四种笔算模型的基本特征呢?

1. 整体回顾乘法竖式模型

课始,教师课件出示如图6-53所示的竖式模型,提出问题:这四个竖式都是三位数乘两位数的竖式模型,仔细观察,有什么不一样的地方?

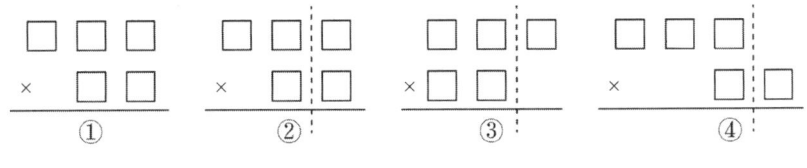

图 6-53

生1:①号竖式是一般的乘法,②③④号竖式的因数末尾有零,虚线右边的方框里填0。

生2:后面三个竖式模型要先算虚线左边的部分,虚线后面有几个0,积就添

几个零。

师：同学们观察得很仔细。通过简算，后面的 3 道三位数乘两位数分别转化成怎样的乘法呢？

生 3：②号是两位数乘一位数，③号是两位数乘两位数，④号是三位数乘一位数。

用竖式的形式来整体认识三位数乘两位数的不同计算模型，培养学生认真审题的习惯，增强学生对乘法竖式模型特征的整体把握。

2. 依据模型自主编制计算题

依据模型自主编制计算题可以有两种方式，一种是自主填数，学生自己选择数字填入相应的方框里，然后交流各自编写的计算题的特点，这样的填数方式有利于展现学生不同的思维特点；另外一种是给定一组数据，学生从中选择 5 个数字填入方框中，使算式符合特征，这样的填数方式有利于教师的调控，避免编制的计算题过于单一，但也可能使得编制的题目不够丰富。

两种方式各有优缺点，下面介绍采用第二种方式让学生自主编题。为避免提供数据的缺点，精心选择可促进学生深入思考的 8 个数字：1、7、2、6、4、8、0、0，要求从中选择 5 个数字填入竖式的方框里，编制出相应模型的各一道计算题。

3. 同桌交换计算互评后集体反馈

编制出题目后，与同桌交换计算，并互批。教师选择一些典型的例子进行反馈。

除了学生中出现的一些典型错例，还可以对算式不同但结果相同的乘法算式进行比较分析（图 6-54、图 6-55）。图 6-54 比较明显，图 6-55 可以引导学生比较 120 与 480、64 与 16 之间的变化规律，发现第一组是乘 4，第二组是除以 4，积不变。

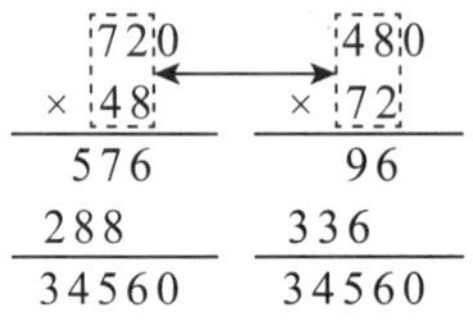

```
   720         480              120  ×4  480
 × 48       ×  72              × 64 ÷4 × 16
  576          96                48      288
 288          336                72       48
34560       34560              7680     7680
```

图 6-54 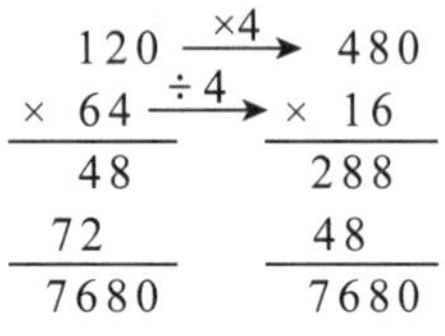   图 6-55

笔算"三位数乘两位数"计算步骤繁杂，变化形式多样，因此，认真审题、把握结构、仔细计算显得尤为重要。

二、整体设计应用问题练习，构建两种数量关系的共同模型

本单元中学生学习的两个常见的数量关系，是小学阶段唯一单独教学的两个数量关系，它们在结构上有相同之处。依据算式编写应用问题的形式凸显联系，

构建起共同的模型。

1. 回顾数量关系，渗透函数思想

教师谈话引导学生回忆数量关系，构建起两类常见数量关系的结构体系，为后续依据算式编写应用问题做铺垫。

师：除了三位数乘两位数的笔算，我们还学习了两类常见的数量关系。请同学们回忆一下，是哪两类？关系式分别是怎样的？

生1：一类是买东西时用到的，单价×数量=总价，总价÷数量=单价，总价÷单价=数量。

生2：还有一类是行程问题，速度×时间=路程，路程÷时间=速度，路程÷速度=时间。

教师依据学生的回答，分别板书关系式。

师：观察求总价的数量关系，想一想，当总价不变时，单价和数量会怎样变化呢？

生1：如果总价不变，单价越贵，买的数量就越少。

师：观察求路程的数量关系式，想一想，当路程不变时，速度与时间又是怎样变化的呢？

生2：如果路程不变，速度越快，用的时间就少。

……

依据学生的回答，教师画上相应的箭头，板书如图6-56所示。

单价↑↓ × 数量↑↓ = 总价	总价↑↓ ÷ 数量↑↓ = 单价	总价↑↓ ÷ 单价↑↓ = 数量
速度↑↓ × 时间↑↓ = 路程	路程↑↓ ÷ 时间↑↓ = 速度	路程↑↓ ÷ 速度↑↓ = 时间

图 6-56

由数量关系转变成函数关系，理解同一个关系式中三种量之间的变化规律，为今后学习正、反比例与解决相应的应用问题做好铺垫。

2. 依据线段图示，提出编题任务

从数量关系的对比分析中，学生已经感受到两类数量关系之间的联系。在此基础上，通过线段图构成要素及其关系的分析，沟通两个数量关系之间的联系，并赋予具体的数据，提出编题的任务。

教师课件出示如图6-57所示的线段图，提出问题：如果把它想象成关于单价、数量、总价的线段图，你能够分别指出图中对应的部分吗？学生回答得到图 6-58。教师继续提问：如果是速度、时间与路程呢？学生回答后得到图 6-59。教师在图 6-57 的三个括号里分别填上相应的数据，转化成图 6-60。请学生结合图 6-58、图 6-59 的线段图，以及黑板上的六个数量关系式，编出相应的应用问题。

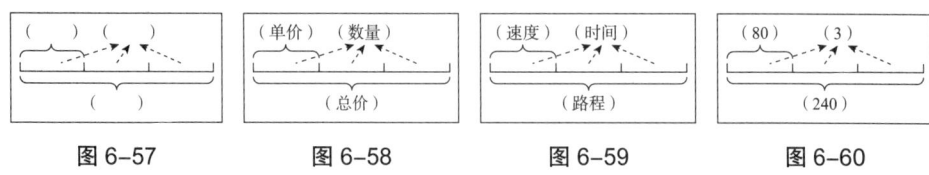

图 6-57　　　图 6-58　　　图 6-59　　　图 6-60

线段图使得数量关系变得直观可视，同时也能直观认识到两种数量关系具有相同的模型。

3. 编制应用问题，构建数量关系网络

依据以上的数量关系编制应用问题，不在于多，而在于联。联系可从两个方面来实现。第一个方面是同一类型应用问题之间的联系，即同一类型创设一个情境，编制出其中的一个应用问题之后，变换信息与问题编制成其他两个应用问题。例如，商品买卖中的数学问题，编制的基本题是求总价：一种玩具的单价是 80 元，买这样的 3 个玩具要多少元？其余两个问题就是：（1）买 3 个玩具要 240 元，每个玩具要多少元？（2）一种玩具的单价是 80 元，240 元可以买多少个这样的玩具？第二个方面是同一算式中的联系。例如，比较用"80×3=240"计算的两类应用问题，找到各个量之间的对应关系。

数量关系来自于应用问题中信息与问题之间的四则运算关系的提炼，是分析应用问题的重要环节，依据线段图与数量关系编应用问题，有利于发现应用问题中具体情境、信息与问题之间的结构特征。

三、适度拓展应用问题练习，构建乘法应用问题的通用模型

乘法意义下常见的数量关系，除了教材中的两类，还有工程问题。在特定情境下，它与行程问题的数量关系相似。因此，在沟通了教材中常见的两类数量关系的基础上，可以通过比较辨析，概括工作中的数量关系，进而再次比较三类数量关系，概括出乘法意义下常见数量关系的通用模型。

1. 比较辨析，概括工作中的数量关系

通过题组比较，让学生发现相同的数据在不同的情境下意义会不一样，需要重新概括概念，获得新的数量关系。

师：刚才同学们用线段图中的信息编出了关于商品买卖和行程问题中的应用

问题。老师也编了两个问题，它们符合哪一种类型？

教师课件出示如下两个问题：

（1）王叔叔从甲处去乙处，每分钟行80米，3分钟到达。甲乙两地相距多少米？

（2）王叔叔从甲处到乙处检测一段线路，每分钟检测80米，3分钟检查完。这段线路长多少米？

生1：我认为都是行程问题，数量关系式是速度×时间＝路程。

生2：我认为第（2）题好像不是行程问题。每分钟检测80米是王叔叔每分钟做的事情，与行程问题中的速度不一样。3分钟也不是行走的时间，而是做事情的时间。

师：刚才大家讨论得很好。第（1）题讲王叔叔走一段路的事情，是行程问题；第（2）题是王叔叔做一项工作——检测一段线路，所以这类问题被称为工程问题，每分钟检测的米数称为工作效率，3分钟称为工作时间，线路的长度就是工作总量。想一想，解决第（2）题的数量关系是怎样的？

生：工作效率×工作时间＝工作总量。

教师依据学生的回答板书数量关系后提问：你能把这道题编写成其他两种类型的应用问题，并说一说解决问题的数量关系吗？

……

工程问题中数量关系的得出来自于与行程问题的比较，在比较中依据学生的回答构建起工程问题的数量关系结构体系。

2. 沟通联系，概括乘法意义下的数量关系

通过拓展延伸，进一步丰富了常见的数量关系。同时，还需要让学生进一步认识到，这三类常见的数量关系是乘法意义下数量关系在具体情境下的特例。

教师课件出示如下3个问题：

（1）小明家平均每天买菜用去80元，3天用去多少元？

（2）有一卷240米长的电缆线，把它平均分成3份，每份是多少米？

（3）若干根同样规格的钢管，总的质量是240千克，每根钢管重80千克，有几根这样的钢管？

师：能够把它们分分类，归到前面的哪一类呢？

生1：我发现这3道题目哪一类也不是。每天买菜用去80元，不是单价；电缆线长240米，既不是路程也不是工作总量；第（3）题更加不是了。

生2：第（1）题是第一类，求的是总数。总价、路程和工作总量都是总数。"每天用去的元数"可以叫每份数，单价、速度和工作效率都是每份数。"3天"就

是份数,数量、时间和工作时间都是数量。按照这样分下去,第(2)题是第二类,求每份数;第(3)题是第三类,求份数。

教师对课件中原来的线段图补充成图6-61的形式,并将黑板上的板书补充成图6-62的形式。

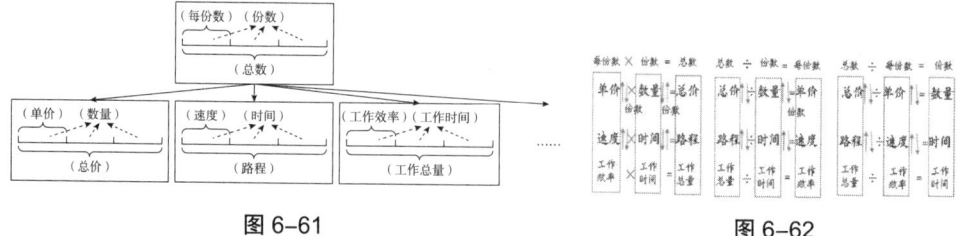

图 6-61　　　　　　　　　　　　　图 6-62

从一般中发现特殊再回到一般,有层次地构建起乘法意义下的数量关系的结构模型,体会到数量关系之间的联系,以及对于解决问题的引领作用。

3. 综合应用,沟通应用问题中的相等关系

把数量关系思考成函数关系,有利于从变化中寻找到不变之处,发现解决问题的突破口,找到其中的相等关系。归一、归总类应用问题就是很好的例子。归一应用问题就是在每份数相等的情况下,总数与份数发生变化时提出的数学问题;归总应用问题则是总数不变的情况下,每份数与份数变化时提出的数学问题。

教师出示:

(1)从甲地去乙地,去时骑自行车用了4小时到达,原路返回改乘公交车,2小时返回。自行车的平均速度是15千米/时,公交车的平均速度是多少千米/时?

(2)买4个篮球要320元。照这样计算,买同样的8个篮球要多少元?

这两个问题均可以用两种方法计算,且可以引导学生用列表法分析。

第(1)题列表如图6-63所示。第一种方法,因为去时与返回的路程相同,求出去时的路程,就是求出了返回的路程,然后用返回的路程除以返回的时间就求出了返回的平均速度。第二种方法,去时与返回的路程相同,时间除以几,速度就要乘几。

	时间	速度
去时	4小时	15千米/时
返回	2小时	? 千米/时

图 6-63

数量	总价
4个	320元
8个	? 元

图 6-64

第(2)题列表如图6-64所示。依据单价不变,同样可以用两种方法计算。

基于整体的"三位数乘两位数"单元复习，由面到点，整体把握笔算三位数乘两位数的竖式特点，合理选择竖式写法。由点到面，认识常见的数量关系与乘法意义下的数量关系之间的层次结构，能够依据实际情况灵活地选择数量关系，寻找变中的不变处，形成规范的解决问题的思路。

第七章
面　　积

把"面积"这一单元纳入"乘法"的整体设计之中,其目的主要有以下三个方面。首先是完善乘法的意义:结合具体例子,逐步揭示长方形、正方形面积计算公式中的乘法意义与乘法的基本意义有着本质的区别,是乘法基本意义在"面积模型"下的延伸。其次是解释面积单位间的进率是由两个长度单位间的进率相乘得到的:利用长方形、正方形面积计算公式,分别用两种不同的长度单位计算出同一个图形的面积,回顾推算过程,用长度单位间的进率相乘推算出面积单位间的进率,让学生感知积的变化规律。最后是提炼长方形、正方形中周长与面积的变与不变中的本质特征:两个数的"和"与"积"中的变与不变分别对应于"周长"与"面积"中的变与不变,体现图形变化与乘法计算结果之间的内在联系。

第一节
"面积"单元中融入"乘法"教学实践研究

面积作为研究二维空间的一个量度,与乘法有着十分密切的联系。求面积特别是求长方形、正方形的面积就是用乘法计算。并且,长方形、正方形面积计算公式中的乘法意义不同于乘法的基本意义——求几个几的和是多少;也不同于已经学习的乘法延伸意义——求一个数的几倍是多少。长方形、正方形的面积由两个一维的长度相乘得到的,积的单位与因数的单位不相同。也就是说,长方形、正方形面积计算公式中的乘法既有数的意义,也有空间的内涵。面积单位间的进率是由长度单位间的进率,结合面积计算公式推算而来的,在推算过程中渗透了积的变化规律。探究长方形、正方形的周长与面积中的变与不变,与乘法中两个因数的"和"与"积"的变与不变相一致。因此,把"面积"单元的教学融入乘法的学习,有利于更好地沟通"数"与"形"之间的联系。具体见下表。

乘法 面积	延伸乘法的意义	积的变化规律	"和"与"积"的变与不变
面积与面积单位	用分割方法获得面积单位的同时,渗透乘法的基本意义		探究周长相等的长方形和正方形其面积是否也相等的过程中,渗透两个数的"和"相等,"积"不相等的现象
长方形、正方形的面积计算	概括长方形面积计算公式的同时,延伸乘法的基本意义;在统一长与宽的长度单位时揭示乘法延伸意义的特征		在周长相等比较面积的过程中,猜想两个数的"和"相等时,两个数越接近"积"越大的规律

（续表）

乘法 面积	延伸乘法的意义	积的变化规律	"和"与"积"的变与不变
面积单位间的进率		在推算相邻面积单位间的进率的过程中，感知积的变化规律	
单元拓展课			举例验证长方形、正方形"周长"与"面积"的不变与变中，归纳两个数的"和"与"积"的不变与变

从上表可以发现，在三节新授课与一节拓展课的学习中，把乘法延伸意义的学习与乘法计算中规律的探究融入"面积"单元的学习之中。以下从延伸乘法的基本意义、感知积的变化规律、发现"和"与"积"的不变与变三个方面阐述实践研究。

一、延伸乘法的基本意义

乘法的基本意义是指"求几个几的和是多少"，解决问题中对应的数量关系是"每份数 × 份数 = 总数"，其中"总数"的单位名称与每份数的单位名称一致。"长方形的面积 = 长 × 宽"是长方形的面积计算公式，其中"长方形的面积"的单位是由"长"与"宽"两个相同的长度单位相乘而得到的新单位——面积单位。从以上比较可以发现，长方形面积计算公式中的乘法意义已经不是乘法的基本意义，而是从乘法基本意义中延伸出新的含义。因此，在"面积与面积单位""长方形、正方形的面积计算"这两个课时的教学中，结合面积，面积单位与长方形、正方形面积计算公式的学习，有机地融入乘法的基本意义，并揭示其延伸意义。

（一）利用分割，回顾乘法含义

"面积单位"是定量刻画物体表面或封闭图形大小而产生的。"面积单位的形状"是依据面积的含义，由"长度单位"纵横分割而得到的小正方形。基于这样的理解，把"面积单位——平方厘米"作为比较长方形与正方形大小时自主创造的作品，在计算长方形、正方形面积的过程中回顾乘法的含义。

在第一课时"面积与面积单位"课始，引导学生通过计算发现两个图形的周长相等后提出新的问题：长方形和正方形哪一个面积大？（图7-1）学生独立完成后，教师展示如图7-2所示的学生作品，请学生解释。学生说明，把两个图形分别沿刻度线横竖分割,成为一个一个同样大小的小正方形,长方形有这样的 8 个小正方形,正方形有这样的 9 个小正方形,所以正方形的面积大。

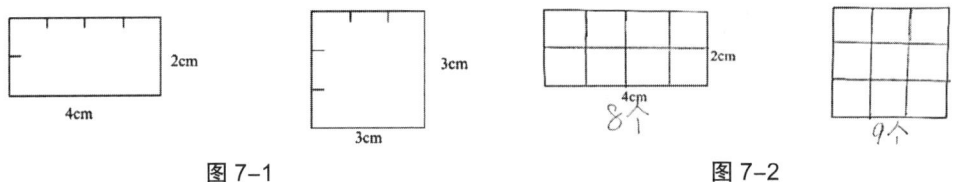

图 7-1　　　　　　　　　　　　　图 7-2

教师追问:你是怎样得到长方形与正方形中小正方形个数的?除了数的方法,有学生用计算的方法解决。依据学生的计算过程,概括出数量关系"每行个数 × 行数 = 小正方形的总个数"。

最后,请学生用边长描述这个正方形的大小,并规定为 1 平方厘米(图 7-3)。进而得到新的数量关系:每行的面积 × 行数 = 总面积。

图 7-3

从上述过程可以体会到,用分割的方法创造出面积单位后求长方形或正方形的面积,自然地构建起乘法的"面积模型",每一个小正方形除了具有数的含义,还有空间的特征,为后续推导长方形、正方形的面积计算公式做了铺垫。

(二)寻找联系,延伸乘法意义

显然,通过分割的方法得到面积单位,再利用乘法的基本意义计算出长方形与正方形的面积,这是推导长方形和正方形面积计算公式的基础。在第二课时"长方形、正方形面积计算",充分利用上一节课的学习经验,请学生依据图中的信息(图 7-4)求出长方形的面积,并说一说是怎样想的。

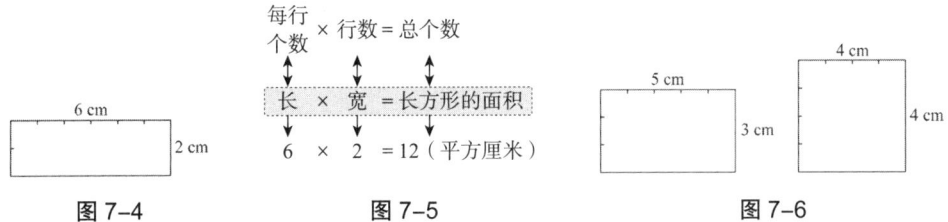

图 7-4　　　　　图 7-5　　　　　图 7-6

由上一节课的经验,学生利用画一画的方法计算出长方形的面积,交流时学生用两种数量关系进行解释(图 7-5)。此时,学生概括的长方形面积计算公式还是建立在一个例子的基础上,是一种猜想。教师进一步出示图 7-6,请学生计算两个图形的面积,再用画一画方格图、说一说数量关系的方法检查。在此过程中验证了长方形的面积计算公式,也归纳出了正方形的面积计算公式。

由图 7-5 的两个关系式可以发现，前一个关系式是基于乘法的基本意义，而后一个关系式虽然与前一个关系式中的因数和积有一一对应的关系，但是把两个长度单位相乘得到一个新的单位——面积单位，这在乘法的基本意义中是没有的。

（三）辨析单位，揭示新的含义

在推导出长方形、正方形的面积计算公式之后，在练习中安排如下的解决问题：一张长方形餐桌，桌面长 14 分米，宽 90 厘米。需要配上与桌面同样大小的玻璃，求这块玻璃的面积。

在这一问题中，长与宽的单位不同。展示学生因为没有统一长度单位而出现的错误后，教师进行如下的订正：14×90=1260（分米 × 厘米）（图 7-7），讨论如果把"分米 × 厘米"作为一个面积单位，这样的计算是否正确。讨论后认为是正确的，但这样又要出现新的面积单位。在此基础上展示如下的两种做

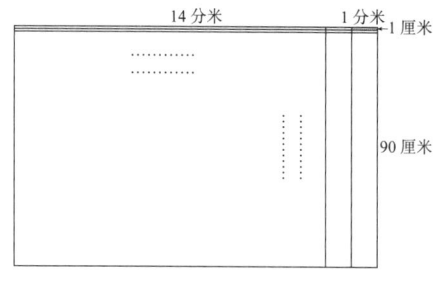

图 7-7

法：（1）140×90=12600（厘米 × 厘米），（2）14×9=126（分米 × 分米），结合算式说一说"平方分米"和"平方厘米"这样的面积单位是如何得到的。在解释的过程中，学生认识到面积单位是用两个长度单位相乘得到的，从而体会到长方形、正方形面积计算公式中的乘法与原有的乘法相比有了新的含义。

乘法起源于"求几个几的和是多少"，形成了乘法的基本意义。随着乘法问题情境的变化，在乘法基本意义的基础上又延伸出新的意义。就小学阶段而言，就有三年级的"一个数的几倍是多少""长 × 宽 = 长方形的面积"，六年级的"一个数的几分之几是多少"。明晰乘法意义的延伸路径，逐步建立起乘法的应用体系。

二、感知积的变化规律

就人教版教材而言，"积的变化规律"是四年级"三位数乘两位数"单元中探究总结的规律。但是，"积的变化规律"在二年级"表内乘法"的学习中已经有了感知，如乘法口诀"二六十二"与"四六二十四"，为了有意义地记忆这两句乘法口诀，可以从"积的变化规律"的视角寻找两句乘法口诀的联系，即两句乘法口诀中第一个乘数"二"到"四"乘了 2，另一个乘数不变，积由"十二"到"二十四"也乘了 2。同样地，在本单元的"面积单位间的进率"的探究过程也可以感知积的变化规律。

（一）解决问题，总结进率

人教版教材"面积单位间的进率"安排了两个例题，例6是分别推算平方分米和平方厘米、平方米和平方分米这两组相邻面积单位间的进率；例7是利用面积单位间的进率解决问题。实际教学时，删去例6，直接让学生解决由例7改编后的问题，在解决问题的过程中学习面积单位间的进率。

教师出示交通标志牌（图7-8），请学生实际测量出边长后求它的周长与面积。由于测量边长的结果用分米与厘米分别表示其长度，因此求周长与面积各有两种不同的计算过程。反馈后形成如图7-9所示的板书。学生观察后添加因数的长度单位，用箭头标出两组算式中因数与积的对应关系，形成如图7-10所示的板书。

图 7-8

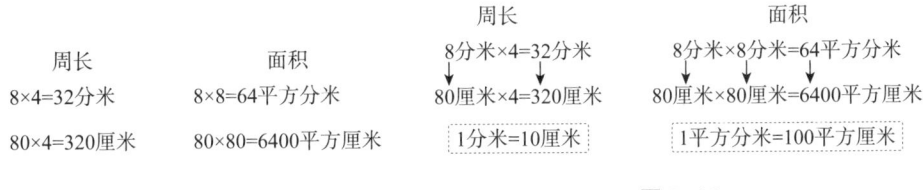

图 7-9　　　　　　　　　　　　图 7-10

引导学生观察图7-10中的两组算式，解释为什么分米与厘米之间的进率是10，而平方分米与平方厘米之间的进率是100。学生发现，求周长时只有一个因数乘10，而求面积时对应的两个因数都乘10，积变成乘100，所以平方分米与平方厘米之间的进率是100。

（二）利用经验，推算进率

教师进一步提出问题：这块标志牌有1平方米吗？学生有两种判断的方法，第一种是直接比较两个正方形的边长；第二种是计算面积后再比较。教师先请学生交流第一种方法，即1平方米的正方形的边长是10分米，而交通标志牌的边长是8分米，10分米大于8分米，所以1平方米的正方形面积更大。（图7-11）。

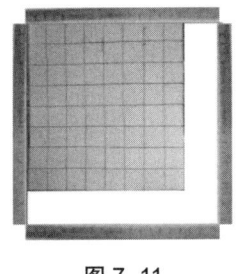

1米×1米=1平方米
　↓　　↓　　↓
10分米×10分米=100平方分米

图 7-11　　　　　　　　　　　图 7-12

接着反馈第二种方法，形成如图 7-12 所示的板书。教师追问：平方米和平方分米之间的进率是多少？学生回答是 100。教师进一步追问：为什么进率是 100？学生依据平方分米和平方厘米的推算经验，发现两个因数都乘了 10，进率就是 10×10=100，所以 1 平方米 =100 平方分米。

（三）感知规律，加深理解

依据长度单位间的进率，推算出面积单位间的进率，让学生构建起长度单位间进率与面积单位间进率的联系，渗透了积的变化规律。在此基础上，可以应用这一种推算思路解决问题。

在"面积单位间的进率"一课的练习中，教师出示如下的问题：一块长 1 米、宽 1 分米的长方形木板，它的面积是多少平方厘米？

学生得到两种解决问题的方法（图 7-13）。在交流方法 2 时，学生指出，长方形长的单位是"米"，宽的单位是"分米"，而问题中的面积单位是"平方厘米"，所以要把长与宽的长度单位统一成"厘米"，"厘米"乘"厘米"就是"平方厘米"。依据学生的解释，教师形成图 7-14 的思路，即 1 个因数乘 100，另一个因数乘 10，积就乘 1000。

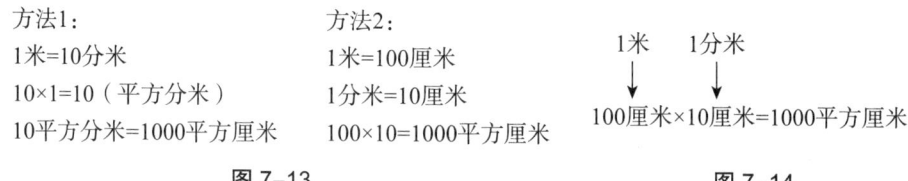

方法1：
1米=10分米
10×1=10（平方分米）
10平方分米=1000平方厘米

方法2：
1米=100厘米
1分米=10厘米
100×10=1000平方厘米

1米　1分米
↓　　↓
100厘米×10厘米=1000平方厘米

图 7-13　　　　　　　　　图 7-14

综上所述，在利用长方形、正方形面积计算公式推算面积单位间进率的过程中，两个因数的长度单位的换算，就相当于两个因数分别乘单位间的进率，而原来的积就要乘"进率乘进率的积"。这个过程既渗透了积的变化规律，也让学生感受到面积单位间的进率是由长度单位间的进率相乘而来的。

三、探究两个数的"和"与"积"的不变与变

在长方形与正方形的周长与面积计算中，周长不变时，面积会有规律地变化；面积不变时，周长也会有规律地变化。这种"不变"与"变"，如果以乘法运算的视角进行提炼，就是两个数的"和"与"积"的不变与变。

（一）发现乘法中两个数的"和"相同"积"不同的现象

第一课时引入面积概念时，教师出示如图 7-1 所示的长方形与正方形，让学生利用已经学习的求长方形与正方形周长的知识求出它们的周长（图 7-15），学

生发现它们的周长相等。进一步引导学生观察两个图形的相邻两条边的长度和,发现它们的和也相等:4+2=6,3+3=6。教师追问,你又可以提出什么新的问题?学生自然地提出它们的大小是否相等,从中引出"面积"的概念,并用分割的方法得到面积单位"平方厘米",计算出它们的面积各是 8 平方厘米和 9 平方厘米。

长方形:(4+2)×2=12(厘米)
正方形:3×4=12(厘米)

图 7-15

在上述活动中,学生初步感知周长相等的长方形和正方形,它们的面积并不相等。同时,在对应的加法算式与乘法算式的比较中,感知到两个数的和相同,但积不相同的现象。

(二)猜想乘法中两个因数的和相同时积的变化规律

在"长方形、正方形面积计算"一课中,请学生观察图 7-16 中三个图形的周长与面积,发现它们的周长不变,正方形的面积比长方形的面积大。

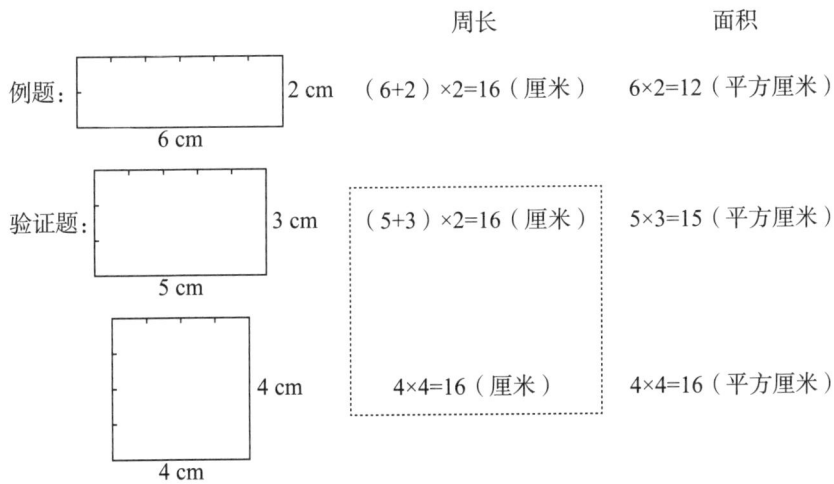

图 7-16

教师进一步引导学生观察图形的长与宽,以及它们的面积,发现如果长与宽的和不变,长与宽的长度越接近,面积就越大,长与宽相等时面积最大。最后,教师引导学生只观察求长方形、正方形面积的乘法算式,比较两个因数的"和"与"积",发现两个因数的和不变,两个因数越接近,积越大。

以上只是从一个例子中概括出的发现,所以称之为猜想。在后续的学习中,进一步举例验证,概括规律。

(三)验证两个数的"和"与"积"的不变与变

在本单元新知学习后,专门安排了一节拓展课,探究长方形、正方形周长与面积中的变与不变，直接从面积计算的算式比较中概括出乘法中两个因数的"和"与"积"中的不变与变。

1. 结合情境提出问题

课始，教师出示两张同样大小的卡纸，通过重叠法确定它们的面积相等后，将它们分别沿"宽"与"长"对折（图7-17），提出问题：重叠得到的这两个图形，它们的面积与周长各有什么关系？学生发现，它们的面积相等，但是右面图形的周长小。进而提出问题：面积相等的长方形，怎样的情况下周长最小呢？

图 7-17

2. 举例验证归纳规律

教师请学生在边长为1厘米的方格图中分别涂出面积是12平方厘米和16平方厘米的长方形和正方形，把它们的长、宽、周长和面积分别填入表格。

长/厘米	宽/厘米	周长/厘米	面积/平方厘米
12	1	26	12
6	2	16	12
4	3	14	12

长/厘米	宽/厘米	周长/厘米	面积/平方厘米
16	1	34	16
8	2	20	16
4	4	16	16

观察两组数据，归纳出"面积相等时，长与宽越接近，周长越小"后，教师把求面积的几组数据分别写成乘法题组（图7-18），用"两个数的和"与"积"说一说规律，得到：积相同，两个因数越接近，它们的和越小。

3. 迁移策略举例验证

在"长方形、正方形面积计算"一课中，还形成了"周长相等时，长与宽越接近，面积越大"以及相对应的"两个数的和相等时，两个数越接近，积越大"这两个猜想。教师提出问题：如果要验证猜想是否正确，可以怎么办？学生自然地想到还需要进一步举例验证。学生在边长为1厘米的方格图中分别围周长是14厘米和16厘米的长方形，填入表格后观察比较，验证两个猜想是正确的。

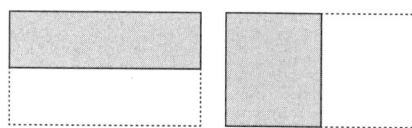

图 7-18

长/厘米	宽/厘米	周长/厘米	面积/平方厘米
6	1	14	6
5	2	14	10
4	3	14	12

长/厘米	宽/厘米	周长/厘米	面积/平方厘米
7	1	16	7
6	2	16	12
5	3	16	15
4	4	16	16

建立不同数学知识间的相互联系，可以让学生更好地理解数学。"面积"与"乘法"分别属于两个不同的数学学习领域，在"面积"单元学习过程中沟通与"乘法"的联系，既深化了学生对"面积"单元知识的理解，也延伸了乘法的含义，发现了乘法计算中的一些规律，体现了"数"与"形"之间的相互依存关系。

第二节
"面积与面积单位"教学实践

面积与周长是用来刻画物体表面或封闭图形特征的两个量度,它们存在于同一个物体表面或图形中,但是表示的含义完全不同。三年级时学习了周长和求长方形、正方形周长的计算方法,在此基础上,引导学生回顾旧知,提出新问题,形成新概念——面积,获得新单位——面积单位,解决新问题。

一、依据信息,提出数学问题

一般地,面积概念往往从比较两个物体表面或两个平面图形的大小引入。作为一个量度,如何在比较的过程中,用具体的数量来刻画面积的大小,然后用具体的数量进行大小比较呢?可通过长方形、正方形的周长问题解决引出面积的大小比较。

(一)回顾旧知,提出关于周长的问题

周长是三年级学习的一个概念,它与面积概念是相互依存的。

出示作业纸第1题(图7-19),提问:从图中你得到哪些信息?学生回答后,追问:你可以提出哪些旧的问题?学生自然地提出了关于长方形、正方形周长的问题,并独立解决。

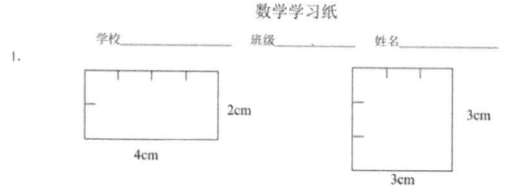

图 7-19

(二)继续追问,提出关于面积的问题

反馈学生的作业后,请学生观察两个计算结果,提问:你有什么发现?学生发现,这两个图形的形状虽然不一样,但周长是一样的,都是 12 厘米。

教师顺势追问：你又能够提出什么新的问题？学生提出：它们的大小一样吗？教师问：你指的"大小"是什么？通过交流，总结出面积的概念。接着，请学生进一步解释这两个图形的面积分别指哪里，再列举一些物体的面或图形的面来说一说它们的面积分别指哪里。

面积是日常生活中常用的一个概念，学生已有生活经验，只是有时用"大小"来代替。因此，在本课教学时，淡化了对面积概念的构建，用直观感知的形式让学生解释。

面积与周长存在于同一个图形或物体的表面，但是在两个学期中学习。在本节课的学习中，通过周长相同、形状不同的两个图形引发学生思考，发现和提出关于面积的问题，从而把两者有机地联系了起来，有利于构建起对数学知识的整体认识，体会到循序渐进的学习过程。

（三）通过观察与猜测，提出解决问题的方案

如何解决新的问题？首先通过观察进行猜测，然后制订验证方案。

先让学生进行猜测哪一个面积大，为什么。有学生认为是长方形大，因为长方形长；也有认为正方形大，因为正方形高；还有学生认为是相等的，因为周长一样，面积也应该相同。学生发现，前两种猜测是互相矛盾的，第三种猜测不能够确定。

如何来验证猜测呢？由于两个图中有刻度线的提示，有学生想到了可以划成相同的小正方形进行比较。教师进一步引导总结出比较的三个步骤：划一划、数一数、比一比。

当学生发现自己的猜测与其他同学的猜测不同时，就有了进行验证的需要。如何进行验证？从定性到定量是基本的思路，使得面积由感知的大小过渡到测量的大小。

二、操作交流，形成面积单位观念

在刻度线的提示下，通过分割得到单位面积的正方形，从而引出面积单位，这是本节课教学面积单位的特色，可以很好地沟通面积单位与长度单位的联系，经历面积单位的"再创造"。

（一）建立平方厘米的单位观念

大多数学生直接划分成边长是 1 厘米的正方形（图 7-20），但也有部分学生划分成边长是 2 厘米的正方形（图 7-21）。通过比较，发现图 7-21 的不合理之处。在图 7-20 的基础上数一数、比一比，学生用定量的方法比较出两个图形的大小。

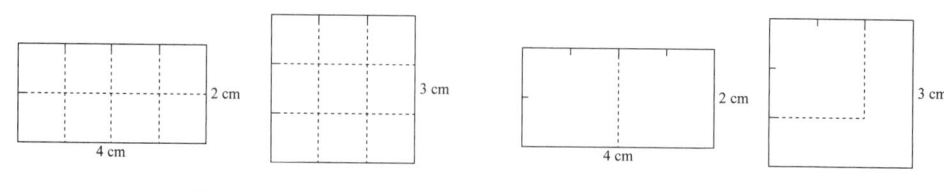

图 7-20   图 7-21

教师追问，除了数出小正方形，还可以用计算的方法得到小正方形的个数吗？依据学生的计算过程，概括出数量关系"每行个数 × 行数 = 小正方形的总个数"。

进一步提问：怎样描述每个正方形的大小？学生用两种方法描述：方法 1 是描述正方形的边长，即边长是 1 厘米的正方形；方法 2 是直接用面积单位，即 1 平方厘米。教师依据学生的回答形成板书（图 7-22），进而得到新的数量关系：每行的面积 × 行数 = 总面积。

边长　　　面积
1厘米 ■ 1平方厘米

图 7-22

接着，让学生列举 1 平方厘米的具体例子，建立平方厘米的单位观念。

拼组求和是在已经学习了面积单位的基础上进行的面积测量，是对面积单位的应用，也是教材编排的思路。而这里用分割求和的方法，让面积单位成为刻画面积大小的一种需要。在分割的过程中，会出现长方形或边长不一的正方形作为单位面积的情况，通过比较，初步感知长度单位与面积单位之间的联系，以及正方形作为单位面积的合理性。

（二）建立平方分米的单位观念

在解决图形面积大小比较的过程中，运用分割的方法解决问题，得到了面积单位——平方厘米，这是分割策略下创造面积单位的思路。平方分米观念的建立也可以用这样的思路。

教师板贴一个长方形与一个正方形并标上数据（图 7-23），提问：你能够比较这两个图形的面积大小吗？学生观察后发现，与作业纸上的信息相似，只是长度单位由原来的厘米变成了分米，同样也可以用划一划、数一数、比一比的方法解决问题（图 7-24）。

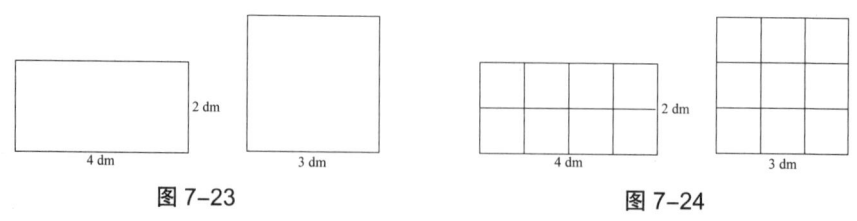

图 7-23   图 7-24

接着，请学生与作业纸中的小正方形比较，"创造"出平方分米。再通过具体例子建立平方分米的观念。最后与"创造"平方厘米的方法进行比较，概括相同点：边长是 1 个长度单位的正方形，它的大小就对应于 1 个面积单位。

学习材料的结构化有利于活动经验的迁移。对应的数相同，长度单位由厘米变化成分米，可以把认识平方厘米的活动经验迁移到认识平方分米的过程中，进一步发现由长度单位推算出面积单位的方法。

（三）建立平方米的单位观念

为比较图形大小的需要，学生经历了两轮面积单位创造的过程。依据这样的经验，学生可以尝试自己创造面积单位。

教师提出问题：你能够说出其他面积单位吗？是怎样表示的？学生说到了平方毫米、平方米、平方千米等单位，教师分别让学生描述它们的形状与大小，其中平方米按前面的格式要求板书后，教师出示磁性米尺，要求学生到黑板上围出 1 平方米，并形成如图 7-25 所示的板书。

把数学知识的习得镶嵌在问题解决的过程中，让数学知识的获得成为问题解决过程中的产物。面积单位是刻画物体表面或封闭图形大小的重要组成部分，它是为了准确刻画图形的面积而产生的，并与图形边长的单位有着密切的联系。正是基于这样的认识，创设认知冲突，让学习自然发生。

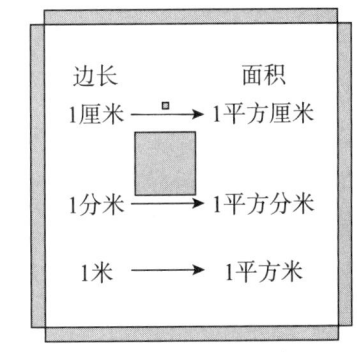

图 7-25

三、练习比较，形成概念体系

本节课的练习同样要围绕新旧知识的比较展开，让学生进一步体会长度与面积之间、长度单位与面积单位之间的联系。

（一）长度单位与面积单位的比较

如图 7-26，联系生活实际，填写合适的长度单位或面积单位。学生独立完成后反馈，体会比较同一个物体表面所用的长度单位与面积单位的联系。

在横线上填写合适的单元名称。
教室门高约是2＿＿＿＿，它的面积约是2＿＿＿＿。
数学书封面宽约是2＿＿＿＿，它的面积约是4＿＿＿＿。
邮票的边长约是2＿＿＿＿，它的面积约是4＿＿＿＿。

图 7-26

（二）周长与面积的比较

课始用周长相等的长方形与正方形提出了新的问题，在练习中给出了面积相等的长方形与正方形(如图7-27,网格中小正方形的边长是1厘米),通过数面积与求周长,说一说自己的发现。

图7-27

(三)用"出入相补法"求面积

在网格图中出示一个平行四边形与一个三角形(如图7-28,网格中小正方形的边长是1厘米),请学生数出这两个图形的面积各是多少平方厘米。

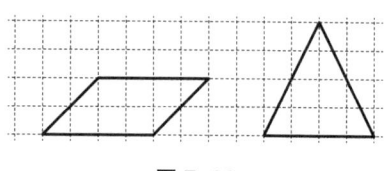

图7-28

以上三个层次的练习,第1题着眼于构建长度单位与面积单位的对应关系;第2题结合图示与数据感知面积相等的长方形与正方形,它们的周长不相等,为后续探究变化规律做铺垫;第3题引导学生用"出入相补法"把不是整格的部分拼组成整格的,让学生认识到1个面积单位并不一定是正方形。

总之,周长与面积、长度单位与面积单位是两组既有联系,又有本质区别的数学概念。本课试图在不断对比中发现和提出新问题,分析与解决新问题,在获得数学知识的同时,学会用数学的眼光进行观察,用数学的思维进行思考,用数学的语言进行表达。

第三节
"长方形和正方形面积计算"教学实践

长方形、正方形周长计算方法的推导来源于两个学习基础,一是周长的概念,二是长方形与正方形边的特征。因此,长方形、正方形面积计算公式的推导也来源于类似的两个学习基础,一是面积的概念,二是长方形与正方形的特征。同时,对于周长计算公式的推导经验也可以迁移到面积计算公式的推导。

一、经历分割计算形成假设

教学面积与面积单位时,学生用分割的方法数出图形面积,已经有学生意识到用计算的方法——每行个数 × 行数——算出长方形与正方形的面积。顺应这样的思维,结合具体实例,形成长方形面积计算公式的假设。

(一)依据信息与经验,发现和提出问题

教师课件出示一个"长 6 厘米、宽 2 的长方形",指名学生说出已知信息后,请学生提出数学问题。学生依据经验提出求周长和面积的问题。

教师从周长、面积的意义以及它们不同的单位入手,让学生指一指、说一说周长指图形的什么,面积又指图形的什么。

图形周长与面积的计算公式是建立在图形特征的基础之上,当形成公式之后,往往只是利用公式,很少会回忆其意义。因此,让学生提出问题后说一说问题中相关概念的意义,就很有必要。

(二)通过分割与计算,尝试解决问题

首先让学生尝试解决提出的两个问题。求周长的问题,学生列式解答后说一说计算的方法,概括出长方形周长的计算公式。求面积的问题,由于有前一节课的经验,学生自然地把长方形分割成了小正方形(图 7-29),然后列式计算:6 × 2=12(平方厘米)。

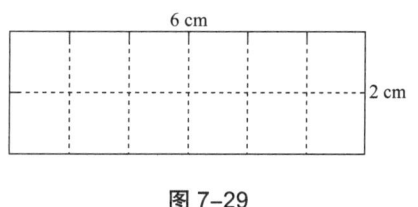

图 7-29

由上一节课的"数单位面积个数"到本节课的"每行个数 × 行数 = 单位面积的个数",这是总结长方形面积计算公式的基础。不可否认,少数学生在课前已经知道了长方形面积计算公式,他们可能并没有画网格,而是直接用"长 × 宽"求出面积。因此,在后续的讨论交流中,正好把这两种方法进行相互印证。

(三)进行回顾与反思形成公式假设

从"数出"到"算出"再到"公式",是一个逐步抽象、相互印证的学习过程。学生在尝试解决问题时,已经能算出长方形的面积。由于只是从一个例子中获得的公式,我们称之为公式的假设,需要后续举例验证。

请学生结合图 7-29 所示,说一说列式的理由与计算结果的意义。依据学生的回答,分别展示学生的两种理由,形成如图 7-30 所示的板书。

从板书可以看出,第一个关系式是对图 7-29 的直接概括,第二个关系式则与第一个关系式建立起数据上的对应。那么,这种对应关系是否对所有情况都适合呢?需要进一步举例验证。

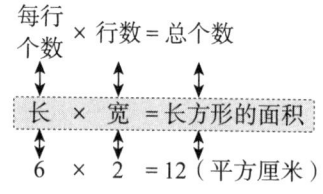

图 7-30

二、通过举例验证推导公式

(一)操作与计算,进一步验证假设

由一个例子得到公式后,举例验证,重复划一划、算一算、说一说这样三个步骤,进一步加深对长方形面积公式实际意义的理解。

教师出示如图 7-31 所示的长方形与正方形,请学生按划一划、算一算、说一说的方法进行操作。这样的学习活动,既是对计算公式的应用,也是对计算公式的验证。同时,由正方形可以推导出正方形的面积计算公式。

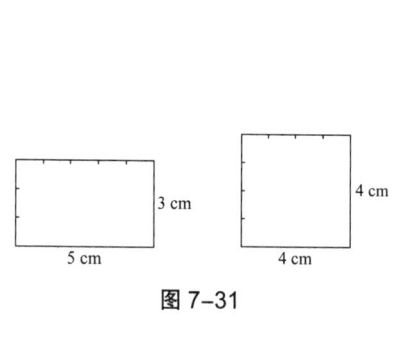

图 7-31

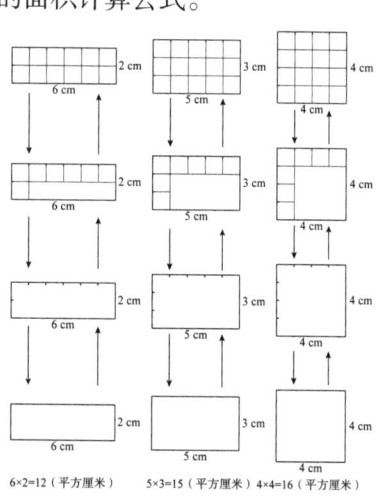

图 7-32

用划一划进行验证是对公式的具体化,如何让学生更好地感受到图7-30中两个关系式之间的联系呢?教师逐步展示图7-32中各个图形由上往下的变化过程,然后引导学生由下往上还原出具体的面积单位。

网格图是测量图形面积的天然的"尺子"。而在利用公式计算时,却是两个长度在相乘。计算得到的乘积为什么可以表示面积呢?用图7-30中的对应关系可以作出解释。在这样的举例验证过程中,形成新的基于乘法数量关系的长方形与正方形的面积计算公式。

(二)举例与表达,进一步理解公式

长方形与正方形的面积是由两个长度相乘的积来表示的。因此,要描述图形的大小,需要从长方形的长与宽或正方形的边长入手。基于以上认识,安排了计算图形面积,寻找实际图形的活动。

教师首先请学生观察教室里有哪些物品的面是长方形或正方形,估测它们的长、宽或边长分别是多少,面积大约是多少;接着分别出示边长是6分米的正方形,长8米、宽3米的长方形,请学生分别计算它们的面积,并找一找是教室中什么物体的面。

"根据几何图形想象出所描述的实际物体"是空间观念的内涵之一。通过上述活动,从长度与面积两个方面刻画实际物体的面,展开想象。

(三)比较与分析,进一步利用素材

回顾作为例题与作为验证的三个图形,可以发现,它们的面积虽然不同,但周长是一样的。这一种情况在上一节课中也出现过,只不过上一节课是为了发现和提出问题,在这里则可以让学生进一步进行猜想。

教师回顾三个已经解决的问题(图7-33中虚框部分除外),提出问题:根据已经解决的问题,你还可以提出什么问题?学生自然地提出后面两个图形的周长各是多少。指名学生解决后,补上图7-33中虚框部分。学生依据信息,发现周长一样的长方形与正方形面积不一样。教师追问:那么,怎样的情况下面积会较大呢?学生发现,图形是正方形时,面积较大。

本节课的面积计算公式的推导,是上一节课分割获得面积单位的学习经验的再利用,体现了课时之间学习

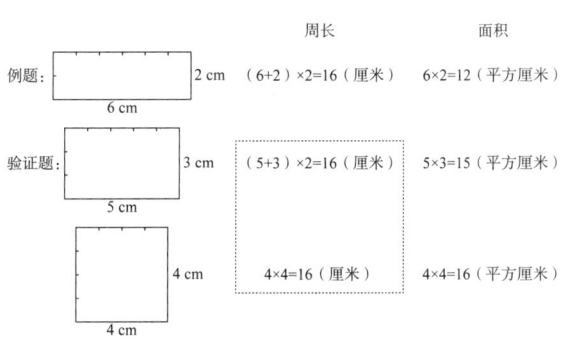

图 7-33

材料设计的层次性与递进性。这样的设计,在学习数学知识的同时积累与应用学习经验。

三、设计分层练习深化学习

图形计算的练习,一般可以分为看图计算与应用问题两个类型。在练习设计时又可以分为基本练习、综合练习与拓展练习这三个层次。

(一)基本练习,形成技能

教师出示图 7-34,请学生分别计算三个图形的面积。计算时要求一看(是什么图形),二找(有什么信息),三列(依据公式列出算式),四算(计算出结果)。本组题还要让学生总结长度单位与面积单位的对应关系。

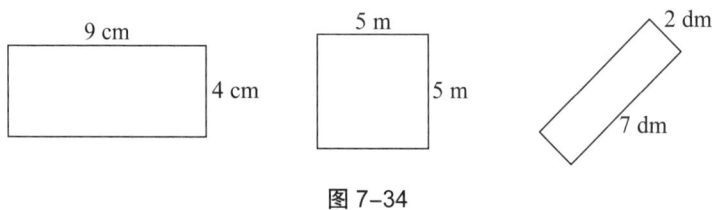

图 7-34

(二)综合练习,加深理解

把直接信息改为间接信息,是编制图形计算综合练习的基本形式之一。

问题 1:花园里有一个正方形的荷花池,周长是 64 米。它的面积是多少平方米?

问题 2:一张长方形餐桌,桌面长 14 分米,宽 90 厘米。需要给这张餐桌配上与桌面同样大小的玻璃,求所配玻璃的面积。

问题 1 需要先根据正方形的周长求出边长;问题 2 则出现长与宽的长度单位没有统一,引导学生学会正确审题找信息。同时,对于问题 2,还可以将错就错,由"乘法"的角度再认识"面积单位"。

教师展示解决问题 2 时出现的两种错误:$14 \times 90 = 1260$(平方分米),$14 \times 90 = 1260$(平方厘米)。学生发现,因为长与宽的长度单位没有统一,所以面积单位无法确定。教师追问:如果这样做,应该是 1260 个什么呢?同时课件出示示意图,把长平均分成了 14 份,每份是 1 分米,把宽平均分成了 90 份,每份是 1 厘米(图 7-35),涂色部分就是其中的一个单位,可以叫做"分米 × 厘米"。请学生说一说"分米 × 厘米"的意思,以及这样取单位不方便的地方。接着展示图 7-36 与图 7-37,分别说明对应的思路,进一步思考"平方厘米""平方分米"分别表示哪两个单位"相乘"的积。这是对面积单位的再认识——面积单位是由两个相同的长度单位相乘得到的积。

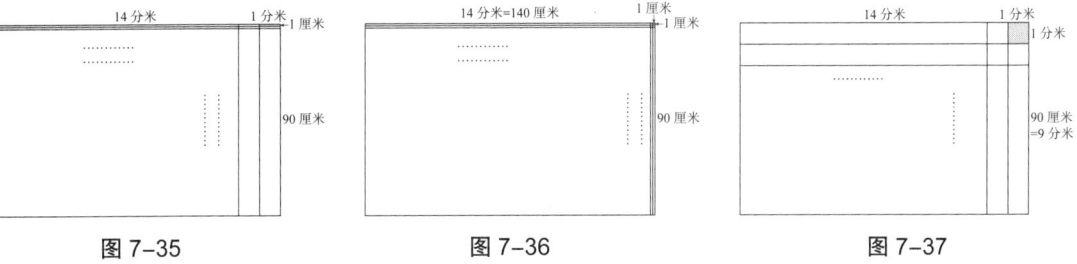

图 7-35　　　　　　　　图 7-36　　　　　　　　图 7-37

（三）用"出入相补"求图形面积

上一节课中，学生为了数出网格中平行四边形与三角形的面积，把图形中占半格的部分拼到了一起。本节课，出示更加复杂一些的平行四边形与三角形，要求学生在数出面积的基础上，用"出入相补"的方法转化成长方形，算出它们的面积。

教师出示图 7-38，请学生说一说它们各是什么图形之后计算。重点评析如图 7-39 所示的做法，说明思考过程，比较两种思路的相同点，概括出转化的思路。最后比较两个图形的计算结果（面积均为 12 平方厘米），从而发现面积相等的图形，形状可以各不相同。

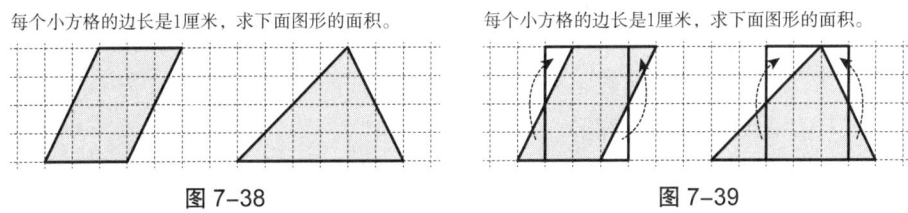

图 7-38　　　　　　　　　　图 7-39

总之，长方形、正方形的面积计算公式与相应的周长计算公式进行类比，实现策略上的迁移，形成一种共同的经验，即一个图形计算公式的推导来源于两个方面，一是所求结果的含义，二是图形本身的特征。依据含义可以进行实际测量，形成最原始的计算方法；依据特征，进行抽象与概括，形成更加简捷的图形计算公式。

第四节
"面积单位间的进率"教学实践

相邻两个长度单位之间的进率是人为规定的，而相邻两个面积单位之间的进率则是推算出来的。教学中，试图让学生在解决实际问题的过程中发现面积单位间的联系，并通过对图示、数据的观察与分析，组织猜想、验证与比较等活动，推算面积单位间的进率，学会合理选择面积单位。

一、在问题解决过程中解决新问题

人教版教材按照先学后用的策略，先学习面积单位间的进率，然后应用面积单位间的进率进行面积单位间的换算。这样安排，数学知识与数学应用分成了两个阶段。是否可以融合，把数学知识的学习"镶嵌"于问题解决的过程中？

（一）依据实物，提出问题

基于上述思考，实际教学时直接创设情境，让学生提出问题，在解决问题的过程中发现与推算面积单位间的进率。

教师出示实物的交通标志牌（图7-40）：这是一块正方形的交通标志牌，你能够提出什么数学问题？学生自然地提出它的周长和面积各是多少，也有学生提出边长是多少。教师追问：这三个量之间有什么联系？学生回答：已知边长，就可以求出周长与面积。

图7-40

依据实物提出问题，是问题提出的策略之一，既可以培养学生的问题意识，也可以让数学问题更有现实意义。当提出多个数学问题时，还可以引导学生对问题间的关系进行梳理，形成问题串。

（二）测量信息，解决问题

在上述三个问题中，一般情况下，边长可以作为已知信息，通过直接测量得到。教师请一位学生用米尺测量，报出测量结果。学生报80厘米，教师追问：还可以说是多长？学生回答：8分米。

测量出边长的信息后，请学生计算出它的周长与面积，并说出分米与厘米之间的进率，猜想平方分米与平方厘米之间的进率。教师板书如图 7-41 所示。

从图 7-41 出发，分米与厘米之间的进率是已知的结论，而平方分米与平方厘米之间的进率只是在一个具体例子的比较中得到的猜想，需要结合两个面积单位的含义进行推算。

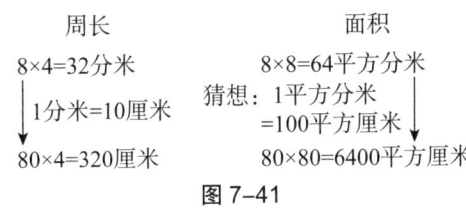

图 7-41

（三）计算验证，推算进率

教师出示图 7-42 的两个正方形网格图，分别表示 64 平方分米和 6400 平方厘米。提问：两个正方形中，每个小正方形分别表示什么？用哪个面积单位更合适？为什么？

学生通过直观图示，认识到用平方分米作单位更加合理，因为"看得清"。这时，教师用两个 1 平方分米的正方形覆盖到两个网格图中，再请学生说一说它们在两个图形中分别表示什么。学生发现，在上图中表示 1 平方分米，在下图中表示 100 平方厘米。再把两个正方形合并成左边的正方形，通过正方形面积计算公式进一步验证，板书形成左下角的推导过程。

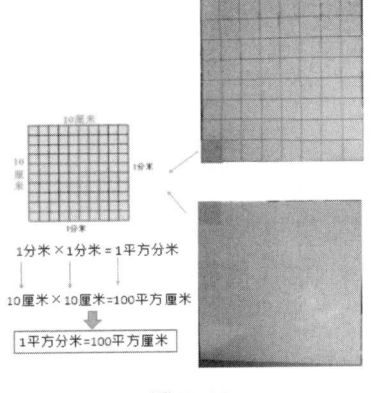

图 7-42

教师进一步引导观察图 7-42 中两组算式，请学生解释为什么平方分米与平方厘米之间的进率是 100。学生发现对应的两个因数都乘 10，所以积就变成乘 10×10=100，所以平方分米与平方厘米之间的进率是 100。

从直觉到推理，逐步推算出平方分米与平方厘米之间的进率，为学习平方米与平方分米之间的进率提供了活动经验。

二、在交流讨论过程中构建新联系

一个"数"加上"单位"就形成了"数量"，数量可以对实物（或事件）进行定量刻画。由于同一类事物（或事件）在某种属性上差异较大，需要构建起具有固定进率的单位体系，以更好地定量刻画物体的属性。面积单位就是在这样的背景下，由长度单位推算所得。基于这样的思考，平方米与平方分米之间的进率，可以从"比较"入手，构建起两者之间的联系。

（一）提出问题，尝试比较

在解决了求交通标志牌面积的问题，推算出平方分米与平方厘米之间的进率之后，教师提出新的问题：64平方分米与1平方米相比较，哪个更大？

从数量比较，64＞1；从单位比较，平方分米＜平方米。因此，有学生认为64平方分米＞1平方米，也有学生认为64平方分米＜1平方米。也就是说，依据直觉无法有理有据地判断结果。

（二）操作演示，进行比较

也有学生从平方米的意义进行思考，提出边长是1米的正方形面积就是1平方米，而面积为64平方分米的正方形边长是8分米，1米有10分米，比8分米大，所以是1平方米大。教师依据学生的回答，用4根米尺围出1平方米（图7-43），直观地看出1平方米＞64平方分米。

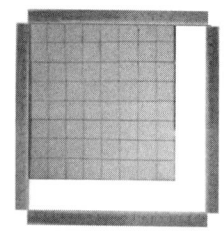

图7-43

结合学习情境，从意义角度描述面积大小，为推算平方米与平方分米的进率做好铺垫。用米尺围出1平方米，是对第一课时中"认识1平方米"操作方法的回顾，既方便又直观。

（三）演算推导，建立联系

依据图7-43的直观演示，以及平方分米与平方厘米之间进率推算的经验。有学生想到新的判断方法，即先推算出平方米与平方分米之间的进率，再与64平方分米进行比较。

教师依据学生的推算思路，逐步形成如图7-44所示的板书。与图7-42中的推算板书一样，在利用正方形面积计算公式进行面积计算时，边长带着单位进行计算，再一次让学生体会面积单位可以看成两个相同的长度单位相乘的积。

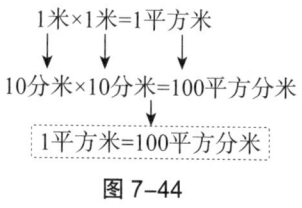

图7-44

抽象概括相邻两个面积单位之间的进率，不仅要让学生有直观的感受，还要能够进行抽象的推理。交流时借助图示与板书，使学生直观地理解、形象地概括。

三、在练习解答过程中形成新技能

如何体现练习的层次性与递进性？首先进行单一的单位换算，形成单位换算的技能；然后结合具体情境，灵活换算面积单位；最后开放问题情境，寻找单位间的联系，把面积单位间的进率纳入常见的量的结构之中。

（一）基本练习，形成技能

面积单位间的换算方法与原来学习的常见量之间的换算方法相同。由于计算能力的限制,如果是"高级单位换算成低级单位",用乘法的意义说思路,如图 7-45 中的前两题;如果是"低级单位换算成高级单位",用包含除说思路,如图 7-45 中的后两题。同时,也可以让学生根据乘法与除法的意义,尝试写出算式,如第 1 小题用"3×100=300",第 3 小题用"900÷100=9"。在计算时,还是运用乘、除法的意义进行推算。若班级学生的思维水平较高,还可以进一步概括出两类换算的关系式。

3平方分米=(　　)平方厘米
15平方米=(　　)平方分米
900平方厘米=(　　)平方分米
1000平方分米=(　　)平方米

图 7-45

(二)综合练习,灵活应用

选择合适的面积单位描述物体表面的面积,是培养学生数感与空间观念的重要策略。

问题 1:有一张桌子,桌面是长 60 厘米、宽 50 厘米的长方形。它的面积是多少?

问题 2:学校要做一块长 4 米、宽 20 分米的长方形告示板,需要多大的木板?

问题 1 学生有三种做法,第一种是直接求出面积是多少平方厘米;第二种是求出面积是多少平方厘米后换算成平方分米;第三种是先把长与宽转化成用分米作单位,再求面积。教师按顺序展示学生的三种做法,通过比较方法 1 与方法 2、方法 3,让学生体会选择合适单位的意义;通过比较方法 2 与方法 3,体会两种方法各自的优缺点。

问题 2 的类型在上一节课中已经出现,这里可以让学生选择其认为合适的方法解决,并说明理由。通过比较,学生感受到对于此题长度单位统一成"米"更合适。在此基础上,教师进行变式,把宽改为"25 分米",让学生尝试解决,体会单位换算需要依据实际情况灵活处理。

(三)开放练习,纳入结构

如图 7-46,这是一组开放性的题组,在括号内填入合适的单位,使等式成立。可以先以第 1 小题为例,引导学生审题,在学生尝试完成后反馈评析,形成填写的思路和可能的填写方法。然后请学生按总结后的思路填写余下几题中符合要求的一种填法。

1(　　)-6(　　)=4(　　)
1(　　)-60(　　)=40(　　)
1(　　)-600(　　)=400(　　)
1(　　)-6000(　　)=4000(　　)
1(　　)-6(　　)=54(　　)

图 7-46

学生完成后,按长度单位—面积单位—质量单位—人民币单位—时间单位这样的顺序集体反馈,发现各类单位间进率的特征,最后进一步分析长度单位与相应的面积单位间进率的联系。

总之,数学知识之间是有联系的,在教学时要引导学生寻找与发现这一种联系,在发现与提出问题、分析与解决问题的过程中,自然而然地获得新的数学知识。在本节课的教学时,把面积单位间的进率的学习"镶嵌"于解决问题的过程中,让数学知识的学习成为问题解决的衍生品,体会数学与现实间的密切联系。

第五节
"铺地砖问题"教学实践

"铺地砖问题"是对"面积"这个单元知识的综合应用。解决此类问题一般有两种思路,即先总后除(思路一)与先分后乘(思路二)。在教学中,结合问题提出的教学策略,让学生在不断提出数学问题的过程中形成解决较复杂实际问题的基本思路。

一、依据信息,提出问题

教师通过引导学生阅读理解信息,鼓励提出问题,形成问题群,并在此基础上根据问题解决所需的知识,对问题群进行分类,形成问题组。

1. 加工例题,理解图中意

教师呈现已删去问题的图片(图7-47),通过提问"工人叔叔在干什么""你能介绍一下如何铺地砖吗",让学生通过动手模拟和语言描述,明白铺地砖就是把地砖一块块铺到地面上去。接着教师追问"你读到了哪些数学信息",引导学生根据图片提炼有效信息。

图7-47

2. 提出问题,形成问题群

在理解并理清图中信息后,教师鼓励并引导学生大胆提出数学问题。

师:同学们,根据这些信息,你能提出哪些数学问题?

生1:客厅的面积是多少平方米?

生2:方砖的周长是多少分米?

在学生提出问题的过程中,教师将问题一一罗列在黑板上,形成散乱无序的问题群,如图7-48所示。

> 客厅的面积是多少平方米?
> 方砖的周长是多少分米?
> 方砖的面积是多少平方分米?
> 铺客厅地面需要多少块方砖?
> 客厅的周长是多少米?

图7-48

3. 分类问题，合成问题组

教师在充分肯定学生能自主提出许多问题后，引导学生进行思考并提出自己的想法。讨论对所提问题进行整理归类，如图7-49所示。

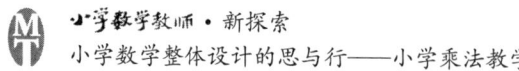

图 7-49

在本环节通过隐藏问题，引导学生根据信息提出问题，以培养学生的问题意识。

二、梳理问题，形成思路

对问题进行分类整理后，以找"有意思的问题"为切入点，促进学生继续思考所提的问题"有意思"在哪里。在此过程中，引导学生理解什么是"好问题"，并帮助学生建构不同"问题组"之间的联系。

1. 评析问题，理解结构

"好问题"有助于学生对所提问题进行深度思考，成为学生学习的助推器。因此，教师组织学生评析各个"问题组"时，思考怎样的问题具有探究价值，并说明理由。在对比、交流中感悟"好问题"，逐步形成解决该问题的策略。

师：你觉得哪个问题最有意思，说说这个问题有意思在哪儿。

生1：我觉得客厅需要铺多少块地砖最有意思，因为解决这个问题需要求出客厅的面积和方砖的面积。

生2：求铺多少块地砖的问题也包含了求地砖面积和客厅面积两个问题。

2. 形成思路，解决问题

学生在提出和评析问题时，已对解决地砖块数问题形成了解题思路一。本环节主要引导学生关注单位间的转化，理解算式含义，沟通和除法意义之间的联系，追本探源，探索知识本质。

（1）根据提示，尝试解决问题

教师请学生根据刚才的提示解决问题。

（2）交流汇报，确立解题思路

在本环节，通过汇报，不断引领学生理解每一步所表示的意义。

生1：我先求出客厅的面积是6乘3等于18平方米，再求出正方形地砖的面积是3乘3等于9平方分米；然后把18平方米转化成1800平方分米；最后用1800除以9等于200块。也就是说，客厅需要200块地砖才能铺满。

师：大家同意他的解题思路吗？谁还有不同的想法？

生2：我是先把3米转化成30分米，6米转化成60分米，再求出客厅的面积，后面的方法是一样的。

……

师：在具体答题中，同学们都非常仔细，发现各数量间的单位没有统一，所以必须进行单位换算，这样才能进行运算。

（3）追本探源，探索知识本质

在厘清思路的基础上，建构解决这类问题的基本模型，有助于帮助学生在已有知识体系中建构新的知识联结网。因此，教师顺势抛出问题：为什么要用除法解决？引导学生主动思考与已学的除法知识之间的联系，如图7-50所示。

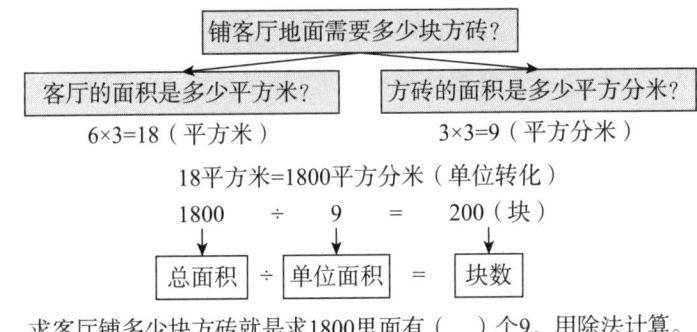

求客厅铺多少块方砖就是求1800里面有（　　）个9，用除法计算。

图7-50

生1：求需要多少块方砖，就是求1800中包含几个9，而除法的意义就是求一个数包含几个几的运算，所以要用除法计算。

生2：我觉得客厅面积1800平方分米就是总数，方砖面积9平方分米就是每份数，求方砖块数就是求份数，而总数÷每份数=份数，所以求方砖数需要用除法来求。

师：原来，铺地砖问题中求块数就是运用除法解决的，也就是求一个数包含几个几的运算。真棒！

3. 验证结果，思路变式

验证结果的方式有多种，本节课采取数形结合的方式，通过直观的密铺，再与长方形的面积计算公式相联系，归纳解决问题的新思路。

（1）动态演示，思考验证

教师通过课件演示，引导学生思考怎么铺，每边铺多少，一共铺几块，层层追问检验结果（铺200块方砖）的准确性。

师：通过讨论，大家认为一排排铺才会不遗漏、更美观，我们一起跟着课件来数一数每排可以铺几块。（出示图7-51）

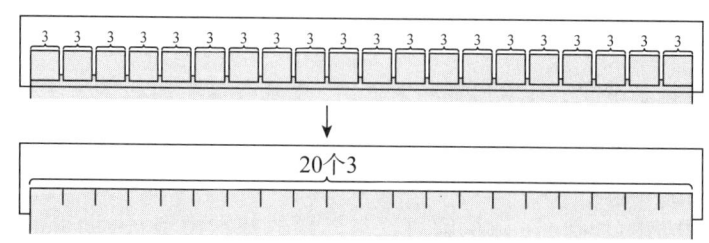

图7-51

师：为什么每边是20块，除了数一数，还有其他方法吗？

生1：因为6米等于60分米，正方形方砖的边长是3分米，所以60里面有20个3，也就是客厅的长需要铺20块方砖。

同样可以得到客厅的宽需要铺10块。教师根据学生的回答，将正方形的排列转化为单位线段的排列。

师：200块砖在哪里？说说你是怎么理解的。

生3：只要20乘10就可以了，每排铺20块，有这样的10排，所以20乘10等于200块。

（2）回忆过程，思路变式

通过图示验证所得结果正确，教师顺势请学生回忆验证过程，说说如何求出200块方砖，从而形成解题思路二，即先分别求出客厅长和宽分别铺方砖的块数，再相乘求积，就可求出方砖总数。

（3）知识对比，求同存异

形成思路二后，教师继续追问：我们在哪里见过这样的求法？让学生认识到求面积的推导公式也是如此。由此追问：求面积和求方砖块数的异同点有哪些？（图7-52）

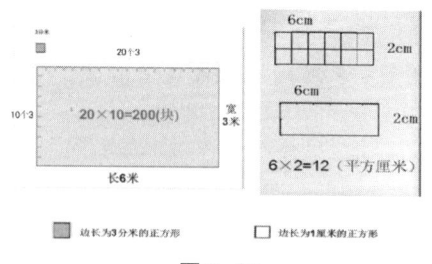

图7-52

生：求面积时每格的长度都是1，算起来简单；但是求块数时，正方形地砖的边长是3，求总块数时感觉麻烦一点。

师：确实，因为面积单位都是每边有几个1，算起来简单，甚至可以不算；但是方砖的边长不是1,所以算着麻烦。也就是基本单位量的不同,导致结果不同。

综合来说,铺地砖问题存在两种解决思路。思路一,先求总数再相除,是基于除法意义的理解以及大量的经验积累,学生易于理解和掌握;思路二,先分再求积,其思想是基于面积公式的推导过程。在具体教学过程中,顺应学生思维,关注过程理解,验证中学新思路,从而打通两种思路的关系,求同存异找共性,帮助学生构建解决此类问题的清晰概念。

三、解决问题,灵活思路

在解决问题的过程中,要引导学生灵活运用最佳策略快速解题,还要帮助学生看到解题过程中不同策略的局限性,如思路一的局限性在于它只适合在整除范围内求块数。

1. 提问互答,巩固思路

练习环节,教师在小结前面知识的基础上顺势提问:根据所学的知识,还可以提出哪些能用"先总后除"或"先分后乘"解决的数学问题呢?

生1:我提的问题是:学校廊道长20米,宽2米,用4平方分米的方砖铺地,需要多少块方砖?我是用思路一解答的。20乘2等于40平方米,40平方米等于4000平方分米,4000除以4等于1000块方砖。

生2:这个问题不可以用思路二解决,因为不清楚方砖的边长是多少。

生3:其实也是可以的,4平方分米方砖的边长就是2分米,因为4除以2等于2。

……

经过生生之间的交流,教师的适时引导,学生形成了解决此类问题较好的能力。

2. 疑中归纳,完善理解

在交流过程中,运用好生成资源,引导学生在过程中发现、归纳解决此类问题的注意点,提升对此类题型的深刻理解。

生1:老师,我的题(图7-53)用思路一,24乘15的积除以6乘6的积等于10,所以可以剪10个正方形。可是,用思路二15除以6有余数了,没办法验证。

生2:我觉得这道题有问题,不能剪出10个正方形,因为宽15厘米不能剪出完整的正方形。

师:可能有些同学不太理解,大家可以借助画图来帮助理解。(出示图7-54)

学生问题二:
我想用正方形纸画卡通人物。我先在一张长24厘米、宽15厘米的纸上剪出边长为6厘米的正方形,最多可以剪几个?

图7-53

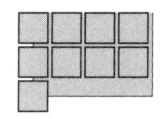

图7-54

通过动手操作，学生理解了本道题不能用思路二解决，因为宽有余数。接着，教师顺势提问：什么情况下不可以用思路二？

通过小组讨论，得出：如果对应的长和宽都能被正方形的边长整除，那么两种方法都适用；如果其中的一边无法被正方形的边长整除，那么只能用思路一。学生通过分析自己所提的问题，发现知识运用与实际运用中的差异。这样的契机非常适合学生深入探析数与量在实际运用中的差异，有助于学生作出精准的分析与判断，培养数学应用意识。

整节课，通过让学生提出问题并分析问题，充分了解了学生的解题思维，并在问题提出的过程中思考和感受不同方法间的差异与局限，提升思维品质。

第六节
"面积"单元拓展课

本节课是建立在"面积"单元整体设计的基础之上。在本单元第一、二节的学习时,结合具体的图形计算,学生已经初步认识周长相等的长方形和正方形面积并不相等,也初步感知了变化的规律。在这样的基础上,本节课通过操作、计算与比较,让学生逐步总结面积相等的长方形和正方形的周长变化情况。再进一步提出问题,归纳总结周长相等的长方形和正方形的面积变化关系。在教学过程中,逐步培养学生发现与提出问题、分析与解决问题的能力。

一、折一折、算一算,发现与提出问题

问题是学习的动力和起点。以教材内容为依托,创设观察长方形纸、对折长方形纸等多种活动,鼓励学生大胆发现问题、提出问题。

(一)观察长方形,积累信息

课始,教师出示一张长方形卡纸。

师:用数学的眼光观察这张纸,你能提出哪些数学问题呢?

生:它的周长是多少?面积是多少?

师:你能解答吗?

生:不能,需要知道它的长和宽各是多少。

教师出示数据6分米和4分米,学生计算面积和周长。

"问题"是课堂教学的心脏。学生从数学的角度提出有思考性、有价值的问题,能够引领学生掌握探究规律的学习方法,提升学生的学习能力。

(二)对折长方形,发现问题

教师出示两张面积相等的长方形卡纸,提问学生可以怎样对折。学生回答可以上下对折,左右对折。依据学生的回答,出示图7-55。

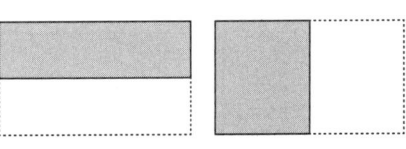

图7-55

教师请学生仔细观察这两个对折后的长方形，提出数学问题。学生提的问题大致可以分为以下两类：一类是它们的周长与面积分别是多少；另一类是哪个长方形的面积大，哪个长方形的周长长。

教师进一步提出要求：周长与面积大家都会计算，如果要求不计算，你能比较它们的面积与周长吗？

有学生认为，它们的面积都是原来长方形面积的一半，所以面积相等；它们的周长也都是原来长方形的一半，所以周长也相等。有学生提出异议，它们的周长不相等。有学生建议计算一下结果，用数据来"说话"。

（三）观察计算结果，提出问题

学生计算两个长方形的周长和面积，得到两个长方形的面积都是 12 平方分米，周长分别是 16 分米和 14 分米。学生发现，两个形状不同的长方形，它们的面积相等，周长不一定相等。

让学生再找面积是 12 平方分米，但形状不一样的长方形。学生找到长边是 12 分米，短边是 1 分米的长方形。教师出示三个面积是 12 平方分米，但形状不一样的长方形，如图 7-56 所示。

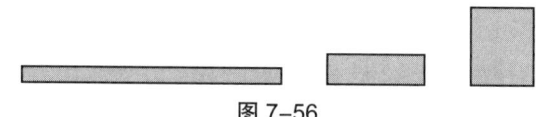

图 7-56

教师提示：面积相等的长方形，它们的周长是怎么变化的？有什么联系呢？学生提出新的问题：面积相等的长方形，长和宽越接近，周长是否就越小？

通过直观的操作与具体的计算，积累起"形"与"数"这两个方面的学习材料，在观察图形、比较数据的过程中，自然而然地发现与提出问题。

二、涂一涂、算一算，分析与解决问题

通过折一折、算一算等操作活动，学生提出问题并进行了假设。在此基础上，通过涂一涂、算一算进一步进行研究，力求在探究具体关系的过程中深化对概念的理解，积累数学研究的经验，提高归纳推理的能力。

（一）举例验证，发现规律

这个猜想是否正确呢？学生建议再举一个面积是 16 平方厘米的例子，在网格图上涂一涂，并描出它的外框，再完成研究单。

形状	长边/厘米	短边/厘米	周长/厘米	面积/平方厘米
	16	1	34	16

（续表）

形状	长边/厘米	短边/厘米	周长/厘米	面积/平方厘米
	8	2	20	16
	4	4	16	16

通过完成研究单，学生顺利地验证了前面的猜想：面积相等的长方形，长和宽越接近，周长就越短。

接着，教师把求面积的几组数据分别写成乘法题组（图7-57），用两个数的"和"与"积"说一说规律，总结得到：积相同，两个数越接近，它们的和越小。

$12\times1=12 \quad 16\times1=16$
$6\times2=12 \quad 8\times2=16$
$4\times3=12 \quad 4\times4=16$

图7-57

在举例验证中发现规律，是一种不完全归纳法，也是合情推理的主要表现形式。在教学中需要充分展示探究的过程，依据数据反映出面积的不变与周长的变化趋势。

（二）回顾操作，应用规律

学生再次回顾长方形对折的操作过程，发现把短边对折，得到的长方形周长一定最长。因为把短边对折，周长中有两条长边，而把长边对折，周长中有两条短边，肯定是把短边对折时周长长。

在此基础上，出示一张不知道长、宽具体数据的长方形卡纸，请学生思考怎么对折周长一定会最长，为什么。有学生会想到，不管怎么对折，对折后的面积是相等的，都是原长方形面积的一半，而面积相等的长方形，长和宽相差得越大，周长就越长。

学生这样的想法就是把发现的规律进行应用，又呼应了前面的教学，感受到知识之间的联系，从而培养了空间观念，提升了解决问题的能力。

（三）梳理反思，提出新问题

师生一起梳理之前的探究过程：在对折长方形的过程中，发现了问题——面积相等的长方形，周长不一定相等；在寻找面积相等，但形状不一样的长方形过程中，提出了问题——面积相等的长方形或正方形，周长的变化规律是什么；在网格图中涂长方形的过程中，解决了问题——长方形的面积相等，长和宽越接近，周长就越短。

教师追问：你有没有新的想法或新的疑问呢？学生提出新的问题：周长不变时，面积是如何变的？

分析并解决了问题，并不是学习的终点，教学的目的不是把"有问题"的学生教成"没有问题"的学生。当学生解决了一个问题，或者学习完一个内容后，鼓励学生发现和提出新问题。提出新的问题，是学生基于已有的认识对自身的突破。在解决问题的过程中不断让学生发现和提出新的问题，才是教学的重要意义。

三、围一围、算一算，应用与积累经验

经过前面两轮的操作，学生解决了问题，形成了一定的学习经验，又提出了新的问题。下面，就可以应用之前的学习经验来解决新的问题，从而形成问题—解决问题—提出新问题—解决新问题……这样一个不断持续的"问题串"。

（一）举例验证，解决问题

出示题目：用一根16厘米的绳子围一个长方形或正方形，可以怎样围？有什么发现？

学生在网格纸上围一围，并完成研究单。

长边/厘米	短边/厘米	周长/厘米	面积/平方厘米
7	1	16	7
6	2	16	12
5	3	16	15
4	4	16	16

学生发现：周长不变时，长与宽越接近，面积越大。

（二）变式练习，拓展思维

一根长24米的绳子一面靠墙围长方形（图7-58），围成正方形时面积最大吗？如果不是，该如何围呢？

先让学生思考一面靠墙是什么意思，再用课件演示靠墙边与相邻边的长度关系，然后完成表格。

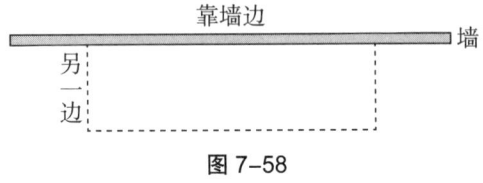

图7-58

靠墙边/米	22	20	18	16	14	12	10	8	6	4	2
相邻边/米	1	2	3	4	5	6	7	8	9	10	11
面积/平方米	22	40	54	64	70	72	70	64	54	40	22

学生发现，围成边长是8米的正方形，面积是64平方米，不是最大的；而靠墙一边是12米，相邻边是6米时，面积最大。学生猜想：靠墙边是相邻边的2倍时，面积最大。这个结论是否正确，学生用16米长的绳子围进行验证，列表如下：

靠墙边/米	14	12	10	8	6	4	2
相邻边/米	1	2	3	4	5	6	7
面积/平方米	14	24	30	32	30	24	14

观察比较上面两张表格和图 7-59，先分别找出面积最大时长方形的靠墙边与相邻边的长度，再比较两边的长度有什么规律。观察比较后发现规律：一边靠墙，周长一定的情况下，靠墙边的长度是相邻边的 2 倍时，围成的长方形面积最大。

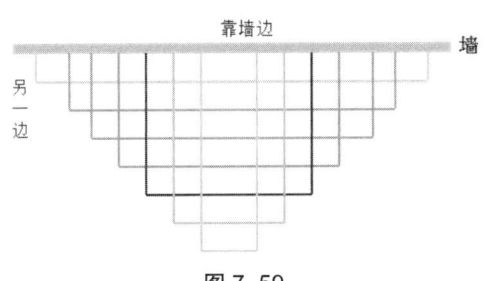

图 7-59

这一环节中，从不靠墙到一面靠墙，在不同问题情境下让学生灵活地经历解决问题的过程。一个好的数学问题就是不能让学生产生思维定势，而是要学会灵活应对。当一面靠墙的时候，学生会迁移前面周长相等的长方形和正方形面积的变化规律的经验，认为长和宽最接近的时候面积最大，但事实并非如此。学生刚建立的模型被打破了，拓展了学生的思维。

（三）回顾反思，形成策略

教师出示图 7-60，指出这是本单元第一节课的内容，请学生用周长与面积的变与不变说一说其中的规律。学生发现面积不变，周长围成正方形时最短。教师进一步指导学生找一找原因，发现围成正方形时重叠的小正方形边有 4 条，而其他的图形只有这样的 3 条。

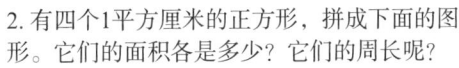

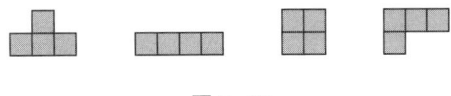

图 7-60

第二节课，通过计算，发现周长相等的长方形或正方形，它们的面积是不相等的（图 7-61）。

这节复习课我们进一步来研究了长方形、正方形周长和面积之间的关系，在这个单元刚开始时已经有渗透了。所以我们在平时的图形计算时要善于思考，能够及时发现问题、提出问题，并能够举例验证。这样我们就可以发现很多有意思的数学规律。

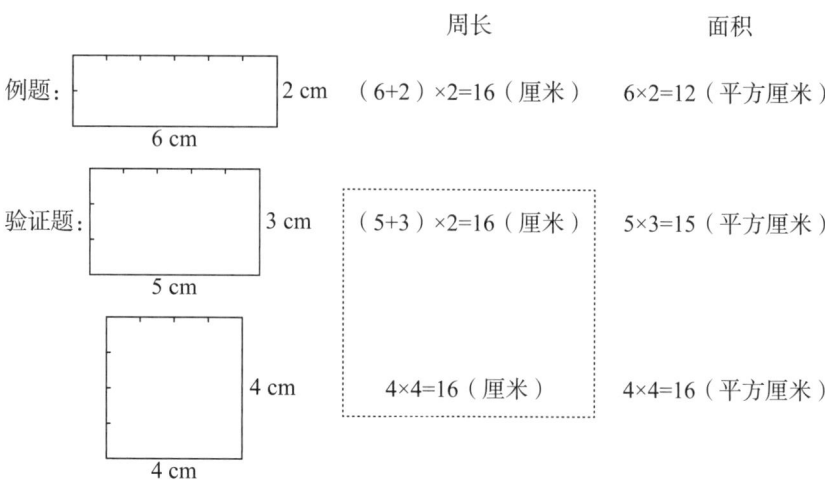

图 7-61

本节复习课主要围绕"面积一定时,周长如何变化"以及"周长一定时,面积如何变化"两大主题展开,进一步研究了长(正)方形周长和面积之间的关系。设置不同的问题情境,让学生通过折一折、涂一涂、围一围等动手操作,探究图形计算中的规律,通过有联系的操作活动发现与提出数学问题,经历举例与计算,总结规律并适当应用。从中可以发现,问题提出在课堂上能够提供更多的学习机会和挑战,通过"问题提出"提升学生的"问题意识",感受数学与现实、数学与数学之间的内在联系,并在分析与解决问题的过程中体会"再发现"的乐趣,从而激发数学学习的内驱力,有利于深度学习。

第八章
四则运算

　　把"四则运算"这一个单元也纳入小学乘法的整体设计之中，是因为乘法作为"四则运算"中的四种运算之一，与加法和除法有着密切的联系。加法中合并的含义是乘法基本意义形成的基础，而除法与乘法的联系则体现在运算之中，即除法是乘法的逆运算。同时，关注到"四则运算"在2003年版的人教版教材中被删除了，直到2013年版才再次回归，但此时的课程内容、教学目标的设定、学习材料的选择、学习活动的组织也会发生很大的变化。本章从教材比较、课程定位与策略迁移等视角，对回归和新增的教学内容展开实践研究，形成基本的研究策略和生动的教学案例。

第一节
"四则运算"整体设计

2013年教育部审定的人教版《数学》四年级下学期"四则运算"(以下简称"2013年版四则运算"),与2003年教育部审定的人教版《数学》四年级下学期"四则运算"(以下简称"2003年版四则运算")相比较,发生了很大的变化。"四则运算的意义"(包括"加法与减法的关系""乘法与除法的关系")和"中括号"又重新编入教材,同时,新增了问题解决——租船问题。对于回归的内容,随着学习背景与意义的变化,需要进行重新定位;对于新增的内容,则可以横向比较,从"类"的角度提升学生问题解决的能力。

一、回归——不是简单的重复

小学数学教材是"课程标准"或"教学大纲"的具体化。每次"课程标准"进行新一轮的修订,总会有一些原本被删去的内容重新回归。这些回归的内容如何教?可以回顾它们之前在教材中的编排情况,为重新定位这些内容的教育意义做准备。为此,把"四则运算的意义"与1983年版人教版《数学》第八册第一单元"四则运算的意义和运算定律"(以下简称"1983年版四则运算的意义")进行比较,把"中括号"与1983年人教版《数学》第八册第二单元"四则混合运算和应用题"(以下简称"1983年版中括号")进行比较。

(一)单元的组合发生了变化

"1983年版四则运算的意义"与运算定律组合成一个单元,如图8-1所示。这样的组合,从运算的角度分成了三个板块,分别是运算意义、运算关系与运算定律,并把加法与减法、乘法与除法分成两个层次进行编制。

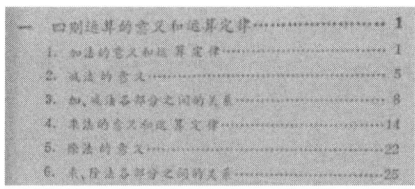

图8-1

"1983年版中括号"是第二单元第一板块四则混合运算的例3（图8-2），而没有括号与有小括号的四则混合运算在本册学习之前已经掌握，本单元中的例1与例2只是结合简便运算进行了运用（图8-3）。

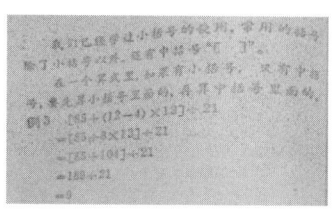

图8-2

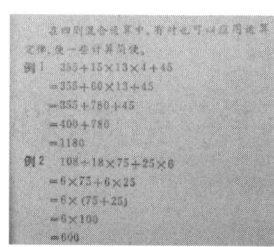

图8-3

反观"2013年版四则运算"，把原版本中两个单元的内容组合到同一个单元之中，可以更好地总结四则运算的发展脉络，整体感受从简单的一步运算到复杂的综合算式的学习过程。

（二）课时的编排进行了调整

进一步分析可以发现，"1983年版四则运算的意义"不是作为一个整体进行编排，而是被运算定律所分割，强调了四则运算与简便计算之间的关系。而"2013年版四则运算"更加重视四则运算意义的理解。

"1983年版中括号"的引入采用谈话的形式（图8-2）；"2013年版四则运算"中"中括号"的引入采用递进比较的形式（图8-4），让学生通过计算，经历运用"括号"改变运算顺序，从而引起运算意义与计算结果变化的过程。

（三）对后续学习的影响不同

"1983年版四则运算的意义"中还包括"求未知数 x"，图8-5总结了关系式"一个加数 = 和 − 另一个加数"。也就是说，"加、减法的关系""乘、除法的关系"是"求未知数 x"的运算依据，当然也成了后续学习"解方程"的运算依据。"1983年版中括号"之后接着的就是"三步复合应用题"，是四则混合运算的实际应用。

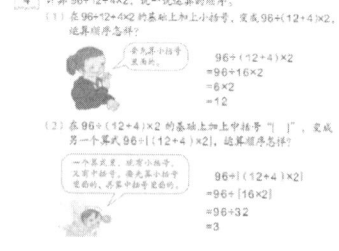

图8-4

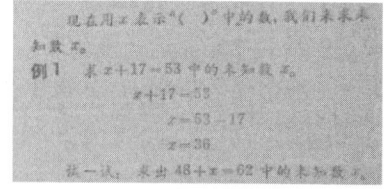

图8-5

《义务教育数学课程标准（实验稿）》的内容标准中，在"解方程"之前没有安排"求未知数 x"，而解方程的依据是"等式的性质"；基于应用问题列成综合算式规定不超过两步运算。也就是说，"四则运算的意义"和"中括号"对后续学习没有产生影响,因此被删除了。尽管在《义务教育数学课程标准(2011年版)》的内容标准中实现回归,但是同样对后续学习没有产生影响。因此,我们需要重新定位"四则运算的意义"和"中括号"的教学意义。

二、定位——赋予新的教学意义

把"双基"拓展为"四基",是《义务教育数学课程标准(2011年版)》课程总目标的亮点之一,"基本活动经验""基本数学思想"成为数学素养的重要指标。"四则运算"是从一年级就开始学习的内容,在本单元之前已经积累了大量的学习基础,如何从中选择合适的学习材料,组织合理的学习活动,达成"四基"？在原有小括号改变运算顺序的学习基础上,如何引导学生自主探究,经历"再创造"中括号？

(一)总结与完善数学认知结构

"四则运算的意义"在本单元学习之前已经有了丰富的多层次的认识。图8-6是加法已有的认识层次,由并列关系的实际问题概括出加法运算以及各部分名称,再学习递进关系的加法,最后学习相差关系中的加法。因此,同样是加法算式"3+1=4",对应于实际问题有如上三类结构。进一步思考,"四则运算"又可以分为"合"与"分"两种意义,加法与乘法表示"合",减法与除法表示"分","分"与"合"又是可逆的。经历这样的思考,可以更好地构建起"四则运算"的概念结构。

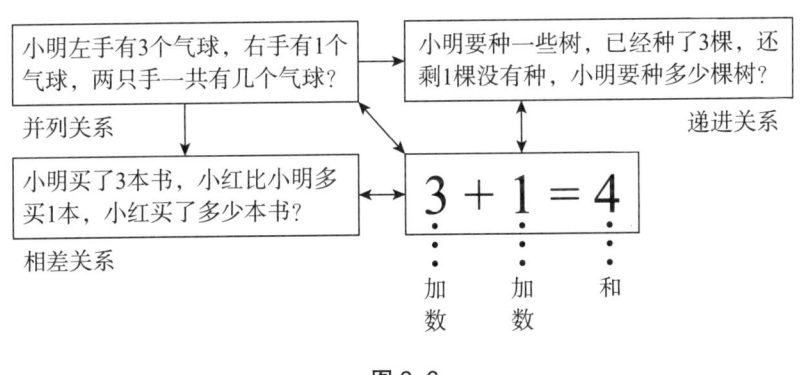

图8-6

同样地,"中括号"一课是在原有"四则混合运算"顺序进行总结的基础上,在添加小括号后,如果还要改变原来的运算顺序,需要"创造"新的括号,从而形成更加完善的"四则混合运算"的运算规则。

总之,本单元中回归的内容,是对"四则运算"和"四则混合运算"的总结、提炼与发展,让学生充分回顾原有的学习基础,通过观察、比较、举例与概括等学习活动,完善"四则运算"与"四则混合运算"的认知结构。

(二)经历数学活动经验积累的过程

"数学活动经验的积累"来自于对数学活动过程的回顾与反思,也是结构化学习的产物。"四则运算的意义"分为"加、减法的意义"与"乘、除法的意义"两个紧密衔接的课时,这两个课时在选择学习材料、组织学习过程中均可以相互对应。具体地,第一课时分为三个板块,第一个板块是加法意义的构建,结合具体的加法运算,概括出加法的定义与关系式,再通过列举现实情境下的加法模型,构建起加法的数量关系体系(图 8-6);第二个板块由加法算式联系到减法算式,从而概括出减法的定义,以及与加法的"逆运算"关系;第三个板块是利用"加、减法的关系"进行运算推理。同样地,"乘、除法的意义"也可以由这三个板块组成。

"中括号"一课作为"整数四则混合运算"的总结课,可以结合"整数四则运算"计算过程中感受到的结果大小的变化规律,通过运算顺序的变化,得到符合要求的运算结果(图 8-7)。这样的设计,培养了学生的数感,也为后续学习小数、分数乘除法运算中出现"越乘越小""越除越大"形成明显的对比。

> 改变运算顺序,让结果变正确。
> (1)96÷12+4×2=12
> (2)96÷12+4×2=3

图 8-7

一般地,"数学活动经验的积累"可以分为"活动""总结""运用"这样三个阶段,"活动"时要让学生充分地经历学习过程,"总结"时能够清晰地梳理思考的步骤,"运用"则是在后续学习时能够应用习得的经验自主学习。

(三)重视数学基本思想的渗透

数学基本思想体现了数学思维的特征,一般认为数学基本思想包括数学抽象、数学推理与数学模型。这三种基本思想在回归的三个课时的教学中,均可以很好地渗透。

"四则运算意义"的概括,渗透了数学抽象的思想。以加法为例,学生有"加法算式"与"解决问题"两个层次的认识,从加法的定义——把"两个数合并成一个数的运算"分析,根据"加法算式"进行抽象概括更加合理,具体的学习序列为"加法计算(三至五题)—线段图演示算式各部分的关系—概括加法的意义"。在上述思路中,加法意义的抽象对象是具体的加法运算,并结合线段图进行几何直观,让学生直观地感受到加法运算过程中合并的过程。

概括出加法的意义后,再让学生依据具体的算式如"20+30=50"编应用问题,从实际例子中发现加法应用问题三类不同的现实结构及相互联系。这一过程,把"20+30=50"看成一个加法的模型,通过列举实例,抽象的加法模型与具体的数量关系构建联系。

减法的意义又应该如何概括呢?从减法的定义可以看出,它是由加法运算改编成减法的运算之后进行的概括。因此,选择其中的一道加法题改编出两道减法题,然后提问:那么,减法又是怎样的一种运算呢?从"减法是加法的逆运算"这一视角,用数学推理的方法概括减法的意义和加、减法的关系。

总之,达成"四基"需要"三线并进",明线是数学知识学习的过程,暗线是基本思想方法的渗透,连线则是通过不断"活动""回顾""总结"而获得的数学活动经验。

三、生长——从类的角度提升问题解决的能力

《义务教育数学课程标准(2011年版)》的课程目标中把"问题解决"由"三能(提出问题、理解问题和解决问题)"细化为"四能(发现和提出问题,分析和解决问题)",为此,在一些单元中专门编制了"问题解决"的内容,本单元新增的"租船问题"就是其中的一个例子。"问题解决"能力的培养需要一个长期的过程,因此把这些分散在各个不同单元中形式各异的"问题解决"的内容进行适当的分类,发现同类"问题解决"的共同处,完善与形成相对统一的问题解决的策略,以利于循序渐进地培养"问题解决"的能力。

(一)寻找租船问题的同类

依据难易程度与解决问题的思路,可以把教材中的问题解决分成三类。第一类是基于规范的数量关系的问题解决,如一年级加法和减法的应用问题,主要是运算意义在现实生活中的直接应用;第二类是基于数量关系的较复杂的解决问题,如本单元的"租船问题",需要联系实际,按照一定的策略逐步解决;第三类是非数量关系的解决问题,如一年级学生用若干个球、圆柱、长方体与正方体搭一个立体图形,其目的是通过操作活动,感知这些立体图形的特征。

解决"租船问题"(图8-8),一般要经历如下的步骤:一判——租哪种船省钱;二算——都租这种船要多少钱;三调——怎样调整可以更省钱;四选——选择其中最省钱的方案。

图8-8

租船问题信息量大,需要进行规范、严谨的思考才可以完成。如果没有前期类似的问题解决策略的训练,后期没有进一步的巩固,只是独立地进行教学,其教学难度较大。因此,寻找到与租船问题同样类型的例题(下表),试图通过对这

些例题进一步进行分析比较，设计大致相同的教学思路，以利于解决问题策略的迁移。

年级	单元	例题
三年级上	第三单元　测量	例9　两车运煤问题
三年级下	第五单元　面积	例8　铺地砖问题
四年级下	第一单元　四则运算	例5　租船问题
五年级上	第一单元　小数乘法	例9　分段计费问题
六年级上	第六单元　百分数（一）	例5　判断变化问题
六年级下	第二单元　百分数（二）	例5　哪个商场更省钱

（二）经历问题解决的全程

分析第二类例题，由于其信息较多，可以提出不同层次的多个问题，提问的数量与质量可以反映学生的"发现和提出问题"的水平。基于这样的思考，逐步形成了经历问题解决全程的教学设计思路。

1. 依据信息，提出问题

教师只出示例题中的信息，让学生依据信息自己提出不同的问题，然后交流汇报，形成问题群。例如，"租小船每人（至少）多少元？""都租大船，一共要多少元？""怎样租用钱最少？"

2. 梳理问题，体会价值

引导学生对提出的问题进行梳理，寻找问题的异同，体会问题的不同作用与价值。

第一层次：（1）租大船每人（至少）多少元？（2）租小船每人（至少）多少元？

第二层次：（3）都租大船，一共要多少元？（4）都租小船，一共要多少元？

第三层次：（5）怎样租用钱最少？

通过梳理分层，又可以发现新的问题，如从第一层次的两个问题中又可以提出新的问题：租哪一种船每人付的钱数少，最后进行比较，发现第三层次中的问题更有价值，是真正的租船问题。

3. 寻找联系，形成思路

寻找问题之间的联系是分析问题形成解决问题思路的重要策略。在"租船问题"中，第一、二层次的问题成为一个一个的中间问题，经过串联就成为了解决第三层次问题的思路，同时，删去一些与之无关的问题（如只租小船需要多少元）成为问题串。

表格中其他五个课时均按以上的教学策略创设数学情境，自己发现和提出不同的问题，对提出的问题进行分析与梳理，形成问题串，进而形成问题解决的思路。

(三) 不断变式让策略一般化

数学学习过程是一个循序渐进、不断完善的过程。以上基于数量关系的较复杂的问题解决，例题提供的往往是较为典型的结构，在此基础上，通过改变情境或信息，让解决问题的思路变得更加严谨，解决问题的策略变得更加丰富。

"租船问题"的练习中，出现了"租车问题""运煤问题"等，情境变了，但思路没有变化，从而把"租船问题"转化成"租船类问题"。进一步改变其中的数据，出现不一定坐满（或装满）才是最省钱的情况，感受完整思考的重要性。再进一步变式，发现"租船类问题"实际上与假设法的思路一致，体会策略的一般化。

总之，本单元中四则运算意义与各部分关系内容的重新回归，让学生对于包括乘法在内的四则运算的含义及相互联系有了更加全面的回顾与认识；"中括号"的回归则可以让学生再次体会括号改变原有运算顺序的作用；而新增的租船问题，体现了基于数量关系的四则运算在解决问题过程中的现实意义。经历这样的三个层次，对于四则运算有了更加立体的建构。

第二节
"加法、减法的意义与关系"教学实践

　　一般地,我们认为的抽象都是从具体的情境中来的。实际上,在数学学习中,还有许多从数学抽象的结论中进行再抽象的情况,四则运算的意义的学习就是这样的一个过程。同时,概括出四则运算的意义之后,再列举实际问题,发现有一些解决实际问题的数量关系可以用运算定义直接解释,有一些却是间接延伸。

一、加法意义的理解

　　用什么作为学习材料概括加法的意义?通过对加法定义的理解,用具体的加法进行概括,比用解决问题引出加法再概括出加法的定义更加合理,再通过依据相同的算式编写出不同类型的应用问题后进行比较,加深对加法意义的理解。

(一)通过计算感知加法含义

　　教师出示如图8-9所示的三道加法算式,请学生依次口算出结果后提问:这三个算式有什么相同的地方?当学生回答是"加法"后,教师提出问题:那么,它们又是怎样加的呢?教师用线段图演示"20+30=50"相加的过程(图8-10中去掉三个虚线圈)。接着,请学生用手势演示"加"的过程(图8-10中分别圈出两个加数圈,再圈出和),并用这样的手势演示余下两道计算题"加"的过程。

20+30=
130+140=
200+300=

图8-9

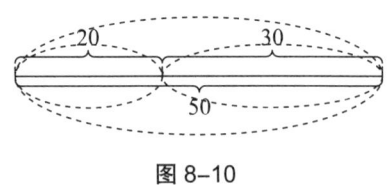

图8-10

　　经过以上的操作体验,教师追问:通过刚才的手势,你能够说一说"加"是什么意思吗?学生可以自然地发现"加"实际上就是"合并"。

(二)观察算式概括加法意义

　　由加法运算过程的直观演示感知"加"的含义后,教师提问:那么,加法是怎样的一种"运算"呢?请学生观察加法算式与图示说一说。当学生概括出加法的定义后,再进一步抽象得到加法的关系式"加数 + 加数 = 和"。

在对数学概念下定义时，找准概念形成过程中最切合的原型十分重要。把加法的计算过程作为概括加法定义的原型，在具体计算的过程中概括出"加"的含义。

（三）编写问题丰富加法意义

加法定义由加法计算的操作过程概括而来。但是，回顾基于加法数量关系的应用问题，发现有一些与加法意义一致，有一些则是加法意义的延伸。选择20+30=50提出新的任务：想一想，根据这个算式，你能解决什么数学问题？

学生编题后，教师选择其中三种不同类型的例子板书展示。

问题1：四（1）班参加数学兴趣小组的有20人，四（2）班有30人参加。两个班一共有多少人参加兴趣小组？

问题2：修一段路，已经修了20米，还剩下30米没有修。一共要修多少米？

问题3：今年小明20岁，爸爸比他大30岁。爸爸今年多少岁？

请学生观察后比较：这三个问题都是用20+30=50进行计算，有什么不同的地方吗？

逐步引导学生发现，问题1的两个信息是并列关系，问题2的两个信息有时间顺序，是递进关系。依据学生的发现，教师让学生进一步概括出数量关系，并在问题2中圈出表示时间序列的关键词。接着请学生与加法定义中的关系式进行比较，说一说在这两个问题中两个"加数"分别指什么，"和"又是指什么。

再进一步引导学生评析问题3。先请学生试着画出线段图，并请一位学生展示作为板书（图8-11）。教师提问：这一题与前面两题有什么联系？

生1：这里面是爸爸的岁数与小明的岁数在比较，所以我画成了两条线段。

师：20岁是小明的岁数，在表示爸爸的线段中，又表示什么意思呢？

生2：是与小明"同样多"的岁数。

生3：我知道了，这里爸爸的岁数

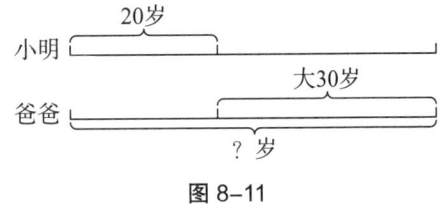

图 8-11

也分成了两个部分，一个部分是与小明同样多的，一个部分是比小明多出来的。

依据学生的认识，教师进一步总结：问题3是关于相差关系的应用问题，虽然两个信息在不同的线段上，但是用"同样多"可以把它们联系到一起。

很多数学概念包含着基本意义与延伸意义两个层次，如"分数"的基本意义是"份"的意义，后来随着计算与表达的需要，又发展出了"商"的意义与"比"的意义。因此，在进行归纳与总结阶段，需要通过实例，沟通"商"与"比"之间的联系，构建起有层次的概念含义。

二、减法意义的理解

从一年级开始,学生已经有了加减法"一图三式"的经验(图8-12)。当概括了加法的意义后,学生自然联想到减法的意义会是怎样的,它与加法有怎样的关系。通过提问,把这样的学习基础转化成学习减法意义的活动经验。

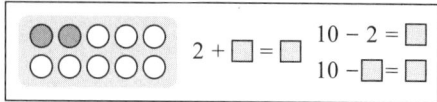

图 8-12

(一)推导减法计算,概括减法意义

教师指着加法的板书提问:刚才我们概括出了加法的意义,接下来我们要学习什么呢?

当学生说要学习减法后,教师一边板书"减法",一边提问:那么,我们又要怎样学习呢?

生1:可以先写几个减法算式,概括什么是减法,再提出应用问题。

生2:也就是可以按照加法的学习思路来学习减法。

教师请学生把20+30=50改写成两道减法算式,并说一说改写依据,然后说一说什么是减法。学生依据改写的过程概括出减法的关系式:和 − 一个加数 = 另一个加数。再请学生用"已知……求……"的形式概括出减法的定义。

由上述学习过程可以发现,加法的学习过程可以作为减法学习的活动经验,很好地体现数学知识间的逻辑联系。

(二)比较明晰减法是加法的逆运算

有联系的数学知识之间往往是一种相互依存的关系。这一种关系的发现与提炼可以由学生结合具体的实例实现。学生观察加法算式与减法算式,提出新问题:减法与加法有怎样的关系?

生1:减法算式是从加法中来的。

生2:加法关系式中要求的和,在减法算式中是已知的数。

师:刚才同学们观察得特别仔细,发现"减法是从加法中来的",在数学上我们称减法是加法的"逆运算"。(板书"逆运算")

数学术语精练、抽象,而日常语言形象、浅显。让学生用日常语言进行描述,再引出数学术语,可以更好地理解数学概念。

(三)推导应用问题,丰富减法意义

由加法意义推导出减法意义,由减法意义概括出与加法的关系,自然地可以由加法解决问题推导出减法解决问题。

教师指着黑板上的加法算式提问：既然我们可以从加法算式中推导出减法算式，又可以从加法的意义推导出减法的意义，那么我们能不能从加法的解决问题中推导出用减法的解决问题呢？说一说它们之间的关系。

学生依次编题，通过比较，发现减法里被减数是"总数"或"较大的数"，也就是加法中要求的数。

加、减法中的应用问题可以分为两种类型，一类是"部分数与总数"，另一类是"相差关系"。通过相应的减法应用问题的编写与比较，让学生从应用的视角进一步理解加法与减法的关系。

三、分层练习，丰富理解

在原来的教材体系中，加、减法的意义与各部分的关系是解方程的依据，解方程采用等式性质作为依据之后，这部分的教学价值有一段时间被淡化了，甚至没有编入教材。重新编入教材后，怎样体现价值呢？通过有层次的练习，让学生从数学推理、规律探究等角度认识其价值。

（一）基本练习，学会推理

依据加、减法的关系，可以进行算式或计算结果的推理。教师变换题型，让学生灵活运用两种运算之间的关系解决具体的问题。如图8–13，学生依次口答，在说出结论后再阐述依据。

根据加、减法各部分间的关系，写出另外两个等式。

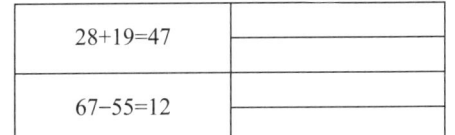

图 8–13

（二）题组计算，归纳规律

通过题组练习，可以发现数学知识之间的联系和内在的变化规律。

教师出示如图 8–14 所示的两组问题，让学生边计算边观察，说一说有什么发现。

学生计算后归纳出：当其中一个加数不变时，加数加上（或者减去）几，和也要加上（或减去）几；当被减数不变时，减数加上（或减去）几，差反而减去（或加上）几。进一步让学生思考，如果减数不变，被减数与差又会怎样变化？学生推测后举例验证。

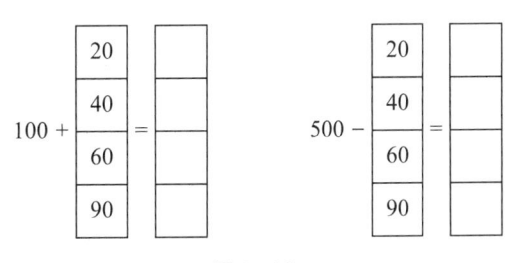

图 8–14

（三）改编问题，体会变化

在加法与减法意义的建构与列举相应的解决问题的数量关系时，学生已经对加、减一步计算应用问题有了系统的了解。把简单的一步计算应用问题通过改编、增加信息或问题，变成两步计算的复合应用问题，提升学生对于数量关系解决问题结构的把握。

提出要求，请学生将之前依据"20+30=50"编写的解决问题改编成两步解决问题。有学生把加法计算的第一个应用问题改为：

四（1）班参加数学兴趣小组的有20人，比四（2）班少10人。两个班一共有多少人参加兴趣小组？

展示学生作品后，请学生说一说改编的思路。

由基础到综合，从应用到思考，让数学概念在解决问题的过程中得到巩固，让解决问题有数学概念的支撑。

总之，数学学习是一个不断抽象与发现规律的过程。在教学中，要提供与数学新知学习有着密切联系的旧知或现实情境，让学生在"温故"的同时，提出新问题，进行新思考，获得新知识，形成新经验，渗透新思路。

第三节
"乘法、除法的意义与关系"教学实践

显然,"乘法、除法的意义与关系"这一个课时的教学结构可以与"加法、减法的意义与关系"相同。同时,要进一步思考,乘法的意义是从哪里来的?除法之于乘法的关系和减法之于加法的关系有哪些结构上相同的地方,是否可以从上节课的学习经验中进行合理迁移?在练习设计时,又可以从哪几个维度进行练习,深化学生对于乘法、除法意义的理解与关系的建立呢?

一、乘法意义的理解

在学习乘法的初步认识时,学生已经认识到乘法与相同加数连加的关系,并结合具体的计算感受到乘法比多个相同加数连加更加简单。因此,在概括乘法意义时,从计算不同类型的加法入手,在计算体验的过程中逐步概括出乘法的意义。

(一)在加法计算中概括乘法的意义

1. 计算

(1)9+9=   (3)4+5+7=   (5)$\underbrace{7+7+7+\cdots+7}_{11 个 7}=$

(2)4+3=   (4)3+3+3+3=

要求学生直接写出得数,完成后和同桌说一说思考过程。

2. 分类

请学生说一说是怎样快速地算出得数的。当学生说计算第(1)(4)(5)题是把它们转化成乘法计算时,教师在相应题目的后面板书乘法算式。接着请学生进行分类,形成如图8-15所示的板书。

(2)3+7+8=18   (1)$\underline{9+9}=18$
                         9×2
(3)4+3=   (4)$\underline{3+3+3+3}=12$
                         3×4
                  (5)$\underbrace{7+7+7+\cdots+7}_{11 个 7}=77$
                         7×11

图8-15

3. 特征

通过图8-15左右两类加法算式的比较,概括出可以用乘法计算的题目的特征,并在从相同加数连加转化成乘法的过程中概括出乘法的定义。

一般地，数学概念有两种解释形式，一种是举例子，另一种是下定义。前者可以看成是后者的外延，后者则又是前者的内涵。同时，为了概括定义，在举例子时，还要设法去除非本质特征。乘法意义的概括，正是经历了这样的过程。

（二）在不断比较中理解关系式

为促进学生进一步思考，在编制比较题时，特别重视能够凸显本质特征的一些细节。在概括出乘法的定义后，对图 8-15 中的第（3）题与第（4）题进行比较，找一找相同的地方和不同的地方。根据学生的回答，概括出乘法的表达式：因数 × 因数 = 积。

在此基础上，教师请学生用线段图分别表示出 3+4=7 与 3×4=12 的含义，要求能够用几种方法就用几种方法。学生独立完成后交流补充，形成如图 8-16 所示的线段图组。

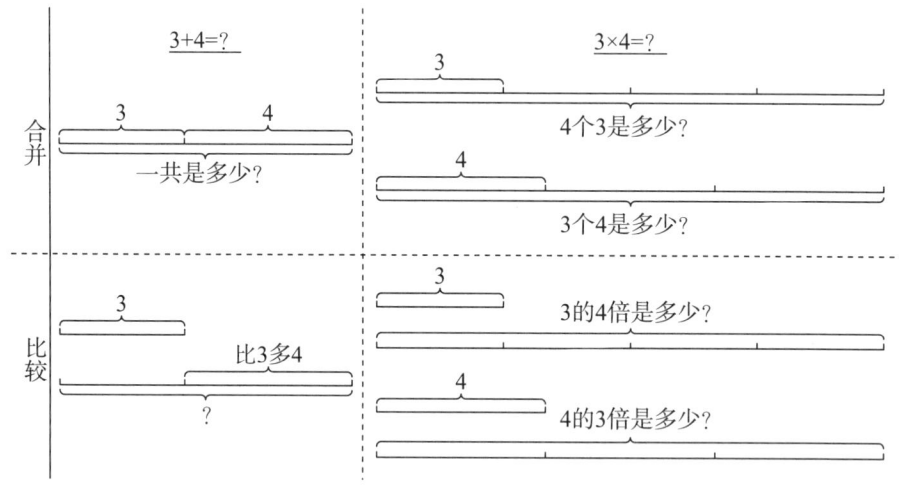

图 8-16

继续对图示进行横向比较，发现加法与乘法中都有"合并"与"比较"两种不同的意义。在"合并"关系中，加法是"两个加数的和"，进一步概括出关系式：部分数 + 部分数 = 总数；乘法则是每份数 × 份数 = 总数。在"比较"关系中，加法的关系式是较小数 + 相差数 = 较大数，乘法则是一倍数 × 倍数 = 几倍数。

比较是数学学习的一种思维方式，通过比较可以寻找到不同数学知识中的相同点、相同数学知识中的不同点，从而更加深刻地理解数学。

（三）依据关系式编制数学问题

依据图 8-16 的线段图概括出关系式，在此基础上进一步提出要求：依据线段图中的数据，提出具体的问题。通过具体实例，进一步加深与丰富对加法含义和乘法含义的理解。

如图 8-16 中加法与乘法含义的比较，实际上在二年级表内乘法教学中已经有具体的例题（图 8-17），可以看成是合并关系下的加法与乘法应用问题的比较。

7 比较下面两道题，选择合适的方法解答。
（1）有 4 排桌子，每排 5 张，一共有多少张？
（2）有两排桌子，一排 5 张，另一排 4 张，一共有多少张？

图 8-17

以此类推，在三年级倍的认识教学时，也可以与相差关系的应用问题进行比较。例如：

倍数关系：弟弟今年 4 岁，哥哥的年龄是弟弟的 3 倍。哥哥今年几岁？

相差关系：弟弟今年 4 岁，哥哥的年龄比弟弟大 3 岁。哥哥今年几岁？

这样，图 8-16 中下面两幅比较关系的图示也有了对应的解决问题。接着，教师出示如下问题：

一个长方形宽 3 米，长 4 米，面积是多少平方米？

学生发现这一题也用乘法计算，得到关系式：长×宽＝长方形的面积。教师提问：它可以归到哪一类乘法中？结合图示，发现可以归到合并关系之中，但又与原来的数量关系有所区别，可以看成一种新的乘法意义下的合并关系。

图 8-18 是小学阶段乘法意义的结构图，左上角是它的基本意义，其余的是乘法基本意义的延伸，其中右下角虚框中的内容则是六年级"分数乘法"单元中"求一个数的几分之几是多少"的关系式与图示，后续学习时需要补充。所以，以上的活动可以看成乘法意义的阶段性回顾与总结。

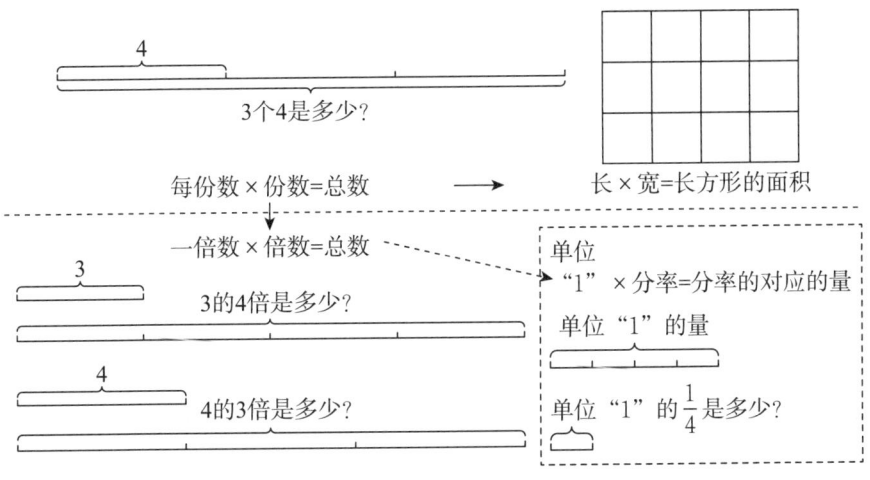

图 8-18

以上乘法概念的理解,从加法计算出发,让学生在边计算、边观察、边体验的过程中概括出乘法的定义,再通过画线段图与列关系式进一步揭示乘法意义,最后编制具体的应用问题,再次认识乘法的意义。

二、除法意义的理解

与减法定义的由来相同,除法的定义也是由乘法的定义逆推而来。有了减法定义建构的经验,可以放手地让学生自主探究。同时,从乘法定义得到的除法定义是抽象的、形式化的,因此需要结合各个层次的具体事例加以理解。

(一)自主概括除法的定义

在理解了乘法的意义后,请学生想一想与乘法有联系的还有哪种运算。学生回答是除法后,教师追问:怎样定义除法的运算?依据已有的乘法算式举例说明。

如果独立定义除法的定义有困难,教师可以课件回顾减法的定义(图8-19),再让学生类比与迁移,自主建构乘法与除法的结构图示,通过展示与交流,形成图8-20。

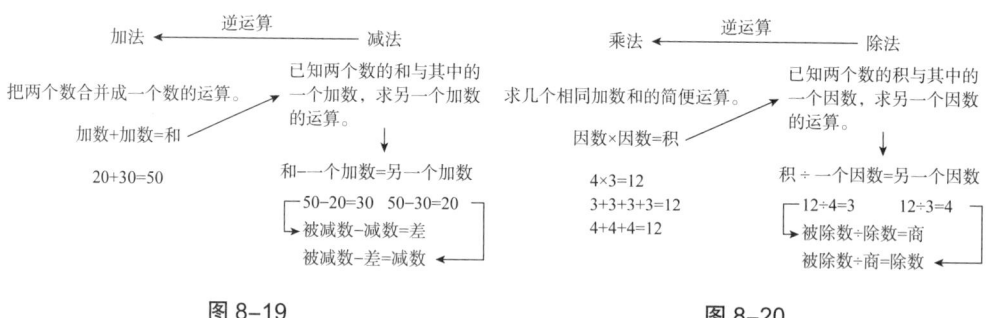

图 8-19   图 8-20

数学的类比与迁移是数学知识结构化的体现。基于单元整体设计,就是要努力寻找单元内各个课时的联系,从知识结构、思维方式等方面寻找到加减与乘除两类运算的相同点。

(二)自主构建除法关系式

除法定义来源于乘法概念,同样地,除法关系式也可以由乘法关系式而来。结合线段图,让学生感受到除法的关系式由乘法关系式推导而来,构建起乘法与除法关系的结构图,并把乘法关系式作为基本关系式。形成这样的思维方式,为后续学习列方程解决问题时寻找数量关系做准备。

教师指着图8-18,要求学生想一想怎样依据乘法的关系式写出除法的关系式。学生交流后形成如图8-21所示的板书。用弧线箭头在乘法关系式中表示出除法关系式,以此体现除法是乘法的逆运算。

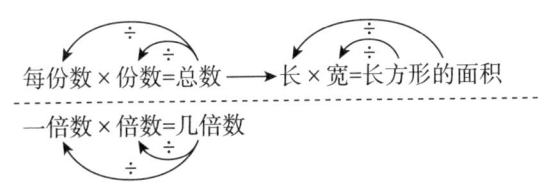

图 8-21

(三) 自主改编应用问题

作为理解除法意义的应用问题编写,主要是让学生结合具体例子再次认识除法中"均分"的含义,并结合具体例子与减法中的"分"进行比较,发现"分"与"均分"的区别。

例如,学生根据乘法解决问题改编成除法应用问题:

有12个苹果,每3个装一盘,可以装这样的几盘?

要求同样用"苹果装盘"的情境,编写一道用"12-3"的应用问题。

有12个苹果,装成两盘,其中一盘装3个,另外一盘装几个?

接着画出相应的线段图,比较除法中的"每份数"与减法中的"部分数"的区别。

显然,除法意义的理解是基于上节课中减法意义理解的学习经验。强调采用自主学习来获得新知,建构知识结构。这样的学习经验可以迁移到有类似结构的单元整体设计之中,如多边形面积计算公式的推导,可以提供结构化的学习材料,把平行四边形面积计算公式的推导经验运用到后续三角形与梯形面积公式的推导过程之中。

三、课堂练习的设计

在练习过程中有新收获,是练习是否有效的重要标准。

(一) 概括有余数除法的关系式

教师出示如下四组算式,先请学生说一说各个算式中括号里表示什么数,怎样求,然后独立计算。

(1) 60×(　　)=540　　　　(2) 540÷(　　)=90
　　540÷(　　)=90　　　　　　2+(　　)=6

(3) (　　)÷18=23……6

(4) 420÷(　　)=16……4

第(2)(3)题请学生概括出求被除数或商的关系式;第(3)(4)题请学生说一说思路,进而概括有余数除法求被除数、除数以及商的关系式。

(二) 尝试分步算式列成综合算式

上述第(1)题的两个式子中均有"540",但是意思不同;第(2)题中,第二个

算式中的和刚好是第一个算式的除数。依据这样的关系,请学生分别把这两题列成综合算式,即

(1) 60×9÷6 (2) 540÷(2+4)

把有联系的两道一步计算列成综合算式,可以培养学生的逻辑思维能力,增强数感。这里特别要注意的是,第(2)题需要添加小括号来改变原来的运算顺序,为后一节课学习中括号做铺垫。

(三)利用综合算式编题

再进一步,要求学生把四组题编成某一类情境下的应用问题。由四人小组合作完成,先集体讨论用什么情境来编写,每一个数代表哪个信息比较合适;再分工完成,完成后在组内先交流;最后集体反馈。

可以发现,以上三个练习层层推进,在不断应用新知解决问题的过程中有新发现,积累新经验。

回顾本节课的教学过程,可以发现与上一节课的学习环节基本相同。首先通过具体计算概括出乘法的定义,然后通过除法是乘法的逆运算关系,由乘法运算推导出除法运算,由乘法的各部分名称定义除法的各部分名称,从而概括出除法的定义。这样的学习策略,有利于学习经验的迁移,有利于自主探究数学知识,也有利于构建数学知识结构。

第四节
"括号"教学实践

在本节课教学之前,学生已经有了四则混合运算的计算经验,本节课的新知是应用中括号改变四则混合运算的运算顺序。四则混合运算的运算顺序既是一种约定,也符合现实生活中的运算习惯。如何让学生通过辨析进一步明晰四则混合运算的顺序?如何让学生逐步发现,加上括号改变运算顺序后计算结果的变化趋势?如何应用发现的变化规律,进行基于计算的数学推理?

一、在辨析明理中培养概括能力

对于四则混合运算的运算顺序及其计算,学生已经有了较好的学习基础。因此,可以创设问题情境,在辨析的过程中回忆四则混合运算顺序,引导学生在纠错的过程中添加括号,理解运算顺序,自主概括四则混合运算的运算顺序。

(一)在辨析中明晰四则运算的结果变化

基于数量关系的应用问题,《义务教育数学课程标准(2011年版)》要求不超过两步计算,而要用到中括号,至少要有三步计算。因此,带中括号的四则混合运算采用纯数学的算式(图8-22)。

> 4 计算96÷12+4×2,说一说运算的顺序。
> (1)在96÷12+4×2的基础上加上小括号,变成96÷(12+4)×2,运算顺序怎样?
> (2)在96÷(12+4)×2的基础上加上中括号"[ ]",变成另一个算式96÷[(12+4)×2],运算顺序怎样?

图8-22

如何引导学生发现括号的作用与必要性呢?

教师出示如图8-23所示的三个算式,请学生观察这三个算式有什么相同的地方。学生发现这三个算式相同,说明其中至少有两个结果是错误的。教师顺势追问:你能够不计算出最终结果,马上判断哪个算式的答案一定是错误的吗?学生通

> (1) 9600÷120+40×2=160
> (2) 9600÷120+40×2=120
> (3) 9600÷120+40×2=30

图8-23

过观察认为是第(3)个算式,因为40×2=80,80加上一个数(大于0的数)一定大于30。教师进一步追问:9600÷120+40×2该怎么计算?学生依据经验回答先

算除法，再算乘法，最后算加法。学生按这样的运算顺序计算后判断第（1）个算式的答案是正确的。

（二）在尝试中发现括号的含义与用法

在辨析环节，学生已经初步感受到在整数四则运算中，乘法、除法与加法计算结果的大小变化规律。教师指出，只要让另两个算式分别改变运算顺序，就可以使计算结果变正确。请学生尝试完成。

对于第（2）个算式，学生有两种方法，一种是9600÷（120+40）×2，另一种是9600÷（120+40×2）。请学生先说一下理由，学生认为这两种方法都使除数变大，结果变小。教师同时展示学生的计算过程，发现第一种方法是正确的。

由第（2）个算式的经验，如果要使结果更小，那么除数要求变得更大。于是，学生又有两种添加括号的方法，一种是9600÷（（120+40）×2），另一种是9600÷［（120+40）×2］。不可否认，在新知学习之前，班级中会有一部分学生已经有提前学习的情况，这里用第二种方法的学生应该是此类，而用第一种方法的学生则是利用了原有的认知经验。教师展示三位学生的递等式计算过程（图8-24、图8-25、图8-26）。

9600÷（（120+40）×2） =9600÷(160×2) =9600÷320 =30	9600÷［（120+40）×2］ =9600÷(160×2) =9600÷320 =30	9600÷［（120+40）×2］ =9600÷[160×2] =9600÷320 =30
图8-24	图8-25	图8-26

先请学生说一说以上三个算式的相同点与不同点。学生指出运算顺序都相同，运算结果都一样；但图8-24中有两个小括号，图8-25和图8-26中小括号外面又多了一种括号。请用后两种方法的学生说一说"小括号外面的括号"的名称、书写、作用等。

接着请学生观察图8-25与图8-26中的划线部分，比较哪一种书写方式更加合理，为什么。学生通过讨论，发现图8-26用中括号更加合理，如果用小括号，就会与上一步的小括号混淆。

最后，请没有用图8-26方法书写的学生纠正。

与教材编排相比，学生把运算过程当成了问题解决的过程，在不断地发现和提出问题、分析和解决问题中，有层次地探究括号的作用。

（三）在比较中归纳四则运算的运算顺序

这一节课是小学阶段四则混合运算的运算顺序的总结课。通过以上的学习，呈现了三类不同的四则混合运算的情况——没有括号的、只有小括号的和含有中括号的。请学生进一步观察，归纳总结出四则混合运算的运算顺序。

生1：没有小括号的，先算乘除法，后算加减法。

生2：有小括号要先算小括号里的。

生3：有中括号和小括号的，还是要先算小括号里的。

教师可以把学生的回答用图示的形式进行综合（图8-27），再请学生依据图示重新梳理。

$+、- \longrightarrow ×、÷ \longrightarrow (\quad) \longrightarrow [\quad]$
　　从左往右　从左往右

图8-27

教师在带中括号的题目前面添上"30÷"，最后的结果改为"1"，即"30÷9600÷[（120+40）×2]=1"。依据之前的计算结果，说明要在中括号外面再添一种新的括号。有学生说可以用"大括号"，教师不做解释，让学生阅读"你知道吗？"（图8-28），了解各种括号的由来。

> 你知道吗？
> 小括号"（）"是公元17世纪由荷兰人吉拉特首先使用的。
> 中括号"[ ]"是公元17世纪英国数学家瓦里士最先使用的。
> 在以后的学习中，还会用到大括号"{ }"，又称为花括号。
> 大括号是法国数学家韦达在1593年首先使用的。

图8-28

二、用多种形式提升运算能力

运算能力的培养需要有一定题量的训练，同时也需要有思维形式上的变化。由于有前期的四则混合运算作为基础，练习中要关注计算习惯的养成和逻辑思维能力的培养。

（一）巩固练习，培养检查习惯

总结了四则混合运算的运算顺序之后，请学生进行相应的练习。在运算时，要求做到"先看符号定顺序，要算的步骤下面加下划线，一步一回头"。

（1）40+60÷5×4　　（2）36-36÷18+18　　（3）251-123-（154-31）

这三道题目由教材上的练习题改编而来。改编后的题目如果只关注计算的方便，可能会出现错误：第（1）题——（40+60）÷（5×4），第（2）题——（36-36）÷18+18 或（36-36）÷（18+18），第（3）题——251-[123-（154-31）]。虽然这三题中没有出现中括号，但通过第（3）题的错例辨析，可以认识到中括号是用了小括号后需要再次改编运算顺序时才使用的。

总之，精心设计容易受到数据干扰的四则混合运算，可以更好地检测与培养学生形成规范的四则混合运算的计算思路。

（二）专项练习，巩固运算顺序

在解决复合应用问题时，从已知信息出发，不断地解决问题，直到求出最后的结果,这种方法叫做综合法。图 8-29 就是在计算中采用 "综合法" 形成的思路图。

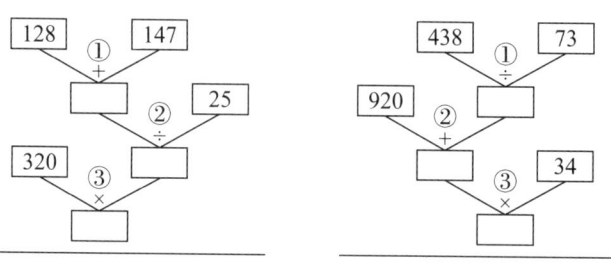

图 8-29

要求学生观察思路图,先标出运算的顺序,再列综合算式,用递等式计算。

四则混合运算作为一种程序性知识,要求学生在练习的过程中形成规范的运算流程。

三、在计算练习中培养推理能力

在例题教学中,运用四则运算结果的大小变化规律可以对结果进行判断,利用这种规律也可以设计运算推理题,让学生按要求改变四则混合运算的运算顺序,使结果尽量大、尽量小或等于规定的值。

(一)添括号,使运算结果尽可能大或尽可能小

在下面的算式中添上括号,使计算的结果尽可能大或尽可能小。

6000÷75-60+10

这是对教材练习(图 8-30)的改编。改编后由两种运算增加到三种运算,使得变化更加丰富。学生独立完成后反馈,要求说出解题的思路。

通过改编,让题目更开放,也增加了练习量,增强了解决问题过程中各种运算的综合应用。

6000÷75-60-10
6000÷(75-60)-10
6000÷[75-(60-10)]

图 8-30

(二)添加括号,使算式的结果相等

在四则混合运算中会有这样的情况:添上括号改变了原来的运算顺序,但结果不变。

在下面题目中的合适位置添上括号,使不同的算式结果相等。

72-4×6÷3

学生独立尝试后反馈,得到了如下两组算式。

(1) 72-4×6÷3=72-4×(6÷3)

(2)(72-4)×6÷3=(72-4)×(6÷3)

学生观察后发现,先乘后除的乘除混合运算,也可以先算除法。依据猜想,让学生再找一找这样的例子。也可以画图(图8-31),解释"4×6÷3"和"4×(6÷3)"的运算过程。

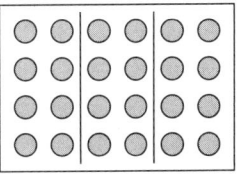

图8-31

(三)添加符号,使等号两边相等

图8-32是教材上的一道思考题,等号左边的结构相同(都是3○3○3○3),等号右边有六个结果。尝试后发现,等号右边的结果可以是"0—10"的任意一个数。因此,增加结果是4、5、6和10的算式,增强题组的完整性。

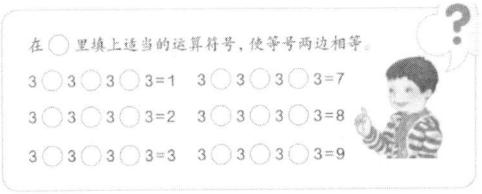

图8-32

先请学生观察结构,说一说各个算式的相同点与不同点;然后四人小组分工完成,汇总各题不同的填法;最后请学生依据结果提出新问题,如结果还可能会有哪些,最大是多少。

本节课从例题到练习题的设计,均对教材中的内容进行了适当的改编。通过改编,增强了学生的问题意识,让运算顺序的改变、结果大小的判断等成为培养学生数学推理能力的学习材料。

第五节
"租船问题"教学实践

"租船问题"是一类基于数量关系的较复杂的问题解决,注重结合具体情境培养学生的合情推理能力与应用意识。那么,怎样组织教学,让学生体会到"租船问题"的现实意义?如何结合具体的事例总结出寻找"最优租船方案"的一般步骤?如何结合具体的情境,选择合理的解决问题的方案?

一、基于信息提出数学问题

要完整地表述"租船问题"的整个解答过程,至少需要9个一步计算的过程,远远超过了《义务教育数学课程标准(2011年版)》中关于四则混合运算的步数规定——两步运算为主,不超过三步。那么,如何引导学生进行这么多步骤的解决问题的分析呢?

(一)分析信息,提出问题

课件出示"租船问题"中的信息(图8-33),提出问题:从图中你能得到哪些数学信息?指名学生回答,相互补充完善,得到如下信息。

(1)一共有32人。
(2)大船每条30元,限乘6人。
(3)小船每条24元,限乘4人。

教师追问:根据这些信息,你能提出哪些数学问题?根据学生的回答,得到如下问题。

图8-33

(1)乘坐大船每人需要多少钱?
(2)乘坐小船每人需要多少钱?
(3)如果全部坐小船,共需多少钱?
(4)如果全部坐大船,共需多少钱?
(5)怎样租船最划算?

只出示教材例题中的信息,在梳理信息后让学生提出各个层次的问题,这实际上暗含了综合法分析问题的思路。此时还没有具体要解决问题的指向，学生可以开放地提出问题。由于信息较多，有一些问题是根据其中的部分信息提出，有一些是在已提问题基础上提出的新问题。

（二）比较问题，归类整理

上面的五个问题中，第（5）个问题最有价值，其余的可以看做解决该问题的中间问题。把以上问题进行归类整理，逐步明晰这些问题之间的层次与关系。

教师请学生观察问题群，提出要求：上面的问题可以分成哪几类？为什么？

学生中出现两种整理的结果（图 8-34、图 8-35），教师请学生分别说一说分类的理由。

① 乘坐大船每人需要多少钱？ ② 乘坐小船每人需要多少钱？ ③ 如果全部坐大船，共需多少钱？ ④ 如果全部坐小船，共需多少钱？ ⑤ 怎样租船最划算？	① 乘坐大船每人需要多少钱？ ③ 如果全部坐大船，共需多少钱？ ② 乘坐小船每人需要多少钱？ ④ 如果全部坐小船，共需多少钱？ ⑤ 怎样租船最划算？
图 8-34	图 8-35

学生发现，不论怎么分，总是把第（5）个问题分成独立的一类，前面两类问题只是涵盖了其中的部分信息，或者只是求出一个结果，而第（5）个问题却要综合考虑上面的一些问题，更有价值。

（三）尝试解决，规划思路

通过依据信息提出问题与整理问题，学生初步感知问题之间的联系，并通过比较发现怎样的问题更有价值。也就是说，第（5）个问题才是"租船问题"。在此基础上，引导学生逐步概括出解决"租船问题"的基本思路。

生 1：先判断租哪种船便宜。

师：大家依据这一思路，从其余四个问题中选出需要的问题，组合成解决问题的顺序。

生 2：我的顺序是①②→③→⑤，就是先算出两种船的座位单价，哪种便宜就租哪种。

生 3：我先算出全租大船或全租小船的总费用，再比较哪种划算。

教师组织学生辨析，讨论后认同生 2 的思路。

"租船问题"不仅仅是为了解决"怎样租便宜"，而且要体会到现实问题的复杂性，培养学生依据信息发现与提出问题，以及评价问题的能力。

二、尝试解决，完善思路

显然，利用生 2 的思路并不能保证解决问题。但是，可以为正确解决问题提供进一步思考的生长点。因此，可以让学生用生 2 提供的思路尝试解决，然后结合图示进行评析，从而完善思路。

（一）依据图示，发现问题

实际教学中有如下两种计算过程（图 8-36、图 8-37）。请学生说说它们有哪些相同的地方，又有什么不同的地方。学生回答后概括，第一步是判断优先租哪种船，第二步是计算全租这种船的总价。

大船30÷6=5（元/人）　　大船30÷6=5（元/人）
小船24÷4=6（元/人）　　小船24÷4=6（元/人）
全租大船　　　　　　　　全租大船
5×32=160（元）　　　　32÷6=5（条）……2（人）
　　　　　　　　　　　　30×（5+1）=180（元）
　　图 8-36　　　　　　　　图 8-37　　　　　　图 8-38

教师出示图 8-38，引导学生发现，虽然图 8-36 中的租金便宜，但实际上租大船时，5 条船不够坐，所以应该按照图 8-37 中的方法计算总价。

在此基础上进一步追问：观察第 6 条船上座位的情况，你发现什么问题？在教师的启发下，学生发现第 6 条船上只有两位学生，换成小船可以便宜一些。

（二）调整过程，完善思路

依据学生发现的问题，请学生独立完成。当有部分学生按照图 8-39 的方法解决时，教师提示：能不能换成小船后没有空位呢？部分学生结合图示有了图 8-40 的计算方法，得到这种租船方案最便宜。

调整　　　　　　　　　调整
5条大船1条小船　　　　小船（6+2）÷4=2
30×5+24×1=174（元）　4条大船2条小船
　　　　　　　　　　　30×4+24×2=168（元）
　　图 8-39　　　　　　　图 8-40

（三）回顾过程，总结步骤

从依据信息提出问题，到整理问题尝试解决，再到完善思路形成结果，整个过程均是依据学生解决租船问题应有的思维过程而设计的。教师可以整体展示调整的过程，请四人小组交流讨论，逐步形成如下的步骤。

一判断：判断租哪种船每个座位的价格便宜。

二计算：全租每个座位的价格便宜的船需要多少元（注意：没有坐满的也要按整条算租金）。

三调整：对不满座的情况进行调整。

四比较：比较以上各种方案，找到最省钱的方案。

对于调整的思路，按教材中的例题，均要调整到没有空位才是最省的。是否有把不足的人调整到另外一种船后，虽然还有空位也是最省的情况呢？

三、多维练习，优化思路

"租船问题"其实是"租船类问题"中的一个特例。因此，在基本练习的基础上，通过变式练习，体会利用数学知识解决问题的模型化与复杂性。

（一）基本练习，巩固步骤

下面的"租车问题"与"租船问题"在问题的情境与结构上基本相同，学生独立解决后全班反馈评析。随着问题情境的变化，逐步从"租船问题"向"租船类问题"转变。

学校现要租车组织师生春游，现有14名老师和326名学生参加。大车可坐40人，租金900元；小车可坐30人，租金750元。请问：怎样租车最合算？

本题中信息包含的数据更大，总人数没有直接告知，大车每人的租金不是整数，这些变化适当增加了解决"租船类问题"的复杂性。同时，在解决问题的过程中，又可以发现思考步骤是相同的。

（二）变式练习，缜密思维

由于有前面的例题与基本练习题的解题经验，学生会认为要调整到图8-40的形式才是最省钱的。这样，把原来需要多种方案比较的题目，变成了一种方案得出结论的应用问题。显然，这是一种不完全归纳，需要用实际例子加以纠正。

教师出示如下问题，请学生独立完成后反馈交流。

要运输32吨煤，用大卡车运输每次最多可运10吨，收费300元；用小卡车运输每次最多可运4吨，收费160元。请问：怎样租车最划算？

学生省略图8-39的调整，直接调整成图8-40的形式。教师出示图8-39的调整形式：3辆大车、1辆小车，$300×3+160×1=1060$（元）。通过比较，发现这样调整后更省钱。教师进一步追问：有没有可能不调整，直接都租大车便宜的情况呢？在学生感到困惑的时候，教师把总运煤的吨数改为"36吨"。学生计算三种租车方案后，发现只租大车反而最便宜。

上面的例子说明，数学思维的优化并不是简单的简化，需要建立在缜密思维的基础上。当学生从特例中归纳出不合理的思路时，教师要提供变式，防止思维的简单化。

（三）改变情境，扩大应用

从基础到变式，让学生体会多种可能方案的比较是解决"租船类问题"的基本步骤。在此基础上,进一步改变情境,把多方案的比较作为解决问题的一般策略。为此,教师出示如下的问题,让学生尝试解决后反馈交流。

旅行社推出"××风景区一日游"的两种价格方案。方案一:成人150元/人,儿童60元/人;方案二:团体10人以上(包括10人),每人100元。

(1)成人6人,儿童4人,选哪种方案合算?(2)成人4人,儿童6人,选哪种方案合算?

以上是由两个问题组成的题组,总人数不变,但随着成人与儿童人数的变化,选择的方案会不相同,需要通过比较才可以确定。

总之,小学数学解决问题的教学,应该让学生经历在具体情境中提出问题,并逐步解决和完善的过程,教师在教学中要适时发挥引领作用,重在让学生经历问题解决的全过程,体会问题的价值,注重解决问题思路的一般化,最终实现由方法向策略的提升。

第六节
"四则运算"单元复习教学实践

"四则运算"这一单元虽然课时不多,却是对整数四则运算意义、四则混合运算与问题解决的总结。在单元复习时,如何能够在全面复习的基础上突出重点,构建起意义、运算与问题解决的联系?可以充分运用数学推理,创设数学情境,让学生自己发现和提出问题,进而分析与解决问题。

一、图式推理,提升运算能力

本单元练习二的第 9 题和第 10 题是图式推理题,第 9 题是四则运算关系式的灵活推导,第 10 题是依据图示中各个式子之间的联系列成综合算式。这类题型后移到单元复习中,作为复习四则运算意义与四则混合运算的题型。

(一)阅读图式,回顾运算意义

本单元学习的四则运算的定义可以分为两类,第一类是加法与乘法,是从它们的本质意义加以概括,加法代表"合并",乘法代表对"相同加数连加"的优化;第二类是减法与除法,是运算关系的推导。

教师出示图 8-41,请学生观察后先说一说看到了哪两种运算,再说一说这两种运算的含义。学生回答后,教师追问:我们今天要复习"四则运算",那么另外的两种运算能够从这两个式子中发现吗?请学生推导出减法与除法式子,并说一说这两种式子的含义。

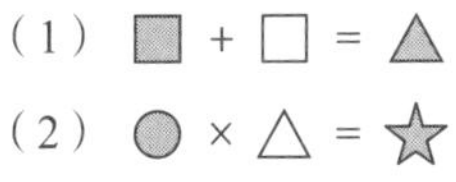

(1) ■ + □ = △
(2) ● × △ = ☆

图 8-41

从四则运算的逻辑关系来说,加法与乘法是基本运算,减法与除法则是推导得到的运算。通过问题串,让学生在不断思考与回忆的过程中巩固四则运算的意义结构。

(二)发现联系,列成综合算式

把若干个有联系的一步计算合并成综合算式,是增强学生数学推理能力的载体。

教师呈现图 8-42 的两个图式,让学生找一找哪个算式可以把图 8-41 中的两个算式串联起来。

生 1 展示如图 8-43 所示的连线图,认为是第(3)个算式。因为第(1)个算式中的和是第(3)个算式中的减数,第(3)个算式中的差又是第(2)个算式中的一个因数。生 2 给出了如图 8-44 所示的图示。

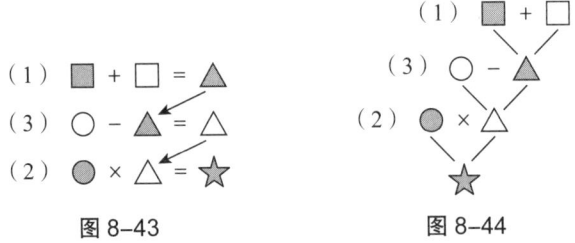

(3) ○ − ▲ = △
(4) ○ ÷ □ = ☆

图 8-42

(1) ■ + □ = △
(3) ○ − ▲ = △
(2) ● × △ = ★

图 8-43

(1) ■ + □
(3) ○ − △
(2) ● × △
★

图 8-44

教师请学生依据思路图把一步算式列成综合算式,然后说一说怎样寻找算式之间的联系。在此基础上,出示图 8-45 与图 8-46 的两组图示,请学生寻找关系列成综合算式,最后得到如图 8-47 所示的三个综合算式。

(1) ● × ○ = ★   (1) ○ ÷ ■ = ☆   (1) ● × [○ − (■ + □)]
(2) ★ − ■ = △   (2) ☆ + □ = △   (2) ● × ○ − ■ + □
(3) △ + □ = ▲   (3) ● × △ = ★   (3) ● × (○ ÷ ■ + □)

图 8-45   图 8-46   图 8-47

(三)赋数运算,熟练四则运算

用图式推导可以让学生更好地把注意力集中于探究各个式子之间的联系,以及用运算符号来确定运算顺序,用括号改变运算顺序。在此基础上,引导学生观察图 8-47 中的三个算式,发现每个算式中都有四个不同的图形,其中第(1)个算式与第(2)个算式运算符号相同,只是运算顺序不同。进一步追问:如果第(1)(2)个算式中的各个图形表示比 1 大的数,那么哪一个算式的得数大呢?

生 1:我认为是第(1)个算式,因为最后一步算乘法,就会越乘越大。

生 2:我认为是第(2)个算式,因为第(1)个算式括号中要减去两个数的和,所以不如第(2)个算式中两个数相乘大。

……

师:大家都有自己的想法,请同学们看这一组数(图 8-48),把它们代入前两个算式,用递等式计算出结果后比较。同时,可以再自己举一组数据代到算式中,比较计算结果。

● = 40   ○ = 152
■ = 19   □ = 42

图 8-48

学生计算后发现，无论代入哪一组数据，都是第（2）个算式的结果大。为什么会这样呢？面对学生的疑惑，教师指出，到四年级下学期学习"运算定律"后就可以知道为什么会这样了。最后，把这组数据代入第（3）个算式，用递等式计算出结果。

从图式推理到四则混合运算，在对数学事实不断观察、操作、比较等活动中，学生构建数学结构，探究数学规律。

二、逆向推理，灵活运算思维

四则运算的关系虽然不作为解方程的依据，但是利用关系式求图形等式中的未知数，可以培养学生的逆向推理能力。

（一）一步推理，回顾关系式

教师出示如图 8-49 所示的两个等式，请学生说一说等式中的图形分别表示什么数，可以怎样求。

完成后，教师进一步引导学生观察求图形代表数的等式（图 8-50）与原来的等式（图 8-49）之间的变化规律，发现减法中把减数与差交换了位置，除法中把除数与商交换了位置。教师进一步追问：为

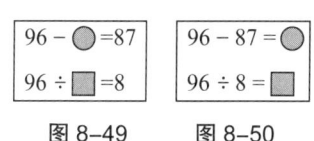

图 8-49　　图 8-50

什么会有这样的规律呢？引导学生发现，相应的两组式子还原后是"减数 + 差 = 被减数"或"除数 × 商 = 被除数"。这样，从减法与除法的角度又一次对四则运算的意义进行了构建。

（二）解决问题，感受现实性

如何赋予抽象的计算题以具体的意义？通过提供例子与学生自主编题这两种形式，让学生体会到计算的抽象性与解决问题的现实性。

教师出示如下两组解决问题的信息：

（1）一个盒子里面装了 96 颗小球，拿掉一些后，还剩下 87 颗。

（2）用 96 元钱可以买若干支同样的笔，这种笔的单价是 8 元。

把所求问题融入已知信息之中，请学生按顺序阅读，列出数量关系，然后与图 8-49 中的两个等式进行比较，找一找它们之前的对应关系。接着请学生找一找信息中哪些词代表了图形的含义，哪些词代表了运算符号的含义，哪些词又代表了相等关系。在文字叙述信息中寻找确定数量关系的词，可以体会到抽象的数学符号的实际意义。

在此基础上，请学生模仿上面的编题方法，自己依据图 8-49 中的图式来编应用问题，并在四人小组中交流。

（三）两步推理，体会有序性

如果等号左边出现了两步运算，这时怎样推算图形所代表的数呢？这就需要用到转化，即转化成可以直接应用四则运算关系式进行推算的题目。

教师出示图 8-51，请学生与图 8-49 的两题进行比较，说一说有什么不一样的地方。

（1）14＋82－○＝87

（2）96÷■＋10＝87

图 8-51

生 1：原来两题等号的左边是一步计算，新的两题等号左边变成两步计算了。

师：如果要求出图形表示的数，需要怎样想？

生 2：第（1）题很简单，只要算出"14＋82"的和就变成一步了。第（2）题我不知道如何做，因为"96÷■"算不出得数。

生 3：我把"96÷■"看成一个整体，先把它当成一个加数，可以用"和－另一个加数"来求。然后看成除法就可以求出了。

师：请同学们依据这两位同学提供的思路，把两个题目转化成求图形结果的算式，然后计算出结果。

学生完成后教师提出要求：怎样检验结果是否正确？

上面的两组题分别对应于五年级解方程，但教学目标不同，在这里不仅仅是为了求出未知数，更多地是培养学生利用四则运算关系式进行逆向推理。

三、合情推理，培养应用意识

本单元的"租船类问题"基于运算进行合情推理，随着数据的不断变化，"最省钱"的方案会发生变化，这就需要依据一定的思路罗列出各种方案，并计算出结果进行比较。这一种思路也可以迁移到用假设法解决问题，形成更加一般的解决问题的思维模型。

（一）夯实基础，回顾基本思路

单元复习习题设计要做到低起点、有变式与可持续。低起点即习题设计要能够涉及本单元中最基本的数学知识与思维方式，"租船类问题"最基本的思路就是如例题 5 的形式，经过一次调整后就可以不出现空位。

教师出示：有 20 个同学去划船，每条大船可以坐 6 人，租金是 90 元；每条小船可以坐 4 人，租金是 80 元。怎样租船最合算？

依据解题过程，回顾租船问题的一般思路，为后续的变式练习与思维迁移夯实基础。

（二）变式练习，发现内在规律

在新课教学中，"租船类问题"已经有了多种变式，学生感受到经历完整思考过程的重要性。同时，在之前的各种方案中，调整后均没有空位。但是，会不会出现调整后还是有空位的情况呢？

教师把上面租船问题中的"20个同学"改为"21个同学"，让学生用原有思路解决问题。学生发现，调整后还是有空位（图8-52）。

进一步观察列出的数据，想一想为什么比原来增加了一个人，就不可能没有空位了。对于这个问题，依据学生基础与课堂时间，可以只提出问题，不展开讨论。

（三）拓展练习，应用学习策略

大船：90÷6=15（元/人）√
小船：80÷4=20（元/人）
（1）只租大船 21÷6=3（条）……3（人）
　　　　　　　　90×（3+1）=360（元）
（2）调整1条大船
　　小船数（6×1+3）÷4=2（条）……1（人）
　　租2条大船3条小船
　　90×2+80×3=420（元）
（3）调整2条大船
　　小船数（6×2+3）÷4=3（条）……3（人）
　　租1条大船4条小船
　　90×1+80×4=410（元）
（4）调整3条大船
　　小船数（6×3+3）÷4=5（条）……1（人）
　　租6条小船
　　80×6=480（元）

图 8-52

把某一类型解决问题的思路一般化，为后续的学习提供思维模型，是"租船类问题"思维拓展的方向。

教师把上述租船问题进行改编：20个同学去划船，一共租了4条船，其中每条大船坐满6人，每条小船坐满4人。大船和小船各租了多少条？

如果分析题型结构，这是后面要学习的"鸡兔同笼"问题，但它同样可以依据"租船类问题"来思考：

20人假设全部租大船，那么20÷6=3（条）……2（人），把其中一条大船上的人和余下的2人合并租小船，那么小船租了(6+2)÷4=2（条），这时，大船与小船一共租了4条。所以，大船和小船各租了2条。

上述思考过程有假设法的痕迹。因此，"租船类问题""鸡兔同笼"问题的分析思路，实际上都可以看成合情推理，即先假设某一种方案，逐步调整后得到最终的结果。

总之，本单元的课题虽然叫做"四则运算"，但是"四则运算"只是其中最基础的部分，在概括出四种运算意义与关系的基础上，结合具体例子解决实际问题，让学生运用数学推理，逐步构建基于运算与问题解决的数学思维模型。

第九章
小数乘法

　　小数乘法是整数乘法的延伸，且小数与整数都是十进位值制计数法，因此无论是意义、计算法则还是解决问题，小数乘法都与整数乘法有着十分密切的联系。首先，小数乘法的意义与整数乘法的意义完全一致，即"几个几""一个数的几倍"与"长方形、正方形的面积计算"；其次，小数乘法中计算的关键是"看成整数乘法"，即转化成整数乘法后乘得积，再还原出小数乘法的积；最后，解决问题的数量关系与整数乘法完全一致，只是由于小数乘法的特殊性，可以灵活地处理积——取积的近似数，也可以"加工"因数——估算得数。

第一节
"小数乘法"整体设计

小数乘法是整数乘法的延续，它的算式意义、计算法则和数量关系都可以由整数乘法迁移和类比得到。同时，又因为乘数中出现了小数，使得它的计算算理与解决问题的策略都变得更加复杂。那么，教材的编排是否体现了这一特点？教材的哪些内容可以重构？在实际教学时，需要创设怎样的数学情境来引导学生理解算理、总结算法？在解决估算与分段计费问题时可以有哪些共同的学习路径？为此，基于整体设计的视角，在对学习板块内容进行适度重构的基础上，按计算与解决问题两个板块进行整体设计与教学实践。

一、梳理反思，适度重构

本单元的9个例题可以划分为两个板块，其中例1—例7是小数乘法的运算；例8、例9是小数乘法的解决问题。可以发现，"小数乘法的意义"教材并没有涉及，这是因为它与整数乘法的意义完全一致，无需单独设置例题。但是，对照整数乘法，小数乘法的意义还是渗透在具体的例题情境之中。所以，在进行单元结构梳理时，还是按照"小数乘法的意义""小数乘法的运算""小数乘法的解决问题"这样三个板块依次进行梳理。

（一）小数乘法的意义来源于情境和延伸

在整数乘法学习过程中，整数乘法的意义可以分为这样的三类，即"几个几的和是多少""求一个数的几倍是多少"和"已知长和宽求长方形的面积"。在本单元的教学中，这三类乘法意义渗透于具体的例题之中，以不同的数量关系进行表征。

第一类"几个几的和是多少"渗透于例1中，对应的数量关系式是"每个蝴蝶风筝的价钱 × 个数 = 总共的价钱"（图9-1）。这是乘法常见的两个数量关系之一，也是乘法基本意义的具体载体。第二类"求一个数的几倍是多少"渗透在例5和例6中，如例5的数量关系是"非洲野狗的最高速度 × 1.3 倍 = 鸵鸟的最高速度"（图9-2）。第三类"已知长和宽求长方形的面积"渗透在例3中，对应的数量关系是"宣传栏的长 × 宽 = 宣传栏的面积"（图9-3）。

图 9-1

图 9-2

图 9-3

上面的四个例题，正是小数乘法运算部分带有现实情境的四个问题。在具体教学中，对例题进行审题分析时，结合数量关系进行相应的乘法意义的概括。同时，也可以在第一课时"小数乘整数"的练习设计时，安排相应的另外两类数量关系的解决问题，通过解决问题，依据数量关系概括出乘法意义，形成小数乘法意义与整数乘法意义相同的认识。

（二）小数乘法的计算注重于迁移和类比

小数乘法的运算是由整数乘法的运算迁移和类比所得，并且小数的意义和性质是实现迁移和类比的重要基础。分析例1至例7这七个例题，又可以分为三个阶段，分别是"小数乘法""求积的小数的近似数""小数乘法的简便计算"，这三个阶段都可以找到与之前学习内容之间的联系。

其中，第一个阶段是整数乘法法则在小数乘法中的迁移，教材中采用积的变化规律，把小数乘法转化成整数乘法计算出结果，再依据积的变化规律把积还原为小数乘法的积（图9-4）。

图 9-4

但是，用这一规律作为算理比较抽象，是一种形式化的推理，在小学的学习中不宜采用。例如，六年级"一个数除以分数"，人教版教材是在"速度模型"下用画图的形式说明算理（图9-5）。从本质上看，是依据分数的意义来思考的，先求"分数单位"对应的量是多少，即"$\frac{1}{3}$小时走了多少千米"，再求"1"对应的量是多少，即"3个$\frac{1}{3}$小时走了多少千米"。"单位1"与"分数单位"是分数意义中的两个核心概念。诚然，分数除法也可以用商不变性质进行推算，进而更加简洁地总结出计算法则（图9-6），但是同样的，这也只是一种形式推理。如果作为分数除法计算法则的依据，就是一种逻辑推理。而且，从数学体系来讲，商不变的性质并不是其中基本的规律。

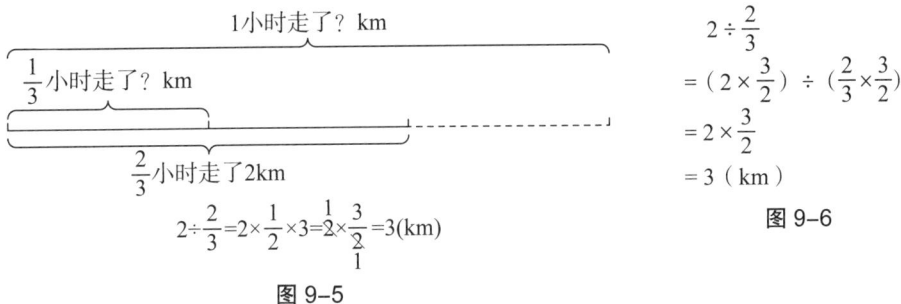

图 9-5

图 9-6

基于这样的类比，是否可以把"小数的意义"作为小数乘法的算理，结合图示与小数计数单位的转化总结算法（图9-7）？当然，在具体教学中还需要经历从具体到抽象，从一个数乘小数到小数乘小数这样的过程。为了更好地结合具体情境理解算理，还需要选择相适应的乘法意义下的现实情境。

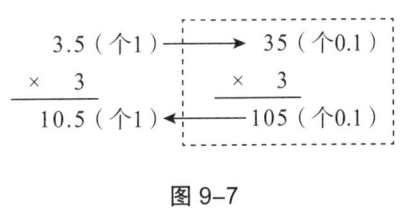

图 9-7

另外，小数乘法的验算和小数乘法的简便计算均是整数乘法的迁移，求积的近似数则是求小数近似数的实际应用，这三个部分的计算同样也需要用好旧知的迁移与类比。

（三）两类解决问题中寻找共同的结构和思路

"小数乘法"单元中的两类解决问题——估算解决问题和分段计费解决问题是两类较复杂的解决问题，是从两个不同的视角体现小数乘法的应用，有不同的解决问题的思路。在对两个例题分析的基础上，寻找相同的结构与解决问题的思路。

例 8 "估算解决问题"采用列表法梳理；接着边思考边计算边判断；最后对往大估与往小估的解决问题思路进行比较，梳理出估算解决问题的基本思路。

例 9 "分段计费"只是大致说了已知什么，求什么，注意点是什么。同样用列表的方式梳理信息。例 8 的两个估算问题，分别是"够"与"不够"两种情况。虽然例 9 只有一个问题"行驶 6.3km，我要付多少钱"，即"已知里程数求计费数"，但还可以提出"已知计费数，求最长里程数"的问题，这样可以形成正向与逆向两个问题。因此，以例 8 的解决问题策略为基础，对例 9 进行对应补充。

综合对以上三个板块的梳理反思，按照课题、情境、学习目标与基本构思这样四个方面，形成了如图 9-8 所示的六个课时的整体设计框架。从图中可以发现，实际教学时主要是两大板块，即小数乘法的运算和解决问题，小数乘法的意义以数量关系的形式渗透在小数乘法计算中，并在解决问题中得到了更为复杂的应用。其中，第1、2课时是本单元的学习基础，之后的四个课时分别是对计算过程、计算结果的优化，以及在现实情境中的综合应用。下面，在这一基本框架的基础上，按照小数乘法计算与解决问题两个板块说明具体的教学思路。

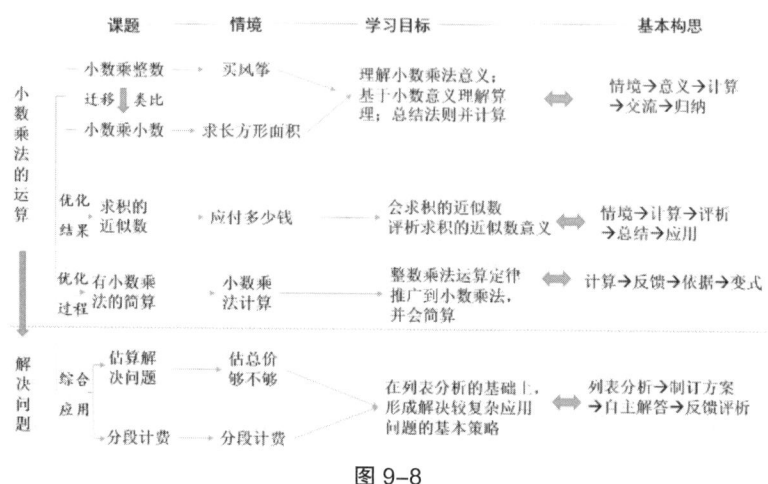

图 9-8

二、创设情境，理解算理

本环节阐述小数乘法运算四个课时的设计思路，并以创设的情境为主线，围绕基本构思展开具体的教学设计，其中小数乘法的验算渗透于前两个课时中。

（一）用"几个几"模型学习"小数乘整数"

小数乘整数是整数乘法意义、算理与算法的推广与延伸。从"量"的小数乘整数的运算入手，逐步抽象出"数"的小数乘整数的算理与法则；通过计数单位的转化，概括出"一看二乘三还原"的计算法则，并在不断的变式练习中灵活运用，丰富数量关系。

1. 结合情境明确"小数乘整数"中"几个几"的含义

教师出示图 9-9，学生审题后列出算式和数量关系。由算式 3.5×3 揭示课题"小数乘整数"，由数量关系"单价 × 数量 = 总价"概括出小数乘整数的意义——几个几是多少，也就是小数乘法的意义与整数乘法的意义相同。

图 9-9

在此基础上，结合具体情境，利用小数的意义与整数乘法计算方法等作为学习基础，让学生自主计算。

2. 结合单位换算理解算理、总结算法

小数乘整数的计算策略是转化，而转化的思路可以依据计量单位换算和小数意义两种不同的策略。教学中，可以先交流反馈计量单位换算的方法，总结得到图 9-10 的转化过程，即把 "3.5 元" 换算成 "35 角"，求出有多少角后，再换算成元。在此基础上，去掉计量单位，想一想是否可以依据小数的意义实现转化，讨论后得到图 9-7 的思路。"3.5" 表示 "3.5 个 1"，还可以表示 "35 个 0.1"，依据后者得到的积表示 105 个 0.1，再转化成 "10.5 个 1"。最后结合练习，总结与应用小数乘整数的计算法则。

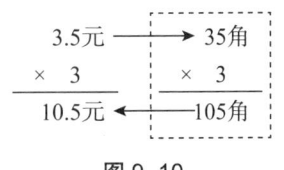

图 9-10

3. 结合数量关系丰富乘法意义

上述小数乘法的意义是"求几个几的和"，是乘法的基本意义。除此之外，学生还学习了"求一个数的几倍是多少"和"长 × 宽 = 长方形的面积"这两种乘法的延伸意义。因此，在练习时出示如下题组，让学生列出数量关系，分别概括出乘法的含义。

（1）一辆汽车每小时行驶 65 千米，3.2 小时行驶多少千米？

（2）地球的直径为 1.28 万千米，月球到地球的距离是地球直径的 30 倍。月球到地球有多远？

（3）一个长方形花坛，长 8 米，宽 2.5 米，它的占地面积是多少平方米？

总之，小数乘整数的教学需要找准与旧知的联接点，结合具体情境理解意义，理解算理，总结法则。

（二）用"长乘宽"模型学习"小数乘小数"

小数乘小数依据小数的意义转化成整数乘法时，积的计数单位发生变化，这时用"几个几"的乘法模型不易理解算理，而用面积模型——"长 × 宽 = 长方形的面积"，可以很好地解释因数的计数单位转化成积的计数单位的过程。

1. 依据经验自主计算

教师课件出示：学校要为一个长 4.5m、宽 3.5m 的长方形橱窗涂油漆，请你算一算，工人师傅要涂多少面积的油漆？学生依据长方形的面积计算公式列出算式，引出课题"小数乘小数"。由于有上一节课的经验，学生会转化成整数乘法进行计算（图 9-11）。但是，算理是什么？需要学生结合具体情境与小数的意义进行解释。

$$\begin{array}{r} 4.5 \\ \times\ 3.5 \\ \hline 2\ 2\ 5 \\ 1\ 3\ 5\ \ \\ \hline 1\ 5.7\ 5 \end{array}$$

图 9-11

2. 结合单位换算理解算理、总结算法

依据上一节课的经验，结合图示，先用计量单位换算解释计算过程。图 9-12 表示长度单位由米换算到分米的过程，其中右边图示的左下角阴影表示 $1m^2$，右

上角阴影表示 1dm², 它们之间的关系是 1m²=100dm²。教师追问：右上角正方形的边长如果用"米"作单位，应该是多少米？0.01m² 可以通过怎样的计算得到？学生发现是 0.1×0.1=0.01m²。在图示的基础上，形成如图 9-13 所示的竖式中计量单位的换算过程。

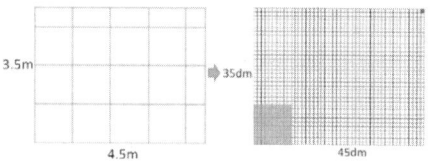

图 9-12

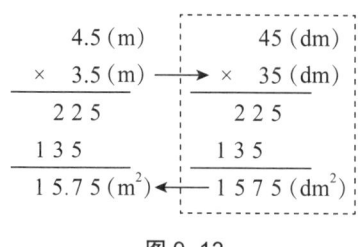

图 9-13   图 9-14

依据上节课的经验，去掉计量单位，用计数单位进行解释，形成如图 9-14 所示的思考过程，并进一步总结出小数乘整数的计算法则。

3. 结合变式丰富小数乘法的认识

首先，教师出示题组：（1）2.8×1.6；（2）0.28×16；（3）0.28×0.16；（4）2800×0.16。请学生判断积的大小，计算后验证，体会整数乘法与小数乘法之间的内在联系。

接着，请学生计算并填表格。

一种苹果每千克 7.25 元。

质量/kg	0.4	0.6	1	1.2	6
总价/元					

学生独立完成后校对。接着，请学生比较表格中的总价与单价之间的大小关系，说一说在怎样的情况下总价大于单价，在怎样的情况下总价小于单价。交流中概括出小数乘法中积与因数的大小变化规律，即一个因数小于 1，积小于另一个因数；一个因数大于 1，积大于另一个因数；一个因数等于 1，积等于另一个因数。

最后，通过开放题，让学生进一步认识小数乘法计算中积的小数点的位置与因数的关系。

根据 65×39=2535，在下面的括号里填上合适的数。你能想到哪些不同的填法？有什么规律？

25.35=6.5×（　　　）=650×（　　　）=（　　　）×（　　　）

本节课充分利用前一节课的学习经验，结合面积模型，直观地理解小数乘小数转化成整数乘法时，积的计数单位的变化规律，从而再一次用小数的意义解释小数乘法中积的小数位数确定的规律，让小数乘法的计算法则建立于小数意义的基础之上。

（三）用"付钱问题"学习"积的近似数"

小数乘法计算的积为什么要取近似数？精确到哪一位更合理？这些问题仿佛不用学生思考，题目中自有规定。例如，教材例6标明"得数保留一位小数"。可以进一步追问：为什么要保留一位小数？如果把人的嗅觉细胞的个数也保留一位小数，是否合适？怎样的情况下不用说明也要取积的近似数？

为此，在设计"积的近似数"一课时，把"做一做"中的第2题作为例题，让学生先尝试解决。当学生用三位小数表示应付钱数时，反思是否真的可以付，需要怎样处理才可以付。把例6作为"做一做"，学生完成后思考为什么要把得数保留一位小数。在解决练习三第2题（一幢大楼有21层，每层高2.84米。这幢大楼约高多少米？）时，去掉"得数保留整数"这一要求，让学生审题后联系实际对积取近似数，并说明理由。

（四）用"一题多解"学习"小数乘法的简算"

"小数乘法的简算"作为整数乘法运算定律向小数乘法的推广，可以结合具体例子，让学生用多种方法计算下面两题：$0.65×202$，$4.78×0.25×4$。此时，用一般方法计算的结果可以作为验证结果是否正确的依据，而用简单方法计算的可以进一步寻找与一般计算方法之间的联系，归纳出小数乘法中的运算定律。

从上述设计可以发现，小数乘法的教学需要创设适切的情境，依据原有学习基础，与整数乘法的意义、计算法则、数量关系等构建联系，采用迁移和类比的思维方式，形成整数乘法与小数乘法相融相通的认知结构。

三、基于现实，统一路径

本单元的估算解决问题与分段计费问题都具有很强的实践意义。两个问题解决的内容不同，但是可以有共同的学习路径。

（一）列表梳理，制订方案

两类问题中已知信息较多，例8采用列表的方法分析，同样地，例9也可以用列表的方法表示收费标准（图9-15）。这样，把列表作为解决较复杂问题的一种策略，在两

计费单位	收费标准
3km以内	7元
超过3km部分（不足1km按1km计算）	每千米1.5元

图9-15

节课中进行了统一。同时，为了使两个问题列出的信息统一，例8列表时去掉了总价这一栏（图9–16）。

依据表格中的信息，由教师或学生添加新的信息，学生提出问题。例8可以由教师添加用100元钱买这些商品，学生提出"100元钱够不够"；例9由学生自主添加"里程数"或"总付费"的信息，形成"已知里程数求总价"和"已知总价求最远里程数"这样两类问题。

	单价	数量
大米	30.6	2
肉	26.5	0.8
鸡蛋	10	1

图9–16

在提出问题后，首先要考虑的是解决这两个问题方案。例8解决问题的方案为"一判二估三结论"，例9解决问题的方案为"一分二算"。制订方案的策略不尽相同，例8是通过解决较简单的问题获得，且已经在"求积的近似数"一课中有所渗透；例9则让学生围绕"分段计费"具体操作。

在解决较复杂问题时，列表梳理信息、制订解决问题的方案是积累学习经验的重要策略。两个例题在基本策略上得到统一，有利于形成解决问题的活动经验。

（二）自主探究，反馈总结

由于有了列表梳理信息与制订解决问题方案这两个步骤，在解答时可以放手让学生自主探究，在评析学生作业的基础上不断规范，形成与方案一致的解决问题的过程。

例如，例8的第一问形成如图9–17所示的思考过程。把估算时常用的约等号改为不等号，可以更好体现数学符号的简捷性。例9第一问经过讨论后形成的格式如图9–18所示，其中"6.3千米≈7千米"用的是"进一法"，把里程数进行分段是关键的步骤。

一判	剩下的钱购买一盒10元的鸡蛋。往大估。
二估	30.6×2+26.5×0.8+10
	<31×2+27×1+10
	=99（元）
	99元<100元
三结论	估大后还没有超过100元，所以一定够了。

图9–17

一分	6.3千米≈7千米
	7千米=3千米+4千米
二算	7+1.5×4
	=7+6
	=13（千米）

图9–18

可以发现，先分类求出部分数再求和是基本步骤，在列式时需要严格按照制订的方案一步一步地进行。

（三）注意变式，完善思路

练习阶段，在巩固的基础上特别注意变式练习，让学生突破思维定势，丰富数学应用。

估算解决问题时，通过例 8 的学习，学生有了估算的两种推断思路，即"推断够：就往大估，往大估够一定够""推断不够：就往小估，往小估不够，就一定不够"。在现实情境中，是否有相反的推断呢？出示如下问题：

有 14 千克油，用 2 个大瓶和 4 个小瓶装，大瓶每瓶最多可以装 3.81 千克，小瓶每瓶最多可以装 2.56 千克。能够装下吗？如果要装下 20 千克油，可以吗？

这里的推断思路与例 8 正好相反，即"第一问，推断能够：往小估，往小估够一定够""第二问，推断不够：往大估不够，一定不够"。

而在例 9 的练习中，主要是从现实情境上不断地进行变式，如水费、电话费、邮寄费等，并结合具体情境，让学生说一说分段计费的目的是什么。

把两个不同现实情境下的问题从解决的策略上进行统一，让学生感受到列表分析是对较复杂问题进行审题的重要方式，制订相应的解决问题的方案是重要的步骤。

综上所述，小数乘法相对于整数乘法，是一种意义的延伸、法则的迁移与解决问题的丰富。同时，由于有整数乘法作为基础，课时数、内容的层次性等都大大压缩了。因此，在研读教材时需要与整数乘法相联系，在梳理本单元内部结构的基础上分析与原有知识之间的联系，在此基础上进行适度重构，使得单元教学更具有整体性。

第二节
"小数乘整数"教学实践

小数乘整数作为小数乘法单元起始课，对于乘法的学习起着推广作用。就乘法的意义而言，是整数乘法意义的应用；就计算法则而言，是转化思想的体现；就算理而言，是小数意义的再认识。因此，小数乘整数的学习可以创设情境，让学生运用原有知识与经验尝试解决；也要与整数乘法进行类比，力求在意义、算法与算理上做到统一。同时，作为新知，会受旧知引起的负迁移，如小数点的处理会受到小数加减法笔算法则的影响。因此，在教学中要考虑，如何结合具体情境与小数的意义理解算理？如何沟通算理与算法之间的联系？如何克服竖式计算中的负迁移，完善计算法则？

一、用几何直观表征算法、总结算理

小数乘整数的意义与整数乘法的意义相同，都表示"几个几的和是多少"，这可以在解决问题的过程中让学生体会。在具体计算时，则需要利用转化的思想方法计算出结果。

（一）审题后独立解答

教师出示图 9-19，学生审题后列出算式：3.5×3。教师请学生说出数量关系"单价 × 数量 = 总价"，再概括出算式的意思"3 个 3.5 是多少"，进而依据算式的特点，概括出小数乘整数的意义是"几个几是多少"，也就是与整数乘法的意义相同。

图 9-19

在此过程中，"3.5×3"具有了两种含义，即基于数量关系的具体意义和基于乘法算式的抽象意义，这就为小数乘整数的计算提供了思考的依据。在此基础上，教师让学生依据现实情境或算式意义独立计算结果，并说明算理。

（二）反馈后图示表征

一般地，学生会有如下三种计算方法。第一种是依据算式意义计算，即"3.5×3"就是 3 个 3.5 的和，3.5×3=3.5+3.5+3.5=10.5（元）。教师采用如图 9-20 所示的课件演示学生的计算过程。

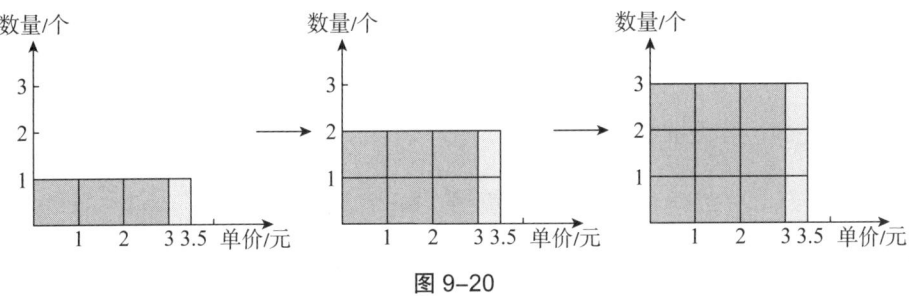

图 9-20

第二种采用单位换算复名数，即 3.5 元 =3 元 +5 角，3 元 ×3=9 元，5 角 ×3=15 角 =1.5 元。教师课件演示如图 9-21，一个正方形表示 1，一个正方形的十分之一表示 0.1，它们分别表示 1 元与 0.1 元。

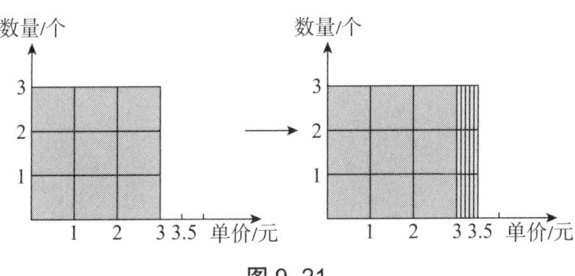

图 9-21

第三种是单位换算成角，即 3.5 元 =35 角，35 角 ×3=105 角 =10.5 元。依据学生的回答，教师课件演示如图 9-22。

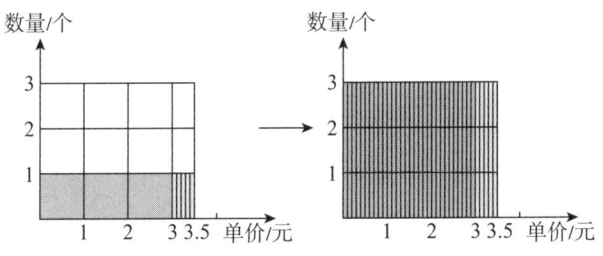

图 9-22

展示以上三种图示后，请学生观察比较，有什么相同点与不同点。学生指出，由于"3.5×3"不能够直接计算，因此这三种方法都转化成可以计算的情况，其中第二种与第三种都通过单位换算，转化成整数乘法进行计算。

（三）评析后优化算理

请学生思考：哪种计算方法与整数乘法最相似？学生比较后认为是第三种方法，因为它就是转化成整数乘法后计算出有多少角，然后把"角"换算成"元"。教师竖式演示转化的流程图（图9-23）。

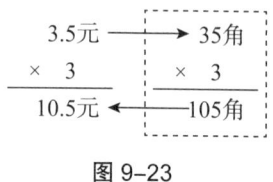

图 9-23

在对三种方法进行评析的基础上，与整数乘法建立起联系，为进一步抽象概括小数乘法的计算做准备。

二、以计数单位的转化理解算理、概括算法

量的运算可以通过单位换算转化成整数乘法计算出结果，但是真正的小数乘法计算是数的运算，而数也有单位——计数单位。通过计数单位的转化，可以让学生理解把小数乘整数的运算转化成整数乘法的运算，从而实现量的乘法运算与数的乘法运算在算理上的一致性。

（一）结合图示，自主表达

教师把图9-22、图9-23中的单位去掉，成为图9-24，请学生观察直观图示与乘法计算，说一说这时又应该如何解释计算的算理。

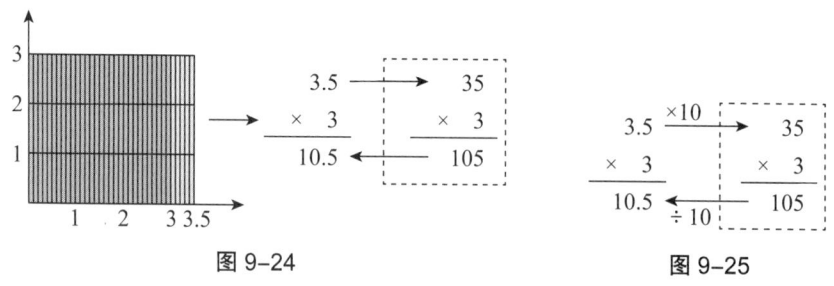

图 9-24　　　　　　　图 9-25

学生更多地从小数点移动引起小数大小变化的规律来进行解释，即先算 $3.5 \times 10 = 35$，再算 $35 \times 3 = 105$，最后算 $105 \div 10 = 10.5$。这一过程依据的是积的变化规律，具体可以表示成图9-25的形式，这也是教材中编排的算理。但是，这一种算理还是形式化的过程，与量的乘法计算的算理不一致。是否可以从计数单位的转化实现算理的一致性呢？

（二）单位转化，迁移算理

我们知道，一个小数可以分成整数部分与分数部分，整数部分的计数单位是"1"，整数部分可以看成1的累加后得到的数，而小数部分则是1平均分成10份、100份、1000份……得到新的比1小的单位后再累加。所以，一个小数可以看成

有这样的两个计数单位。一般地，我们用小数末尾的计数单位作为这个小数的计数单位，如 3.5 的计数单位 0.1，它有"35 个 0.1"，此时的"3.5"就转化成了整数"35"。那么，如果用个位作为小数的计数单位呢？

基于以上认识，把小数乘法转化成整数乘法，只要用这个小数的计数单位的个数来表示这个小数就可以了。如图 9-26，把"3.5"看成"35 个 0.1"，就可以把"3.5×3"转化成"35×3"后进行笔算。与图 9-23 相比，"1"相当于"元"，"0.1"相当于"角"，与量的运算中的转化相一致。

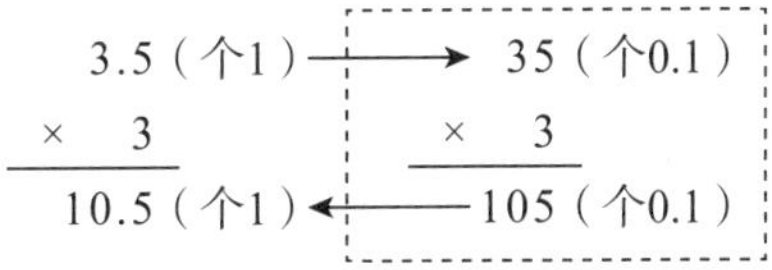

$$
\begin{array}{r}
3.5\,(个1) \longrightarrow 35\,(个0.1) \\
\times\quad 3 \qquad\qquad \times\quad 3 \\
\hline
10.5\,(个1) \longleftarrow 105\,(个0.1)
\end{array}
$$

图 9-26

在实际教学中，可以结合图 9-24 中的图示，先让学生说一说 3.5 表示的意思，接着说一说每一行中的 3.5 细分成了"35 条"，表示"35 个"什么。学生回答是"35 个 0.1"，把相关的计数单位表示在两个因数的右边，标注两个积的含义，形成如图 9-26 所示的板书。

（三）依据算理，总结法则

显然，具体计算时不可能如图 9-25 那样摆两个竖式。那么，怎样从算理中概括出算法，在一个算式中表示出其中的算理呢？可以采用"一看二乘三还原"，"一看"就是先用小数末尾一位作为计数单位，看成整数乘法；"二乘"就是按整数乘法乘得积；"三还原"就是还原成用小数表示的积。

$$
\begin{aligned}
0.72\times 5 \\
=72\times 0.01\times 5 \\
=(72\times 5)\times 0.01
\end{aligned}
$$

图 9-27

以上过程，教师板书示范。教师出示"0.72×5"，要求学生按以上步骤，一边说理，一边竖式计算。用图示表征会比较麻烦，所以在教学中可以用递等式计算的方式说明转化的过程，如图 9-27 所示。

把小数乘整数的算理由积的变化规律改为计数单位的转化，体现了整数乘法与小数乘法在算理上的一致性与延伸性。同时，这也要求在小数的认识时能够用两种计数单位来认识小数，体现小数与整数在表达上的一致性与延伸性。

三、用变式练习暴露思维、完善结构

计算教学往往是选择典型的例子，通过图示、操作等活动计算出结果，概括出法则。这时，学生受例子的限制，在解决一些与例题不同结构的同类问题时往往会出现错误，对这些错误进行评析、纠正，可以更好地帮助学生理解算理、运用算法。同时，整数乘法的含义除了"几个几"，还有其他的延伸含义，可以结合具体情境，在解决问题的过程中进行完善。

（一）计算变式，理解法则

例题是"一个小数乘一位数"，所以按整数乘法乘得积后就可以点小数点。那么，当"一个小数乘两位数"时，会有怎样的错误呢？

教师出示：（1）2.3×12，（2）0.45×32。学生竖式计算时出现了如图9-28所示的错例。

显然，这是受例题的负迁移，把两个分步乘得的积分别进行了还原，且第二个积与第一个积的小数点对齐，还添上了末尾的零。教师展示错例，让学生对照"一看二乘三还原"的计算法则，说一说哪一步思考的过程不正确。经过讨论，认为这两题对"二乘"理解不正确，如第（1）题看成2.3×2和2.3×10，分别按照小数乘整数计算。找到原因，纠正错误，更好地应用计算法则。

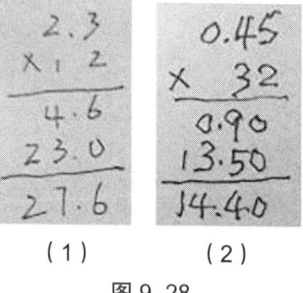

图9-28

（二）题型变式，完善思维

在整数乘法中，当因数末尾有零时，可以进行简便计算，小数乘整数中同样如此。学生又会出现怎样的错误？

教师出示如图9-29所示的一组竖式，请学生审题后计算出结果。显然，这三题均可以先看成"46×3"计算出结果，但是第（2）题、第（3）题需要添0后再还原。部分学生出现了如图9-30所示的错例，一是受前面竖式计算的影响，积的小数点与因数的小数点对齐，二是在"46×3"乘得积后先还原，再补零。通过评析，发现错误后纠正，强化了依据计算法则进行计算。

```
(1)   4.6      (2)   4.6      (3)   4.6
    ×  3          × 30          × 300
```
图9-29

```
(1)   4.6      (2)   4.6      (3)   4.6
    ×  3          × 30          × 300
    13.8          13.80         13.800
```
图9-30

（三）关系变式，建立结构

在之前学习的整数乘法中，乘法的含义除了表示"几个几"，还有其延伸的意义，即倍的模型和面积模型。教师出示如下题组。

1. 一辆汽车每小时行驶65千米，3.2小时行驶多少千米？

2. 地球的直径是1.28万千米，月球到地球的距离是地球直径的30倍。月球到地球有多远？

3. 一个长方形花坛，长8米，宽2.5米，它的占地面积是多少平方米？

学生独立完成后说一说三个题目的数量关系有什么区别——第1题"求几个

几是多少",第 2 题"求一个数的几倍是多少",第 3 题用"长 × 宽"求长方形的面积。同时,这三道题目又进行了一定的变式,第 1 题出现了第 2 个因数是小数,第 3 题笔算时交换因数的位置,把长作为第二个因数,让学生进一步感受到"小数乘整数"在算法上的灵活性。

总之,小数乘整数的教学需要找准与旧知——整数乘法的切入点,结合具体情境与几何直观,从小数意义的视角,结合把"小数"表示为"小数计数单位的个数"理解算理,总结算法,力求做到小数乘法的意义、算理、算法与整数乘法的统一。

第三节
"小数乘小数"教学实践

与小数乘整数相比,教材对于小数乘小数的意义没有做强调,例题借助长方形的面积公式列出算式,借助积的变化规律来推导小数乘小数的计算方法。上一节课中,借助量的乘法、几何直观、小数的意义等理解小数乘整数的算理,总结小数乘整数的算法。那么,本节课是否可以借助上一节课的活动经验,让学生自主推导出算理,概括出算法呢?

一、自主探究,评析典型

由计算长方形面积列出小数乘小数的算式,让学生利用小数乘整数积累的活动经验自主推算,体会转化方法的多样性与迁移性。

(一)列式后揭示课题

教师课件出示问题:学校要为一个长4.5m、宽3.5m的长方形橱窗涂油漆,请你算一算,工人师傅要涂多少面积的油漆?

学生列出乘法算式后,教师追问:这个算式和我们已经学过的小数乘整数的区别在哪里?引出课题"小数乘小数"。

小数乘小数如果用"几个几"引入,在单位换算与几何直观说明算理时就比较困难。而用"面积模型"引入,可以用单位换算与几何直观进行表征,有利于延伸上一节课的学习经验,解决问题,推导法则。

(二)反馈后图示表征

由上节课的经验,学生在计算时自然地运用转化的方法,其中最典型的是单位换算,即4.5m=45dm,3.5m=35dm,45×35=1575(dm^2),1575dm^2=15.75m^2。教师出示图

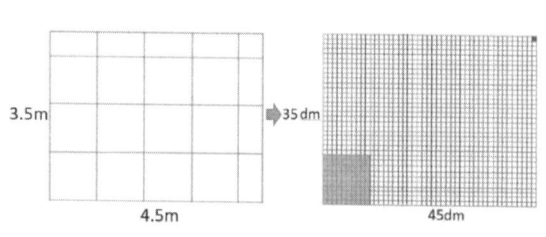

图9-31

9-31，请学生说一说右边图示中左下角的正方形与右上角的小正方形分别表示什么含义。

相对于"几个几"和"一个数的几倍"，"长 × 宽"更有利于解释转化成整数乘法后积的含义。同时，与小数乘整数相比较，积的计数单位由两个因数决定，如本题的积 15.75，由两个因数的计数单位相乘得到，即 0.1×0.1=0.01。对于此类计数单位的转化，是基于小数计数单位的转化理解小数乘小数算理的基础，需要通过图示表征与量的计算进行理解和归纳。

（三）归纳后举一反三

教师请学生观察图 9-31 右边图示中两个涂色正方形，并表示它们之间的关系。学生发现，左下角的正方形表示 $1m^2$，右上角的正方形表示 $1dm^2$，它们之间的关系是 $1m^2=100dm^2$，或者 $1dm^2=0.01m^2$。教师追问，右上角的正方形边长如果用"米"作单位，应该是多少米？ $0.01m^2$ 可以通过怎样的计算得到？学生发现 0.1×0.1=0.01（m^2）。

此时，0.1×0.1=0.01 是通过图示表征建立起来的联系，需要学生利用原有经验进行解释。可以引导学生把第二个 0.1 看成 $\frac{1}{10}$，依据四年级学习的小数点移动引起小数大小变化的规律，乘 $\frac{1}{10}$ 就是除以 10，所以 0.1×0.1=0.1÷10=0.01。在此基础上，教师出示 0.01×0.1、0.01×0.01，请学生独立计算，说一说有什么发现，引导学生发现积的小数位数就是两个数的小数位数的和。

以上是用小数计数单位的转化理解小数乘小数算理的基础。上一节课中出现"105×0.1=10.5"，直接通过计数单位的转化得到。如果进一步思考，也可以用以上方法进行推算，即 105×0.1=105÷10=10.5。但也要通过再举例子，归纳出积的小数位数与因数小数位数的关系，从而不需要转化成除法来理解。

二、逐步抽象，总结法则

学生应用上一环节学习的两个因数的小数计数单位的转化，结合竖式计算与乘法结合律的推算，理解算理、总结算法，并结合具体例子完善法则。

（一）解释中理解算理

有学生直接用竖式计算 4.5×3.5（图 9-32），教师展示学生的做法，请学生解释这样做的理由。学生说明，4.5 表示 4.5 个 1，也表示 45 个 0.1；3.5 表示 3.5 个 1，也表示 35 个 0.1；45 个 0.1 乘 35 个 0.1，就是（45×35）个 0.01。教师结合图 9-31 右边的图形对照说明，并用图 9-33、图 9-34 的形式进行解释。

这里的关键是让学生理解两个小数的计数单位相乘的积作为积的计数单位。同时，结合推算过程，让学生从上一环节中量的小数乘法计算抽象成数的小数乘法，在上一节课的学习经验基础上理解算理，为总结算法做准备。

```
    4.5            4.5（个1）         45（个0.1）       4.5×3.5
  × 3.5          × 3.5（个1）  →   × 35（个0.1）     =(45×0.1)×(35×0.1)
  ─────          ──────────        ──────────        =(45×35)×(0.1×0.1)
    2 2 5          2 2 5              2 2 5           =1575×0.01
  1 3 5          1 3 5              1 3 5             =15.75
  ─────          ──────────        ──────────
  1 5.7 5        1 5.7 5（个1） ← 1 5 7 5（个0.01）
```

图 9-32　　　　　　　图 9-33　　　　　　　图 9-34

（二）观察后总结算法

教师提问：通过刚才的说理，哪位同学能够概括一下小数乘小数的计算方法？有学生依据上一节课的经验，概括出计算方法"一看二乘三还原"。这时，教师引导学生对"三还原"展开讨论。学生讨论后发现，"三还原"在这里不合适，因为积的计数单位与两个因数的计数单位均不相同。教师进一步引导学生探究其变化规律，总结积的小数位数是两个因数小数位数的和，把"三还原"改为"三点"，即两个因数一共有几位小数，积也有几位小数，在相应位置点上小数点。

迁移与类比是重要的学习方式，小数乘小数的计算方法与小数乘整数有相同之处。所以，当学生正确地用竖式计算后，要肯定学生的做法，同时要引导学生观察思考，发现两者的区别，进一步理解算理、完善法则。

（三）变式中完善思路

计算法则是在典型例子的基础上总结的，还需要结合具体计算，不断地修正与完善。教师出示如下一组小数乘法计算：（1）4.5×6，（2）0.45×0.6，（3）0.45×0.06。先引导学生观察比较，说一说这三道计算题有什么相同的地方。学生指出都需要先算出"45×6"的积，然后在积中点出相应的小数位数。接着请学生笔算出结果，完成后反馈评析，特别评析第（3）题积的小数位数不够时添0再点小数点的情况。

三、边算边想，体现思维

小数乘法在意义方面沿用了原来的整数乘法的意义，在计算方面需要利用转化思想，处理因数的小数点与积的小数点的关系。同时，由于增加了小数点，出现了一个数乘小于1的数的情况，积的大小变化情况变得更加丰富了。

（一）专项练习后体会关系

当转化成的整数乘法相同时，原小数乘法的积并不一定相同，且积的大小与小数的位数有关系。利用这一种经验可以判断积的大小。教师出示如下四道小数乘法计算题：（1）2.8×1.6，（2）0.28×16，（3）0.28×0.16，（4）2800×0.16。请学生判断哪一题的积最大,哪一题的积最小,哪两题的积相等,为什么。

学生先独立判断,然后反馈,并说出思考的过程,即都转化成 28×16 计算出结果,再把两个因数的小数位数的和作为积的小数位数。其中,第(4)题虽然有两位小数,但是还要在积的后面添两个 0 后再点小数点,所以相当于它没有小数位数,积最大;第(3)题积最小,因为它要取四位小数;第(1)(2)题的大小相等,因为它们的积都是两位小数。

(二)解决问题后感受变化

创设问题情境,结合具体的问题解决,联系生活实际,发现积与一个因数的大小关系。

教师出示:

一种苹果每千克 7.25 元。

质量/千克	0.4	0.6	1	1.2	6
总价/元					

引导学生说一说表格的意思与解决问题的思路,请学生选择合适的方法算出结果,完成后反馈。观察总价与单价的关系,发现当质量小于 1 千克时,总价小于单价;当质量等于 1 千克时,总价等于单价;当质量大于 1 千克时,总价大于单价。

教师进一步出示如下题组,请学生作出判断,并说一说理由。

在下面的○里填入">""<"或"="。

756×0.9 ○ 756   756×1.9 ○ 756 a ○ a×0.999(a 大于 0)

学生独立完成后反馈。学生在说理由时,自觉地把前一题中单价与总价的大小关系迁移类比到积与因数的大小关系中。

(三)逆向思考后拓展思维

当两个因数的积的小数位数确定时,对应的两个因数是否确定?又会有怎样的变化呢?

根据 65×39=2535,在下面的括号里填入合适的数。你还能想到哪些不同的填法?有什么规律?

25.35=6.5×(　　)=650×(　　)=(　　)×(　　)

前面两空是模仿练习,答案唯一,其中第 2 空可以给学生以启示,即一个因数添一个 0,另一个因数的小数位数要增加一位。在第 2 空的启发下,在反馈第 3 和第 4 空时,可以引导学生分类说明。

在计算练习设计时,努力挖掘计算中的思维性,让单一的计算练习增加数学思维的价值,培养学生的数感。本节课的三个层次的计算练习,围绕小数乘法与整数乘法相比的特殊性,让学生结合具体例子,在计算时关注因数与积中小数点的变化关系,发现其中的规律。

总之,本节课作为上一节课的延伸,创设适合于学生进行探究的情境,让学生自主探究,交流反馈,教师结合图示进行解释总结,最后把两节课的学习归纳为小数乘法的计算,理解算理,归纳算法,并探究小数乘法中积与因数的大小关系。

第四节
"积的近似数"教学实践

小数乘法的积有的时候要取近似数，一种是受单位的限制，如价钱，用元作单位一般保留两位小数，因为小数的第二位是百分位，表示多少分，而"分"是最小的人民币单位；另一种是简化记录的数据，如教材中的例题，当积是三位小数时，为了方便记忆，只保留一位小数。在教学中，如何让学生发现上述取小数近似数的两种原因，并能够结合具体情境体会到取小数近似数的意义？

一、自主尝试，辨析取值

小数乘法取积的近似数，在付费问题中最为常见。因此，实际教学时把"做一做"作为例题，先自主尝试解决问题，再评析错例，最后依据情境说明取值的背景。

（一）自主尝试，解决问题

教师出示如下的问题：

一种大米的价格是每千克5.85元，买2.5千克付多少钱？

引导学生分析题意，列出数量关系式后，请学生列竖式计算。由于没有积取近似数的提示，因此大多数学生用如图9-35所示的形式解决问题。

（二）讨论比较，科学定值

请学生再读题，特别关注"付多少钱"，想一想"14.625元"能付吗。讨论后认为，结果应该保留两位小数，因为付钱的最小单位是分。在此基础上，要求学生修正（图9-36）。

上述例子改编自教材第11页的"做一做"，与教材例6相比，更能够体现取小数积的近似数的必要性。

$5.85 \times 2.5 = 14.625$（元）

```
      5.8 5
   ×    2.5
   ───────
    2 9 2 5
  1 1 7 0
  ─────────
  1 4.6 2 5
```

答：买2.5千克应付14.625元。

图9-35

$5.85 \times 2.5 \approx 14.63$（元）

```
      5.8 5
   ×    2.5
   ───────
    2 9 2 5
  1 1 7 0
  ─────────
  1 4.6 2 5
```

答：买2.5千克应付14.63元。

图9-36

（三）评析比较，合理取值

教师提问：如果付到"角"或者"元"，那么各应付多少钱呢？学生独立完成后反馈，形成如图9-37所示的板书。

$$5.85×2.5≈14.6（元）\qquad 5.85×2.5≈15（元）$$

```
        5.8 5              5.8 5
      ×   2.5            ×   2.5
      ───────            ───────
      2 9 2 5            2 9 2 5
    1 1 7 0            1 1 7 0
    ─────────          ─────────
    1 4.6 2 5          1 4.6 2 5
```

答：买2.5千克应付14.6元。　　答：买2.5千克应付15元。

图 9-37

求积的近似数，是求小数的近似数在四则运算中的第一次应用。请学生概括出求积的近似数的步骤——一算（算出积）二取（取积近似数）。

二、依据需要，评析取值

（一）联系实际，组织辨析

教师出示教材例6：

人的嗅觉细胞约有0.049亿个，狗的嗅觉细胞个数是人的45倍。狗约有多少亿个嗅觉细胞？（得数保留一位小数）

学生独立完成（图9-38）。请学生思考：为什么这里要求保留一位小数？如果人的嗅觉细胞也保留一位小数，合理吗？

通过交流，学生发现，取近似数可以方便记忆与记录，但也要与原来的数差距不大。因此，如果人的嗅觉细胞也取一位小数，就变成0了，显然不合适。

$$0.049×45≈2.2（亿个）$$

```
      0.0 4 9
    ×      4 5
    ─────────
      2 4 5
    1 9 6
    ─────────
    2.2 0 5
```

答：狗约有2.2亿个嗅觉细胞

图 9-38

由上面的解决问题可以发现，在现实中有很多信息都是近似数，并且在不同的情境下，需要取不同的近似数。例如，同样是嗅觉细胞个数，改写成用亿作单位时，人的嗅觉细胞个数不宜用一位小数表示，而狗的嗅觉细胞则合适；在付钱时，有时候适合用两位小数，有时候则用一位小数或整数更合适。

（二）依据经验，四舍五入

教师出示如下问题：

一幢大楼有21层，每层高2.84米。这幢大楼约高多少米？

这是教材练习三的第2题，去掉了原题中"得数保留整数"的要求。学生自主审题，独立完成，然后反馈。展示学生的三种答案：（1）2.84×21=59.64（米），（2）2.84×21≈59.6（米），（3）2.84×21≈60（米）。经过讨论，学生认为第（3）种答案更合适，因为题目求的是"这幢大楼约高多少米"，所以可以取近似数。同时，近似数59.6米与60米比较，由于描述的是21层大楼的高度，两者差距不大，但60米更简洁。

（三）信息变式，合理选择

对于上面的问题，教师进一步指出，每层大楼的高度是测量得到的，"2.84米"同样也是一个近似数，因此也可以说"约是3米"或"约是2.8米"，想一想，如果要计算其中2层的高度，选哪个信息，为什么？如果是10层呢？

计算后发现，如果计算2层的高度，选择3米更合适；计算10层的高度，选择2.8米或者2.84米均可以。教师追问：计算10层的高度为什么不选择3米呢？学生解释，如果选择3米，10层楼的高度就是30米，与选择"2.8米"的计算结果相差了2米，误差较大。教师进一步追问：如果选择"3米"求整幢大楼的高度呢？

通过上述比较，学生进一步认识到，要使积的近似数尽可能地反映精确数的情况，除了精确的位数要合适，选择的信息也要合理。

三、题组比较，深化认识

估算解决问题与求积的近似数有着本质的区别。估算解决问题是通过估算简化原来的计算对结果做出判断；而求积的近似数是利用四舍五入法减少积的小数位数，使结果表述更加简捷。为此，设计相应的练习，让学生在做数学的过程中逐步体会。

（一）取近似数，比较精度

四年级学习小数的近似数时，学生已经知道一个精确数取近似数时，精确的位数不同，精确度不同。结合具体例子，在求积的近似数时也可以让学生有所感受。

教师出示如下的题目：

已知 $6.66 \times 0.3 = 1.998$。

（1）将得数保留整数；（2）将得数保留一位小数；（3）将得数保留两位小数。

学生独立完成后反馈，发现得数依次约是2，2.0，2.00，它们作为精确数，大小一样，意义不相同，而作为近似数，它们的大小相同，但是表示的精确度不一样。

（二）解决问题，比较策略

结合相似情境下的例子，让学生比较求近似数与估算在解题思路上的区别，为后续学习小数乘法中的简便运算和估算做铺垫。

教师出示如下的题组：

1. 猪肉每千克26.58元，妈妈买0.8千克要付多少元？

2. 猪肉每千克26.58元，妈妈买了0.8千克。

（1）付30元钱够吗？（2）付20元够吗？

这是依据例8中的一组信息改编的题组。解决第1个问题时，可以联系之前学习的经验求近似数。第2个问题是估算解决问题，需要先判断够还是不够，再依据判断把单价与数量往大估或往小估，使其适合于口算或简算，得到估计值后进行比较，验证判断的正确性。

学生独立完成后校对，接着比较两题不同的特点，概括出小数乘法求近似数与估算解决问题各自不同的思路。

（三）联系实际，合理取值

取积的近似数一般用四舍五入法，但不是在所有情境下都适合，有时需要结合实际需要采用进一法或去尾法。结合具体实例，让学生突破思维定势，形成更加缜密、完整的思维结构。

教师出示如下的问题：

给一面1.92平方米的宣传栏刷油漆，每平方米需要油漆0.9千克，一共需要多少千克油漆？（得数保留一位小数）

此题是由例3的第二个问题改编所得，增加了求积的近似数。学生依据前面的经验，用四舍五入法得到结果1.7。教师引导学生进一步审题，近似值1.7小于精确值1.728，能够完成全部的粉刷任务吗？讨论后发现，这里用进一法取近似数才是合适的。

求积的近似数是小数乘法与求小数近似数这两个内容的综合运用，而两者融合的载体就是解决实际问题。在教学中，教师创设合理的、有层次的问题情境，让学生在不断解决问题、交流反思、发现问题、修正完善的过程中获得新知、积累经验。

第五节
"把乘法运算定律推广到小数乘法"教学实践

整数四则混合运算中概括的运算顺序在小数四则混合运算中仍然可用。同样地,整数乘法运算定律在小数乘法中依旧可用。如何通过具体的实例,让学生逐步发现规则与规律的延伸?如何通过比较,发现应用运算定律进行简便运算时,整数乘法与小数乘法的相同点与不同点?

一、自主计算,规范思路

整数乘法运算定律推广到小数,教材先安排运算定律的推导,再依据运算定律进行简便运算。这样,学生会认为运算定律的学习就是为了简便运算。但是,运算定律应该是改变原有的运算顺序而结果不变的规律,学生可以在计算的过程中自主发现,尤其是作为推广的小数乘法中的运算定律。

(一)自主计算,发现不同算法

教师出示以下两个计算题:(1) 0.65×202,(2) $4.78 \times 0.25 \times 4$。

学生独立完成时会出现多种计算方法,如第(1)题有学生用竖式计算,也有小部分学生用乘法分配律简便运算;第(2)题有部分学生按从左往右连乘计算,也有一部分学生发现 $0.25 \times 4 = 1$,所以用乘法结合律简便运算。

(二)辨析不同做法,归纳运算定律

教师选择学生典型的做法有层次地展示,引导学生辨析,逐步总结出小数乘法中的乘法运算定律。

第(1)题,首先出示图9-39的两个竖式,学生发现交换两个因数的位置,积不变,进而总结出乘法交换律。接着出示图9-40的递等式计算,先请学生与竖式计算比较,看结果是否相等,再引导学生说一说依据,从而总结出小数乘法中的乘法分配律。

乘法交换律
0.65×202=202×0.65

```
    0.65          202
  ×  202        ×  0.65
    130          1010
   130          1212
   131.30       131.30
```

图 9-39

乘法分配律
0.65×202
=0.65×（200+2）
=0.65×200+0.65×2
=131.3

图 9-40

乘法结合律
4.78×0.25×4 ＝ 4.78×0.25×4
=1.195×4   =4.78×（0.25×4）
=4.78   =4.78

图 9-41

第（2）题，出示图9-41的两种递等式计算，总结得出小数乘法中的乘法结合律。

在以上交流过程中，教师没有特别强调哪一种计算简便，而是表述结果相等的两个式子之间的变化关系，从而帮助学生联想到之前学习的整数乘法中的运算定律。

（三）依据运算定律，创编简算题目

由于有整数运算定律的经验，小数乘法的简便运算可以让学生自主创编。引导学生进一步回顾前面两个计算题：如果再让你重新做一遍，会如何计算？为什么？接下来让学生自主创编小数乘法中的简便运算题，完成后同桌交流。教师选择典型的题目展示评析，特别是一些新的类型，如 0.67×4.56+0.33×4.56=（0.67+0.33）×4.56=4.56。

二、比较分析，明确结构

小数乘法与整数乘法中的简便运算有相同的简便运算依据，但是简便运算的情况并不相同，有不同的特征，发现这样的特征，可以更好地进行计算前的正确审题。因此，在教学中还需要补充相对应的整数乘法简算题，通过体验、比较自主概括特征。

（一）整数乘法简便运算积累素材

教师出示：（1）65×202，（2）478×25×4，（3）67×456+33×456。要求学生用简便方法运算。

这三道题目代表了整数乘法简便运算的三种基本结构，与小数乘法简便运算的三种题型相对应。

（二）比较两类简便运算各自特征

完成上述三题后，请学生找一找它们分别对应于哪一道小数乘法计算，说一说有什么相同点与不同点。学生发现，对应的简算题依据的运算定律相同，但简算的情况不同，整数乘法中的简便运算是通过改变运算顺序得到整十、整百或整千数，而小数乘法中的简便运算则是为了得到整数或减少小数位数。

这样的学习经验让学生体会到，随着数系的拓展，运算定律不发生变化，但是简便运算的目的有所改变。

（三）分析运算结构确定是否简便运算

在学生已经掌握小数乘法简单运算的基础上，加入混合运算，完善审题思路。

教师出示：（1）0.73×（0.25+0.75），（2）4.1+5.9×6.2。这两题是依据学生可能出现的错误而精心设计的。第（1）题学生可能会想当然地用乘法分配律，而不去关注小括号内的两个数的和正好是1；第（2）题由于"4.1+5.9=10"，学生容易先加后乘。

精心设计易错题型，暴露学生的错误思维，提升学生的数学思维品质。

三、适度融合，提升思路

到本节课为止，整数加法和乘法的运算定律均推广到小数加法和乘法之中。因此，在练习环节，可以进一步整合之前学习的各种简便运算的题型，对小数乘法简便运算中的典型题例与变式题型分别组织专项练习，从而形成更加完整的简算思维。

（一）自主改编，理清简便运算脉络

教师出示：（1）125×73×8，（2）62+41+59+38，（3）62×41+59×62，（4）842×99。先请学生想一想如何简算，然后把其中的一些整数加上小数点变为小数，同桌交换计算，最后展示同一题目的不同改编，比较后总结它们的共同思路。

例如，第（1）题教师展示学生的改编题 0.125×73×8，1.25×73×0.8，125×0.73×8，12.5×0.73×8，1.25×0.73×8。学生发现，都是利用乘法交换律和简便运算。

通过改编、计算、评析等活动，进一步凸显了基于运算定律进行简便运算的题型特征，以及简便运算的基本审题思路——一看符号定结构，二看数据想依据。

（二）题组比较，发现相同结构

两数相乘时，若有一个因数接近整百或整千数，可以运用乘法分配律进行简便运算。教师出示：（1）4.75×99+4.75，（2）101×4.75−4.75，（3）101×4.75，（4）4.75×99。学生发现都有一个因数接近100，可以用乘法分配律得到"4.75×100"。

以上四题没有乘法分配律的基本特征。因此，要求学生先转化成乘法分配律的基本形式，再依据乘法分配律简便运算。例如，第（1）题先转化成 4.75×99+4.75=4.75×99+4.75×1。

（三）适度变式，拓展简便运算思维

还有一类变式，从数据上看不出简便运算的特征，但是如果利用积不变的规律进行转化，可以符合乘法分配律的特征。

教师出示：（1）2.64×3.2+0.264×68，（2）32.6×9.9+3.26。先请学生讨论：它们分别符合什么运算定律的结构？数据上不能够直接找到特征数，有没有办法通过转化得到？学生发现，可以通过小数点移动和积不变的规律得到特征数。

总之，通过自主尝试，与相应的整数乘法进行比较，把整数加法与乘法的简便运算改编为小数加法与乘法的简便运算，依据小数点移动和积不变的规律进行简算题的变式等策略，让学生体会到小数乘法中的运算定律与简便运算是整数乘法的延伸，感受到数学知识间的联系性与发展性。

第六节
"小数乘法估算解决问题"教学实践

"估算解决问题"是估算教学中的一个重要组成部分。一般地,用估算解决的问题是一种判断题,如判断"够不够""行不行"。因此,不一定需要精确地求出结果后判断,可以简化数据,通过口算的形式求出估计值后作出判断。同时,估计"够"与"不够"要求取的简化数据是不一样的。如何让学生更好地体会估算解决问题的价值?怎样规范估算解决问题的思路与书写格式?

一、明确估算的基本思路

估算作为与精确计算相对的一种计算形式,有其独特的作用。从思考过程来看,它是一种数学推理的过程,把原来较为复杂的计算转化成可以口算的过程,口算出结果,进行比较后得出结论。因此,在这一过程中,把计算尽量简化,而把推理尽量做得缜密。

(一)先行推断定方向

用估算解决的问题往往是判断题,只需判断出计算的结果是否在某一个范围内。因此,估算之前先推断往哪个方向估算。

出示教材例8:妈妈带100元去超市购物。她买了2袋大米,每袋大米30.6元;还买了0.8千克肉,每千克26.5元。剩下的钱够买一盒10元的鸡蛋吗?够买一盒20元的鸡蛋吗?

一般地,解决上述问题有两种思路。第一种是先求出妈妈一共用去的钱数,再与100元进行比较,最后判断多的钱够不够10元或20元,列出的综合算式是"100-(30.6×2+26.5×0.8)";第二种是先求出妈妈一共用去的钱数,再加上10元或20元,与100元进行比较,看是否超过了100元,列出的综合算式是"30.6×2+26.5×0.8+10"或"30.6×2+26.5×0.8+20"。如果是精确计算,两者没有多大区别,但是就估算而言,第二种方法更容易理解,因为它只有合并这一种情况。用第二种方法,在上述问题情境中,如果推测够,就要往大估,因为往大估够，就一定够（图9-42）；如果推测不够，就要往小估，往小估不够就一定不够（图9-43）。

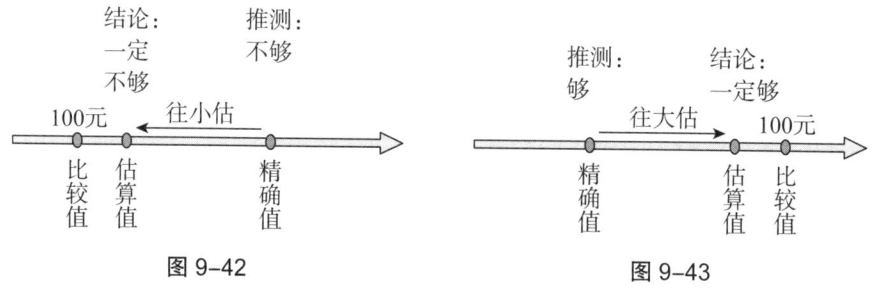

图9-42　　　　　　　　　　图9-43

（二）经历估算比多少

估算时，不论是估大还是估小，均要求在计算时能够进行口算。就小数乘法而言，一般有两种形式，第一种是转化成乘法口诀或多位数乘一位数可以计算的形式，如30.6×2估大时可以是31×2，估小时就是"30×2"；第二种是转化成特殊数相乘，如"26.5×0.8"往小估是"25×0.8"。

同时，在混合运算中，每一步的估大与估小要一致，否则就无法确定估算后的值与准确值之间的大小关系。例如，30.6×2+26.5×0.8如果估算成31×2+25×0.8，一个乘法算式估大，一个乘法算式估小，就不能确定其与原算式结果的大小关系了。

如图9-42、图9-43，若估算值处于比较值与精确值之间，就说明推测的结论是正确的。因此，在与比较值进行比较时，学生的头脑中一定要有一个精确值的概念，然后比较三个值之间的关系。

（三）获得结论或调整

在估算前先作出判断，再根据判断的需要对算式中的数进行估大或估小时，会有两种可能，一种是原来的推测不正确，那么就要重新推测再估算；还有一种是估算值与原数误差太大，使得估算值无法代表精确值。如上题中，其中的"26.5×0.8"看成"20×0.8"后，与精确值要相差5.2，如果估算值30×2+20×0.8+20=96加上5.2就超过100了。因此，当出现需要调整的情况时，首先考虑是不是因为误差大引起的。

从上述思路中可以发现，估算解决问题的思路是一个推测、验证和修正的过程，对于培养学生的推理能力具有十分重要的作用。

二、优化估算的基本格式

关于估算解决问题的书面表达，教材中没有给出规范的形式，而是用情境图中人物口头叙述的形式进行展示,显得比较复杂,逻辑关系也不够清晰。因此,认真钻研教材中口头叙述表达形式并汲取其中的优点,采用不等号记录判断过程,形成比较规范的估算解决问题的表达形式。

(一)从叙述式表达汲取优点

估算思路如何表达?教材采用了交流叙述的形式。如图9-44,上面两位同学在对例8的第一问进行估算,其中左边的女同学采用计算器记录过程,但对两个单价进行了取整,且用文字"不到"与"不超过"表示与原数的比较结论;右边的男同学则用"<"表示"不到",但是后面如何估算没有说明。下面第三位同学综合了上面两位同学的方法解决了第二问。

图 9-44

显然,这只是一个交流讨论的过程,如果把这一思路用数学的语言记录下来,就需要尽量减少文字语言,而充分利用数学符号语言。基于这样的思考,这里的不等号"<"">"应该发挥更加重要的作用。

(二)用不等式表达体现方向性

一般地,在估算过程中会用约等号表示数据处理后的情况。如图9-45,是图9-44中第一位女同学取整后得到的新算式。显然,用约等号表达前后算式的变化关系时,不能够准确地说明两个计算结果的大小关系。如果用不等号连接,就能够很好地表达前后算式间计算结果的大小关系。把图9-45改为图9-46,说明把原价与数量均往大估,"精确值"小于"估算值"。

$30.6×2+26.5×0.8+10$
$≈31×2+27×1+10$

图 9-45

$30.6×2+26.5×0.8+10$
$<31×2+27×1+10$

图 9-46

(三)把估算思路转化为估算步骤

用不等号表示估算前后算式的结果变化,再依据估算解决问题中的基本思路,形成了"一判、二估、三结论"这样三个步骤(图9-47)。一判,先作出判断,确定估算的方向;二估,依据估算方向进行估算,得到估算值;三结论,把估算值与比较值进行比较,得出结论。其中,第一步"一判"十分关键,因为它决定估算的方向;最后的结论尽可能用简洁的语言进行表达。

一判　剩下的钱够买一盒10元的
　　　 鸡蛋。往大估。
二估　$30.6×2+26.5×0.8+10$
　　　 $<31×2+27×1+10$
　　　 $=99$(元)
　　　 99元 < 100元
三结论 估大后没有超过100元,
　　　 所以一定够了。

图 9-47

可以发现，估算解决问题的过程就是一个数学推理的过程。用学生已经学习过的数学符号与必要的文字叙述记录推理的过程，形成规范的估算解决问题的基本步骤。

三、提升估算解决问题的能力

在例题教学中形成的估算解决问题的基本步骤，需要通过再实践进行巩固。首先独立完成估算解决问题中的第二问，完善估算思路；接着比较两个问题两次判断的相同点与不同点，寻找它们的联系；最后进行适当的变式，提升学生应用估算分析与解决问题的能力。

（一）完善估算思路

通过例8的第一问，形成了估算解决问题的基本步骤。接着，请学生利用这一学习经验，独立完成例8的第二问，完成后反馈评析，形成如图9-48所示的估算解决问题的过程。

评析时特别关注两点。第一是说一说把"26.5×0.8"往小估看成"25×0.8"的理由；第二是理解明明估算的结果正好是"100元"，钱够的，为什么结论是一定不够。

一判　剩下的钱不够买一盒20元的
　　　鸡蛋。往小估。
二估　$30.6×2+26.5×0.8+20$
　　　$> 30×2+25×0.8+20$
　　　$= 100$（元）
　　　100元 = 100元
三结论　估小后没有小于100元，
　　　　所以一定不够了。

图 9-48

（二）探究内在联系

请学生再次阅读例8，想一想：为什么第一问判断够，第二问判断不够？接着，教师出示如下的题组：

王老师计划从新华书店买 8 本同样的故事书作为班级讲故事比赛的奖品，并要求总价不超过 100 元。

1. 如果买单价是 12.88 元的故事书，钱够吗?

2. 如果换成单价是 12.18 元的故事书，钱够吗?

学生发现，第 1 个问题中的单价比第 2 个问题中的单价高，可以判断第 1 个问题中钱不够，第 2 个问题中钱是够的。可以让学生联系生活实际想一想，我们在购买商品时，是否也经常会进行这样的判断与调整，即当购买商品钱不够时，如果购买数量不变，那么就要调整买单价较低的商品。

请学生同桌分工，各完成其中的一个问题，然后相互交流，最后全班校对评析，形成如图9-49所示的板书。这两个问题的估算值完全相同，但是由于估算的方向不同,因此推导出的结论正好相反。

1. 买单价是12.88元的故事书,钱不够。往小估。
12.88×8 > 12.5×8=100(元)
100元 = 100元
估小后等于100元,说明总价一定超过100元,所以钱不够。

2. 买单价是12.18元的故事书,钱够。往大估。
12.18×8 < 12.5×8=100(元)
100元 = 100元
估大后等于100元,说明总价一定不超过100元,所以钱够。

图 9-49

(三)变式判断方向

在以上的例题与练习中,当判断够时,往大估,因为往大估够就一定够;当判断不够时,往小估,因为往小估不够就一定不够。但是,在有些情境下,估算的方向与上述思路正好相反。例如:

有16千克油,用2个大瓶和4个小瓶装,大瓶每瓶最多可以装3.81千克,小瓶每瓶最多可以装2.56千克。能够装下吗?如果要装下20千克油呢?

这一问题中,是"需要装的油量"与"实际可以装的油量"进行比较,"需要装的油"是规定的,"实际可以装的油量"则在一定范围内可以变化。此时,如果判断"能够装下",就要往小估;如果判断"不能够装下",反而要往大估,也就是超出瓶子实际能够装的量。

先请学生读题审题,依据题组的特征对两个问题作出判断,然后与之前的两个题组进行比较,说一说有什么不同,在比较的过程中进一步完善估算的思路。接着同桌合作完成后相互交流,形成如图 9-50 所示的估算过程。

	第一问		第二问
一判	能装下16千克油。往小估	一判	不能装下20千克油。往大估
二估	3.81×2+2.56×4 > 3×2+2.5×4 = 16(千克) 16千克 = 16千克	二估	3.81×2+2.56×4 < 4×2+3×4 = 20(千克) 20千克 = 20千克
三结论	估小后还可以装下,所以一定能够装下。	三结论	估大后没有超过20千克,所以一定不能够装下。

图 9-50

总之,估算解决问题是培养学生数感,提升解决问题能力,增强推理意识的载体。在估算解决问题的过程中,逐步形成规范的估算思路与估算步骤。同时,需要结合具体情境进行变式,突破思维定势,依据实际情况作出判断。

第七节
"分段计费问题"教学实践

"分段计费"是日常生活中经常会碰到的现象。从数学的角度而言,通过解答本类题目,可以联系实际,提升学生有序思考的能力。在解决这类问题时,有哪些地方理解会有困难?会出现哪些错误?又可以采用哪些策略让学生理解题意,找到解决此类问题的思考方法?

一、提出问题,自主解答

"分段计费",顾名思义是把"单价 × 数量 = 总价"变为"单价1× 数量1+ 单价2× 数量2+……= 总价"。在这一关系式中,原来的一个单价变为多个单价,同样数量也分成了几部分,即"数量1+ 数量2+……= 数量"。因此,分段计费的信息与数量关系均比较复杂,理解的困难比较大,需要引导学生有层次地进行分析。

(一)创设情境,梳理信息

教师课件出示例题中的部分信息(图 9-51),并提出问题:小明乘坐出租车回家,收费标准如图,你从图中能得到哪些数学信息?这些信息各是什么意思?

图 9-51

生1:"3km 以内 7 元"的意思是,不管行 1km、2km 还是 3km,价格都是 7 元。

生2:"超过 3km,每千米 1.5 元"的意思是,3km 以上的路程,每行 1km 收 1.5 元。

生3:"不足 1km 按 1km 计算",就是如果里程数有小数部分,小数部分去掉后得到整数,不论小数部分是多少都要进一,如 5.1km 按 6km 计算。

在交流过程中,把上述信息列成表格(图 9-52),体现出分段计费收费标准的基本结构。

计费单位	收费标准/元
3km 以内	7元
超过3km部分(不足1km按1km计算)	每千米1.5元

图 9-52

（二）自主提问，合理分类

请学生依据分段计费标准与生活经验，添加合适的信息并提出问题。下面是学生提出的四个问题。

1. 出租车一共行驶了 2km，需要付车费多少元？
2. 出租车一共行驶了 7.2km，需要付车费多少元？
3. 小明一共付了 7 元车费，出租车行驶了几千米？
4. 小明付了 10 元车费，出租车行驶了几千米？

请学生对这四个问题进行分类。有学生把第 1、2 题分为一类，都是求总车费；把第 3、4 题分为一类，都是求出租车行驶的千米数。也有学生把第 1、3 两题分成一类，因为都在同一收费段中。对于第 3 题，学生提出可以不到 3 千米，最多行驶了 3 千米。在此基础上，对第 3 题和第 4 题的两个问题进行完善，修改为"出租车最多可以行驶多少千米"。

对照收费标准表格，引导学生总结出第 2 题是"分段计费"，第 4 题是"分段计程"。

只出示教材例题中的信息，舍去"行驶里程 6.3km"这一条件，可以让学生更加开放地提出问题，提升了学生发现与提出问题的能力。通过对所提问题分类，可以更好地理解分段计费问题的基本结构，为分析与解决问题做好了准备。

（三）制订方案，解决问题

引导学生进一步讨论第 2 题、第 4 题的解决方案。

第 2 题讨论后形成这样的解题方案：把"7.2km"先看成整数"8km"，再分成两段，第一段是"3km"，第二段是"（8-3）km"。分别计费，然后加起来。

第 4 题讨论后形成这样的解题方案：把 10 元钱分成两个部分，第一部分是 7 元，第二部分是"（10-7）元"。分别算出里程数，然后加起来。

计费问题和计程问题的解决，不仅是为了得到答案，更要让学生体会到现实问题的复杂性，培养学生依据信息发现与提出问题，以及评价问题、思考解决问题策略的能力。

二、反馈交流，优化策略

学生解决问题后，分三个层次进行交流反馈，逐步总结出解决问题的策略，并不断地进行优化，总结出分段计费与分段计程中的规律。

（一）交流"分段计费"，列表发现规律

教师展示第 2 题的解答过程，并归纳如图 9-53 所示的解题思路。在此基础上进一步提出要求，请学生把 1 千米至 8 千米的里程数相应的租车费填入表格

中。学生发现，1千米至3千米收费相同，都是7元；之后每增加1千米，就增加1.5元。依据学生的回答，教师课件出示图9-54，直观感受发现的规律。

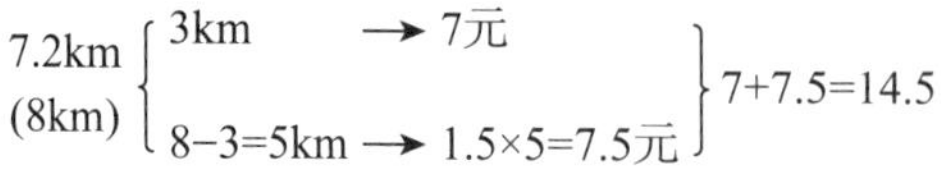

$7.2\text{km} \atop (8\text{km})$ $\begin{cases} 3\text{km} \rightarrow 7\text{元} \\ 8-3=5\text{km} \rightarrow 1.5\times5=7.5\text{元} \end{cases} 7+7.5=14.5$

行驶的里程/km	1	2	3	4	5	6	7	8
出租车费/元	7	7	7	8.5	10	11.5	13	14.5

图9-53　　　　　　　　　　　　　　图9-54

（二）交流"分段计程"，画图形成路径

展示第4题的解答过程，依据"分段计费"的经验，让学生自主整理，形成如图9-55所示的思路，即"一分、二算、三合并"。教师用图9-56线段的形式表示，并提问：如果行驶4.2千米，需要收多少费用？4.8千米呢？引导学生发现大于4千米与小于或等于5千米之间的里程收费都需要10元。

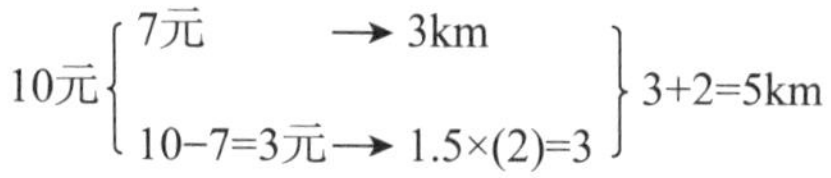

$10\text{元} \begin{cases} 7\text{元} \rightarrow 3\text{km} \\ 10-7=3\text{元} \rightarrow 1.5\times(2)=3 \end{cases} 3+2=5\text{km}$

```
         3km      1km    1km
|————————————|———————|———————| → 5km
10元 → 7元    1.5元   1.5元
```

图9-55 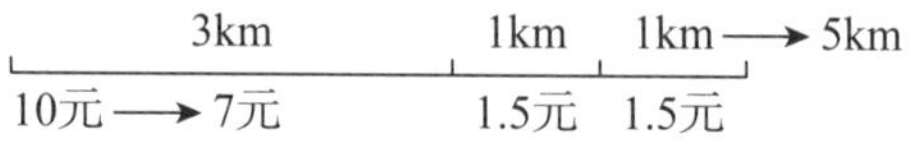　　　　　　　　　　　　　　图9-56

（三）进行类比归纳，形成共同策略

引导学生观察两类问题在解决过程中的相同点与不同点，总结出如下的思考步骤。

一分：分段计费为分程（里程），分段计程为分钱。

二算：分步计算各段里程的费用或各段费用的路程。

三合并：把计算出来的各段费用或里程相加，算出总费用或总里程。

进一步总结，无论是"分段计费"还是"分段计程"，依据收费标准进行"分段"是首先需要做的，也是解决这类问题的基本特征，后面无论是计算总价还是计算总里程数，都与分段收费规则相对应，因此两类都统称为"分段计费问题"。

三、拓展应用，完善思路

"分段计费问题"在实际生活中广泛存在。在基本练习的基础上，通过变式练习完善分段计费的思路，通过改变情境扩大分段计费的应用，体会利用数学知识解决问题的模型化与复杂性。

（一）基本练习，巩固步骤

"通话费计算"与"车费计算"在问题的情境与结构上基本相同，通过解决"通话费计算"问题，进一步巩固"一分、二算、三合并"的解题步骤。

某地打固定电话每次前3分钟内收费0.22元，超过3分钟每分钟收费0.11

元（不足1分钟按1分钟计算）。妈妈一次通话时间为8分29秒，这次通话的费用是多少？

学生独立完成后反馈评析，反馈评析时特别关注学生是否按规范的步骤记录思考过程。

（二）变式练习，完善思维

例题和上面的基本练习，第一段是在某一个里程数内或某一段时间内的一个总价，这容易让学生形成思维定势，认为第一段不需要运算。因此，需要补充变式的题型，完善学生的数学思维和解题过程。

教师出示如下问题：

某市自来水公司为了鼓励节约用水，采取按月分段计费的方法收取水费。12吨以内部分每吨2.5元，超出12吨的部分每吨3.8元。

（1）小可家上个月的用水量为17吨，应缴水费多少元？

（2）小林家上个月缴水费68元，他家上个月用水多少吨？

第1题，一分：17吨分为12吨和5（17-12）吨；二算：第一段的费用为 $12\times2.5=30$ 元，第二段的费用为 $5\times3.8=19$ 元；三合并：30+19=49元。具体计算过程如图9-57所示。

第2小题，一分：68元分为 $2.5\times12=30$ 元和68-30=38元；二算：第一段30元对应12吨，第二段 $3.8\times(10)=38$ 元；三合并：12+10=22吨。具体计算过程如图9-58所示。

$$17\text{吨}\begin{cases}12\text{吨} \\ 17-12=5\text{吨}\end{cases}\begin{matrix}\rightarrow 2.5\times12=30\text{元} \\ \rightarrow 5\times3.8=19\text{元}\end{matrix}\Big\}30+19=49\text{元}$$

一分　　　二算　　　三合并

图 9-57

$$68\text{元}\begin{cases}2.5\times12=30\text{元} \\ 68-30=38\text{元}\end{cases}\begin{matrix}\rightarrow 12\text{吨} \\ \rightarrow 3.8\times(10)=38\text{元}\end{matrix}\Big\}12+10=22\text{吨}$$

一分　　　二算　　　三合并

图 9-58

在上面的练习中，学生感受到有时在分段前需要先进行必要的计算，但这里的计算是为了能更好地进行分段，是为分段做准备。

（三）改变情境，扩大应用

从基础到变式，巩固和完善了"一分、二算、三合并"的解题思路和步骤。在此基础上，进一步改变情境。

教师出示：

计费单位	收费标准/元	
	本埠	外埠
100g及以内的，每20g（不足20g，按20g计算）	0.80	1.20

（续表）

计费单位	收费标准/元	
	本埠	外埠
100g 以上部分，每增加 100g 加收（不足 100g，按 100g 计算）	1.20	2.00

（1）小亮寄给本埠同学一封 135g 的信函，应付邮费多少钱？

（2）小琪要给外埠的叔叔寄一封 262g 的信函，应付邮费多少钱？

本题表格中信息较多，数量间的关系复杂，所以对于第一步分和第二步算都增加了难度。在解题过程中，学生进一步感受分段计费在生活中的应用广泛和情境复杂。

纵观以上教学实践与思考，对于基于数量关系的较复杂的问题，应使学生经历在具体情境中提出问题，并逐步解决和完善的过程。教师要适时发挥引领作用，让学生经历解决问题的过程，体会分段计费的价值，同时注重解决问题策略的优化，最终实现由方法到策略的提升。

第十章
分数乘法

"分数乘法"是把"乘法"作为大概念的单元整体设计的最后一个单元。因此，本单元的学习不仅需要关注单元内部的整体设计，更要回顾乘法学习中积累的数学知识、技能、思想方法与活动经验。在对教材分析时，需要尽可能地把握教材体现出的乘法结构体系，以及可以补充完善之处；不仅探究新知在原有知识基础上的生长点，更要把新旧知识进行贯通，实现基于"乘法"背景下的"分数乘法"单元整体设计。同时，还要关注"分数"在"分数乘法"单元整体设计中的价值，甚至可以把"分数乘法"定义为"分数的再认识"，即"求一个数的几分之几"就是"把一个数'平均分（分母）'后，表示'这样的几份（分子）'是多少"，也就是三年级"分数初步认识"单元中"分数简单应用"的再认识。

第一节
"分数乘法"单元整体设计

"分数乘法"是小学阶段对于乘法学习的最后一个单元。从课题可以看出，它是基于分数乘法的意义、计算与数量关系的延伸。从延伸的视角需要思考，本单元的分数乘法意义与之前学习的整数乘法意义有怎样的联系？分数乘法的算理是否可以与整数乘法、小数乘法的算理相一致？分数乘法中的数量关系与旧知是否可以沟通？等等。为解答以上问题，首先对人教版教材进行整体梳理，明晰其编排路径，并在教学中努力实现乘法意义体系的构建、乘法运算算理的统一与简便计算特征的把握，以及分数乘法数量关系的沟通。

一、钻研教材，梳理编排路径

分数乘法是乘法基于数系的拓展进行的第二轮延伸。与小数乘法一样，是把分数乘法的意义、计算与数量关系等三大学习内容集中于一个单元，按照从意义到计算，再到数量关系这样的学习路径。但是，分数乘法的意义、计算与数量关系有自己的特色。

（一）例题梳理，明晰知识

人教版"分数乘法"单元编排有9个例题，这9个例题并没有分板块。为了便于梳理，按照例题中的知识点把它们分为三大类别，分别是意义、计算与数量关系。下表中梳理了其中的8个例题，至于例4中"先约分再乘"的计算法则的优化，教学时可以渗透在前面的例题中。

课题 \ 知识点 \ 类别	例题	意义	计算		数量关系
			算理	算法	
分数乘整数	例1：小新、爸爸、妈妈一起吃一个蛋糕，每人吃$\frac{2}{9}$个，3人吃多少个？	求几个几的和是多少	同分母分数加法	分数的分子与整数相乘的积作分子，分母不变	每份数 × 份数 = 总数

(续表)

知识点课题	例题	意义	算理	算法	数量关系
整数乘分数	例2：1桶水有12L。3桶、$\frac{1}{2}$桶、$\frac{1}{4}$桶各是多少升？		同分母分数加法	分数的分子与整数相乘的积作分子，分母不变	
分数乘分数	例3：李伯伯家有一块$\frac{1}{2}$公顷的地。种土豆占$\frac{1}{5}$，种玉米占$\frac{3}{5}$。种土豆和种玉米的面积分别是多少公顷？	求一个数几分之几是多少	画图计算	分子相乘的积作分子，分母相乘的积作分母	单位"1"的量×分率＝对应量
小数乘分数	例5：松鼠欢欢和乐乐的身体长各是2.1dm和2.4dm，尾巴占身长的$\frac{3}{4}$。求它们的尾巴长度。		直接约分→化成分数（或小数）		
混合运算与分数乘法简便计算	例6：一个画框的长是$\frac{4}{5}$m，宽是$\frac{1}{2}$m。求画框的周长。 例7：$\frac{3}{5}×(\frac{1}{6}×5)$ $(\frac{5}{6}+\frac{1}{4})×12$	求长方形的周长……			图形计算公式两步复合数量关系
分数连乘解决问题	例8：蔬菜大棚共480 m²，其中一半种各种萝卜，红萝卜地的面积占萝卜地的$\frac{1}{4}$。求红萝卜地的面积。	求一个数的几分之几的几分之几是多少	分数乘法的混合运算和简便计算		单位"1"的量×分率×分率＝对应量或单位"1"的量×（分率×分率）＝对应量
较复杂的分数乘法解决问题	例9：青少年心跳每分钟约75次，婴儿每分钟比青少年多$\frac{4}{5}$。求婴儿每分钟心跳次数。	求比一个数多（少）几分之几的数是多少			单位"1"的量±单位"1"的量×分率＝对应量或单位"1"的量×（1±分率）＝对应量

注：阴影部分是旧知。

从表中可以发现,分数乘法的意义贯穿整个单元的学习过程,其中有些是本单元的新知,有些是原有的学习基础;分数乘法计算分为算理与法则两个方面,其中一步的分数乘法计算题又可以分为分数乘整数、整数乘分数、分数乘分数与小数乘分数,另外还有分数乘法的混合运算、运算定律与简便计算,都是整数混合运算、运算定律与简便计算的再认识与再应用;关于数量关系解决问题,实际上这 8 个例题中除了例 7 外,都包含这一内容,同样可以分为旧知——整数乘法中的数量关系、图形面积计算公式和分数乘法中新的数量关系。

(二)分类辨析,梳理结构

在对例题作出分析的基础上,按三类知识点再进行辨析,梳理同类知识内部的结构。

1. 分数乘法意义——新旧融合,构筑体系

从表格可以发现,例 1 的教学虽然出现了分数乘法,但这时的乘法意义是旧知——求几个相同加数和的简便运算。例 2 从计算角度是整数乘分数,但实际上已经延伸出新的乘法意义——一个数的几分之几是多少,是乘法意义的延伸,也是本单元学习的新的乘法意义。例 3 至例 5 就是这一新的乘法意义的应用与巩固。例 6、例 8、例 9 是分数乘法两步复合数量关系中体现出的乘法意义,其中例 6 是旧知,例 8、例 9 是新知。

因此,就乘法意义而言,本单元的教学要立足于新旧融合形成体系,可以分为两阶段。第一阶段是乘法意义体系的构建,即例 1 至例 5;第二阶段是较复杂的分数乘法解决问题中乘法意义的构建,即例 6 至例 9。具体如图 10-1 所示,其中加粗部分是例题中有的乘法意义,其余的意义需要在后面的练习中补充。

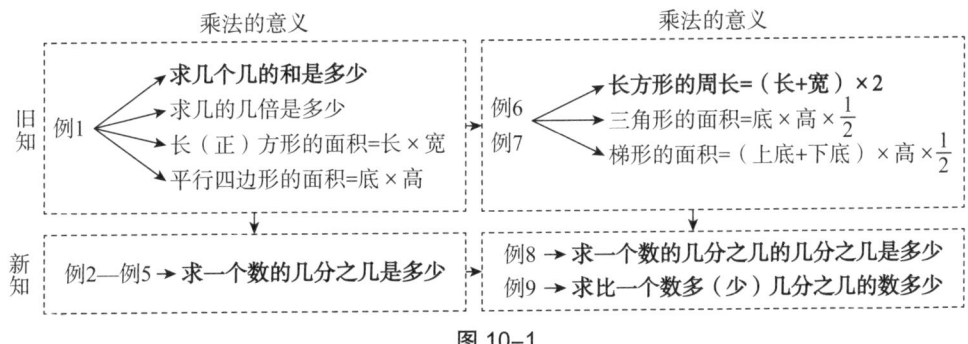

图 10-1

2. 分数乘法计算——依据意义,逐步推算

本单元的乘法计算分为三个阶段。第一阶段是一步的乘法计算,即例 1 至例 5 中的计算;第二阶段是有乘法的混合运算,即例 6、例 7 和例 8 中的计算;第三阶段是分数乘法的简便计算,即例 7 中的计算。这三个阶段中,第一阶段是新知,

后两个阶段是原有四则混合运算顺序与运算定律在分数乘法中的推广。

第一阶段——一步的分数乘法计算。计算法则随着解决问题中数据与乘法意义的变化而逐步完善，总结法则的算理也随着意义的变化而变化。

"分数乘整数"的算理与法则如图10-2所示。下方的思路是算理，即依据乘法的意义还原为相同加数的和推算结果；上方是法则，省略推算的过程，归纳两个算式的变化规律。

"分数乘分数"的算理与法则如图10-3所示。分数乘分数的意义是"求一个数的几分之几是多少"，用图示中的阴影表征"$\frac{1}{4}$公顷的$\frac{1}{5}$"，发现不能够直接得到是多少公顷；再把阴影放置于1公顷中进行表征得到结果；最后归纳结果与原式的变化规律，总结出法则。

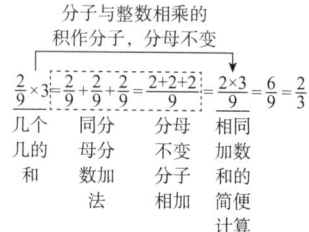

图 10-2

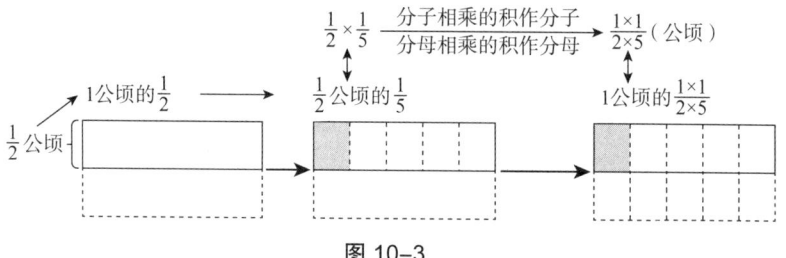

图 10-3

"小数乘分数"没有自己的计算法则，而是按照由易到难的思路选择适合的方法进行计算，具体如图10-4所示。

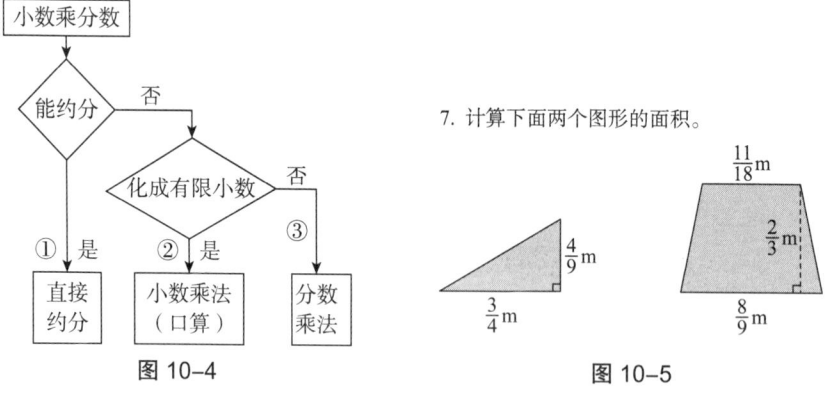

图 10-4

图 10-5

7. 计算下面两个图形的面积。

第二阶段——分数乘法的混合运算。运算顺序与整数混合运算的运算顺序一致。特别注意的是，在利用三角形与梯形面积公式求图形面积时，要把"除以2"看成"乘$\frac{1}{2}$"，如练习二中的第7题（图10-5）。

第三阶段——分数乘法中的简便计算。这是整数乘法运算定律推广到分数乘法后的简便计算,特别要注意,利用乘法结合律进行简便计算的特征是可以"直接约分",利用乘法分配律进行简便计算的特征也是"直接约分"(图 10-6)。

$$\frac{3}{5}\times\left(\frac{1}{6}\times 5\right) \qquad \left(\frac{5}{6}+\frac{1}{4}\right)\times 12$$
$$=\frac{3}{5}\times\left(5\times\frac{1}{6}\right) \qquad =\frac{5}{6}\times 12+\frac{1}{4}\times 12$$

图 10-6

依据以上分析,第一阶段的分数乘法计算是本单元的重点,后两个阶段需要让学生与原有的学习经验和题型进行类比,凸显分数乘法的混合运算与简便计算的特殊之处。

3. 分数乘法数量关系——算用结合,注重直观

分数乘法的数量关系是解决问题的产物,可以分为两类。第一类是已学的数量关系,在学习例 1 和例 6 时体现;第二类是新的数量关系,在学习例 2、例 3、例 4、例 5、例 8 和例 9 中体现。其中,例 1 至例 3 的数量关系与计算教学密切联系,而例 8、例 9 在分析时特别强调根据直观图示梳理信息与问题,以更好地发现数量关系。

(三)三类融通,整体设计

三类指意义、计算与数量关系。这三类知识点通过乘法解决问题实现融通。

1. 实现乘法意义与乘法数量关系的融通

如图 10-7,乘法的意义和数量关系由乘法解决问题而来。在例 1 的教学中,通过例题与练习回顾获得虚框中的乘法意义与数量关系;通过例 2 的学习获得分数乘法新的意义与数量关系。

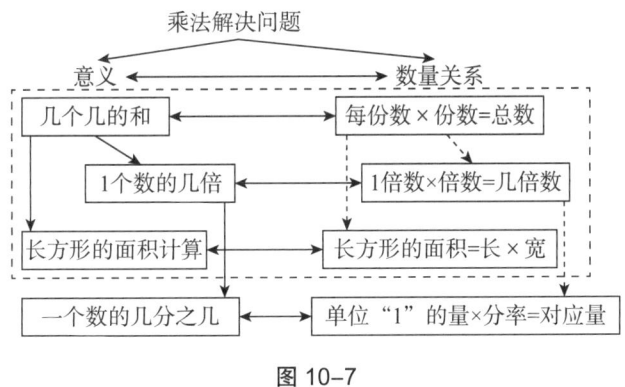

图 10-7

2. 实现整数乘法意义、分数乘法计算与整数乘法数量关系的融通

图 10-8 是例 1 的学习路径。"3 个 $\frac{2}{9}$"就是解决问题中提炼出的整数乘法意义,由它可以列出数量关系与算式,同时也可以表示相同加数的连加。

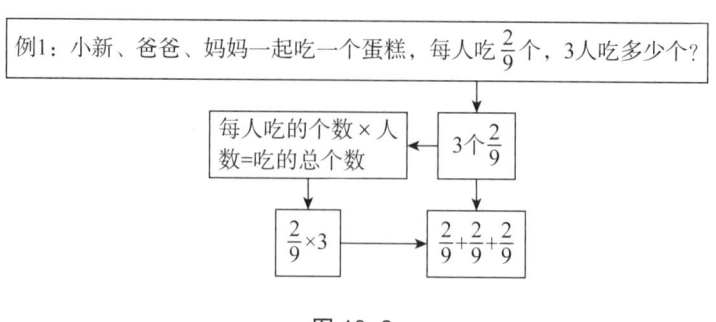

图 10-8

3. 实现分数意义、分数乘法计算与分数乘法数量关系的融通

图 10-9 是例 3 的学习路径。依据 "$\frac{1}{2}$公顷" "$\frac{1}{5}$" "$\frac{1}{2}$公顷的$\frac{1}{5}$" 这些分数的含义,推导出分数乘法、分数乘法的算式与结果。

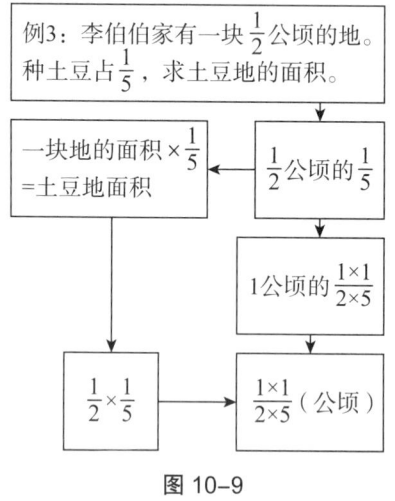

图 10-9

图 10-8 与图 10-9 有相同的学习路径。在解决分数乘法问题时,首先提炼出乘法的意义,然后抽象出数量关系,接着依据数量关系列出算式,依据乘法意义推算出结果,最后把算式与结果连接起来,总结出计算法则。

通过对单元的整体分析,为从整体的视角进行教学实践指明了方向。下面,从乘法体系的建构、计算方法的统一与数量关系的沟通等方面阐述具体的实践。

二、结合实例,构建乘法体系

"分数乘法"单元承担着乘法意义整体回顾与构建体系的任务。因此,在具体教学时,通过新知学习、题组练习或回顾旧知等途径,逐步构建起乘法的意义体系。

（一）题组练习，完善意义

从例1中可以概括出乘法的基本意义——相同加数和的简便运算，"倍"与"长方形面积"背景下的乘法意义则可以通过题组练习呈现。

第一课时在练习巩固时出示如下题组。

1. 5 个 $\frac{3}{8}$ 相加的和是多少？

2. $\frac{3}{8}$ 的 5 倍是多少？

3. 求长 5cm、宽 $\frac{3}{8}$ cm 的长方形面积。

学生完成后说一说这三个问题有什么相同的地方与不同的地方。学生交流后发现，同样是" $\frac{3}{8} \times 5$ "，却有不同的含义——几个几的和，一个数的几倍，长方形的面积。

在此基础上，让学生赋予实际意义，编写成解决问题，再列出数量关系，进一步体会乘法意义的多样性与关联性。

（二）起承转合，延伸意义

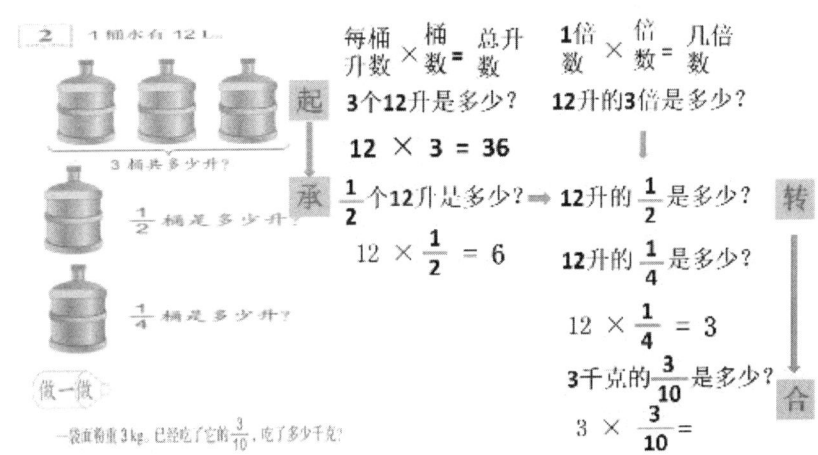

图 10-10

例2的编排体现了乘法意义的起承转合（图10-10）。第1问，是乘法的基本意义——3个12升是多少升。第2问，先迁移乘法的基本意义—— $\frac{1}{2}$ 个12升是多少升，此时我们称为"迁移"乘法的意义，因为"不足1桶"时一般不能够这样表达，是一种负迁移，所以也有了进一步思考的必要；接着把第1问和第2问的意义分别转化成"12升的3倍"与"12升的 $\frac{1}{2}$ "，构建起联系，获得分数乘法的意义。第3问,则是再次经历由"几分之几桶是多少升"转化成"一桶的几分之几是多少"的思考过程,进一步巩固分数乘法的意义。显然,在解决例2的后面两个问题的过程中,虽然已经构建起了"一个数的几分之几是多少"这一种分数乘法的意义,但是解决问题的结构还是与原有的"几个几是多少"相同。而规范的"求一个数的几分之几是多少"的解决问题则是"做一做",直接出示了"已经吃了它的 $\frac{3}{10}$"这样的关键句。

在上述过程中,再现了乘法的三种意义,并由基本意义逐步引导出延伸意义,从而形成了乘法的意义体系。

(三)回顾旧知,深化理解

人教版教材在三年级"分数的初步认识"单元中就出现了分数乘法解决问题(图10-11)。本单元中,可以在第2课时学习了用分数乘法解决"求一个数的几分之几是多少"的问题之后,出示如图10-11所示的问题,请学生按要求"画一画""列一列""算一算"解决问题后,再出示三年级时的解答方法(图10-12),说一说这样解答的理由,体现"分数"的内涵。

图 10-11

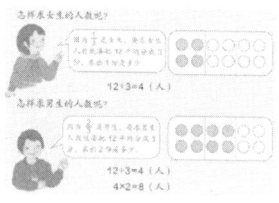
图 10-12

乘法意义是从二年级就开始学习的,在三年级"倍的认识""面积",四年级"混合运算",五年级"小数乘法"中都有乘法意义的学习内容。因此,到六年级"分数乘法"中学习分数乘法的意义时,就要与之前的内容进行沟通,建立乘法意义的体系。

三、统一算理,概括简算特征

分数乘法的计算法则经历了分数乘整数与分数乘分数两轮的概括,但两轮的算理并不统一,与小数乘法的算理进行类比,设计统一的分数乘法的算理。分数乘法的简便运算中的特点是"直接约分",可以设计题组,合理分类,发现不同类别的简算特征。

(一)结合图示,统一算理

在小数乘法的笔算教学中,除了让学生用教材中提供的积的变化规律进行推算,总结小数乘法的计算法则外,还采用从小数的意义作为算理,推算出结果,总结出法则(图10-13)。

如果小数用"几个计数单位"的形式表示,用递等式进行推导,过程是:

$4.5 \times 3.5 = (45 \times 0.1) \times (35 \times 0.1) = (45 \times 35) \times (0.1 \times 0.1) = 1575 \times 0.01$。

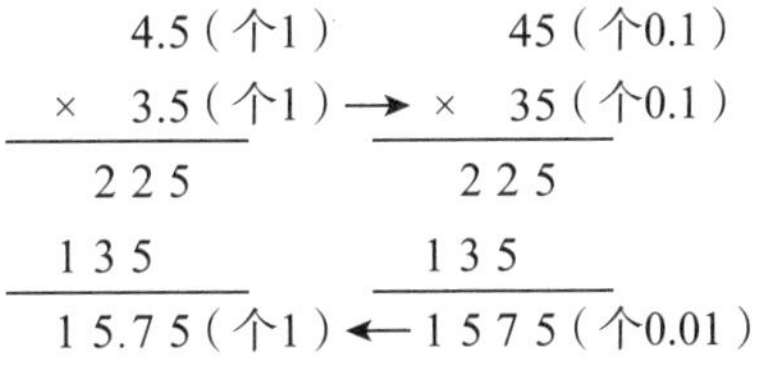

在上述推算过程中,先运用小数的意义,把"4.5"看成"45个0.1","3.5"看成"35个0.1";再运用乘法结合律,得到两个整数相乘的积与两个小数单位相乘的积,即把原来的小数乘法转化成了整数乘法——45×35,而两个计数单位相乘得到积的计数单位——0.01。

图 10-13

这一思路同样可以在分数乘法计算法则的推导中应用,例如:

$$\frac{2}{3} \times \frac{3}{5} = \left(2 \times \frac{1}{3}\right) \times \left(3 \times \frac{1}{5}\right) = (2 \times 3) \times \left(\frac{1}{3} \times \frac{1}{5}\right) = \frac{2 \times 3}{3 \times 5}。$$

具体教学中,让学生结合图示推算结果后,教师出示上述横式推导过程,请学生结合图 10-14,解释每一步在图示中的含义,以及每一步运算的意义。在此基础上,出示小数乘法中笔算计算法则的递等式推导过程,发现不论是小数乘法还是分数乘法,都可以依据小数或分数的意义,转化成整数乘法。

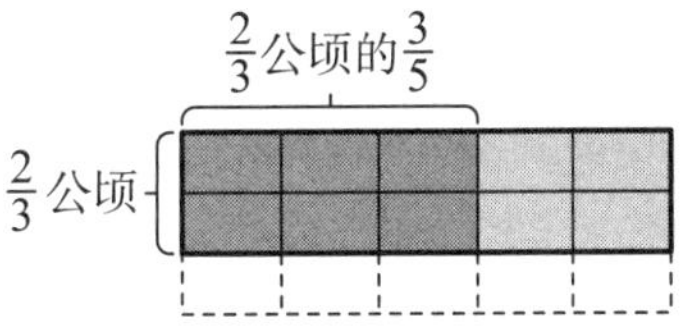

图 10-14

(二)题组比较,概括特征

分数乘法中简便运算的依据与整数或小数乘法中简便运算的依据相同,但是特征不同。教学时,通过题组类比,学生不仅会计算分数乘法中的简便运算,而且能够总结出不同的简算特征。

例如,第 5 课时,在学生结合实例把整数运算定律推广到小数后,教师出示如图 10-15 所示的题组。请学生按照自己的理解分为两类,再说一说分类的理由,在分类讨论的过程中逐步掌握小数、分数两类简便运算各自的特征。

(1) $(0.8+0.08) \times 125$　　(3) $0.65 \times 3.5 + 0.35 \times 3.5$

(2) $\left(\frac{8}{9} + \frac{4}{27}\right) \times 27$　　(4) $\frac{5}{8} \times \frac{1}{4} + \frac{3}{8} \times \frac{1}{4}$

图 10-15

运用乘法分配律进行简便运算,还可以先把其中的一个因数分成两个数的和或差再简便运算,这是对上述第(1)(3)题的变式。教师出示如图 10-16 所示的题组,请学生审题后独立计算,再反馈评析。

(1) 8.08×125　　(2) 99×125

(3) $87 \times \frac{85}{86}$　　(4) $85 \times \frac{85}{86}$

图 10-16

（三）结合实例，优化策略

利用乘法交换律和结合律进行分数乘法的简便运算，实际上就是把可以直接约分的两个因数进行直接约分，因此在简便运算过程中可以不移动因数的位置（图10-17）。教师出示如图10-18所示的题组，学生展示图10-19的简便运算后说一说依据。教师再出示图10-17的简便运算过程，说一说为什么可以这样约分。学生讨论后认为，第一个因数的分母与第三个因数约分时，可以想象成图10-19中的约分。

$$\frac{2}{3} \times \frac{1}{4} \times 3$$
$$= \overset{1}{\underset{1}{\frac{2}{3}}} \times \frac{1}{4} \times \overset{1}{\underset{2}{3}}$$
$$= \frac{1}{2}$$

图 10-17

（1）$4 \times 9 \times 25$

（2）$0.4 \times 9 \times 2.5$

（3）$\frac{2}{3} \times \frac{1}{4} \times 3$

图 10-18

$$\frac{2}{3} \times \frac{1}{4} \times 3$$
$$= \left(\frac{2}{3} \times 3\right) \times \frac{1}{4}$$
$$= 2 \times \frac{1}{4}$$
$$= \frac{1}{2}$$

图 10-19

通过观察、比较与讨论，不仅让学生认识到简便运算的理由，而且优化了简便运算的步骤。结合题组，让学生感受到分数乘法简便运算与整数、小数乘法简便运算的不同之处。这既是对新知的学习，又实现了新旧知识的沟通。

三、题组比较，沟通数量关系

下面阐述的数量关系，专指例8、例9解决问题中的数量关系。例8、例9是两步分数乘法复合应用问题，即它们是由两个一步问题组合而成。在教学中，要让学生感受到组合后的数量关系的本质特征。

（一）连乘比较，揭示本质

例8（图10-20）是分数连乘解决问题。在整数连乘问题中，积越乘越大，而在例8的分数连乘问题中，积却越乘越小，这是为什么呢？

图 10-20

总面积 $\times \frac{1}{2} \times \frac{1}{4}$ = 红萝卜地面积

$480 \times \frac{1}{2} \times \frac{1}{4} = 60$（平方米）

总面积 $\times \left(\frac{1}{2} \times \frac{1}{4}\right)$ = 红萝卜地面积

$480 \times \left(\frac{1}{2} \times \frac{1}{4}\right) = 60$（平方米）

图 10-21

学生通过"画一画""列一列""算一算"等步骤独立计算后，在分步列式的基础上，得到如图10-21所示的两个连乘的数量关系与连乘算式。

在回顾与反思时，把已知信息与问题交换位置，得到以下两种验算过程：

（1）$60 \times 4 \times 2 = 480$（平方米）　　（2）$60 \times (4 \times 2) = 480$（平方米）

教师提出问题：为什么图10-21中越乘越小，而验算中越乘越大？请学生依据原有的学习经验进行回答，即用一个数乘"大于1""等于1"或"小于1"的数，积与这个数的大小关系进行说理。接着教师引导学生结合题意与图示（图10-22），把连乘转化成连除：$480 \div 4 \div 2 = 60$（平方米）。

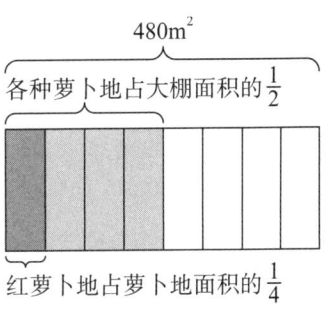

图 10-22

计算结果的大小变化，既是运算中的规律，也是运算意义的体现。分数乘法或分数连乘解决问题，实质上是分数意义的再认识，也就是说分数乘法中包含着除法中平均分的含义。

（二）关系类比，以旧引新

例9是"求比一个数多（少）几分之几的数是多少"，它与"求比一个数多（少）几的数是多少"有着相似的数量关系。

课始，教师谈话引出问题：人每分钟心跳的次数会随着年龄的变化而变化，你想知道怎样变化吗？请看下面两个问题。

1. 人心脏每分钟跳动的次数随年龄而变化。青少年每分钟心跳约75次，婴儿每分钟心跳的次数比青少年多60次。婴儿每分钟心跳多少次？

2. 人心脏每分钟跳动的次数随年龄而变化。青少年每分钟心跳约75次，婴儿每分钟心跳的次数比青少年多$\frac{4}{5}$。婴儿每分钟心跳多少次？

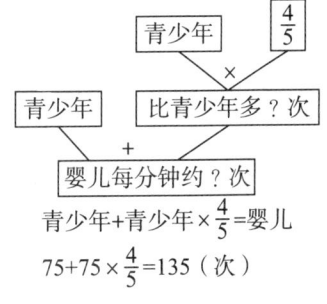

图 10-23

学生按照"画一画""列一列""算一算"的步骤完成后，在评析错例的基础上完善思路，对第2个问题的解决形成如图10-23所示的思考过程、数量关系与综合算式。

（三）提出问题，生发新知

从图10-23可以发现，之所以需要两步，因为所求的问题与分率"$\frac{4}{5}$"不是对应关系。基于这样的特征，也可以把原来"求一个数的几分之几是多少"的分数乘法解决问题，通过再提问，得到复合应用问题。

教师出示：

先画一画题意，再提出合适问题。

严重的水土流失致使每年大约有16亿吨的泥沙流入黄河,其中$\frac{1}{4}$的泥沙沉积在河道中,其余被带入海口。_____？

学生画出图示,提出问题,教师要求学生把问题也标注在图中(图10-24)。接着请学生说一说这两个问题的相同点与不同点,再列出数量关系后解答。

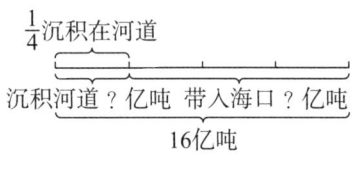

图10-24

可以发现,分数乘法解决问题时,特别强调画线段图与列关系式。这是因为画线段图可以更加直观地理清题意,而列关系式不仅为本节课的分析与解答服务,也是分数除法解决问题时必要的步骤。

总之,"分数乘法"的单元整体设计与教学,立足于"分数"与"乘法",既关注分数乘法意义、计算与数量关系的整体设计,还关注三类知识点的相互融通,更关注"分数的意义"和"整数(小数)乘法的意义、计算与数量关系"等在分数乘法学习过程中的迁移类比与体系完善。

第二节
"分数乘整数"教学实践

随着数系的拓展,分数乘法的意义与计算自然成为学习的对象。分数乘法有两种意义,第一种意义与整数乘法意义完全相同,第二种意义则由分数的意义出发获得,即"表示一个数的几分之几"。本节课教学的乘法意义是前一种情况。教学中,如何引导学生利用类比的策略列出算式,采用转化的策略概括出计算法则呢?

一、结合实例概括分数乘整数的意义

整数乘法的基本意义是"求几个相同加数和的简便运算",利用这一种意义,可以列出"分数乘整数"的算式。

(一)独立列式,反馈结果

教师出示:

小新、爸爸、妈妈3人一起吃蛋糕,每人吃$\frac{2}{9}$个,一共吃了多少个?

在分析题意的基础上,学生独立列式后反馈,教师选取典型算式板书:$\frac{2}{9}+\frac{2}{9}+\frac{2}{9}$;$\frac{2}{9}\times 3$;$3\times\frac{2}{9}$。

这三种列式均是正确的,但有明显的区别和密切的联系。

(二)反馈理由,沟通联系

学生在四人小组中交流这三个算式的含义与相互关系。第一个算式,"求一共吃几个"就是求3个$\frac{2}{9}$的和是多少,列出加法算式$\frac{2}{9}+\frac{2}{9}+\frac{2}{9}$;第二个算式,每人吃的数量相同,根据乘法计算的意义,可以列出乘法算式$\frac{2}{9}\times 3$;第三个算式和第二个算式一样,只是两个因数交换了位置,教师依据学生的回答,在两个乘法算式中由"3"到"$\frac{2}{9}$"加虚线的箭头。学生在交流理由的过程中,联系加法和乘法的关系,形成对分数乘整数意义的初步理解。

（三）直观比较，概括意义

学生交流反馈，课件演示，沟通整数乘法与分数乘整数的联系，概括分数乘整数的意义，即求几个相同加数和的简便运算。在此过程中，学生经历列式、交流、比较、演示等一系列过程，加深对分数乘整数意义的理解与领会。依据学生的回答，教师首先板演图10-25，再从乘法与加法的关系中概括出这两道分数乘法的意义相同，都是"求几个相同加数和的简便运算"，并保留其中的第一个算式，依据其特点概括本节课的课题：分数乘整数，从而把板书演化成图10-26。

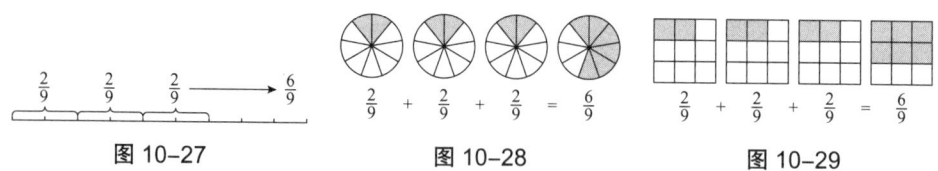

图10-25　　　　　　　　图10-26

二、运用转化归纳分数乘整数的法则

分数乘整数的计算法则由其意义发展而来，引导学生依据同分母分数加减法的计算法则概括得出。

（一）独立思考，尝试计算

分数乘整数意义的概括过程中，学生对 $\frac{2}{9} \times 3$ 这个算式有了深刻的理解，完全有能力独立尝试计算。

1. 画图。如图10-27、图10-28、图10-29所示，都表示3个 $\frac{2}{9}$ 相加，得到和为 $\frac{6}{9}$。

图10-27　　　　　　图10-28　　　　　　图10-29

2. $\frac{2}{9} \times 3 = \frac{2}{9} + \frac{2}{9} + \frac{2}{9} = \frac{6}{9}$。把乘法转换为加法计算（分母不变，分子相加）。

3. $\frac{2}{9} \times 3 = \frac{2 \times 3}{9} = \frac{6}{9}$。学生依据整数乘法的计算经验直接得到答案，但不知道算理。

让学生依据经验独立计算，可以充分展示不同学生的思考过程，了解学生的学习起点，为后续的交流讨论积累丰富的材料。

（二）交流对比，沟通联系

展示各种计算思路后，让学生说一说、评一评，沟通学生不同的解答思路中的共同点，逐步形成计算方法。

第一种画图，其实就是第二种 $\frac{2}{9} \times 3 = \frac{2}{9} + \frac{2}{9} + \frac{2}{9} = \frac{6}{9}$ 的直观表现，计算过程和思路是一样的，只是表达的形式不一样。这两种情况，学生把乘法还原成加法，用同分母分数加法法则算出结果。

第三种情况，引导学生与第二种情况对比，发现"$\frac{2}{9} \times 3 = \frac{6}{27}$"是不对的，而"$\frac{2}{9} \times 3 = \frac{6}{9}$"可以表示成 $\frac{2 \times 3}{9}$。

在对比交流后，形成如下的连等式子：

$$\frac{2}{9} \times 3 = \frac{2}{9} + \frac{2}{9} + \frac{2}{9} = \frac{2+2+2}{9} = \frac{2 \times 3}{9} = \frac{6}{9}。$$

（三）整理归纳，形成法则

显然，连等算式是基于分数乘整数的意义，把分数乘整数转化成同分母分数加法后计算出结果。在此基础上，需要去掉其中的意义部分，归纳出分数乘整数的计算法则。

在连等算式中圈去加法计算部分，只留下乘法计算部分（图10-30），通过交流归纳出计算法则：分子与整数相乘的积作分子，分母不变。教师请学生按以上计算法则重新计算出结果（图10-31）。修正法则为：分子与整数相乘的积作分子，分母不变，能够约分的先约分。

$$\frac{2}{9} \times 3 = \boxed{\frac{2}{9} + \frac{2}{9} + \frac{2}{9} = \frac{2+2+2}{9}} = \frac{2 \times 3}{9} = \frac{6}{9} = \frac{2}{3} \qquad \frac{2}{9} \times 3 = \frac{2 \times 3^1}{3\,9} = \frac{2}{3}$$

图 10-30 　　　　　　　　图 10-31

上述过程是依据分数乘法的意义，转化成同分母分数加法推导的。也可以结合图示，用分数意义进行推导：$\frac{2}{9} \times 3 = \left(\frac{1}{9} \times 2\right) \times 3 = \frac{1}{9} \times (2 \times 3) = \frac{1}{9} \times 6$，即 6 个 $\frac{1}{9}$，所以结果等于 $\frac{6}{9}$。在基于分数意义的推导过程中进一步理解算理、掌握算法。

在理解算理的基础上，结合具体例子，学生充分展示自己的想法，交流思路，在思维碰撞中逐步形成和完善计算法则，不仅获得了数学知识，还提升了数学学习的能力。

三、适度变式丰富分数乘整数的理解

计算教学,往往通过例题的典型性教学来沟通算理归纳计算法则。后续则需要通过大量的练习来丰富和完善。而要达到这样的目标,变式练习是最为常用也是收效最好的方法。

(一)计算中的变式

打破思维定势,补充分数乘整数的各种类型,通过对比计算,明确异同,巩固计算法则。具体出示如下的三题:$\frac{2}{15} \times 4$,$\frac{5}{12} \times 8$,$2 \times \frac{3}{4}$。

第1题,直接分子乘整数作分子,分母不变,重温计算法则;第2题,可以先分母12和整数8约分,再用法则计算;第3题,整数乘分数,虽然和分数乘整数结构不一样,但意义一样,所以计算法则一致。

(二)数量关系中的变式

分数乘整数的基本关系除了"几个几的和",还有"一个数的几倍"和"面积模型"。以文字题的形式出示如下的题组。

1. 5个$\frac{3}{8}$相加的和是多少?

2. 5与$\frac{3}{8}$的和是多少?

3. $\frac{3}{8}$的5倍是多少?

4. 求长5cm、宽$\frac{3}{8}$cm的长方形的面积。

先让学生独立完成,然后反馈评析。比较第1题与第2题,发现"求几个几的和"的乘法含义与"求两个数的和"的加法含义之间的区别;而第3题与第4题是乘法基本含义的两种延伸。

(三)解决问题中的变式

分数乘整数来源于解决问题,在学习了分数乘法计算法则后,还需要应用于解决问题。教师出示如下的解决问题。

图10-32中,阴影部分的面积为$\frac{3}{8}$平方米,整个图形的面积是多少平方米?

方法一:$\frac{3}{8} \times 4$算出整个图形的四分之一等于$\frac{3}{2}$平方米,然后求4个$\frac{3}{2}$平方米就是整个图形的面积;方法二:先算出整个图形有$4 \times 4 = 16$个小正方形,即整个图

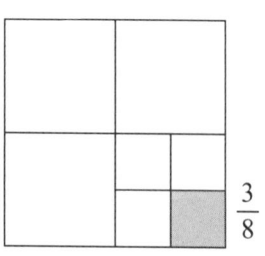

图 10-32

形的面积就是 16 个 $\frac{3}{8}$。学生体会到不同的思路可以解决同一个问题,而分数乘整数是其基本的结构。

从以上的学习过程可以发现,分数乘整数的意义与整数乘法的意义相同,算理有两种不同的理解思路,一种是基于乘法的意义,即同分母分数加法,另一种是基于分数意义的推导,两种算理都有其合理性,但是后者更有利于统一小数乘法与分数乘法的算理。总之,在本节课的学习过程中,要让学生充分地体会到,新知的学习是已有的数学知识在新情境中的重新生长。

第三节
"整数乘分数"教学实践

上节课主要学习了"分数乘整数"的意义与计算法则,有教师想当然地认为本节课是"整数乘分数"的意义与计算法则的学习。仔细分析例题可以发现,整数乘分数的计算法则与分数乘整数相同,在本节课中不需要学习,而意义是从整数乘法的延伸含义之———求一个数的几倍是多少——延伸而来,是乘法基本含义的再延伸,即"求一个数的几分之几是多少"用乘法计算。因此,本节课应该定位于乘法意义的延伸,并从中概括出分数乘法解决问题的基本数量关系,为下一节课学习分数乘分数做算理上的准备。基于这样的思考,借助几何直观,以"起、承、转、合"的思路进行教学实践,渗透类比思想。

一、运用类比,延伸乘法含义

"求一个数的几分之几是多少"是分数乘法解决问题的基本数量关系。这一种关系必须从整数乘法的含义中找到其认知起点,并采用类比的方法获得新的乘法含义,以体现分数乘法数量关系的发展性与一致性。

(一)依据信息,找准起点

教师出示图 10-33,请学生说一说图中有哪些信息,可以提出什么数学问题。学生自然地提出问题 1:3 桶水一共有多少升?请学生口头列式计算,并说出数量关系。在此基础上,出示问题 2:$\frac{1}{2}$ 桶水是多少升?学生自然可以依据整数乘法中的关系式解决问题。(图 10-34)

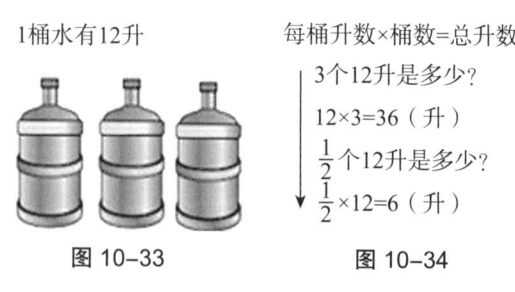

图 10-33   图 10-34

把 $\frac{1}{2}$ 桶与 3 桶进行类比,用相同的关系式列式计算,显然此时还没有形成分数乘法新的数量关系，需要对整数乘法的数量关系进行转化，从而为列出分数乘法新的数量关系找准起点。

（二）运用转化，承启新知

教师解释"求3桶水是多少升"也就是"求一桶水的3倍是多少"。在此基础上，教师提问：那么，"$\frac{1}{2}$桶水是多少升"可以怎么表示呢？学生联想到也可以说"求一桶水的$\frac{1}{2}$是多少"，从而形成新的数量关系：一桶水的升数 $\times \frac{1}{2}$ =?（图10-35）。

1桶水的3倍是多少升？
1桶水的升数×3=?
12×3=36（升）
1桶水的$\frac{1}{2}$是多少升？   1桶水的$\frac{1}{4}$是多少升？
1桶水的升数×$\frac{1}{2}$=?
12×$\frac{1}{2}$=6（升）   12×$\frac{1}{4}$=3（升）

图10-35

显然，"求一个数的几分之几是多少"与"求一个数的几倍是多少"有着直接的联系。在此基础上，教师出示问题3：$\frac{1}{4}$桶水是多少升？学生模仿前面解决问题的思路，先说一说数量关系，再列式计算，并纳入图10-35的板书中。

在上述过程中，学生清晰地感受到"求一个数的几分之几"的数量关系是由"求一个数的几倍是多少"的数量关系转化而来，体现了数学知识的联系性与发展性。

（三）解决问题，重塑题型

在解决问题2与问题3时，经历了把分数表示的具体量通过分数的意义转化成分数表示的分率，体现了新知与旧知的联系。在此基础上，出示新问题，让学生独立思考与解决问题，从而真正确立起"求一个数的几分之几"的基本的解决问题结构。

教师出示如下的问题：

一袋面粉重3千克，已经用掉了它的$\frac{3}{10}$，用掉了多少千克？

这是教材例2后的"做一做"，具有"求一个数的几分之几"的完整结构。可以模仿例2解决问题的过程，画一画线段图，列一列关系式，最后列式解答。完成后交流反馈，形成如图10-36所示的板书。

1袋面粉的$\frac{3}{10}$是多少千克？
1袋面粉×$\frac{3}{10}$=?
3×$\frac{3}{10}$=$\frac{9}{10}$（千克）

图10-36

显然，上述的教学过程遵循教材的编写意图，很好地展现了新知——"求一个数的几分之几是多少"与旧知——"求几个几的和是多少""求一个数的几倍是多少"之间的内在联系。学生感受到，解决新问题时，需要寻找与已有知识之间的联系，从旧知中汲取学习经验与思想方法。

二、基于意义，再构关系

从意义上分析，"求一个数的几分之几是多少"也可以看成分数意义的再认识，即"单位1"转化成具体的量，求相应的几分之几所表示的量。因此，围绕分数的意义，可以让学生再次认识"求一个数的几分之几"的数量关系。

（一）回顾旧知，更新认识

就人教版的教材体系，分数乘法解决问题在三年级"分数初步认识"单元就已经学习了（图10-37）。当时，学生在解决问题时，把"求12人的$\frac{2}{3}$是多少人"想成对"$\frac{2}{3}$"含义的理解，即"把12人平均分成3份，先求出每份是多少，再求出其中的2份是多少"（图10-38）。教师请学生想一想：如果用本节课学习的知识又应该怎样解决？学生画线段图、列关系式，再把数据代入关系式计算出结果（图10-39）。比较两种解题思路，学生认识到"求一个数的几分之几是多少"，就是对分数意义的再认识、再应用。

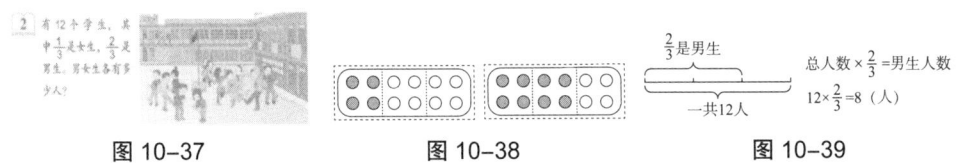

图10-37　　　　图10-38　　　　图10-39

（二）依据题意，涂色解答

教师出示如图10-40所示的问题，请学生按要求涂一涂色，然后按照前面的两种方法解答，进一步体会分数的意义与分数乘法之间的联系。

完成后，让学生说一说这两种方法各自的优点，议一议以后解决这类问题时用哪一种方法计算更合理。学生体会到一题多解时各种方法的联系性与发展性，在后续解决问题时用分数乘法解决更加简洁。

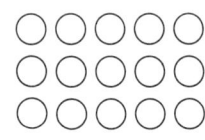

图10-40

（三）创编问题，巩固结构

上述问题是文字题，添加具体的情境改编成解决问题，学生先独立完成，然后指名反馈。

生1：601班有15名女生，其中$\frac{3}{5}$的女生留长辫子，长辫子女生有几人？

生2：有15个橘子，被弟弟吃了$\frac{3}{5}$，弟弟吃了几个橘子？

生3：计算练习纸上有15道题目，我已经完成了$\frac{3}{5}$，我完成了几道题目？

通过编题,学生进一步感受到计算的抽象性、一般性与解决问题的具体性、指向性,更加明确"求一个数的几分之几是多少"的基本结构。

分数乘法有两层意思:一是乘法,是乘法意义的延伸;二是分数,是分数意义的再认识。具体到"$15 \times \dfrac{3}{5}$",既可以表示"15 的 $\dfrac{3}{5}$ 是多少",也可以表示"把 15 平均分成 5 份,求这样的 3 份是多少"。

三、题组比较,辨析异同

整数乘分数的计算方法与分数乘整数一致,但是由整数乘分数得到了乘法新的意义——求一个数的几分之几是多少。因此,在练习巩固时,采用题组的形式,把这两类分数乘法从计算、意义与解决问题等方面辨析异同,统一计算法则。

(一)题组计算,统一法则

整数乘分数的计算方法看似简单,但需要与前一节课分数乘整数进行必要的区分和统一。为此,设计两组计算题:$\dfrac{2}{3} \times 9$,$\dfrac{7}{8} \times 12$;$9 \times \dfrac{2}{3}$,$12 \times \dfrac{7}{8}$。

第一组是分数乘整数,第二组是整数乘分数,两组题目数据不变,只是交换了两个因数的位置。学生通过计算与比较,感受两组计算题题型的区别和计算法则的统一。

(二)文字表述,区别含义

在本节课中丰富了乘法的意义,即由原来的三种意义变成了四种意义,让学生在列式计算的过程中体会四种意义的联系与区别。教师出示:

1. 9 个 $\dfrac{2}{3}$ 的和是多少?

2. 9 的 $\dfrac{2}{3}$ 是多少?

3. $\dfrac{2}{3}$ 的 9 倍是多少?

4. 一个长方形,长为 9 厘米,宽为 $\dfrac{2}{3}$ 厘米,它的面积是多少?

四道题的计算方法和答案完全一样。学生用画图的形式来表示相同算式下不同的含义,让学生整体回顾乘法在不同情境下不同的数量关系与意义。

(三)解决问题,区分关系

整数乘分数在解决问题中如何应用?可以针对上面一组文字叙述题,让学生分别改编为解决问题:

1. 每盒糖重 $\frac{2}{3}$ 千克,9 盒这样的糖重多少千克?

2. 一盒糖重 9 千克,吃了 $\frac{2}{3}$,吃了多少千克?

让学生把上面文字题中的图示加上单位,对比图示,列出数量关系式,进一步体会"求几个几是多少""求一个数的几分之几是多少"这两种解决问题不同的数量关系与乘法的意义。

从教学中可以充分地体会到,本节课的学习重点是分数乘法意义以及相应的数量关系,同时,这两个新知识的学习又是旧有的乘法意义与数量关系的延伸。基于这样的学习特征,教学中教师需要创设能够产生新旧知识联系的学习情境,让学生利用已有的学习基础,在自主探究、不断反思的过程中学习新知识。

第四节
"分数乘分数"教学实践

按照两个因数是整数还是分数进行区分,分数乘法可以分成分数乘整数、整数乘分数和分数乘分数。就计算法则而言,分数乘整数的计算法则由同分母分数加减法的计算法则或乘法结合律推导所得,而整数乘分数的计算法则与分数乘整数相同。分数乘分数的计算法则显然不可能与同分母分数加减法建立联系,那么,它是否可以用乘法结合律进行推导呢?这样推导时积的意义又会发生怎样的变化?如何结合几何直观理解其中的含义呢?

一、创设合适情境,列出典型算式

分数乘法的计算法则是分母相乘的积作分母,分子相乘的积作分子,十分简单。但是,需要让学生理解为什么分母相乘的积作分母,分子相乘的积作分子,即两次相乘的积各自表示什么意思。为此,创设的情境、选择的数据、列出的算式需要为理解法则的每一步运算服务。

(一)出示信息,提出问题

教师课件出示:李伯伯家有一块$\frac{2}{3}$公顷的地,种玉米的面积占$\frac{3}{5}$。依据上一节课的经验,学生自然地提出问题:种玉米的面积是多少公顷?

这是上一节课"求一个数的几分之几是多少"解决问题的题型,但是一个数由原来的整数变成了分数。因此,教师示范画线段图,明晰其中的问题结构(图10-41)。

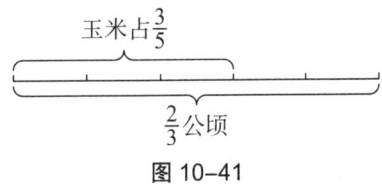

图 10-41

教材例题的信息是:李伯伯家有一块$\frac{1}{2}$公顷的地,种土豆的面积占这块地的$\frac{1}{5}$,种玉米的面积占$\frac{3}{5}$。提出问题后,列出的算式分别是$\frac{1}{2} \times \frac{1}{3}$和$\frac{1}{2} \times \frac{3}{5}$。这两

个算式中,第一个因数是单位分数,不能够很好地体现分子相乘的积的含义,需要把两个因数都改为非单位分数,在后续的直观演示中可以更好地认识分子相乘的积的含义。

(二)列出算式,揭示课题

结合图示,学生认识到本题是"求一个数的几分之几是多少",先列出关系式,再列出算式,反馈交流后形成如图10-42所示的板书。请学生观察,与前面两节课学习的分数乘法有什么不同,依据学生的回答板书课题:分数乘分数。

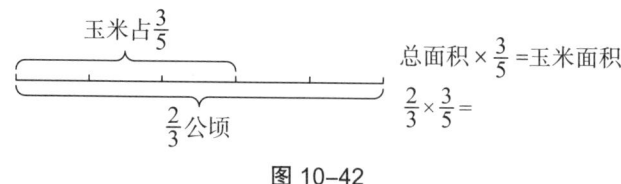

图 10-42

上述两个环节既是对"求一个数的几分之几是多少"这一分数乘法意义的复习,同时从因数的变化上丰富其应用,为学习分数乘分数做好了准备。

诚然,分数乘分数计算题的引入可以用不同的数量关系,如常见的乘法数量关系,或者长方形面积,但这些都是用之前学习的数量关系,不利于巩固上一节课学习的分数乘法的数量关系。

(三)重构图示,再提问题

很显然,图10-42展示的是分数乘法的数量关系,分数乘分数的算理提炼与算法归纳则需要运用新的图示,作出新的解释。

教师出示图10-43,让学生明确,"$\frac{2}{3}$公顷"就是"1公顷的$\frac{2}{3}$"。接着让学生与线段图进行比较,发现线段图中的$\frac{2}{3}$公顷是完整的一条线段,而现在的$\frac{2}{3}$公顷是长方形(1公顷的一个部分),更容易想象出它的大小。

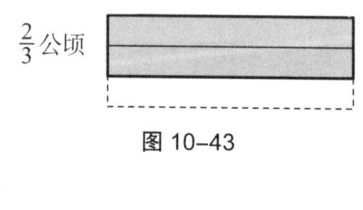

图 10-43

在此基础上进一步让学生思考:那么,"$\frac{2}{3}$公顷的$\frac{3}{5}$"怎样表示呢?学生依据线段图的经验,把"$\frac{2}{3}$公顷"平均分成5份表示它的3份,得到图

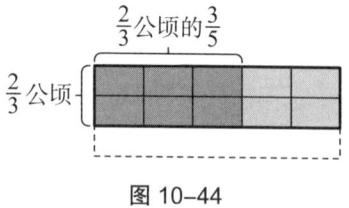

图 10-44

10-44。教师提出新问题:想一想,"$\frac{2}{3}$公顷的$\frac{3}{5}$"是多少公顷?"$\frac{2}{3} \times \frac{3}{5}$"应该怎样计算?

分数乘分数由分数乘法的意义引出，但是原有的分数乘整数的计算法则与算理不适合于分数乘分数。借助分数的意义，用画图的形式表示"$\frac{2}{3}$公顷"与"$\frac{2}{3} \times \frac{3}{5}$"的含义，为理解算理、总结算法做足了准备。

二、利用图式表征，推导计算法则

理解分数乘分数的算理，总结出分数乘分数的计算法则，还需要对图示进一步进行研究。

（一）观察图示，说出结果

画图的过程，也是计算的过程。让学生观察图，说一说"$\frac{2}{3} \times \frac{3}{5}$"的结果。有学生认为是把单位"1"平均分成 10 份，其中的 $\frac{3}{5}$ 是 6 份，所以是 $\frac{6}{10}$ 公顷；也有学生认为要求多少公顷，在平均分成 5 份时，把余下的 $\frac{1}{3}$ 公顷也平均分成 5 份，这样就把 1 公顷平均分成了 15 份，两次涂色的部分就是 1 公顷的 $\frac{6}{15}$，就是 $\frac{6}{15}$ 公顷（图 10-45）。交流辨析后，大家认为第二种结果是正确的。

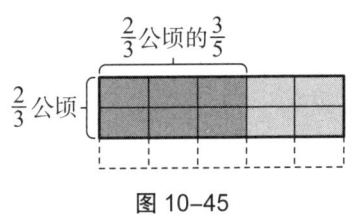

图 10-45

观察图示说结果，既可以暴露学生的错误思维，也可以完善图示表征，更为进一步理解算理做好了准备。

（二）探寻联系，总结法则

教师进一步提出问题：观察计算结果、图示与两个因数，说一说有什么发现。学生观察后发现，积的分母就是两个因数的分母的积，积的分子就是两个因数的分子的积。依据学生的观察所得，进一步总结分数乘分数的计算法则，即两个因数的分母相乘的积作分母，分子相乘的积作分子。

依据图示获得结果，通过比较总结法则，顺应了学生的直观思维。显然，这样得到的法则还需要算理作支撑，算理可以由图示进行概括，也可以结合推理进行解释。

（三）解释法则，理解算理

教师进一步引导学生观察图示，积的分母表示什么意思？分子表示什么意思？学生发现，"$\frac{2}{3} \times \frac{3}{5}$"的分母相乘，正好把 1 公顷平均分成了"3×5"份，一份是 $\frac{1}{3 \times 5}$ 公顷；分子相乘，正好表示这样的份数，也就是有（2×3）个 $\frac{1}{3 \times 5}$ 公顷，即 $\frac{2 \times 3}{3 \times 5}$ 公顷。

在画图的过程中，基于 1 公顷出现了两个单位分数的量。第一个单位分数是$\frac{1}{3}$公顷，表示这块地有 2 个$\frac{1}{3}$公顷；第二个单位分数是$\frac{1}{3\times5}$公顷，表示这里有（2×3）个$\frac{1}{3\times5}$公顷。其中，第二个单位分数的量可以看成由“$\frac{1}{3}\times\frac{1}{5}$”得到。基于这样的思考，可以用分数的意义和乘法结合律进行推导，解释法则，即

$$\frac{2}{3}\times\frac{3}{5}=\left(2\times\frac{1}{3}\right)\times\left(3\times\frac{1}{5}\right)=(2\times3)\times\left(\frac{1}{3}\times\frac{1}{5}\right)=\frac{2\times3}{3\times5}。$$

通过对图示过程的解释与抽象的推导，让学生理解积的分子与分母的含义。教师再出示小数乘法中笔算计算法则的推导过程（图 10–46）和横式推算“4.5×3.5=（45×0.1）×（35×0.1）=（45×35）×（0.1×0.1）=1575×0.01”。对比发现，不论是小数乘法还是分数乘法，都可以依据小数或分数的意义，转化成整数乘法。

4.5（个1）		4 5（个0.1）
× 3.5（个1）	→	× 3 5（个0.1）
2 2 5		2 2 5
1 3 5		1 3 5
1 5.7 5（个1）	←	1 5 7 5（个0.01）

图 10–46

计算法则的探索和研究不可能一蹴而就，需要在算理的理解基础上，经历尝试、交流、对比、整理、完善等一系列过程，充分叙述自己的想法，交流思路，在思维碰撞中逐步形成和完善。

三、适度分层练习，统一计算法则

本节课的课堂练习分为两个部分。第一部分是分数乘法的计算，本单元第一课时学习时，学生掌握了“分数乘整数”的计算法则，为实现“分数乘法”计算法则的统一，可以结合具体例子把它纳入“分数乘分数”的计算法则之中，并且在计算时可以约分后再乘，优化计算过程。第二部分是用乘法解决问题，让学生依据乘法算式编写不同的数量关系下的解决问题，从而加深对乘法意义的理解。

（一）题组计算，统一法则

“分数乘分数”的计算法则学习之前，学生已经掌握了“分数乘整数”的计算法则，通过题组练习，把“分数乘整数”的计算法则纳入到“分数乘分数”的计算法则中，从而形成了“分数乘法”的计算法则。设计题组练习：$\frac{8}{9}\times\frac{3}{10}$，$\frac{8}{9}\times6$，$6\times\frac{3}{10}$。

上面三道计算题，数据上有一定的联系。学生独立计算完成，反馈时比较发现：后面两题中的整数其实可以看成分母是 1 的分数的分子。从而把后面两题统一到“分数乘分数”的计算法则中，提升对分数乘法计算法则的认识，提高计算的能力。

（二）解决问题，优化计算

计算最终都将应用于实际解决问题。这里需要让学生在解决问题的过程中优化计算方法，特别是数据比较大的时候，先约分再乘尤为重要。设计如下解决问题：

无脊椎动物中游泳最快的是乌贼，它每分钟可游 $\frac{9}{10}$ 千米。李叔叔每分钟游的距离是乌贼的 $\frac{4}{45}$。李叔叔每分钟游多少千米？

学生根据数量关系列出算式 $\frac{9}{10} \times \frac{4}{45}$，算式中分母 10 可以和分子 4 约分，分母 45 可以和分子 9 约分。先约分再乘（图 10-47），计算方便，学生体会到优化方法的便捷，自发产生先约分的动力。

$$\frac{9}{10} \times \frac{4}{45} = \frac{\overset{1}{9}}{\underset{5}{10}} \times \frac{\overset{2}{4}}{\underset{5}{45}} = \frac{2}{25}$$

图 10-47

（三）创编问题，沟通关系

让学生用 $\frac{9}{10} \times \frac{4}{45}$ 编写新的解决问题，体现一个算式在解决问题中有不同的数量关系。下面是学生编写的一些典型题目。

1. 一盒糖果重 $\frac{9}{10}$ 千克，红红吃了这盒糖果的 $\frac{4}{45}$，她吃了多少千克糖果？

2. 甲昆虫的速度是 $\frac{9}{10}$ 千米/分，乙昆虫的速度是甲昆虫的 $\frac{4}{45}$，乙昆虫的速度是多少千米/分？

3. 小明骑自行车每分钟行 $\frac{4}{45}$ 千米，他骑行 $\frac{9}{10}$ 分钟，一共骑行多少千米？

4. 一块长方形玻璃，长为 $\frac{9}{10}$ 米，宽为 $\frac{4}{45}$ 米，面积是多少平方米？

学生通过创编问题，体会算式 $\frac{9}{10} \times \frac{4}{45}$ 在不同情境中的应用，梳理乘法在不同情境中的数量关系。

总之，分数乘分数的学习中，理解算理是难点。结合图示表征"画出"结果，并用图示与推理的形式解释法则，让学生经历数学直觉与逻辑推理这两种思维方式，逐步感受到乘法计算法则的阶段性与延伸性。

第五节
"小数乘分数"教学实践

"小数乘分数"是分数乘法关于计算与解决问题的完善。就计算而言,可以培养学生依据数的特征灵活转化的能力;解决问题则与原有的乘法解决问题的数量关系相同。基于这样的分析,本节课可以创设情境,提供相应的学习材料,让学生自主探究、归纳总结小数乘分数的计算策略,并复习回顾相应的解决问题。

一、自主计算,灵活计算思路

(一)出示题组,寻找新知

教师出示如图 10-48 所示的九道计算题,学生观察后发现,第①—⑥题是已经学习过的内容,分别是小数乘法与分数乘法中的分数乘整数和分数乘分数,而第⑦—⑨题是没有学习的内容——小数乘分数,教师依据学生的回答板书课题。

以旧引新,可以体现知识的联系与区别,为解决问题做好思路上的提示。

$$
\begin{array}{llll}
① 1.2 \times 0.6 = & ③ 25 \times \dfrac{3}{5} = & ⑤ \dfrac{6}{5} \times \dfrac{3}{5} = & ⑦ 1.2 \times \dfrac{3}{5} = & ⑨ 2.5 \times \dfrac{3}{5} = \\
② 2.5 \times 0.6 = & ④ \dfrac{7}{5} \times \dfrac{5}{6} = & ⑥ \dfrac{5}{2} \times \dfrac{3}{5} = & ⑧ 1.4 \times \dfrac{5}{6} =
\end{array}
$$

图 10-48

(二)自主计算,交流反馈

教师请学生独立尝试计算小数乘分数的三道题。以上三道题目,依据两个因数的特征,有不同的计算方法。

首先展示第⑦题学生的两种计算方法,请学生说一说分别是怎样想的。依据学生的回答,形成如图 10-49 所示的板书。有学生认为第一种方法比较好,化成小数后可以口算出结果;也有学生认为第二种方法比较好,因为化成分数后也可以口算。进一步讨论后形成共识:如果把其中的

$$1.2 \times \dfrac{3}{5} = 1.2 \times 0.6 = 0.72 \quad (\text{小数})$$

$$1.2 \times \dfrac{3}{5} = \dfrac{6}{5} \times \dfrac{3}{5} = \dfrac{18}{25} \quad (\text{分数})$$

图 10-49

分数化成小数后可以口算的，化成小数再计算更好些。

接着展示第⑧题学生的计算方法，并请学生说一说计算思路，形成如图10-50所示的板书。教师引导学生与第⑦题进行比较，发现第⑧题的分数不能够化成有限小数，所以只能把小数化成分数后再计算。

$$1.4 \times \frac{5}{6} = \frac{7}{5} \times \frac{5}{6} = \frac{7}{6}$$
分数

图 10-50

最后展示第⑨题学生的三种计算方法，并请学生分别说一说计算的思路，形成如图10-51所示的板书。教师追问：为什么这题有"直接约分"的方法，另外两题没有？学生比较后发现，当把小数看成整数，并且是分数的分母的倍数时，可以先约分。进一步对三种方法进行比较后，学生直观地发现如果能够直接约分，直接约分的方法最简便。

小数
$$2.5 \times \frac{3}{5} = 2.5 \times 0.6 = 1.5$$

$$2.5 \times \frac{3}{5} = \frac{5}{2} \times \frac{3}{5} = \frac{3}{2}$$
分数

$$2.5 \times \frac{3}{5} = \overset{0.5}{2.5} \times \frac{3}{\underset{1}{5}} = 1.5$$
直接约分

图 10-51

（三）归纳总结，形成思路

很显然，这三道题目是精心选择的，每一道题代表了小数乘分数的一种类型。同时，前面的六道计算题也是精心编制的，与三道小数乘分数的计算题都可以找到联系。教师提问：前面的六道题目还需要计算吗？它们分别与哪一题有联系？交流后得到，所有小数乘分数的计算都是先转化成已经学习的乘法计算题后再计算的。但是，转化时有三种思路，到底选择哪种方法？应该按照怎样的顺序思考呢？

学生依据经验，认为先判断是否可以直接约分，可以的先直接约分；再判断分数是否可以化成有限小数，可以的化成有限小数；如果分数不能够化成有限小数，就化成分数再计算。依据学生的回答，形成如图10-52所示的思路图。

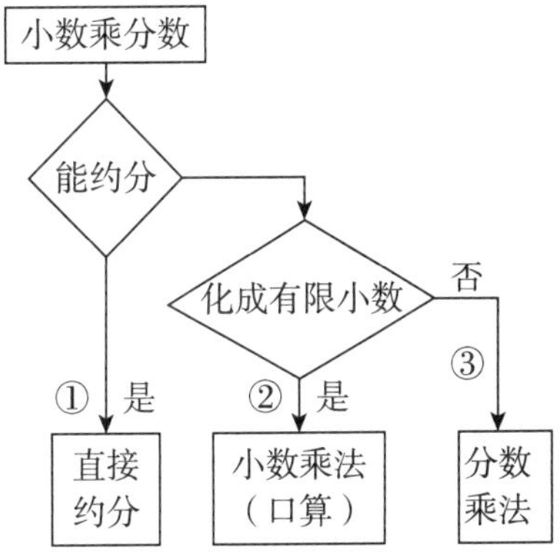

与教材相比，去掉了其中的问题情境，完善了小数乘分数的计算题型，通过与旧知的比较凸显新知，更有利于发现新旧知识之间的联系，更有利于学生概括转化的基本路径。

图 10-52

二、解决问题，体会学习价值

算用结合是数学学习的基本思路。在学习了小数乘分数计算的基础上，应用计算法则解决具体问题，在解决问题的过程中体会学习的价值，巩固与完善小数乘分数的计算思路。

（一）分析题意，自主解答

教师出示教材中的例题（图10-53），请学生自主解答。这是教材中小数乘分数的例题，现在作为练习题，让学生从现实情境出发，依据上两节课的数量关系列出算式，用新学习的小数乘分数的计算思路计算。

(1) 松鼠欢欢的尾巴约长多少分米？
(2) 松鼠乐乐的尾巴约长多少分米？

图 10-53

（二）反馈评析，优化思路

上述例题中的两个小题，基本数量关系相同，计算的思路却不相同。特别是第（1）题，展示学生两种不同的计算方法（图10-54），学生比较后发现，化成分数乘法计算更合理，因为整个过程均可以口算，而化成小数乘法还需要摆竖式计算。

$$2.1 \times \frac{3}{4} = 2.1 \times 0.75 = 1.575$$
$$2.1 \times \frac{3}{4} = \frac{21}{10} \times \frac{3}{4} = \frac{63}{40}$$

图 10-54

学生在自主计算的基础上，在比较评析中修正思路，形成更加合理的计算思路，从而提升计算能力。

（三）题组比较，变化形式

小数乘分数与分数乘小数结构不同，但计算法则相同。采用题组比较，让学生独立计算，再反馈评析，体会两类计算题的异同。

教师出示如图10-55所示的一组计算题，请学生先分别比较第（1）（2）题、第（3）（4）题这两组题有什么相同点与不同点。学生发现，因数相同，位置互换，计算思路是相同的。接着请学生先计算其中的第（2）和第（4）题，再推算出余下两题的计算结果。

(1) $7.8 \times \frac{20}{39}$　　(3) $0.3 \times \frac{9}{16}$

(2) $\frac{20}{39} \times 7.8$　　(4) $\frac{9}{16} \times 0.3$

图 10-55

在解决具体问题的过程中，赋予"小数乘整数"以现实意义，让学生复习了分数乘法的数量关系，也巩固了"小数乘分数"的计算方法。

三、对比练习，形成一般思路

在已经学习的分数加法、减法与乘法中，都会出现小数与分数的混合运算，从计算、意义与解决问题三个方面进行比较，构建起更加完善的知识结构。

（一）法则比较，体会相同

教师出示如下的题组。

先想一想，再算一算。

$4.8 \times \frac{3}{5}$，$4.8 + \frac{3}{5}$，$4.8 - \frac{3}{5}$。

学生计算后教师追问：这些题目在计算时有什么相同的地方？学生发现，都是化成同一类数后再计算。教师进一步说明，小数和分数的加法、减法与乘法，都是转化成同一类数后，按照那一类数的计算法则来计算的。

（二）关系比较，学会编题

相同的算式有不同的文字表达。让学生把上述三个算式依据自己的理解分别改编成文字题，然后交流补充，形成如下的一些表达形式。

1.（1）4.8 的 $\frac{3}{5}$ 是多少？　　　（2）4.8 乘 $\frac{3}{5}$ 的积是多少？

2.（1）4.8 与 $\frac{3}{5}$ 的和是多少？　　（2）4.8 加 $\frac{3}{5}$，结果等于多少？

3.（1）4.8 减去 $\frac{3}{5}$ 的差是多少？　（2）4.8 比 $\frac{3}{5}$ 多多少？

（3）两个数的和是 4.8，一个数是 $\frac{3}{5}$，另一个数是多少？

学生在编题过程中不断感受、讨论和比较三个算式中两个数据的关系，体会算式的抽象性与含义的多样性。

（三）创设情境，体会应用

依据上面的三道乘法、加法、减法计算题，编写相应的解决问题。

1. 松鼠妈妈捡了 4.8 千克松果，小松鼠捡的松果是妈妈的 $\frac{3}{5}$。小松鼠捡了多少松果？

2. 松鼠妈妈捡了 4.8 千克松果，小松鼠捡了 $\frac{3}{5}$ 千克松果。松鼠妈妈和小松鼠一共捡了多少松果？

3. 松鼠妈妈捡了 4.8 千克松果，小松鼠捡了 $\frac{3}{5}$ 千克松果。松鼠妈妈比小松鼠多捡了多少松果？

三个问题情境相同，数据的意义和数量关系发生变化，解决问题的方法随之改变，进一步让学生体会上面三个算式在情境中的不同应用。

总之，本节课对教材的例题和练习题进行了适当调整与补充，通过"分一分""算一算""说一说"，增强了学生的逻辑推理能力，沟通了知识之间的联系，形成计算分数、小数混合算式的解题思路，提升了计算能力。

第六节
"分数乘法中的简便运算"教学实践

前面四个课时的教学,围绕分数乘法的意义、数量关系与计算法则展开,学生对分数乘法有了较为全面的认识。在此基础上,本课时学习有关分数乘法中的运算定律与简便运算。显然,由于有整数运算定律推广到小数的经验,对于分数乘法的运算定律与简便运算的学习,学生完全可以自主学习。同时,由于分数乘法计算的特殊性,在运用运算定律进行简便运算时,需要进行适当的优化与改进。本节课的教学中,如何在学生自主学习的基础上,结合比较、评析优化简算过程?如何结合具体问题的解决,培养学生的简算意识?

一、自主尝试,发现运算定律

前四节课的学习,在推导分数乘法的计算法则,以及拓展计算法则的应用时,对于乘法结合律与乘法交换律已经有了一定的认识与应用,在这里已经是一种再认识。而分数乘法中的分配律,则可以创设情境,在一题多解的过程中发现分数乘法上的分配定律。

(一)自主尝试,初步感知

教师出示图 10-56:做这个画框需要多长的木条?学生指出就是求长方形的周长。依据这样的思路,学生独立计算,得到如图 10-57 所示的两种计算方法。

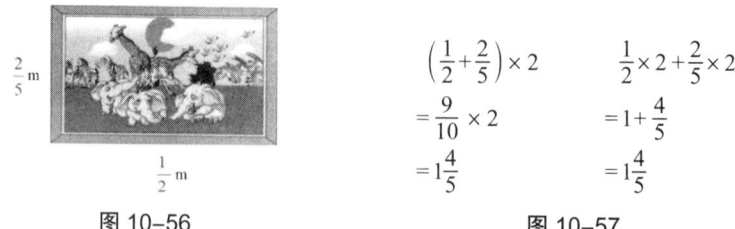

图 10-56　　　　　　　　　　图 10-57

在长方形的周长计算中引入了有关分数的四则运算,让学生认识到分数四则运算的顺序与整数四则运算相同,也为认识分数乘法中的乘法分配律提供了学习材料。

（二）观察比较，类比联系

教师提问：依据这两个算式，你回忆起了整数乘法中的哪条运算定律？引导学生把两个算式用等号连接，与乘法分配律的字母公式进行一一对应（图10-58）。

由于学生有整数乘法运算定律推广到小数的经验，因此把整数运算定律推广到分数时，可以让学生结合具体例子，类比联想，获得新知。

乘法分配律
$(a+b)\times c=a\times c+b\times c$
$\left(\dfrac{1}{2}+\dfrac{2}{5}\right)\times 2=\dfrac{1}{2}\times 2+\dfrac{2}{5}\times 2$

图 10-58

（三）自主猜想，举例验证

分数中的乘法分配律是由例子引出，而相应的乘法交换律与乘法结合律则可以由学生自主猜想，再举例验证。

教师追问：那么，在分数乘法中是否也同样有乘法交换律与乘法结合律呢？请学生按照图10-58的形式写一写运算定律，举一举例子验证。学生完成后交流反馈，形成如图10-59、图10-60所示的板书。

一般认为，整数乘法拓展到小数乘法与分数乘法，运算定律也同样成立。但是，就逻辑体系而言，还是需要举例子进行验证，从而体现数学的严谨性。

乘法交换律
$a\times b=b\times a$
$\dfrac{1}{2}\times\dfrac{1}{5}=\dfrac{1}{5}\times\dfrac{1}{2}$

图 10-59

乘法结合律
$a\times b\times c=a\times(b\times c)$
$\dfrac{1}{2}\times\dfrac{1}{5}\times 5=\dfrac{1}{2}\times\left(\dfrac{1}{5}\times 5\right)$

图 10-60

二、分析比较，归纳简算特征

运算定律是运算中固有的规律，运用规律可以改变原有的四则混合运算的运算顺序，使得计算简便。这一层意义，在整数四则运算、小数四则运算与分数加减法中学生已经有了学习经验。同时，分数乘法中简便运算的算式特征与简算方法有其特殊性，需要结合实际例子优化。

（一）发现差异，优化策略

一般地，乘法结合律是把能够口算出结果的两个因数结合在一起先计算，如整数乘法中的 25×4，小数乘法中的 2.5×4，这些数相乘的结果正好是整十或整百数。分数乘法却不一样，是分子与分母能够直接约分的结合在一起先算，如 $\dfrac{2}{3}\times 3$。因此，需要运用题组形式，由旧有经验迁移到新的知识，并发现各自的特征，进一步进行优化。

教师出示如图10-61所示的三道题目，请学生用简便方法计算。在计算第（3）题时，出现图10-62、图10-63所示的两种方法。比较后发现，第一个因数的分母与第三个因数约分时，除了严格按照整数乘法的简便运算的方法进行（图10-62），也可以直接约分（图10-63），而其简便运算的依据还是乘法交换律与乘法结合律。

（1）$4\times9\times25$

（2）$0.4\times9\times2.5$

（3）$\frac{2}{3}\times\frac{1}{4}\times3$

图 10-61

$$\begin{aligned}&\frac{2}{3}\times\frac{1}{4}\times3\\=&\left(\frac{2}{3}\times3\right)\times\frac{1}{4}\\=&\ 2\times\frac{1}{4}\\=&\ \frac{1}{2}\end{aligned}$$

图 10-62

$$\begin{aligned}&\frac{2}{3}\times\frac{1}{4}\times3\\=&\ \frac{\overset{1}{\cancel{2}}}{\cancel{3}}\times\frac{1}{\underset{2}{\cancel{4}}}\times\overset{1}{\cancel{3}}\\=&\ \frac{1}{2}\end{aligned}$$

图 10-63

通过观察、比较与讨论，不仅让学生认识了分数连乘中简便运算的依据，还优化了简便运算的步骤，而且结合题组让学生感受到分数乘法简便运算与整数乘法、小数乘法简便运算的不同。

（二）类比迁移，明晰特征

教师出示如图 10-64 所示的四道题目，学生独立完成后反馈。请学生把这四道题目分为两类。有学生认为可以把第（1）（3）题是一类，都是小数乘法中的简便运算，第（2）（4）题是一类，都是分数乘法中的简便运算，这几题都是用乘法分配律计算的。也有学生认为可以把第（1）（2）题分为一类，都是乘法分配律的正向运用，第（3）（4）题分为一类，都是乘法分配律的反向运用。

（1）$(0.8+0.08)\times125$　　（3）$0.65\times3.5+0.35\times3.5$

（2）$\left(\frac{8}{9}+\frac{4}{27}\right)\times27$　　（4）$\frac{5}{8}\times\frac{1}{4}+\frac{3}{8}\times\frac{1}{4}$

图 10-64

（三）题组比较，合理分解

在小数乘法与整数乘法中有一类简便运算题，通过把其中的一个因数分解后进行简便运算。在分数乘法中同样也有这样的简便运算题。

教师出示如图 10-65 所示的题组，请学生独立完成，能够简便运算的用简便方法运算。同样也请学生分分类，归纳出各类计算运用乘法分配律进行简算的特征。其中，第（1）题有学生用乘法结合律进行简便运算（图 10-66）。

（1）8.08×125　　（2）99×125

（3）$87\times\frac{85}{86}$　　（4）$85\times\frac{85}{86}$

图 10-65

$$\begin{aligned}&8.08\times125\\=&1.01\times8\times125\\=&1.01\times(8\times125)\\=&1.01\times1000\\=&1010\end{aligned}$$

图 10-66

通过三个层次的题组比较，学生不仅掌握了分数乘法简便运算的特征、理由与思路，而且构建起乘法解决问题的特征、理由与不同的思路，形成乘法简便运算的基本思路。

三、分层练习，提升运算能力

分数乘法的计算与简便运算是相互交织的，如分数乘法中先约分再计算，实际上就是应用了乘法结合律。因此，在计算分数乘法时，要先审题再选择合适的方法计算，并在解决问题中灵活应用。

（一）先审题再计算

出示下面一组计算题，其中前六题是教材第12页第12题，增加后面两题较复杂的计算，让学生在审题中灵活计算，提升计算能力。

计算下面各题，能用简便算法的就用简便算法。

（1）$\dfrac{11}{24} \times 16$　　（2）$\dfrac{1}{4} \times \dfrac{2}{7}$　　（3）$\dfrac{7}{12} \times 6 + \dfrac{5}{12} \times 6$　　（4）$\dfrac{3}{5} \times \dfrac{5}{6}$

（5）$\dfrac{5}{13} \times \dfrac{4}{7} \times 14$　（6）$\dfrac{4}{9} \times 5 \times 18$　（7）$22 \times \dfrac{4}{7} - \dfrac{4}{7}$　　（8）$\dfrac{17}{19} \times 191$

学生独立完成后反馈，第（1）（2）（4）题不能简便运算，第（3）题运用乘法分配律计算，第（5）题运用乘法结合律计算，第（6）题先用乘法交换律再用乘法结合律计算，第（7）题需要先在第二个 $\dfrac{4}{7}$ 后面补充"×1"，然后运用乘法分配律进行计算，同时关注中间的"-"号，第（8）题需要把191先拆成(190+1)，然后运用乘法分配律进行计算。

（二）先解答后比较

出示教材第12页第13、14题（图10-67、图10-68）。

　　图 10-67　　　　　　　　图 10-68

学生独立列式计算，教师选择典型解答反馈比较。

1. 分步计算与列综合算式的区别。解题思路一样，所用的数量关系也相同，但是在计算时有明显区别：分步计算只能一步一步计算，而列综合算式可以使用运算法则简便运算。

2. 简便运算的特征不同。体会整数乘法简便运算的凑整思维（图10-69）和分数简便运算中分子分母直接约分的特征（图10-70）。

$$4 \times 9 \times 25$$
$$= 9 \times (4 \times 25)$$
$$= 9 \times 100$$
$$= 900$$

图 10-69

$$\dfrac{5}{13} \times \dfrac{4}{7} \times 14$$
$$= \dfrac{5}{13} \times \left(\dfrac{4}{7} \times 14\right)$$
$$= \dfrac{5}{13} \times 8$$
$$= \dfrac{40}{13}$$

图 10-70

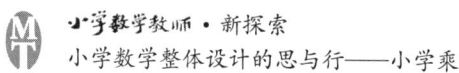

（三）先画图再列式

出示教材第12页第17题：有两筐苹果，第一筐重30千克，如果从第一筐中取出$\frac{1}{2}$千克放入第二筐，那么两筐苹果同样重。两筐苹果一共重多少千克？

学生先画图，然后用不同的方法列式解答。由于有了前面练习的经验，这里学生都用列综合式的方法解答：$\left(30-\frac{1}{2}\right)\times 2$，$30-\frac{1}{2}\times 2+30$，$\left(30-\frac{1}{2}\times 2\right)\times 2+\frac{1}{2}\times 2$，$30\times 2-\frac{1}{2}\times 2$。反馈时，要求学生结合线段图说明每一步的含义，体会解决问题思路的多样化。任意选择两个算式，运用运算定律进行互相转化。最后评一评哪个算式计算最简捷，体会从多样化到优化的过程。

本课通过学生自主尝试、分析比较、解决问题三个环节，使学生对运算定律在整数、小数、分数中的应用有了更完整的认识，对于分数乘法简便运算的特征有了更深刻的理解。

第七节
"分数连乘解决问题"教学实践

分数连乘解决问题可以看成整数连乘解决问题的延伸,两者都要经历"单位1"的变化。不同的是,后者是"单位1"的成倍增加,前者则是不断"变小"。在教学中,如何沟通两者之间的联系,构建起统一的解决问题的数量关系?

一、审题画图,梳理数学信息

分数连乘解决问题可以看成两个有联系的"求一个数的几分之几是多少"解决问题的组合。由于例2—例5这四个例题都应用"求一个数的几分之几是多少"列出不同的分数乘法计算题,因此在教学例8时,可以让学生依据已有的学习经验画出图示,梳理数学信息。

(一)出示问题,读题审题

教师出示例8(图10-71),提出问题:从题目中你们知道了什么?"其中一半种各种萝卜"是什么意思?"红萝卜地的面积占整块萝卜地的$\frac{1}{4}$"又是什么意思?学生发现,"一半"是整块地的一半,"$\frac{1}{4}$"是萝卜地的$\frac{1}{4}$,也就是两个分数的"单位1"不相同。

图10-71

相对于之前的例题,本题有两句相关联的关键句,就数量关系而言,例8与之前学习的倍数关系有联系;就计算而言,例8中的计算与连乘有关。为更加直观地表示新旧相关知识间的联系,需要用图示进行表征。

(二)形成图意,梳理关系

分数乘法解决问题中,关键句的分析十分重要。在审题时,学生已经认识到两句关键句的联系。请学生用长方形表示整块地的面积,画出两句关键句之间的联系,梳理出数量关系(图10-72)。评析后,请学生对原有图示进行完善,并把它转化成线段图(图10-73)。

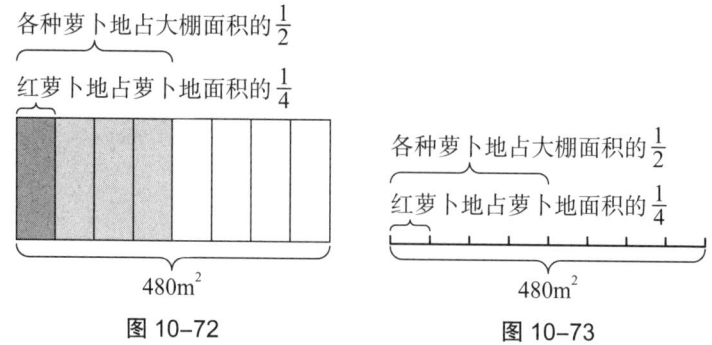

用矩形图表示更容易联想到土地的面积,而转化成线段图,为进一步抽象出数量关系做准备。

(三)整体展示,理清思路

图示表征可以帮助理清信息与信息、信息与问题之间的关系。在此基础上,进一步梳理解决问题的思路。

生1:先求出萝卜地有多少平方米,再求出红萝卜地有多少平方米。

生2:先求出红萝卜地占整块地的几分之几,再求出红萝卜地的面积是多少平方米。

两步及以上解决问题时,首先让学生理清解决问题的思路,再列出数量关系,最后把已知的信息代入数量关系计算。在此过程中,需要重视各个信息之间相等关系的构建。

二、图式比较,揭示数量关系

在图示表征与理清思路的基础上,学生列式解答,再结合图示解释意义,列出数量关系。先列算式再列数量关系,把列数量关系作为一种检验。

(一)依据图示,列出算式

学生选择其中的一种思路列式解答,如图10-74、图10-75所示。

$480 \times \frac{1}{2} = 240$(平方米) $\frac{1}{2} \times \frac{1}{4} = \frac{1}{8}$

$240 \times \frac{1}{4} = 60$(平方米) $480 \times \frac{1}{8} = 60$(平方米)

图10-74   图10-75

(二)对照图示,解释算式

指名学生说一说每一步求的是什么,又是怎样求的。依据学生的回答,在每一个分步计算前添上相应的关系式,如图10-76、图10-77所示。

(1) 总面积 × $\frac{1}{2}$ = 萝卜地面积

480 × $\frac{1}{2}$ = 240（平方米）

(2) 萝卜地面积 × $\frac{1}{4}$ = 红萝卜地面积

240 × $\frac{1}{4}$ = 60（平方米）

图 10-76

(1) 红萝卜地占总面积的几分之几？

$\frac{1}{2}$ × $\frac{1}{4}$ = $\frac{1}{8}$

(2) 总面积 × $\frac{1}{8}$ = 红萝卜地面积

480 × $\frac{1}{8}$ = 60（平方米）

图 10-77

学生结合图示，说明每一个数据对应于图示中的含义。其中，图 10-77 中，第一步是"单位1"的转化，如果表述完整，应该是"1 × $\frac{1}{2}$ × $\frac{1}{4}$"，即红萝卜地是整块地的$\frac{1}{2}$的$\frac{1}{4}$。

（三）比较分析，扎实思路

在分步计算的基础上，展示部分学生的综合算式，再结合图示说一说各自的数量关系（图10-78）。

总面积 × $\frac{1}{2}$ × $\frac{1}{4}$ = 红萝卜地面积

480 × $\frac{1}{2}$ × $\frac{1}{4}$

总面积 × ($\frac{1}{2}$ × $\frac{1}{4}$) = 红萝卜地面积

480 × ($\frac{1}{2}$ × $\frac{1}{4}$)

图 10-78

学生发现，两个算式中总的"单位1"都是整块地的总面积；第一种方法是先求出萝卜地的面积再求红萝卜地的面积，而第二种方法是先求出红萝卜地占总面积的几分之几，是把两个"单位1"统一成表示总量的单位"1"。

这两种方法都运用了转化思想，第一种方法依据关键句分解为两个一步的分数乘法解决问题，第二种方法是转化"单位1"变成一步的分数乘法解决问题。不论是哪种方法，都是已有的连乘解决问题的延伸。

三、变式比较，形成问题结构

分数乘法的连乘解决问题与整数乘法中基于倍的连乘解决问题有联系，但积的大小变化相反。即在整数连乘计算中，积越乘越大；在分数乘法中，积越乘越小。

（一）验证解答，对比重构

要求学生用自己的方法检验答案的合理性，注意把题目中的数量关系理清楚。

方法一：60 × 4 × 2 = 480（平方米）

方法二：60 × (4 × 2) = 480（平方米）

方法一：红萝卜地的面积乘4表示萝卜地的面积，再乘2就是大棚的面积；

方法二：把大棚面积平均分成8份，红萝卜地占1份，用1份的面积乘8就是大棚的面积。在此基础上提出问题：同样是连乘，为什么验证时是越乘越大，而解决问题中会越乘越小呢？学生在对比中发现两者结构的统一，即都是连乘解决问题；同时体会到$480 \times \frac{1}{2} \times \frac{1}{4}$就是先把480平均分成2份取1份，再把240平均分成4份取1份，实际上就是整数除法中的连除解决问题。

（二）对比练习，理解结构

通过例题的验证解答，学生基本沟通了分数连乘解决问题和整数连乘解决问题的解题结构，这时需要进一步反向进行验证对比。

课件出示：李叔叔家有一个果园，2013年果园的面积是600平方米；2015年果园进行了扩建，面积是2013年的2倍；2019年果园又一次扩大范围，目前的面积是2015年的3倍。请问：李叔叔的果园目前的面积达到多少平方米？

教师展示学生画的示意图（图10-79），学生解释图意，并对照图说出数量关系，最后代入数据列出算式。

接着，把问题改为信息，并把"信息2013年的面积"改为问题，改编为：李叔叔家有一个果园，经过2015年和2019年两次扩大后，现在的果园面积是3600平方米。2015年时的果园面积只有2019年的$\frac{1}{3}$，而2013年时的果园面积又只有2015年的$\frac{1}{2}$。2013年时的果园面积是多少平方米？同样地，让学生先画一画图（图10-80），再对照图说出数量关系，最后列式解答。

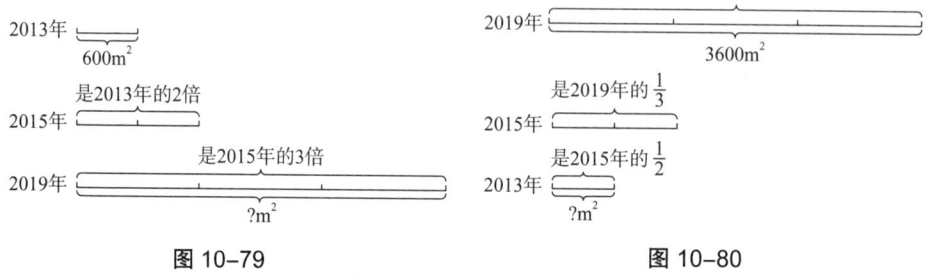

图 10-79　　　　　　　　图 10-80

在对比练习中，进一步体会整数连乘和分数连乘中数量的变化，理解连乘解决问题的结构和过程。

（三）题组比较，巩固结构

出示教材第16页练习三第1题，并补充变式题，组成如下的题组。

1. 人体血液在动脉中的流动速度是50厘米/秒，在静脉中的流动速度是动脉中的$\frac{2}{5}$，在毛细血管中的速度只有静脉中的$\frac{1}{40}$。血液在毛细血管中每秒流动多少厘米?

2. 人体血液在毛细血管中的流动速度是 $\frac{1}{2}$ 厘米/秒，在静脉中的流动速度是毛细血管中的 40 倍，在动脉中的速度是静脉中的 2.5 倍。血液在动脉中每秒流动多少厘米?

两个题目同时呈现，请学生按照画一画、列一列（关系式）、代一代（在关系式中代入信息）、算一算的方法解决，再次直观感受整数连乘和分数连乘解决问题的结构特征。

总之，分数连乘解决问题进一步凸显了分数乘法解决问题中的数量关系。为加深对分数连乘数量关系的理解，主要围绕两个问题展开。第一个问题是为什么在分数连乘中会越乘越小，主要通过分数意义的理解，结合直观图示，把分数连乘解决问题转化为整数连除解决问题，以更好地解释为什么越乘越小；第二个问题是如何检验，在检验过程中，把分数连除解决问题转化成连续的"求一个数的几倍是多少"的解决问题，再一次感受两类数量关系结构上的相似，而结果的大小变化相反。

第八节
"较复杂的分数乘法解决问题"教学实践

"较复杂的解决问题"的"复杂"往往在于"综合",即把几个一步计算的"简单解决问题"进行组合。基于这样的理解,可以寻找"复杂"与"简单"的联系,发现在解题思路上的相同处与生长点,并通过题组对比,在自主尝试与比较分析的过程中,逐步形成解决较复杂分数乘法问题的数学结构。

一、比较分析,区分异同

本节课要研究的较复杂的分数解决问题,是指关键句是相差分率的分数乘法解决问题,与之前学习的相差关系有联系也有区别。

(一)分析结构,发现联系

课始,教师谈话引出问题:人每分钟心跳的次数会随着年龄的变化而变化,你想知道怎样变化吗?请看下面两个问题。

1. 人每分钟心脏跳动的次数随年龄而变化。青少年每分钟心跳约75次,婴儿每分钟心跳的次数比青少年多60次。婴儿每分钟心跳多少次?

2. 人每分钟心脏跳动的次数随年龄而变化。青少年每分钟心跳约75次,婴儿每分钟心跳的次数比青少年多$\frac{4}{5}$。婴儿每分钟心跳多少次?

教师请学生边读题边说一说这两个解决问题各有什么特点,又有什么不同的地方。

生1:我从第一个问题中知道,青少年每分钟心跳约75次,婴儿每分钟心跳的次数比青少年多,多60次。

生2:我从第二个问题中知道,青少年每分钟心跳约75次,婴儿每分钟心跳的次数也比青少年多,多$\frac{4}{5}$。

生3:我比较两个题目发现,比较的结果不相同。

生4:应该是比较的方法不相同,一个比较的是量,一个比较的是率。

从字面上观察，两个问题只有"60次"与"$\frac{4}{5}$"这一处区别。在解决问题时，这一区别会带来哪些联系与影响呢？

（二）自主尝试，了解基础

这一题组中，第1题是旧知——求比一个数多几是多少，学生可以自主解答；第2题是新知——求比一个数多（少）几分之几是多少，学生可以从旧知中获得哪些迁移呢？教师请学生按照下面的要求尝试解答。

1. 画一画：依据题意，画出线段图；
2. 列一列：依据线段图，列出数量关系；
3. 算一算：依据数量关系，列式解答。

通过这样三个步骤的自主尝试，可以了解学生的学习基础。

（三）图示展评，直观区分

首先展示学生关于第1题的图示（图10-81），请学生依据图示说一说从中概括的数量关系，即青少年每分钟心跳的次数 + 多的次数 = 婴儿每分钟心跳的次数。

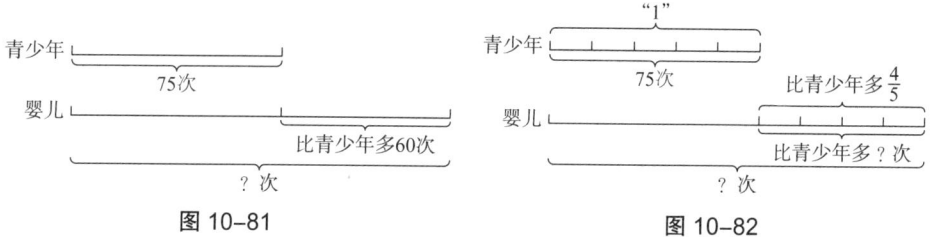

图10-81　　　　　图10-82

在这里，把有关量的信息与问题均标注在线段图的下方，与第2题标注"单位1"和"分率"做区分。

接着展示学生关于第2题的图示（图10-82），请学生依据图示说一说从中概括的数量关系，即青少年每分钟心跳的次数 + 多的次数 = 婴儿每分钟心跳的次数。

比较两个线段图，从而区分"60次"与"$\frac{4}{5}$"的差异。

二、反馈评析，揭示数量关系

（一）展示错例，反思错因

在自主尝试中，学生的错例是宝贵的学习资源，既可以充分地暴露学生的思维缺陷，也可以作为教学的素材。在本节课的自主尝试中，学生出现了以下两种典型的错误。

错例1：青少年每分钟心跳的次数 + 多的次数 = 婴儿每分钟心跳的次数

$75 + \frac{4}{5} = 75\frac{4}{5}$（次）

错例2：青少年每分钟心跳的次数 × $\frac{4}{5}$ = 婴儿每分钟心跳的次数

$75 × \frac{4}{5} = 60$（次）

由于有题组中图示与数量关系的比较和分析，提供错例的学生也意识到自己的错误。

生1：我把"$\frac{4}{5}$"当成"$\frac{4}{5}$次"了。

生2：我求出的是"婴儿每分钟心跳的次数比青少年多多少次"，求出的结果比青少年都要少了。

（二）引错出新，总结关系

在学生反思的基础上，修正错例，完善数量关系，得到正确的解答过程，如图10-83所示。

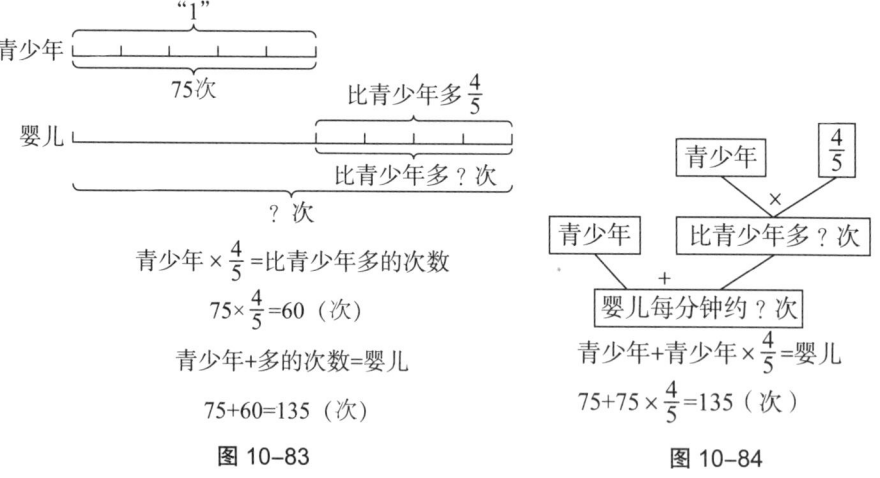

图10-83　　　　　　　　　　图10-84

显然，两个错例中都可以看到正确的成分，将错就错，纠错出新，获得正确的解答。在此基础上成思路图、综合关系式与算式（图10-84）。

相对于分步计算，综合算式更能够体现数量关系中各部分之间的联系，可以体会到"求比一个数多几分之几是多少"的关键在于把相差分率转化成相差数。

（三）一题多解，学会转化

在自主尝试时，也有部分学生运用了转化分率的办法：$75 × \left(1 + \frac{4}{5}\right)$。请学生结合图示说一说解决问题的思路，并在线段图中表示出来，列数量关系式进行解释（图10-85）。

两种解题思路有什么区别，又有什么共同之处呢？

生1：第一种方法是先求出多了多少，再用相差关系解决；第二种方法是先求婴儿每分钟心跳的次数是青少年的几分之几，再用分数乘法解决。

生2：两种方法都要用两步算出。

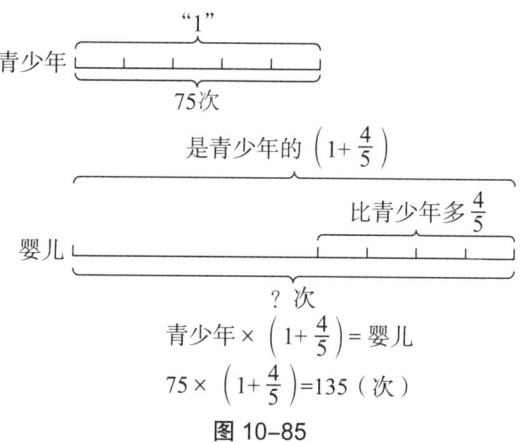

图 10-85

教师总结：这个问题是"求比一个数多几分之几是多少"，要围绕关键句进行转化。

同样是相差关系，已知"相差量"与已知"相差分率"可以有相同的数量关系，但后者需要把"相差分率"转化成"相差量"。因此，把它们作为题组进行分析时，可以迁移原有的数量关系，又可以发现两者的区别。

三、变式比较，形成问题结构

（一）模仿练习，巩固结构

对教材第15页"做一做"进行改编如下：

1. 噪声对人的健康有害，绿化造林可降低噪声。汽车在行驶过程中产生了80分贝的噪声，经过绿化带后，噪声降低了10分贝，这时人听到的噪声是多少分贝？

2. 噪声对人的健康有害，绿化造林可降低噪声。汽车在行驶过程中产生了80分贝的噪声，经过绿化带后，噪声降低了$\frac{1}{8}$，这时人听到的噪声是多少分贝？

学生用画一画、列一列、算一算的方法独立解决。在交流反馈中，除再次辨析两题的区别（量与率）外，重点讨论第2题的解题方法，通过"你是如何理解噪声降低了$\frac{1}{8}$""谁比谁降低了$\frac{1}{8}$""降低了谁的$\frac{1}{8}$"等问题，帮助学生在分析中解惑，在思考中理解。

教师追问："这里的第2题与例题的第二个问题又有怎样的联系呢？"引导学生比较分析，得到：相同点是已知"单位1"的量，相差量是"单位1"的几分之几，且计算思路相同；不同在于例题中是求比"单位1"多几分之几的数，现在是求比"单位1"少几分之几的数。

根据线段图完善两种不同的数量关系：80分贝 - 降低的分贝 = 听到的分贝；80分贝 × $\left(1-\dfrac{1}{8}\right)$ = 听到的分贝。最后列出对应的算式计算（图10-86）。

$80 \times \left(1-\dfrac{1}{8}\right) = 70$（分贝） $80 - 80 \times \dfrac{1}{8} = 70$（分贝）

图10-86

（二）提出问题，生发新知

教师出示：

严重的水土流失致使每年大约有16亿吨的泥沙流入黄河，其中$\dfrac{1}{4}$的泥沙沉积在河道中，其余被带入海口。＿＿＿＿＿＿＿＿＿＿？

学生根据题目条件提出问题：1.沉积在河道中的泥沙有多少亿吨？ 2.有多少亿吨泥沙被带入海口？

第1个问题，学生很容易列出数量关系：16亿吨泥沙 × $\dfrac{1}{4}$ = 沉积在河道的泥沙，即 $16 \times \dfrac{1}{4} = 4$（亿吨）。第2个问题，学生列数量关系比较困难，先画图（图10-87），再列出对应的数量关系：

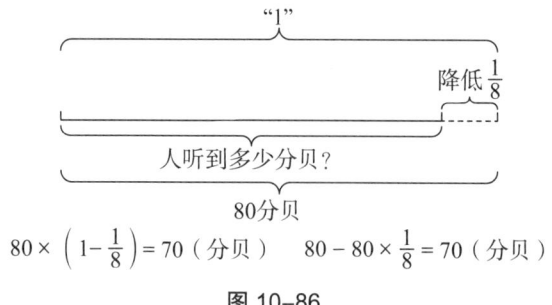

图10-87

16亿吨 - 沉积在河道的泥沙 = 带入海口的泥沙，即 $16 - 16 \times \dfrac{1}{4} = 12$（亿吨）。同时，在图上可以看出，带入海口的泥沙占全部泥沙的$\left(1-\dfrac{1}{4}\right)$，所以列出另一种数量关系 16亿吨 × $\left(1-\dfrac{1}{4}\right)$ = 带入海口的泥沙，即 $16 \times \left(1-\dfrac{1}{4}\right) = 12$（亿吨）。

教师提出问题：这道题和例题有怎样的联系和区别？学生发现，这道题没有直接用到"多几分之几"或"少几分之几"，而是给出了"其余被带入海口"的表达方式；虽然表述不一样，但都是在求"一个数的几分之几是多少"或"比一个数多或少几分之几是多少"。

（三）题型变式，区别"数""率"

教师出示：

下面两题只列式不计算。

1. 一堆沙子大约重15吨，用去了$\frac{3}{4}$吨，还剩下多少吨沙子？

2. 一堆沙子大约重15吨，用去了它的$\frac{3}{4}$，还剩下多少吨沙子？

学生独立完成后交流：两道题目都是已知沙子的质量，计算用去部分后剩下沙子的质量；第1个问题中用去了$\frac{3}{4}$吨，是一个具体的相差数，所以直接减去，第2个问题中用去的是"单位1"的$\frac{3}{4}$，是一个相差率，所以不能直接减。

比较是探寻数学规律的重要方式，在比较中发现问题之间的差异，寻求解决问题的正确方法，最终构建行之有效的数学模型。

较复杂的分数乘法解决问题，本质上是"相差关系"或"部总关系"的解决问题，只是相差数或其中的一个数用分率表示。在解决问题的过程中，特别重视基于线段图的数量关系的表征，既为分数乘法解决问题服务，也为后续分数除法解决问题做铺垫。

第九节
"分数乘法"单元复习教学实践

关于乘法的学习,小学经历了整数乘法、小数乘法与分数乘法这样三个阶段。作为最后一个阶段分数乘法的复习,需要与前两个阶段相联系,构建起更加完整的知识结构。

一、比较分析,明晰"分数乘法解决问题"的来龙去脉

分数乘法解决问题是分数"率"的意义的"量化"表达。因此,分数乘法不仅仅是整数乘法的拓展,也是分数意义的深化。可以通过提问、题组等形式,让学生在边思考、边练习、边比较的过程中揭示分数乘法解决问题的本质。

(一)揭示课题,体会特点

课始,教师板书课题"分数乘法"后提出问题:想一想,依据这个课题和整个单元的学习过程,分数乘法与之前学习的哪些知识是有联系的?学生认为与整数乘法和分数有联系。

从课题入手,引导学生寻找新旧知识间的联系,是一种重要的复习方式,可以提纲挈领地表达出知识之间的联系。就本课而言,可以在课题下面加下划线标注新旧知识之间的联系(图10-88)。

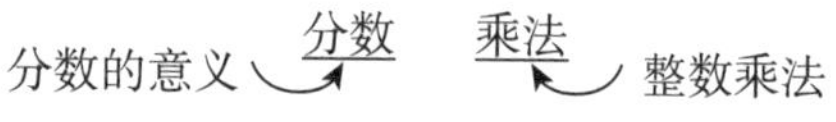

图 10-88

(二)题组比较,体会异同

教师出示如下的两组信息,请学生提出问题,然后解答。

(1)一袋大米的质量是20千克,食堂一周用去了这样的4袋大米。_____?

(2)食堂一周用去了80千克大米,其中周一用去了$\frac{1}{4}$。_____?

一般地,学生分别会提出如下两个问题并解答。

(1)一周一共用去大米多少千克?　　20×4=80(千克)

（2）周一用去大米多少千克？　　　　$80 \times \frac{1}{4} = 20$（千克）

要求学生画出相应的线段图并列出数量关系（图10-89）。

（1）

```
|——20千克——|
|——————?千克——————|
```
一袋大米的千克数×4=一周用去的千克数

（2）

```
        |—1/4—|
        |?千克|
|————80千克————|
```
一周用去千克数×$\frac{1}{4}$=周一用去的千克数

图 10-89

教师指着线段图与相应的数量关系提问：第（1）题中已知部分数求一共是多少用乘法，第（2）题中已知一共是多少求一部分也用乘法？

借助线段图，学生发现求"一个数的几分之几"里面有除法的成分，即 $80 \div 4 \times 1$。

在此基础上，把第（1）题的算式改为"$20 \times 4 \times 2$"，请学生说一说可能求什么问题；第（2）题改为"$80 \times \frac{1}{4} \times \frac{1}{2}$"又表示什么意思。

上述环节可以分为两个层次，每个层次均对整数乘法解决问题与分数乘法解决问题进行比较，第一层次通过三个步骤揭示求一个数的几分之几就是分数含义的量化；第二层次让学生进一步感受连乘下的整数乘法与分数乘法，前者会"越乘越大"，后者却"越分越细"。

（三）寻找联系，形成结构

在上述环节中，学生感受到分数乘法是分数率的含义的量化。基于这样的思考，可以进一步进行归一法解决问题与分数乘法解决问题的比较，让学生认识到分数乘法解决问题是分数意义的再认识。

教师出示如下题组，请学生依据算式补充条件。

食堂第一周用去大米80千克，_____。第二周用去大米多少千克？

（1）$80 \div 4 \times 3$　　　　（2）$80 \times \frac{3}{4}$　　　　（3）$80 - 80 \times \frac{1}{4}$

第（1）个算式求的是归一问题；第（2）个算式是"求一个数的几分之几"，学生都补充了"第二周用去的大米是第一周的$\frac{3}{4}$"；第（3）个算式则是对"第二周用去的大米是第一周的$\frac{3}{4}$"的另外一种表达，即"第二周用去的大米比第一周少$\frac{1}{4}$"，两种表达形式是可以相互转化的。

分数意义是分数乘法解决问题的基础，同时又是乘法意义的延伸。一般认为，分数乘法的数量关系"求一个数的几分之几是多少"是"求一个数的几倍是多少"的延伸。同时，通过以上题组还可以发现，求"一个数的几分之几是多少"也是"正归一问题数量关系"的分数乘法表达形式。

二、选数编题，梳理"分数乘法运算"的题型特征

分数乘法的计算法则具有相对的独立性，即与之前的整数乘法与小数乘法的计算法则不同。与分数乘法相关的简便运算既推广了乘法的运算定律，又具有自己的特点。因此，分数乘法的计算要依据数的特征，灵活地选择计算方法。在复习时，提供素材让学生自主编题，再交流编写的题目并进行分类，最后进行计算练习。

（一）提供素材，编写题目

教师出示如下的一些数与运算符号，请学生选择其中一些数与符号（同一个算式中可以重复使用），编出具有不同特征的分数乘法计算题。

数：2.4 7.6 $\frac{3}{8}$ $\frac{5}{8}$ $\frac{4}{3}$ 99 $\frac{97}{98}$

符号：× + − （ ）

以上给出的数经过精心的选择，可以编写出分数乘法的以下几类题目：分数乘整数，分数乘分数，分数乘小数，分数混合运算与简便运算。

可以先引导学生观察以上的数与符号，回忆本单元学习的分数乘法有哪些类型，再依据类型分别编写一至两题。

（二）汇报分类，归纳特征

学生编题如下：

1. $\frac{4}{3} \times 99$ 2. $\frac{3}{8} \times \frac{4}{3}$ 3. $2.4 \times \frac{4}{3}$ 4. $\frac{5}{8} + \frac{3}{8} \times \frac{4}{3}$

5. $99 \times \frac{97}{98}$ 6. $\frac{3}{8} \times \frac{5}{8} \times \frac{4}{3}$ 7. $2.4 \times \left(\frac{3}{8} + \frac{4}{3}\right)$

学生将这些题分为两类，一类是按计算法则计算，如第1—4题；另一类是简便运算，如第5—7题。教师追问：在第一类题中，用到哪些计算方法？在第二类题中，简便运算时有什么需要注意的地方？

不同的课堂，学生会有不同的编题，也会有不同的分类方式，但都可以归纳到上述两类中。

（三）学会审题，选题计算

引导学生思考：在计算分数乘法之前，可以按照怎样的顺序审题，从而选择

合适的计算方法？学生回顾后发现，可以先找一找数与符号的特征。

教师请学生选择认为最需要练习的四道题进行练习，完成后说一说为什么选择这几道题目。

分数乘法的计算方法相对于整数乘法或小数乘法更加多样灵活。因此，在复习时，把题型构造与审题放到突出的位置，让学生能够根据题目特征合理选择计算方法，提高运算能力。

三、多元练习，完善"分数乘法"的单元结构

上述两个环节是分数乘法的专项复习。在此基础上，进一步沟通计算与解决问题之间的关系。先出示文字题，让学生依据题意列出算式，再依据文字题编写解决问题。

（一）文字题题组练习

文字题是介于计算题与解决问题之间的一种题型。题组的形式可以更好地帮助学生理解运算的含义，为提炼数量关系提供了路径。下面的题组中，前2题的分数分别表示"分率"与"数量"，第3题让学生灵活处理"单位1"的变化。

1. 比42米少$\frac{2}{7}$是多少米？

2. 比42米少$\frac{2}{7}$米是多少米？

3. 42先减去它的$\frac{2}{7}$，再减去余下的$\frac{2}{5}$，结果是多少？

学生先独立完成，再画线段图进行比较（图10-90）。引导学生观察第3题的图示，发现两次减去的一样多，总共可以看成7份，最后余下的是3份，因此可以列式：42÷7×（7-2-2）。

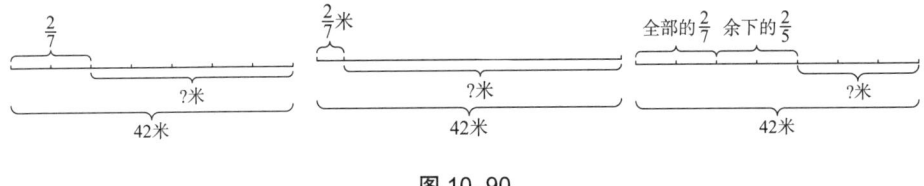

图 10-90

（二）解决问题题组练习

接着，教师出示如下的题组，请学生列出数量关系，并寻找与文字题的对应关系。

1. 一根绳子长42米，另一根绳子比它少$\frac{2}{7}$。另一根绳子长多少米？

2. 一根绳子长 42 米,另一根绳子比它少 $\frac{2}{7}$ 米。另一根绳子长多少米?

3. 一根绳子长 42 米,先剪去它的 $\frac{2}{7}$,再剪去余下的 $\frac{2}{5}$。还剩下多少米?

通过题组练习,让学生感受到解决问题的关键是提炼关键信息,概括数量关系;建立起算式、文字题与解决问题之间的关系,即文字题是解决问题中关键信息的表达,算式是数量关系的具体化。从而概括出解决问题的一般思路:先审题提炼关键信息,再列出数量关系,接着列式解答,最后进行检验。

(三)丰富解决问题

不同的解决问题,可以用相同的算式解答,这体现了算式的抽象性与解决问题的具体性。

依据上一题列出的算式 $42 \times \left(1-\frac{2}{7}\right)$、$42-\frac{2}{7}$ 和 $42 \times \left(1-\frac{2}{7}\right) \times \left(1-\frac{2}{5}\right)$,要求学生创设情境,口头编制相应的解决问题,同桌互相说一说各自编出的题目有哪些相同点与不同点。

由于有前面两个环节的经验,学生会先表示文字题的形式,再添加情境成为解决问题。在这样的过程中,进一步体会四则运算与解决问题之间的联系。

"分数乘法"的单元学习内容可以分为分数乘法意义、分数乘法数量关系与分数乘法计算这样三个板块。在复习时,通过题组比较,把前面的两个板块分别纳入乘法意义与乘法数量关系的体系之中展开复习,更有利于数学知识体系的形成。分数乘法计算则通过依据数据特点按要求编写计算题,让学生在编题的过程中回顾分数乘法计算法则,以及相应的简便运算的结构特征。

后 记

一线教师所从事的教学研究，课堂永远是主阵地，研究教材、研究学生、提高课堂教学效率是永恒的主题。本书除了第一章外，其余九章就是有关小学乘法的十个单元的课堂教学实践研究，十个单元中的新授课与复习课成为研究的对象，力图做到每一个单元都有自己的特色，每一节课都有自己的特点，从而实现扎实双基、提升思维、培养能力的目标。

本书收录的九个单元总共 50 节课的研究，由 88 位教师共同参与完成。参与的教师分为两类，一类开展课堂教学实践，另一类进行教学实践总结。当然，有些教师是两者兼而有之。这些基于课堂教学实践研究的文章，每一篇都可以独立成文，每一个单元都可以独立成章，组合成书时，又有共同的主题——小学乘法整体设计的教学实践研究。

下表记录了每一章节的作者和开展课堂实践的教师，并标注了每一章节的研究主题。为了更好地体现"书"味儿，成书时用单元名称与课时名称分别命名章与节，使它们更有整体性。

章	节	主题	文章作者	上课教师
第一章	第1节	乘法的基本意义	裘杨勇　陈芳 邵汉民	
	第2节	乘法基本意义的完善		
	第3节	乘法基本性质的延伸		
第二章	第1节	依据学情　合理整合	丁国铣　瞿仙红 邵汉民	
	第2节	借助直观表征　经历乘法形成	陈巨峰　倪乃忠 邵汉民	倪乃忠 朱挺红
	第3节	整体感知口诀　重走创造过程	张国梅　汤佳锋 邵汉民	何佩佩 曹鹤群

（续表）

章	节	主题		文章作者	上课教师
第二章	第4节	丰富练习形式	灵活应用口诀	陈芳　蒋丽青 邵汉民	蒋丽青 刘琦
	第5节	寻找口诀联系	归纳总价问题	钱荷英　蒋丽青 邵汉民	丁国铣 孙宁
	第6节	具象口诀联系	抽象数量关系	封耐利　陈琦 邵汉民	封耐利 陈琦
	第7节	利用活动经验	体现算用结合	杨伟刚　何佩佩 邵汉民	杨伟刚 金素燕
	第8节	组织多维活动	寻找内在联系	沈利　封耐利 邵汉民	沈利 俞贝玲
第三章	第1节	从差比到倍比	由具体到抽象	汤佳锋　邵汉民 陈芳	
	第2节	运用比较策略	揭示倍的本质	孔玲莉　朱含英 邵汉民	孔玲莉 朱含英
	第3节	多元表征数量	逐步抽象关系	卜琴芳　方玲 邵汉民	方玲
	第4节	补充数量关系	完善知识结构	李晓铃　方玲 邵汉民	李晓铃
	第5节	积累学习材料	经历猜想验证	华金祥　邵汉民	邵汉民
第四章	第1节	重构学习序列	感受数学生长	王芳　邵汉民	
	第2节	基于转化思想	体会数学应用	刘青泽　陈芳	刘青泽
	第3节	结合具体操作	经历优化过程	邝兆森　陈芳	邝兆森
	第4节	结合具体例子	拓展计算方法	梅雨晴　陈芳	梅雨晴
	第5节	用好直观图示	体会变与不变	朱国慧　陈芳	朱国慧
	第6节	边练习边整理	构建单元结构	陈楚楚　陈芳	陈楚楚
第五章	第1节	口算与笔算同行	运算与关系并重	方锋　邵汉民	
	第2节	图示表征算理	口算笔算同步	倪丽君　邵汉民	倪丽君
	第3节	记录画图过程	分步笔算结果	俞倩如　凌冬叶 邵汉民	俞倩如

(续表)

章	节	主题	文章作者	上课教师
第五章	第4节	经历笔算形成　感受两算联系	黄建炜　邵汉民	黄建炜
	第5节	结合图示表征　体验分解组合	朱燕飞　邵汉民	朱燕飞
	第6节	夯实单元双基　提升数学思维	李军良　邵汉民	李军良
第六章	第1节	单元整体设计　完善学习序列	陈芳　朱挺红　邵汉民	
	第2节	渗透函数思想的"积的变化规律"	朱萍　洪巨波　邵汉民	朱萍
	第3节	渗透函数思想的数量关系	杨丹华　吴月芳　邵汉民	杨丹华
	第4节	以"速度"为中心的数量关系	瞿仙红　姚金金　邵汉民	瞿仙红
	第5节	应用迁移类比学习"三位数乘两位数"	邵文敏　钟富尧　邵汉民	钟富尧
	第6节	"三位数乘两位数"的最大值	朱挺红　钟家卫　邵汉民	朱挺红
	第7节	"三位数乘两位数"单元复习	赵丽丽　朱挺红　邵汉民	赵丽丽
第七章	第1节	经历问题解决过程　提升问题解决能力	俞世祥　邵汉民　顾良民	
	第2节	以旧引新　体验联系	陈芳　瞿仙红　陈喜卫	陈喜卫
	第3节	顺应思维　推导公式	王红芳　陈柏钢　吴月芳	吴月芳
	第4节	基于需要　构建联系	汤金涛　赵书潇　陈芳	赵书潇
	第5节	依据信息提出问题　梳理问题形成思路	钱荷英　邵汉民	钱荷英
	第6节	经历猜想验证　体会数学魅力	杨红波　邵汉民	杨红波
第八章	第1节	回归·定位·生长	姚金金　邵汉民	

（续表）

章	节	主题	文章作者	上课教师
第八章	第2节	由抽象到具体　从现象到本质	黄利巢　王芳　邵汉民	黄利巢
	第3节	由联系到区别　从过程到方法	朱挺红　陈喜卫　邵汉民	姚金金
	第4节	由辨析到明理　从计算到推理	邵官华　陶肖锋　邵汉民	邵官华
	第5节	由部分到整体　从方法到策略	张梅英　韩雪　邵汉民	韩雪
	第6节	用好数学推理　构建数学模型	陈芳　李玉兰　孙丹镁	陈芳
第九章	第1节	结合现实经验　用好迁移类比	倪丽君　汤瑛　邵汉民	
	第2节	基于小数计数单位　理解算理归纳算法	汤佳锋　颜荣林　邵汉民	颜荣林
	第3节	迁移学习经验　完善知识结构	戚彩红　汤金涛　邵汉民	汤金涛
	第4节	基于现实需要　进行合理取值	朱红利　钟家卫　邵汉民	颜荣林
	第5节	自主发现运算定律　正确迁移活动经验	李君　姚金金　邵汉民	姚金金
	第6节	先估计猜测可能　再估算比较修正	吴月芳　陈喜卫　邵汉民	陈喜卫
	第7节	自主提出问题　体会不同价值	李秀凤　陈璐莹　邵汉民	陈璐莹
第十章	第1节	理解编排意图　完善学习路径	周琴雅　王建文　颜荣林	
	第2节	运用类比与转化　学习分数乘整数	王芳　沈自华　邵汉民	沈自华
	第3节	运用类比　理解新知	韩佳　张梅英	张梅英
	第4节	采用几何直观　理解法则含义	吴月芳　邵汉民	吴月芳

(续表)

章	节	主题	文章作者	上课教师
第十章	第5节	归纳总结　完善思路	张国梅　邵官华　邵汉民	邵官华
	第6节	学会审题　培养习惯	韩佳　洪巨波　邵汉民	洪巨波
	第7节	结合图示　理解结构	何世亮　李彩红　邵汉民	李彩红
	第8节	比较分析　寻找联系	汤兴锋　汤金涛　陈芳	汤兴锋
	第9节	寻找联系　体现变化	孔紫娟　陈芳　邵汉民	邵汉民

　　我们的研究是基于日常教学进度的单元整体设计与实践，参与的教师以实践学校的数学教师为主，也会就近邀请其他学校的数学教师参加。他们大多数是一线的普通教师，这样更有助于检验我们的整体设计思路的可行性与可推广性。

　　参与的教师需要经历这样五个步骤，第一步参加由单元整体设计负责人组织的单元整体设计的解读，参与解读后的讨论、修正与完善，最后确定整体设计思路；第二步自主选择其中一个课时的教学任务；第三步严格按照整体设计的思路，备好自己承担的课时，做好其他的教学准备；第四步进行第一轮试教（一般在整体设计解读一周后进行），听取意见后修正；第五步进行第二轮改进，一般安排在试教课后第二天，在另一个班级开展改进后的教学，结束后单元整体设计教师与上课教师再次讨论，定下本节课的教学流程。除本单元负责总设计的教师外，其他上课教师只需参加解读与分工、两轮试教。

　　负责单元整体设计的教师，在两轮听课过程中，边听课边构思文章的写作，列出写作提纲与每一个标题下的主要内容。负责总结的教师依据写作提纲进行写作，尽量还原整个教学过程。完成后交负责单元整体设计的教师进行修改，形成相对统一的文章结构与表达形式。

　　总之，我们进行的以单元整体设计的实践研究，能引导教师学会从单元的视角钻研教材，能从整体的视角进行教学设计，其最终的目的是帮助学生在数学知识的学习过程中落实数学学科核心素养的培养。

2022年3月